Jörg Pfannenberg, Ansgar Zerfaß Hg.

Wertschöpfung durch Kommunikation

Jörg Pfannenberg, Ansgar Zerfaß Hg.

Wertschöpfung
durch Kommunikation

Kommunikations-Controlling
in der Unternehmenspraxis

Frankfurter Allgemeine Buch

Bibliografische Informationen der Deutschen Nationalbibliothek
Die Deutsche Nationalbibliothek verzeichnet diese Publikation in
der Deutschen Nationalbibliografie; detaillierte bibliografische
Daten sind im Internet über http://dnb.ddb.de abrufbar.

Jörg Pfannenberg, Ansgar Zerfaß Hg.

Wertschöpfung durch Kommunikation

Kommunikations-Controlling in der Unternehmenspraxis

F.A.Z.-Institut für Management-,
Markt- und Medieninformationen,
Frankfurt am Main 2010

ISBN 978-3-89981-212-1

Frankfurter Allgemeine Buch

Copyright	F.A.Z.-Institut für Management-, Markt- und Medieninformationen GmbH Mainzer Landstraße 199 60326 Frankfurt am Main
Gestaltung/Satz Umschlag	F.A.Z., Verlagsgrafik
Satz Innen	Nicole Bergmann, Ernst Bernsmann
Druck	Messedruck Leipzig GmbH, Leipzig

Alle Rechte, auch des auszugsweisen
Nachdrucks, vorbehalten.

Printed in Germany

Inhalt

Die Entwicklung des strategischen
Kommunikations-Controllings in Deutschland ... 7
Ansgar Zerfaß und Jörg Pfannenberg

I Konzeptionelle Grundlagen

Das Modell des Unternehmens in der modernen
Managementtheorie ... 16
Jörg Pfannenberg

Controlling und Kommunikations-Controlling aus
Sicht der Unternehmensführung ... 28
Ansgar Zerfaß

Wirkungsdimensionen der Kommunikation ... 50
Lothar Rolke und Ansgar Zerfaß

Strategisches Kommunikations-Controlling
mit der Balanced Scorecard ... 61
Jörg Pfannenberg

Reporting im Kommunikations-Controlling ... 84
Christoph Lautenbach und Jan Sass

II Standardwerkzeuge des Kommunikations-Controllings

Medienanalysen als Steuerungs- und Evaluationsinstrument
für die Unternehmenskommunikation ... 98
Rainer Mathes und Ansgar Zerfaß

Website-Nutzung und Usability: Evaluationsmethoden
und Kennzahlen ... 112
Wolfgang Schweiger

Akzeptanzmessung von Corporate-Publishing-Medien
und Events ... 127
Ansgar Zerfaß und Lisa Dühring

Markenbewertung: Methoden und Standards ... 140
Jutta Menninger

Reputation messen und bewerten – Grundlagen und
Methoden 153
Kerstin Liehr, Paul Peters und Ansgar Zerfaß

Die Messung von Mitarbeitereinstellungen und -verhalten 168
Eva Fuhlrott und Jessica Durst

Erfolgsmessung der Finanzkommunikation:
Inhalte und Perzeption 181
Boris Bolwin und Ralf Frank

III Best-Practice-Beispiele

Globale Kommunikationssteuerung und Controllingsystem
bei Henkel 194
Ernst Primosch und Simone Gleumes

Das Communication Performance Management
der Deutschen Telekom AG 203
Peter Rutz und Jan Sass

Hoerbiger: Balanced-Scorecard-System für die integrierte
Kommunikation und das Kommunikationsmanagement 215
Ludwig Schönefeld, Susanne Reichelt und Jörg Pfannenberg

Cognis: Scorecard-System für die integrierte Kommunikation
und das Kommunikationsmanagement 228
Susanne Marell und Arne Borgards

Integriertes Reputationsmanagementsystem der
Telekom Austria 239
Diana Ingenhoff und Martin Bredl

Prozessorientierte Steuerung und Evaluation der
Medien- und Öffentlichkeitsarbeit bei Union Investment 251
Stefan Kantzenbach

Regressionsanalyse in der Medienarbeit: Center Parcs 261
Stefan Thurau, Joachim Klewes und Rainer Lang

Controlling der digitalen Unternehmenskommunikation
bei B. Braun mit WebXF 269
Bernadette Tillmanns-Estorf, Christian Bachem und Wolfgang
Schrammel

Die Autoren und Herausgeber 282

Statt eines Vorworts: Die Entwicklung des strategischen Kommunikations-Controllings in Deutschland

Ansgar Zerfaß und Jörg Pfannenberg

Abbildung 1: „And this is how we turn communication into money".

Was leistet Kommunikation für das Unternehmen – und wie kann ihr Wertbeitrag gemessen werden? Diese Frage hat Kommunikationsverantwortliche und Kommunikationswissenschaftler schon immer beschäftigt. Der Legitimationsdruck für Budgets und vor allem die Verpflichtung, das Bestmögliche für das Unternehmen zu leisten, führen zu dem Anspruch, die Wirkungen der Kommunikation lückenlos darzustellen, auch in ihrer Verbindung zu den strategischen und finanziellen Zielen des Unternehmens.

Doch die Beziehungen zwischen selbst initiierten Kommunikationsmaßnahmen, deren Wirkungen in den Medien und bei den Stakeholdern sowie den primären Wertschöpfungsaktivitäten des Unternehmens sind komplex. Eindimensionale Erklärungsansätze greifen zu kurz. Wer Kommunikation zielgerichtet steuern und die damit erreichte Wertschöpfung darstellen will, muss den gesamten Prozess transparent machen und die betriebswirtschaftliche Logik ebenso verstehen wie die Besonderheiten von Kommunikationsprozessen in der Mediengesellschaft. Unternehmen, Berater und Wissenschaftler haben sich deshalb gemeinsam auf den Weg gemacht und in den vergangenen zehn Jahren im deutschsprachigen Raum Konzepte für das strategische Kommunikations-Controlling entwickelt, die weltweit als führend gelten können.

Die 1990er: „Missing link" zwischen Management und Kommunikation

Zwei wesentliche Neuerungen haben die Managementtheorie in den 1990er Jahren geprägt: das Shareholdervalue-Konzept von Rappaport und die Balanced Scorecard von Kaplan/Norton. Der Shareholder-Ansatz lenkt den Blick auf die (finanzielle) Wertsteigerung als zentralen Erfolgsmaßstab für Unternehmen. Dabei werden „weiche" Faktoren wie Kommunikation als unterstützende Wertaktivitäten aufgefasst. Die Balanced Scorecard ist ein System zur Unternehmenssteuerung, das Ziel-Mittel-Beziehungen und Kennzahlen in einer einheitlichen Logik darstellt. In der Verbindung mit Strategy Maps lassen sich lückenlose Wirkungsbeziehungen (Value Links bzw. Wertketten) zwischen den Perspektiven „Lernen und Entwicklung" (Mitarbeiter, Organisation, Informationstechnologie, Unternehmenskultur), „interne Prozesse", „Kunden" (Marketing, Vertrieb) und „Finanzen" herstellen. Nach einer weltweiten Umfrage unter Führungskräften von Bain & Company ist die Scorecard nach dem Benchmarking und der strategischen Planung in den vergangenen zehn Jahren zu einer der beliebtesten Managementmethoden geworden. Auch im deutschsprachigen Raum wird sie von zahlreichen Unternehmen eingesetzt (vgl. den Beitrag „Das Modell des Unternehmens in der modernen Managementtheorie" in diesem Band).

In Theorie und Praxis der Unternehmenskommunikation wurden diese neuen Managementmethoden allerdings jahrelang kaum wahrgenommen. Die Kommunikationswissenschaft und mit ihr die PR-Forschung in Deutschland waren lange durch empirisch motivierte Untersuchungen auf der Mikroebene – insbesondere zum Zusammenspiel von Pressearbeit und Journalismus (Baerns, Bentele) und der Entwicklung des Berufsfelds (Röttger, Fröhlich) – sowie durch Makroanalysen mit Hilfe soziologischer Ansätze wie der Systemtheorie, des Rekonstruktivismus und des radikalen Konstruktivismus geprägt (Rühl, Bentele, Merten).

Kommunikation wurde zwar grundsätzlich als Funktion von Organisationen verstanden. Die konstitutiven Bedingungen und vor allem die internen Steuerungslogiken von Unternehmen wurden jedoch lange nicht integriert, eine Theorie der Unternehmenskommunikation (Zerfaß) wurde erst Mitte der 1990er Jahre vorgelegt. Die angloamerikanische PR-Forschung hatte die Brücke zur Organisationstheorie und strategischen Planung (Grunig et al.) zwar bereits einige Jahre früher geschlagen und sich mit dem Schlagwort „Corporate Communication" (Heath, Argenti) dem Kern der Unternehmenspraxis genähert, dabei aber inhaltlich nur die Oberfläche gestreift und die Managementsysteme selbst nicht reflektiert. Die Notwendigkeit von Kommunikation wurde in den meisten Fällen nur sehr allgemein mit Imagezielen oder der Notwendigkeit zur Gestaltung von Stakeholderbeziehungen begründet. „PR-Erfolgskontrolle" (so der Titel des ersten deutschsprachigen Sammelbands zum Thema von Baerns 1995) wurde als operative Evaluation von Kommunikationsmaßnahmen gedacht. Die Wirkungen auf die strategischen und finanziellen Unternehmensziele konnten mit diesen Theorien und Methoden nicht reflektiert beziehungsweise erfasst werden. Zwar hatte die Schwedische Public Relations Gesellschaft als Berufsverband in einem landesweiten Projekt erstmals Werttreibermodelle für die Kommunikation entwickelt und bereits 1996 die Auswirkungen auf den Unternehmenserfolg in Form von Value Links dargestellt (Hamrefors). Diese Initiative ist jedoch international erst viel später bekannt geworden und nach wenigen Jahren folgenlos versickert.

Von 2000 bis 2005: Neue Herausforderungen, Praxiserfahrungen und Konzepte

In der Unternehmenspraxis setzte sich immer stärker die Erkenntnis durch, dass Kommunikation das Mitarbeiter- und Führungsverhalten, die politischen und gesellschaftlichen Handlungsspielräume („Licence to operate"), Image beziehungsweise Reputation, Finanzierungskosten und andere relevante Treiber für den Unternehmenserfolg beeinflussen kann und damit selbst ein wesentlicher Hebel für den Unternehmenserfolg ist. Aus diesem Grund werden immer mehr Ressourcen für Kommunikation bereitgestellt.

Public Relations und Public Affairs, interne Kommunikation und Finanzkommunikation wachsen seit Jahren überproportional. Aber auch die traditionell starken Aufwendungen für die Kommunikation mit B2C- und B2B-Kunden zeigen mit Ausnahme konjunkturbedingter Dellen eine stete Aufwärtskurve.

Gleichzeitig sind damit die Anforderungen an die Kommunikationsverantwortlichen gestiegen. Wer zur Wertschöpfung des Unternehmens beitragen will und hierfür erhebliche Ressourcen einsetzt, muss Ziele so definieren und Prozesse so steuern, dass sie für das Topmanagement und andere interne Auftraggeber transparent sind. Der Wertschöpfungsbeitrag von Kommunikation muss generell und bezogen auf einzelne Maßnahmen nachweisbar sein. Das Offenlegen von Wirkungszusammenhängen, die Definition von Meilensteinen im Kommunikationsprozess und die darauf aufbauende Evaluation von Maßnahmenprogrammen sind aber auch notwendig, um Unternehmenskommunikation überhaupt steuern zu können. Die ständig wachsenden Anforderungen, beispielsweise durch Handlungsfelder wie Veränderungskommunikation und Corporate Social Responsibility, und die Etablierung neuer Plattformen wie Corporate Publishing, Online-Kommunikation und Social Media setzen ein gemeinsames Verständnis und gemeinsame Ziele bei allen involvierten Mitarbeitern und Dienstleistern voraus. Das Bekenntnis zu einem an den Unternehmenszielen orientierten Kommunikationsmanagement und damit zu einem Kommunikations-Controlling, das die entsprechenden Prozesse transparent macht und mit Kennzahlen abbildet, ist deshalb kein Zwang, sondern Ausdruck der stärkeren Professionalisierung.

Kommunikationsverantwortliche und Wissenschaftler gehen heute davon aus, dass Unternehmenskommunikation mehrere Ziele verfolgt: die Beeinflussung von Meinungen und Einstellungen bei einzelnen Bezugsgruppen, die Konstruktion von Sinn und damit der verbundenen Ressourcen wie Akzeptanz und Legitimität auf der gesellschaftlichen Ebene sowie letztlich die Unterstützung von Wertschöpfungsprozessen des Unternehmens. Strategische Kommunikation wird damit anschlussfähig an die Praxis des strategischen Managements und an Managementtheorien der Betriebswirtschaftslehre. Damit kann Kommunikation ihr Problemlösungspotential für die strategische Unternehmensführung entfalten. Voraussetzung ist ein Verständnis von Kommunikationsmanagement und Controlling, das in allen beteiligten Disziplinen anschlussfähig ist und die praktische Umsetzungsfähigkeit nicht aus den Augen verliert (vgl. hierzu den Beitrag „Controlling und Kommunikations-Controlling aus Sicht der Unternehmensführung" in diesem Band).

Die Entwicklung des strategischen Kommunikations-Controllings in Deutschland begann mit der Arbeit des gemeinsamen Evaluationsausschusses der Deutschen Public Relations Gesellschaft (DPRG) und der Gesellschaft Public Relations Agenturen (GPRA), der im Jahr 2000 die Broschüre „PR-Evaluation: Messen, Analysieren, Bewerten – Empfehlungen für die Praxis" veröffentlicht hat. Bei der Wirkung von Kommunikation wurden hier in Anlehnung an frühere Vorschläge (Lindenmann, Rolke) die Ebenen Output (in den Medien), Outcome (bei den Bezugsgruppen) und Outflow (betriebswirtschaftliche Ergebnisse) unterschieden. Ab 2003 hat sich in Deutschland eine Gruppe von Wissenschaftlern und PR-Praktikern intensiv mit den Konzepten des Value-Based-Managements, der Markenbewertung und vor allem mit der Balanced Scorecard und der Strategy Map von Kaplan/Norton beschäftigt. Sie haben – zuerst unabhängig voneinander, dann gemeinsam unter dem Dach des DPRG-Arbeitskreises „Wertschöpfung durch Kommunikation" – Konzepte für das Controlling und die Steuerung von Unternehmenskommunikation auf Basis der Balanced Scorecard entwickelt und getestet.

Den Startschuss für die breite Diskussion in der Fachöffentlichkeit gab 2004 ein gemeinsamer Kongress von DPRG und GPRA in Frankfurt am Main. Rund 300 Teilnehmer aus den Bereichen Kommunikation, Controlling und Beratung verschafften sich einen Überblick über den damaligen Stand der Diskussion. Wesentliche Ergebnisse des Kongresses sowie der damalige Entwicklungsstand an verfügbaren Methoden und Anwendungsbeispielen wurden von uns 2005 in der ersten Auflage des hier vorliegenden Sammelbands „Wertschöpfung durch Kommunikation" zusammengetragen. Weitere Publikationen folgten, und das Thema wurde rasch zum Dauerbrenner bei Seminaren und Branchenveranstaltungen.

2006 bis 2009: Konsolidierung und Systematisierung des Kommunikations-Controllings

Die gemeinsame Überzeugung, dass Kommunikations-Controlling mehr ist als Evaluation und Wirkungsmessung und vor allem Steuerung und Wertschöpfung im Blick behalten muss, sorgte in den folgenden Jahren für einen intensiven Austausch zwischen den Vordenkern in Unternehmen, Beratern und Hochschulen. In der Praxis wurden in unterschiedlichen Konstellationen gemeinsame Projekte angestoßen und realisiert. Das erarbeitete Know-how wurde zudem an andere weitergegeben:

- Der DPRG-Arbeitskreis „Wertschöpfung durch Kommunikation" hat 2007 die bisherigen Erfahrungen gebündelt und fünf Thesenpapiere zu den Werttreibern und Key Performance Indicators (KPIs) der Kommunikation vorgelegt. In diesen Papieren ist bereits eine deutliche Konvergenz der Positionen und Methoden in Deutschland und damit eine Vorstufe zu standardisierten Verfahren erreicht. Dies wurde möglich, weil die Papiere unter Mitwirkung fast aller deutschen Experten in diesem Bereich in Workshops und mit einem modifizierten Delphi-Verfahren erarbeitet wurden (vgl. zu den wesentlichen Ergebnissen den Beitrag „Strategisches Kommunikations-Controlling mit der Balanced Scorecard" in diesem Band).
- Im Jahr 2007 haben die Universität Leipzig und die DPRG mit dem zweisprachigen Internetportal www.communicationcontrolling.de ein Forum für den fachlichen Austausch rund um das Thema Kom-

munikations-Controlling geschaffen. Methoden, Studien und Fallbeispiele werden dort ebenso präsentiert wie aktuelle Nachrichten und Informationsressourcen. Eine Reihe von Themen-Dossiers zu verschiedenen Fragestellungen bietet kompaktes Überblickswissen. Parallel zu diesem tagesaktuellen Angebot bietet der Fachtag Kommunikations-Controlling, initiiert von den Fachhochschulen Mainz und Wiesbaden und unterstützt von der DPRG, einmal im Jahr eine Plattform für den persönlichen Erfahrungsaustausch.

- Die DPRG und der Internationale Controller Verein (ICV) haben sich 2009 auf einen gemeinsamen DPRG/ICV-Bezugsrahmen für Kommunikations-Controlling geeinigt und die Wirkungsdimensionen der Kommunikation begrifflich normiert (vgl. hierzu den Beitrag „Wirkungsdimensionen der Kommunikation"). Damit ist der Weg frei für eine fruchtbare Zusammenarbeit von Controllern und Kommunikationsverantwortlichen in Unternehmen.

Seit Anfang 2008 werden die hier skizzierten Konzepte auch international kommuniziert. Der Austausch mit Unternehmensvertretern und Wissenschaftlern in Ländern wie USA, Großbritannien, Österreich, Niederlande, Schweiz und Brasilien hat begonnen. Dabei wird deutlich, dass Theorie und Praxis des Kommunikations-Controllings im deutschsprachigen Raum führend sind. Weite Teile der internationalen Diskussion bleiben weiterhin der operativen Ebene von Evaluation und Wirkungsmessung oder der Analyse einzelner Konstrukte (Reputation, Vertrauen) verpflichtet.

Heute und morgen: Professionalisierung und Institutionalisierung

Parallel zur Methodik des strategischen Kommunikations-Controllings sind die Standardwerkzeuge des Kommunikations-Controllings wie auch das Reporting – die Aufbereitung und Visualisierung von Daten und Controllingergebnissen – deutlich weiterentwickelt worden. Dabei haben der Erfahrungsaustausch zwischen Unternehmen und Dienstleistern bereits zu einer schrittweisen Konvergenz und Standardisierung von Methoden und Kennzahlen geführt. Dies ist eine Voraussetzung für den Best-Practice-Transfer und das Benchmarking in einzelnen Branchen. Der State-of-the-Art des Reportings und die wichtigsten Standardwerkzeuge des Kommunikations-Controllings werden in diesem Buch im Überblick dargestellt: die Medienanalyse, die Evaluation von Website-Nutzung und Usability, die Akzeptanzmessung von Corporate-Publishing-Medien und Events, die Markenbewertung, die Reputationsmessung, die Messung von Mitarbeitereinstellungen und -verhalten und die Erfolgsmessung der Finanzkommunikation.

Die Praxis in den meisten Unternehmen hält mit der Entwicklung des strategischen Kommunikations-Controllings allerdings bisher kaum Schritt. Für 47,3 Prozent aller Kommunikationsverantwortlichen in Europa ist die Verbindung zwischen Unternehmensstrategie und Kommunikation eine zentrale Herausforderung (European Communication Monitor 2009). Das Thema steht auf der Agenda ganz oben – das Problem ist also erkannt. An der Umsetzung mangelt es allerdings: Bei der Evaluation von Kommunikationsaktivitäten dominiert bislang noch die Ermittlung des Outputs wie zum Beispiel die Dokumentation der Medienresonanz und der Nutzung von Internet- und Intranet-Seiten sowie Befragungen zur Zufriedenheit interner Auftraggeber mit der Kommunikation. Zunehmend werden auch Outcome-Wirkungen wie die Kenntnis der Kernbotschaften bei den Zielgruppen sowie Einstellungen und Verhaltensdispositionen erhoben. Anspruchsvollere Verfahren wie die Reputationsmessung oder gar die Verbindung von Unternehmens- und Kommunikationszielen mit der Scorecard oder auch eine systematische Kostenanalyse finden 2009 erst bei rund einem Drittel der Unternehmen statt.

Dass strategisches Kommunikations-Controlling dennoch machbar ist – in Konzernen ebenso wie im Mittelstand –, zeigen die Fallstudien im dritten Teil dieses Sammelbands. Die derzeit wohl fortschrittlichsten Implementationen in Deutschland, Österreich und der Schweiz werden erstmals im Überblick vorgestellt. Hier zeigt sich, wie Unternehmen moderne Controlling- und Steuerungssysteme nutzen, um nachhaltige Wettbewerbsvorteile durch Kommunikation zu erlangen. In der Mehrzahl der Fallstudien sind Scorecards das zentrale Instrument, vielfach werden zur Klärung der Wirkungsverhältnisse bereits Werttreiberbäume (Value Links) eingesetzt.

Die Herausforderung besteht nun darin, diese Erfahrungen in die Breite zu tragen und zu institutionalisieren – durch eine gemeinsame Sprache von Kommunikationsmanagern und Controllern, aber auch zwischen Unternehmen und Dienstleistern sowie gegenüber der Unternehmensführung und anderen internen Auftraggebern. Dies wird zu einer tragfähigen Praxis des strategischen Kommunikations-Controllings beitragen. Spätestens in fünf Jahren werden wir die Entwicklungen erneut zusammentragen. Wir sind guter Hoffnung, dass Controlling und Reporting dann zum selbstverständlichen Handwerkszeug auch von Kommunikationsverantwortlichen gehören werden – und wir über neue Methoden, tragfähige Standards und attraktive Fallstudien berichten können.

Wir danken allen Autoren dieses Sammelbands und den Mitarbeitern von JP KOM, insbesondere Jessica Durst, Judith Knabe, Lars Dombrowski und Johannes Anslinger, sowie unserer Verlegerin Danja Hetjens und dem Lektor Bruno Pusch für ihre Unterstützung bei diesem Buchprojekt.

I
Konzeptionelle Grundlagen

Das Modell des Unternehmens in der modernen Managementtheorie: Der Wertbeitrag von weichen Faktoren wird messbar

Jörg Pfannenberg

Der strategische Wertbeitrag von Kommunikation für den Wertschöpfungsprozess des Unternehmens wird seit Jahren behauptet. Doch erst mit der modernen Managementtheorie entstand in den 1980er und 1990er Jahren ein Modell des Unternehmens, das immaterielle Ressourcen – die „weichen" Faktoren – wie Innovationen, Unternehmenskultur und Führung oder auch Kommunikation plausibel integriert und damit den Beitrag dieser Faktoren zur Wertschöpfung steuer- und messbar macht. Parallel dazu setzte auch die Diskussion um die Bilanzierung von immateriellen Vermögensgegenständen (Englisch: „Intangible Assets") ein. Dieser Beitrag schildert die Entwicklung der modernen Managementtheorie, die in den Konzepten Strategy Map und Balanced Scorecard von Kaplan/Norton gipfelt, und damit die Grundlagen des strategischen Kommunikations-Controllings mit der Balanced Scorecard.

Drei Säulen der modernen Managementtheorien

In den 1980er Jahren spürten die amerikanischen Unternehmen verstärkt die Folgen der Globalisierung, vor allem einen verschärften Wettbewerb und gleichzeitig höhere Komplexität. In dieser Zeit entstehen in den USA, vorwiegend im Umfeld der Harvard Business School, innerhalb weniger Jahre Bausteine für eine neue Managementtheorie. Dabei arbeiten die beteiligten Wissenschaftler und Berater teilweise parallel an denselben Themen, sie setzen mit ihren Arbeiten auf den Theorien der anderen auf und ergänzen sie.

- Michael E. Porter veröffentlicht 1985 erstmals in Buchform seine Theorie, wie Unternehmen durch das Erreichen und Behaupten von Spitzenleistungen („Excellence") Wettbewerbsvorteile („Competitive Advantages") erreichen und behaupten können (vgl. Porter 2000).
- Alfred Rappaport zeigt mit seiner erstmals 1986 als Buch veröffentlichten Theorie auf, wie die Unternehmensführung den Wert des Unternehmens für die Inhaber – den „Shareholdervalue" – steigern kann (vgl. Rappaport 1995).
- Robert S. Kaplan und David P. Norton publizieren 1992 das Managementinstrument Balanced Scorecard. In dem 2004 veröffentlichten

Ansatz der Strategy Maps entwickeln Kaplan/Norton das Scorecard-Konzept weiter. Hier zeigen sie insbesondere auf, „wie der unternehmerische Erfolg über Ursache-Wirkungsketten aus den immateriellen Ressourcen entsteht" (Kaplan/Norton 2004: VII).

Porters Wettbewerbsstrategie: Entdeckung der Wertketten

Die Theorie der Wettbewerbsvorteile hat „keine klar erkennbaren Vorläufer in der Management- oder wirtschaftswissenschaftlichen Literatur", stellt Porter (2000: 17) im Vorwort zur fünften Auflage von „Wettbewerbsvorteile" zu Recht fest. Und er konstatiert, dass die von ihm geprägten Ausdrücke „Wettbewerbsvorteil" und „nachhaltiger Wettbewerbsvorteil" Gemeingut geworden sind (ebd.). Sein Buch „Wettbewerbsvorteile" habe dazu beigetragen, Strategien konkreter und besser steuerbar zu machen (vgl. ebd.: 18).

Mit seiner Theorie überschreitet Porter die Grenzen bisheriger „eindimensionaler Beschreibungen des Wettbewerbsvorteils", die diesen Vorteil zum Beispiel der Unternehmensgröße, dem Marktanteil, den Stärken und Schwächen, den Erfolgsfaktoren oder Kernkompetenzen zuschreiben (ebd.: 17). Nach Porter entstehen Wettbewerbsvorteile „im wesentlichen aus dem Wert, den ein Unternehmen für seine Abnehmer schaffen kann, soweit dieser die Kosten der Wertschöpfung für das Unternehmen übersteigt" (ebd.: 27). Laut Porter gibt es „zwei Grundtypen von Wettbewerbsvorteilen: Kostenführerschaft und Differenzierung" (ebd.).

Wie Wettbewerbsvorteile entstehen, lässt sich nicht begreifen, wenn man das Unternehmen „als Ganzes" betrachtet, konstatiert Porter, und fährt fort: „Sie erwachsen aus den vielen einzelnen Tätigkeiten des Unternehmens in den Bereichen Entwurf, Fertigung, Marketing, Auslieferung und Unterstützung seines Produkts" (ebd.: 63). Zur Untersuchung der Ursachen von Wettbewerbsvorteilen entwickelt Porter das Konzept der Wertkette. Als Analyseinstrument gliedert die Wertkette das Unternehmen in die strategisch relevanten Tätigkeiten: So werden die einzelnen Glieder des Wertschöpfungsprozesses voneinander differenziert; vor allem aber werden – durch die Darstellung als Kette – die Verbindungen zwischen diesen Gliedern deutlich (vgl. ebd.).

Die Wertkette zeigt den gesamten Wertschöpfungsprozess, sie setzt sich aus den Wertaktivitäten und der Gewinnspanne zusammen. Dabei sind Wertaktivitäten als „die physischen und technologisch unterscheidbaren, von einem Unternehmen ausgeführten Aktivitäten" (ebd.: 68) zu verstehen. Porter unterscheidet zwischen zwei allgemeinen Typen von Wertaktivitäten: primäre und unterstützende Aktivitäten. Die primären

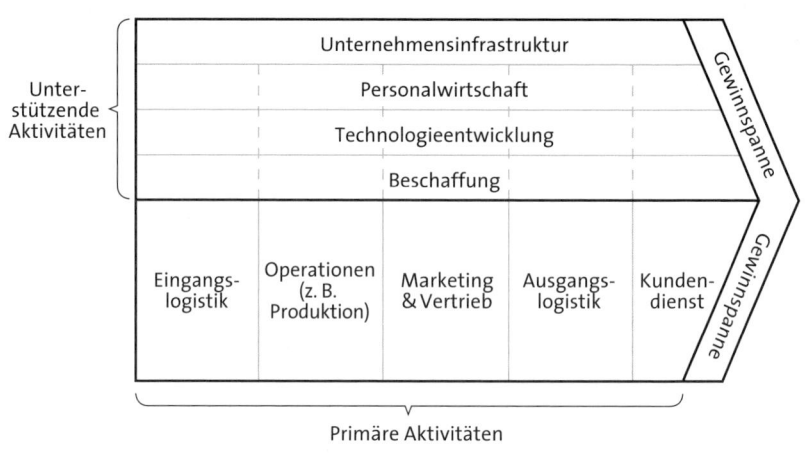

Abbildung 1: Michael E. Porters Modell der Wertkette (1985).

Aktivitäten Eingangslogistik, Operationen, Ausgangslogistik, Marketing & Vertrieb und Kundendienst sind die eigentlich wertschöpfenden Glieder der Wertkette. Die unterstützenden Aktivitäten – Unternehmensinfrastruktur, Personalwirtschaft, Technologieentwicklung und Beschaffung – generieren selbst direkt keinen Wert. Ihre Funktion besteht vielmehr darin, die primären Aktivitäten und sich selbst untereinander aufrechtzuerhalten und zu unterstützen. Dies geschieht, indem sie für den Kauf von Inputs, Technologie, menschlichen Ressourcen und anderen Funktionen für das ganze Unternehmen sorgen (vgl. ebd.: 69).

Alle – sowohl die primären wie auch die unterstützenden – Wertaktivitäten sind Bausteine des Wettbewerbsvorteils. Die Anordnung der primären Aktivitäten in der Reihenfolge Eingangslogistik, Operationen, Ausgangslogistik, Marketing & Vertrieb und Kundendienst macht deutlich, dass diese Aktivitäten im Sinne einer Wertschöpfungskette aufeinander aufbauen. Den Zusammenhang zwischen den primären – direkt wertschöpfenden – Aktivitäten und den unterstützenden Aktivitäten stellt Porter allerdings noch nicht in Form von Wertschöpfungsketten grafisch dar. Bei der Beschreibung der beiden Wettbewerbsstrategien „Kostenvorsprung" und „Differenzierung" (vgl. ebd.: 97 ff. und 186 ff.) wird der Zusammenhang zwischen den unterstützenden und den primären Aktivitäten jedoch anhand von zahlreichen Beispielen plausibel gemacht. Insbesondere bei der Wettbewerbsstrategie „Differenzierung" kommen dabei auch Kommunikationswirkungen in den Blick – sowohl als Treiber für andere unterstützende Aktivitäten als auch von anderen unterstützenden Aktivitäten unterstützte Aktivität und direkt den primären Wertschöpfungsprozess unterstützende Aktivität (vgl.

ebd.: 170 f.). Als Beispiele nennt Porter auf der Ebene der Unternehmensinfrastruktur die „Unterstützung des Verkaufs durch die Geschäftsführung", die „Unternehmensimage fördernden Betriebseinrichtungen" und ein „leistungsstarkes Managementinformationssystem", auf der Ebene der Beschaffung die „Platzierung in den begehrtesten Werbeträgern" und „Produktplatzierung und -image" (ebd.: 171).

Porter erläutert die Wertbeziehungen zwischen den unterstützenden und den primären Wertaktivitäten sowie zwischen den unterstützenden Aktivitäten untereinander lediglich in Prosa und mit vielen Beispielen. Es erfolgt keine systematische, allgemeingültige Darstellung der Wertketten. Weiterhin bleibt die genaue Beziehung zwischen Unternehmensstrategie und Wertschöpfung/Wertsteigerung im finanziellen Sinne unscharf. Diese Lücken werden durch den Shareholdervalue-Ansatz von Rappaport sowie durch die Balanced Scorecard und die Strategy Map von Kaplan/Norton geschlossen.

Der Shareholdervalue-Ansatz: Konzept für die Unternehmenswertsteigerung

Für die argumentative Verbindung von operativer Unternehmensführung und Wertsteigerung des Unternehmens stellt der Shareholdervalue-Ansatz von Rappaport aus dem Jahre 1986 (deutsche Übersetzung erstmals 1994) den entscheidenden Impuls dar. Dabei setzt Rappaport unmittelbar auf dem Konzept der Wertkette von Porter auf (vgl. Rappaport 1995: 87 f.).

Anders als vielfach behauptet, hat Rappaport mit seinem Shareholdervalue-Ansatz keineswegs nur die Interessen der Anteilseigner im Blick. Vielmehr versteht er es als Aufgabe des Managements, „die Interessen der verschiedenen Anspruchsgruppen eines Unternehmens, wie beispielsweise Mitarbeiter, Kunden, Lieferanten, Fremd- und Eigenkapitalgeber auszubalancieren" (ebd.: 12 f.). Aber er gibt dieser Balance einen ausschließlich finanziellen Sinn, wenn er betont: „Gelingt es einem Unternehmen nicht, die finanziellen Ansprüche seiner Anspruchsgruppen zu befriedigen, so wird es aufhören, eine lebensfähige Organisation zu sein" (ebd.). Der Shareholdervalue-Ansatz richtet sich also nicht gegen den Interessenausgleich zwischen den Stakeholdern des Unternehmens, sondern gegen die Eigenmächtigkeit des Managements, wenn es andere Zielsetzungen als die Steigerung des Unternehmenswertes verfolgt. Dabei geht Rappaport davon aus, dass die Zielsetzungen von Management und Eigentümern „in manchen Situationen" voneinander abweichen können. „Geschäftsstrategien sollten nach Maßgabe der ökonomischen Renditen beurteilt werden, die sie für die Anteilseigner schaffen", fordert Rappaport (ebd.). Bei börsennotierten Kapitalgesellschaften spiegeln sich die ökonomischen Renditen in den Dividendenzahlungen und in den Kurswertsteigerungen der Aktien wider; Grundlage dafür ist der Cashflow (Einzahlungen minus Auszahlungen) aus der Unternehmenstätigkeit (vgl. ebd.). Rappaport setzt den diskontierten Cashflow bei der Bewertung von Investitionsentscheidungen an die Stelle der herkömmlichen Bewertungskriterien Rentabilität auf das investierte Kapital (Return on Investment, ROI) oder auch die Rentabilität des Eigenkapitals (Return on Equity, ROE) (vgl. ebd.: 32 ff. und 43 ff.). Indem er den Cashflow als entscheidendes Kriterium für den Unternehmenserfolg benennt, reduziert Rappaport das Umsatzwachstum, die operative Gewinnmarge und – über die Diskontierung – die Kapitalkosten zu Faktoren für die Entwicklung des Shareholdervalue.

Der Shareholdervalue-Ansatz stellt erstmals eine eindeutige Korrelation zwischen der Strategie des Unternehmens und seiner Position im Markt einerseits und dem für den Aktionär geschaffenen Wert andererseits her: „Wenn das Management Strategiealternativen beurteilt, dann sind jene Strategien, die dem Unternehmen den größten nachhaltigen Wettbewerbsvorteil verschaffen, auch diejenigen, die den höchsten Shareholder Value schaffen" (ebd.: 12). Konkret bedeutet dies, dass sich das Management des Unternehmens bei der Allokation von Ressourcen – sei es beim Erwerb von Anteilen an einem anderen Unternehmen, der Realisierung einer Strategie, Mergers & Acquisitions oder auch Investitionen – fragen muss, ob dadurch die Generierung eines positiven Cashflows unterstützt wird (vgl. ebd.). Der Shareholdervalue-Ansatz schätzt den „ökonomischen Wert einer Investition [...] dadurch, daß die prognostizierten Cash-flows mittels des Kapitalkostenansatzes diskontiert werden" (ebd.).

Rappaport stellt die Abhängigkeit zwischen (1) den Zielsetzungen des Unternehmens – die Schaffung von Shareholdervalue zur Sicherung und Steigerung der Eigentümerrendite durch Dividenden und Kursgewinne –, (2) den Bewertungskomponenten betrieblichen Cashflows, Diskontsatz und Fremdkapital, (3) den Wertreibern und (4) den Führungsentscheidungen des Managements in einem „Shareholdervalue-Netzwerk" dar. Damit führt er die Methode des Werttreiberbaums in die Diskussion um die Verbindung zwischen finanziellen, strategischen und operativen Fragen ein. Die Führungsentscheidungen beziehen sich dabei auf (1) „Operating-Entscheidungen" wie das Leistungsportfolio, die Preispolitik, Marketing und Vertrieb, auf (2) Investitionsentscheidungen wie zum Beispiel in Lagerbestände und Kapazitätserweiterungen und auf (3) Finanzierungsentscheidungen, die auf die Verringerung der Kapitalkosten abzielen (vgl. ebd.: 79 f.; siehe Abbildung 2).

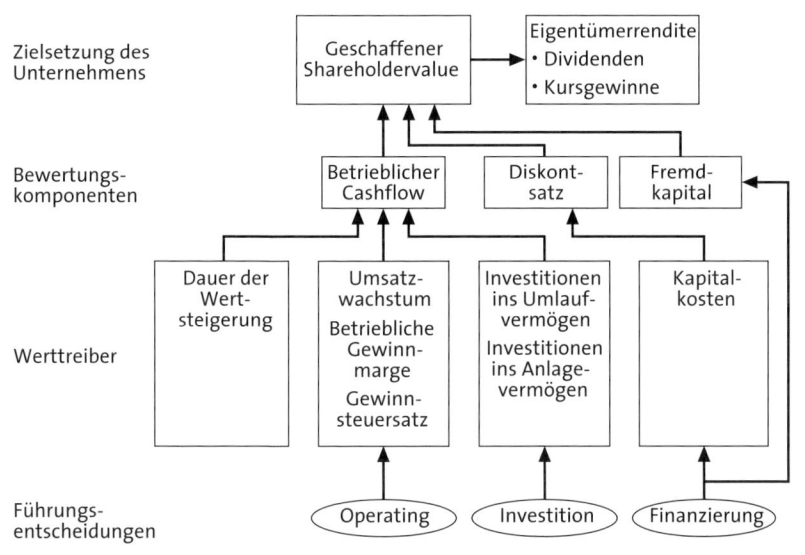

Abbildung 2: Das Shareholdervalue-Netzwerk von Rappaport (1995).

Mit Porters Theorie der Wettbewerbsvorteile und Rappaports Shareholdervalue-Ansatz ist der Schritt gemacht zur Argumentation und Plausibilisierung von lückenlosen Wertketten, die operatives Management, Unternehmensstrategie und finanziellen Erfolg des Unternehmens zueinander in Bezug setzen. Erstmals wird einer breiten Fachöffentlichkeit die Darstellung von Wertketten (Value Links) in grafischer Darstellung als Werttreiberbäume nahegebracht. Und erstmals rücken neben den „harten" finanziellen und betrieblichen Treibern auch weiche Faktoren für den Unternehmenserfolg – wie zum Beispiel das „Lernen" – in den Blick. Insbesondere das Konzept der Value Links hat sich als folgenreich erwiesen.

Kaplan/Nortons Strategy Map und Balanced Scorecard

Als allgemeines Modell stellt die generische Strategy Map von Kaplan/Norton (2004) den Wertschöpfungsprozess von Unternehmen dar. Als Masterplan des Unternehmens erlaubt sie die umfassende und konsistente Beschreibung der Unternehmensstrategie. Dies geschieht durch die Darstellung der strategischen Zielsetzungen in Ursache-Wirkungs-Beziehungen. Dabei verfolgt jedes Unternehmen nach Kaplan/Norton vier übergreifende Ziele: *zufriedene Shareholder* (Finanzperspektive), *begeisterte Kunden* (Kundenperspektive), *exzellente Prozesse* (interne Geschäftsprozessperspektive) sowie *motivierte und veränderungs-*

bereite Mitarbeiter (Lern- und Entwicklungsperspektive). Für jede dieser vier Perspektiven formulieren Kaplan/Norton typische Leitfragen (vgl. Kaplan/Norton 2004: 7):

- *Finanzperspektive.* Welche finanziellen Ziele müssen wir verfolgen, um unsere Eigentümer zufriedenzustellen?
- *Kundenperspektive.* In welchen Märkten und bei welchen Kunden müssen wir unsere Produkte und Leistungen erfolgreich vermarkten, um unsere finanziellen Ziele zu erreichen?
- *Interne (Prozess-)Perspektive.* In welchen Geschäftsprozessen müssen wir die Besten sein, um unsere Kunden zufriedenzustellen?
- *Lern- und Entwicklungsperspektive.* Wie muss unsere Organisation lernen und sich verbessern, um unsere Vision zu verwirklichen?

Bei den Treibern auf den Ebenen („Perspektiven") ihres generischen Wertschöpfungsmodells greifen Kaplan/Norton auf die führenden Managementtheorien der vergangenen 20 Jahre zurück: in der Finanzperspektive auf das Shareholdervalue-Modell von Rappaport, in der Kundenperspektive auf den Marketingmix von Kotler (vgl. Kotler/Bliemel 1995: 141 f.), in der Prozessperspektive über Porter hinaus auf das Excellence-Konzept von Peters/Waterman (1982) und in der Lern- und Entwicklungsperspektive auf die Konzepte Unternehmenskultur und Leadership (vgl. zum Beispiel Schein 1985, Kotter 1987) und das Wissensmanagement (vgl. Senge 1996).

Als lückenloses Modell von Werttreiberbeziehungen (Value Links) verdeutlicht die Strategy Map, dass die Zielsetzungen in der Lern- und Entwicklungsperspektive erfüllt sein müssen, damit effiziente und effektive Prozesse in der internen Perspektive möglich sind. Voraussetzung für das Erreichen der Ziele in der Kundenperspektive sind Erfolge in der Lern- und Entwicklungsperspektive und in der internen Geschäftsprozessperspektive. Schließlich können die finanziellen Zielsetzungen – und damit die nachhaltige Steigerung des Shareholdervalues – nur erreicht werden, wenn die Werttreiber der übrigen Perspektiven weitgehend funktionieren (vgl. Pfannenberg/Diercks 2009: 92 ff.).

In der generischen Strategy Map des Unternehmens von Kaplan/Norton ist die Finanzierung der Unternehmenstätigkeit nicht dargestellt. Jedoch ist das Finanzmanagement des Unternehmens zweifellos Teil der strategischen Unternehmensführung und in der finanziellen Perspektive zu verorten. Die Finanzierungsstrategie des Unternehmens zielt darauf ab, die Finanzierungskosten für Eigen- und Fremdkapital möglichst niedrig zu halten: Möglichst niedrige Kapitalkosten sind essentiell für das Unternehmen – sowohl bei der Fremdkapitalbeschaffung (u. a.

Emissionskosten, Zinszahlungen, Marktpflegekosten) als auch für die Eigenkapitalbeschaffung (u. a. Listing-Kosten, Dividendenzahlungen). Die beiden Faktoren des Cashflows „Umsatz" und „operative Gewinnmarge" stehen bei Kaplan/Norton als Zielsetzungen an der Spitze der operativen Strategy Map, die Kapitalkosten müssen ergänzt werden.

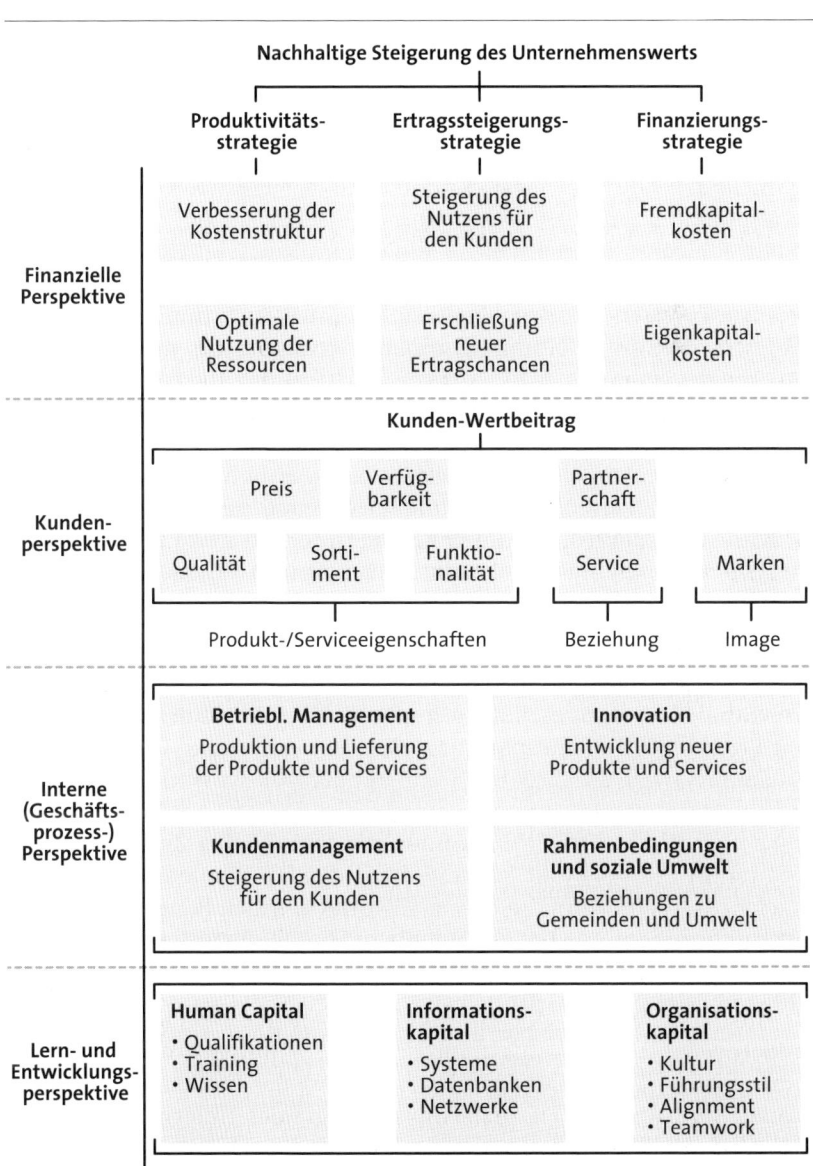

Abbildung 3: Die Strategy Map des Unternehmens von Kaplan/Norton (2004), ergänzt um die Finanzierungsstrategie (vgl. Pfannenberg 2009: 4).

Mittels der Balanced Scorecard (BSC) werden die Zielsetzungen der Strategy Map in den vier Perspektiven in konkrete Vorgaben und Messgrößen übersetzt. Als Steuerungs- und Controllinginstrument ermöglicht die BSC dem Management die strategische und operative Kontrolle aller wesentlichen Prozesse aus einer einheitlichen Unternehmensvision heraus. Die BSC vereint vier Scorecards für die vier Perspektiven der Strategy Map: Finanzen, Kunden, Prozesse und Mitarbeiter. Der Zusatz „Balanced" bedeutet, dass entsprechend dem Modell der Strategy Map die Werttreiber aller vier Perspektiven in einem ausgewogenen Verhältnis gemanagt werden müssen, damit der Unternehmenswert nachhaltig gesteigert werden kann.

In Abgrenzung zu Dashboards betonen Kaplan/Norton, dass eine gute Balanced Scorecard mehr ist als eine Sammlung von Erfolgsfaktoren: „Die verschiedenen Kennzahlen auf einer richtig angelegten Balanced Scorecard sollten aus einer Verknüpfung von Zielen und Kennzahlen bestehen, die sowohl beständig als auch wechselseitig verstärkend wirken. Die zu verwendende Metapher sollte nicht das ‚Instrumentenbrett' sein, sondern vielmehr ein Flugsimulator. Wie ein Flugsimulator sollte die Scorecard die komplexe Vielfalt von Ursachen und Wirkungen unter den kritischen Variablen beinhalten, einschließlich Flugzeiten, Verspätungen und Warteschleifen, die die Vorgehensweise, den Flugplan der Strategie beschreiben. Die Verknüpfungen sollten sowohl Ursache-Wirkungs-Beziehungen als auch eine Mischung von Ergebniskennzahlen und Leistungstreibern beinhalten" (Kaplan/Norton 1997: 28).

Strategy Map und BSC machen die Beziehungen zwischen vor- und nachlaufenden Wertschöpfungsfaktoren, zwischen immateriellen Assets („Potentiale") und materiellen Assets deutlich (vgl. Kaplan/Norton 2004: 6):

Die Werttreiberbäume der Strategy Map plausibilisieren möglichst lückenlos die Beziehungen zwischen den Werttreibern, erstmals wird der Wertbeitrag weicher Faktoren in Hinblick auf die operativen, strategischen und finanziellen Ziele des Unternehmens bis hin zur Steigerung des Unternehmenswertes deutlich.

Die Balanced Scorecard ist das Steuerungs- und Controllinginstrument, mit dem die Zielvorstellungen des Unternehmens in den praktischen Alltag übersetzt und so für den strategischen Managementprozess und den Aufbau eines Verantwortungsgeflechts im Unternehmen verfügbar gemacht werden. Dies geschieht mittels Tracking der Zielsetzungen über einfache Kennzahlen (Key Performance Indicators, KPIs), mit denen die Handlungsziele quantifiziert und damit transparent messbar gemacht werden. Dabei sichert die Festlegung von KPIs und korrespondierenden Maßnahmenprogrammen sowohl für die aktuelle Berichtsperiode wie auch für die mittelfristige Perspektive in drei bis fünf Jah-

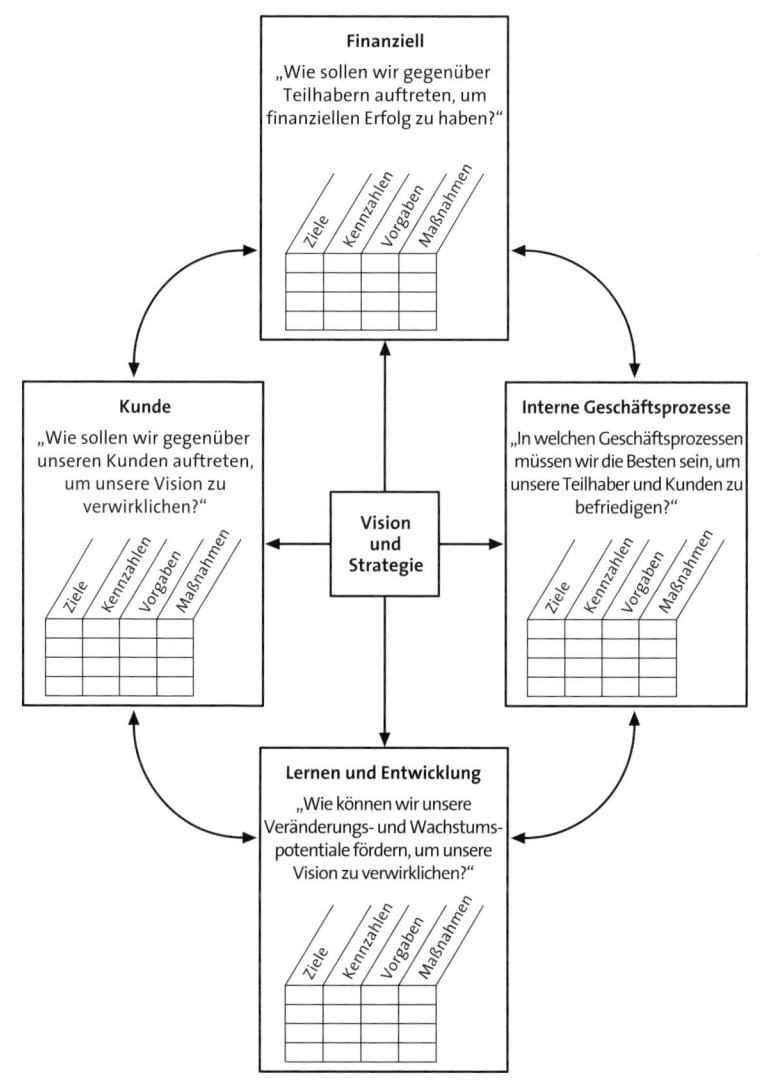

Abbildung 4: Die Balanced Scorecard von Kaplan/Norton (1997).

ren die Nachhaltigkeit des unternehmerischen Handels ab: Die vor- und nachlaufenden Wertschöpfungsfaktoren werden auch in der zeitlichen Dimension miteinander vernetzt (vgl. die Muster-Scorecard bei Pfannenberg 2010: 66). In den Worten Kaplan/Nortons: „Eine gut konstruierte Balanced Scorecard [sollte] etwas über die Geschäftseinheitsstrategie aussagen. Sie sollte die Aufeinanderfolge der Hypothesen über den Zusammenhang von Ursache und Wirkung zwischen Ergebniskennzahlen und Leistungstreibern für diese Ergebnisse identifizieren und deutlich machen. Jede für eine Balanced Scorecard ausgewählte Maßgröße sollte ein Element der Kette von Ursache- und Wirkungsbeziehungen sein und die Bedeutung der Geschäftseinheitsstrategie für das Unternehmen kommunizieren" (Kaplan/Norton 1997: 30).

Bewertung und Ausblick

Die Strategy Map und Balanced Scorecard von Kaplan/Norton stellen heute einen international anerkannten Bezugsrahmen für das Management von Unternehmen – insbesondere auch der „weichen" Faktoren – dar. Mittlerweile verwenden innovative Unternehmen die Balanced Scorecard als Rahmen für den gesamten Managementprozess, aber auch in Großunternehmen wird die Scorecard heute vielfach zur Steuerung einzelner Bereiche und insbesondere der weichen Faktoren eingesetzt (vgl. die Fallstudien in Horváth & Partner 2007). Das strategische Kommunikations-Controlling kann auf diesen Methoden und Instrumenten – den Werttreiberbäumen (Value Links) zur Plausibilisierung von Strategien und der Balanced Scorecard als Steuerungs- und Controlling-Tool – aufsetzen.

Kleines Scorecard-Lexikon

Strategy Map: Masterplan/Modell zur umfassenden und konsistenten Beschreibung der Unternehmensstrategie. Der Wertschöpfungsprozess des Unternehmens wird durch die Darstellung der strategischen Zielsetzungen in expliziten Ursache-Wirkungs-Beziehungen aufgezeigt.

Balanced Scorecard (BSC): Steuerungs- und Controllinginstrument in Tabellenform, das dem Management die strategische und operative Kontrolle von Unternehmensprozessen ermöglicht. Die BSC nach Kaplan/Norton vereint vier Scorecards für die vier Perspektiven der Strategy Map: Finanzen, Kunden, Prozesse und Mitarbeiter. Der Zusatz „Balanced" bedeutet, dass die Werttreiber aller vier Perspektiven in einem ausgewogenen Verhältnis gemanagt werden müssen, damit der Unternehmenswert gesteigert werden kann.

Value Links: Wirkungsbeziehungen zwischen Werttreibern (Value Driver) in Werttreiberbäumen, zum Beispiel in der Strategy Map oder auch in Werttreiberbäumen der Kommunikation. Die Value Links stellen Ursache-Wirkungs-Beziehungen zwischen Werttreibern dar.

Value Driver/Werttreiber: Faktoren in Unternehmensaktivitäten, die das wirtschaftliche Ergebnis maßgeblich beeinflussen und deren Verbesserung zu einer Steigerung des Unternehmenswertes führt.

Key Performance Indicators (KPIs): KPIs sind Kennzahlen, die als Indikator für Veränderungen des gemessenen Sachverhalts dienen können, zum Beispiel für die Veränderung eines Werttreibers.

Literatur

Horváth & Partner (2007): Balanced Scorecard umsetzen, 4. Auflage. Stuttgart.

Kaplan, Robert S./Norton, David P. (1997): Balanced Scorecard: Strategien erfolgreich umsetzen. Stuttgart.

Kaplan, Robert S./Norton, David P. (1992): The Balanced Scorecard – Measures that Drive Performance. In: Harvard Business Review, 70. Jg., Nr. 1, S. 71–79.

Kaplan, Robert S./Norton, David P. (2004): Strategy Maps. Der Weg von immateriellen Werten zum materiellen Erfolg. Stuttgart.

Kotler, Philip/Bliemel, Friedhelm (1995): Marketing-Management. Analyse, Planung, Umsetzung und Steuerung, 8. Auflage. Stuttgart.

Kotter, John P. (1987): Leading Change. Boston.

Peters, Thomas J./Waterman, Robert H. (1982): In Search of Excellence. New York.

Pfannenberg, Jörg (2010): Strategisches Kommunikations-Controlling mit der Balanced Scorecard. In diesem Band.

Pfannenberg, Jörg (2009): Die Balanced Scorecard im strategischen Kommunikations-Controlling. communicationcontrolling.de, Dossier Nr. 2. Berlin/Leipzig.

Pfannenberg, Jörg/Diercks, Anna (2009): Kommunikations-Controlling in Veränderungsprojekten. In: Pfannenberg, Jörg (Hg.): Veränderungskommunikation. So unterstützen Sie den Change-Prozess wirkungsvoll. Themen, Prozesse, Umsetzung. Frankfurt am Main, S. 92–102.

Porter, Michael E. (1985): Competitive Advantage: Creating and Sustaining Superior Performance. New York.

Porter, Michael E. (2000): Wettbewerbsvorteile. Spitzenleistungen erreichen und behaupten. Frankfurt am Main/New York.

Rappaport, Alfred (1986): Creating Shareholder Value. The New Standard for Business Performance. New York.

Rappaport, Alfred (1995): Shareholder Value. Wertsteigerung als Maßstab für die Unternehmensführung. Stuttgart.

Schein, Edgar H. (1985): Organizational Culture and Leadership. San Francisco.

Senge, Peter M. (1996): Die fünfte Disziplin. Stuttgart.

Controlling und Kommunikations-Controlling aus Sicht der Unternehmensführung: Grundlagen und Anwendungsbereiche

Ansgar Zerfaß

Die Komplexität des Kommunikationsmanagements hat im vergangenen Jahrzehnt deutlich zugenommen. Dafür gibt es viele Gründe, insbesondere die zunehmende Mediatisierung und Fragmentierung der Gesellschaft, die Ausbreitung interaktiver Kommunikationstechnologien und die wachsende Bedeutung immaterieller Werte wie Marken, Reputation und Mitarbeiter-Commitment in der Wirtschaft. Kommunikationsverantwortliche haben es heute mit zahlreichen Stakeholdern (Kunden, Politikern, Mitarbeitern, Anrainern) und Mittlern (Journalisten, Meinungsführern, Online-Multiplikatoren) zu tun; sie nutzen verschiedene Kommunikationswege (Presse- und Medienarbeit, Werbung, Corporate Publishing, Events, soziale Netzwerke) und verfolgen unterschiedlichste Ziele. Dazu gehört die Durchsetzung von Unternehmensstrategien durch die Beeinflussung von Wissen, Wirklichkeitskonstruktionen und Einstellungen ebenso wie die systematische Analyse der öffentlichen Meinungsbildung und des kommunikativen Umfelds, die zu Revisionen der Unternehmensstrategie führen kann.

Aufgrund der komplexen Wirkungszusammenhänge sind der übergeordnete Beitrag der Kommunikation zur Wertschöpfung und der Erfolg einzelner Maßnahmen in den meisten Fällen nicht sofort ersichtlich. Daraus erwächst die Notwendigkeit, Kommunikationsprozesse und ihre Verknüpfung mit Unternehmenszielen systematisch zu analysieren, Abläufe und Ergebnisse transparent zu machen, Fehlerquellen zu antizipieren und die Zielerreichung durch die Bereitstellung geeigneter Informationen zu unterstützen. Dies ist Aufgabe des Kommunikations-Controllings, das – analog zum Controlling des Unternehmens insgesamt – eine eigenständige Funktion wahrnimmt und die Rationalität des Kommunikationsmanagements sicherstellen soll.

Kommunikations-Controlling ist notwendig, weil der operative Handlungsdruck in der Praxis sehr groß ist. Die Verantwortlichen für Public Relations, interne Kommunikation sowie Markt- und Finanzkommunikation konzentrieren sich im Allgemeinen auf die Planung und Umsetzung der eigentlichen Kommunikationsaktivitäten. Die Reflexion und der Bezug zur Gesamtstrategie geraten dabei leicht aus dem Blick. Der vorliegende Beitrag zeigt, wie Kommunikations-Controlling diese Lücke schließen kann.

Funktion und Aufgaben des Controllings im Unternehmen

Das Kommunikations-Controlling wurde zunächst in Fachdiskursen erörtert (vgl. Zerfaß 2005, Arnaout 2005), ist aber keineswegs eine isolierte Erscheinung, sondern ein typisches Beispiel für ein dezentrales Controlling, das sich im Unterschied zum Controlling des Gesamtunternehmens auf einzelne Geschäftseinheiten beziehungsweise Unternehmensfunktionen bezieht (vgl. Weber/Schäffer 2008: 471 ff.). Vergleichbare Konzepte sind das F&E-Controlling und das Marketing-Controlling (vgl. Horváth 2009: 786 ff., Köhler 2006). Für das Verständnis des Kommunikations-Controllings ist es daher unabdingbar, sich mit den Grundlagen des Controllings und seiner Verortung in der Betriebswirtschaftslehre auseinanderzusetzen.

Controlling wird in Theorie und Praxis als integraler Bestandteil der Unternehmensführung verstanden. Der Gegenstandsbereich und Stellenwert des Controllings ist allerdings bis heute umstritten. Um Missverständnissen vorzubeugen, ist zunächst festzuhalten, dass

- Controlling (englisch: „Management Accounting") weder mit *Rechnungswesen und Buchhaltung* (englisch: „Accounting") noch mit *Kontrolle* (englisch: „Monitoring") im Sinne der Überprüfung von Maßnahmen und Prozessen durch die Anwendung geeigneter Evaluationsmethoden verwechselt werden darf.

- Controlling als Funktion, die von (fast) allen Aufgabenträgern im Unternehmen wahrzunehmen ist, zu unterscheiden ist von der Institution der *Controller* im Sinne entsprechend spezialisierter Stelleninhaber beziehungsweise Abteilungen.

- Controlling im Kern nicht rückwärtsgerichtet und beurteilend, sondern *zukunftsorientiert* sein soll.

Jenseits dieser Grundannahmen finden sich in Betriebswirtschaftslehre und Managementforschung durchaus unterschiedliche Konzeptionen des Controllings (vgl. Weber/Schäffer 2008: 20 ff.):

- *Controlling als Informationsversorgung.* Dieser Ansatz propagiert eine erweiterte Sichtweise des Rechnungswesens und knüpft unmittelbar an die historische Entwicklung des Controllings an: Controller oder „Comptroller" wurden ungefähr ab den 1920er Jahren in den USA eingestellt, um das „Rechnungswesen vom reinen Registrier- und Kontrollinstrument zum Hilfsmittel der Zukunftsbewältigung" (Weber/Schäffer 2008: 4) auszubauen. Diese Perspektive wird in informationsorientierten Controlling-Konzepten teilweise dahingehend erweitert, dass eine umfassende Zuständigkeit für die Erhebung und Aufbereitung sämtlicher für die Unternehmensführung notwendiger Informationen beansprucht wird. Das überschneidet sich jedoch mit Anspruch und Praxis anderer betrieblicher Funktionen, insbesondere dem Informationsmanagement, und ist daher wenig zweckdienlich.

- *Controlling als Koordinationsfunktion.* Diese bis heute in der deutschsprachigen Forschung vorherrschende Sichtweise wurde Ende der 1970er Jahre von Horváth geprägt. Er definiert Controlling als „ergebniszielorientierte Koordination von Planung und Kontrolle sowie Informationsversorgung" (Horváth 2009: 123). Dem liegt die Annahme zugrunde, dass sich das betriebliche Managementsystem in ein Planungs- und Kontrollsystem einerseits und ein Informationsversorgungssystem andererseits gliedert und beides durch eine spezifische dritte Funktion – das Controlling – abgestimmt werden muss. Während Horváth die Aufgaben des Controllings auf diese Schnittstelle beschränkt und es somit als Komplementärfunktion zur umfassenden Steuerungsaufgabe des Managements positioniert, gehen andere Autoren wie zum Beispiel Küpper (2008) deutlich weiter und weisen dem Controlling die Gesamtkoordination aller Managementfunktionen – von der Planung und Kontrolle bis zur Organisation und Personalführung – zu. Diese Gleichsetzung von Controlling und Management ist nicht sinnvoll. Sie widerspricht den empirisch identifizierbaren Controllingaufgaben in der Praxis und verwischt zudem die Spezifika beider Bereiche. Doch auch die klassische Perspektive von Horváth ist heute nicht mehr unumstritten. Kritiker weisen darauf hin, dass die zugrunde liegende Systemabgrenzung nicht schlüssig ist und mit der Begrifflichkeit des strategischen Managements sowie einiger betriebswirtschaftlicher Teildisziplinen kollidiert (vgl. hierzu Weber/Schäffer 2008: 9 ff. und 25 f.).

- *Controlling als Korrektiv für Delegationsprobleme.* Angloamerikanische Konzepte des Management-Accountings stützen sich zumeist auf institutionenökonomische Ansätze und die Principal-Agent-Theorie (vgl. Weber/Schäffer 2008: 27 ff.; zu den Spielarten der Institutionentheorie vgl. Sandhu 2009: 76 ff.). Ihr Menschenbild ist – im Unterschied zur verhaltenswissenschaftlichen Managementforschung – das eines ausschließlich nutzenmaximierenden „homo oeconomicus". In Erweiterung der neoklassischen Wirtschaftstheorie berücksichtigen diese Konzepte gesellschaftlich geschaffene Spielregeln (Märkte, Gesetze, Verfügungsrechte) und richten ihr Augenmerk darauf, wie diese gestaltet werden können, um die Beziehungen zwischen Auftraggebern (Principals) und opportunistisch handelnden Auftragnehmern (Agents) zweckrational zu gestalten. Das Controlling kommt ins Spiel, um Informationsasymmetrien entgegenzuwirken. Da spezialisierte Manager zum Beispiel in Marketing und Kommunikation immer Freiheitsgrade in ihrem Aufgabenbereich haben, muss der Unternehmensführung daran gelegen sein, die Durchsetzung von Partikularinteressen durch die Gestaltung von Anreizsystemen und Reportingstrukturen zu verhindern. Das Controlling wird damit zum Korrektiv der Arbeitsteilung. In der Praxis korrespondiert dies mit unterschiedlichen Einstellungsprofilen von Managern (flexibel, gestaltend, offensiv, risikofreudig, emotional) und Controllern (schematisch, verwaltend, kleinlich, risikoscheu, analytisch-nüchtern), die sich empirisch nachweisen lassen (vgl. Weber/Schäffer 2008: 36 ff.).

- *Controlling als Rationalitätssicherung.* Die anhaltende Diskussion um die mangelnde Trennschärfe der bislang skizzierten Ansätze hat dazu geführt, dass namhafte Controlling-Forscher seit Ende der 1990er Jahre ein neues, vielversprechendes Konzept vertreten. Weber und Schäffer gehen davon aus, dass Controlling in erster Linie die Rationalität des Managements sicherstellen und somit systematische und empirische Defizite der Unternehmensführung beheben soll. Sie weisen darauf hin, dass Management „durch eigenständige Ziele verfolgende ökonomische Akteure (insbesondere Manager) vollzogen [wird], die hierfür kognitive Fähigkeiten besitzen. Diese sind individuell begrenzt. Rationalitätsdefizite können durch Wollens- und Könnensbeschränkungen der Manager entstehen" (Weber/Schäffer 2008: 26). Rationalitätssicherung durch Controlling soll die Wahrscheinlichkeit erhöhen, dass die antizipierten Zweck-Mittel-Beziehungen dennoch realisiert werden. Die Kernaufgabe des Controllings ist es demnach, einen „‚zweiten Blick' auf gefundene Lösungen zu werfen [sowie] Fehler und andere Rationalitätsdefizite schon vor ihrem Wirksamwerden zu vermeiden" (Weber/Schäffer 2008: 43).

- *Controlling als Prozesssteuerungsfunktion.* Im Mainstream der Managementforschung und in entsprechenden Lehrbüchern (vgl. zum Beispiel Steinmann/Schreyögg 2005, Müller-Stewens/Lechner 2005) spielt das Controlling – ebenso wie beispielsweise das Kommunikationsmanagement – bislang keine Rolle. Controlling wird nicht zum Kern der strategischen Unternehmensführung gerechnet. Steinmann und Scherer (1996) konzipieren das Controlling in Übereinstimmung mit den skizzierten Konzepten der Rationalitätssicherung, Koordination und Informationsversorgung vielmehr als Prozesssteuerungsfunktion, also als (Meta-)Steuerungsaufgabe zur Steuerung des (arbeitsteiligen) Managementprozesses. Der Managementprozess umfasst die Funktionen Planung, Organisation, Personaleinsatz, Mitarbeiterführung und Kontrolle und dient der Steuerung der eigentlichen Leistungserstellung im Rahmen von Beschaffung, Produktion/Dienstleistung, Vertrieb und Service (vgl. Steinmann/Schreyögg 2005). Die Notwendigkeit, die Steuerung des Managementprozesses selbst nochmals zu thematisieren und im Rahmen der Controllingfunktion zu optimieren, erwächst aus der zunehmenden Komplexität von Unternehmen. Ein einzelner Manager wäre – wenn man von kleineren Einheiten absieht – mit der Bewältigung der anstehenden Aufgaben schlicht überfordert. In diesem Verständnis stellt das Controlling eine wichtige Funktion zur Ermöglichung erfolgversprechender arbeitsteiliger Steuerung und Kontrolle dar, übernimmt aber selbst keine Rolle beim Management oder bei der Leistungserstellung (vgl. Steinmann/Scherer 1996: 143). Die Controllingfunktion ist grundsätzlich von allen Verantwortlichen im Unternehmen wahrzunehmen. Über eine Bündelung entsprechender Aufgaben bei der Institution eines Controllers oder einer Controllingabteilung ist dann nachzudenken, wenn sich dadurch Effizienzvorteile (Standardisierung, bessere Verfügbarkeit von Know-how und Methoden) realisieren lassen.

Die wissenschaftliche Definition des Controllings als Prozesssteuerungsfunktion mit Transparenzverantwortung (als Ergänzung zum ergebnisverantwortlichen Management) entspricht dem *Selbstverständnis der Controlling-Praxis*. Hierzu hat die International Group of Controlling (IGC) im Jahr 2002 ein Leitbild veröffentlicht, das der Internationale Controller Verein (ICV) als führende Vereinigung im deutschsprachigen Raum wie folgt übersetzt: „Controller gestalten und begleiten den Managementprozess der Zielfindung, Planung und Steuerung und tragen damit Mitverantwortung für die Zielerreichung. Das heißt: Controller sorgen für Strategie-, Ergebnis-, Finanz-, Prozesstransparenz und tragen somit zu höherer Wirtschaftlichkeit bei. Controller koordinieren Teilziele und Teilpläne ganzheitlich und organisieren unternehmensübergreifend das zukunftsorientierte Berichtswesen. Controller moderieren und gestalten den Managementprozess der Zielfindung, der Planung und der Steuerung so, dass jeder Entscheidungsträger zielorientiert handeln kann. Controller leisten den dazu erforderlichen Service der betriebswirtschaftlichen Daten- und Informationsversorgung. Controller gestalten und pflegen die Controllingsysteme" (www.controllerverein.com, Stand 11/2009).

Kommunikations-Controlling: Grundlagen und Einordnung

Kommunikations-Controlling als Unterstützungsfunktion mit Transparenzverantwortung

Das skizzierte Zusammenspiel von Management und Controlling kann nahtlos auf einzelne Sach- und Unterstützungsfunktionen der Unternehmensführung übertragen werden. Beispielsweise ist das *Marketing-Controlling* eine Unterstützungsfunktion für das Marketing, dessen Aufgabenfelder sich direkt aus den verschiedenen Teilbereichen des Marketingmanagements ableiten lassen (vgl. Köhler 2006: 42 ff.). Das *Kommunikations-Controlling* muss demzufolge im Kontext des Kommunikationsmanagements verortet werden (vgl. Zerfaß 2005: 200 ff.). Für die Einordnung ist es unverzichtbar, sowohl die Bezüge zur Unternehmensführung als auch zur Unternehmenskommunikation offenzulegen (vgl. Abbildung 1).

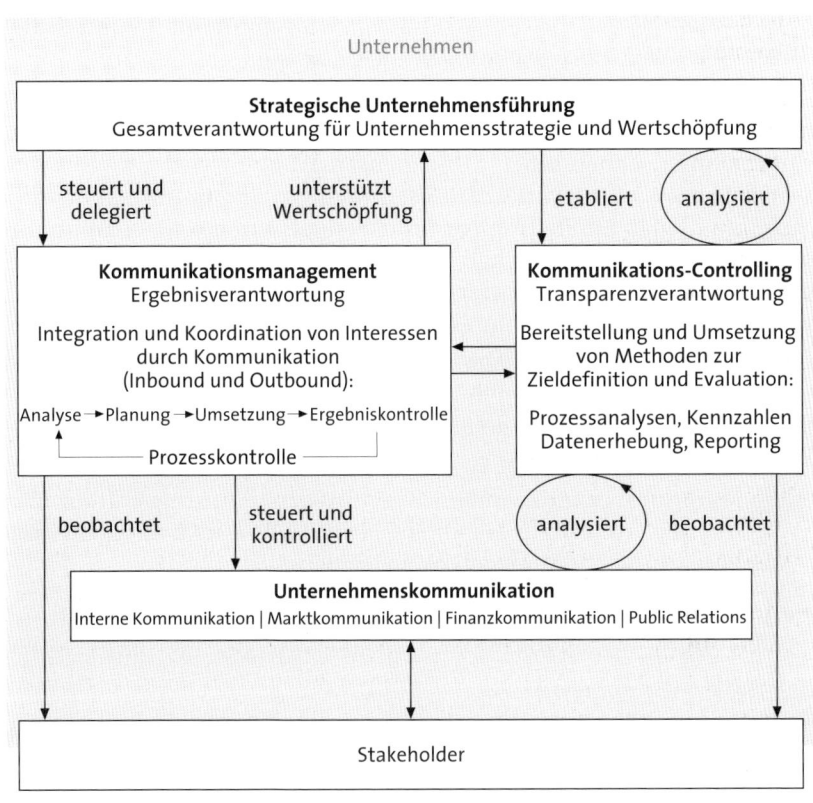

Abbildung 1: Kommunikations-Controlling als Unterstützungsfunktion.

Die *Unternehmensführung* trägt die Gesamtverantwortung für die Unternehmensstrategie (Produkt-/Markt-Konzepte und zentrale Parameter der Leistungserstellung), mit der die erwerbswirtschaftlichen Ziele des Unternehmens realisiert und der Unternehmenswert gesteigert werden sollen. Das setzt voraus, dass die Beziehungen zu verschiedenen *Stakeholdern* innerhalb und außerhalb der Organisation erfolgreich gestaltet werden. Diese Koordination von Handlungen und Interessen geschieht vor dem Hintergrund unterschiedlicher, gesellschaftlich verankerter Integrationsformen (Märkte, Hierarchien, Werte- und Prestigeordnungen, Rechtssysteme) (vgl. Zerfaß 2007: 29 ff.). Kommunikationsprozesse im Sinne sozialer Interaktionen, die symbolische Mitteilungs- und Verstehenshandlungen umfassen und eine Verständigung und Wirklichkeitskonstruktion sowie darauf aufbauend eine Beeinflussung zum Zweck haben, leisten dabei einen je spezifischen Beitrag. Beispielsweise kann man mit Kommunikation die eigenen Mitarbeiter motivieren, potentielle Kunden für neue Produkte begeistern, die Unterstützung von Politikern gewinnen oder Anteilseigner und Gewerkschaften auf einen notwendigen Konsolidierungskurs einschwören.

Selbstverständlich sind nicht alle strategierelevanten Aufgaben kommunikativ beeinflussbar und nicht alle Kommunikationsprozesse im Unternehmen haben einen Strategiebezug. Daher wird *Unternehmenskommunikation* definiert als die Gesamtheit der „Kommunikationsprozesse, mit denen ein Beitrag zur Aufgabendefinition und -erfüllung in gewinnorientierten Wirtschaftseinheiten geleistet wird und die insbesondere zur internen und externen Handlungskoordination sowie Interessenklärung zwischen Unternehmen und ihren Bezugsgruppen (Stakeholdern) beitragen" (Zerfaß 2007: 40), also als die bewusst gestalteten und teilweise an Spezialisten (Kommunikationsabteilungen, Agenturen) delegierbaren Kommunikationsprozesse. Unterschieden wird dabei im Allgemeinen

- die Kommunikation zwischen Eigentümern, Führungskräften und Mitarbeitern innerhalb der Organisation zum Zweck der gemeinsamen Leistungserstellung *(interne Kommunikation)*,

- die Kommunikation mit Kunden, Partnern und Wettbewerbern zur Anbahnung beziehungsweise Verhinderung von Verträgen *(Marktkommunikation)*,

- die Kommunikation mit gesellschaftspolitischen Bezugsgruppen zur Legitimation und Sicherung von Handlungsspielräumen *(Public Relations)*,

- die Kommunikation mit Anteilseignern und im Kapitalmarkt *(Finanzkommunikation bzw. Investor Relations)*, die genau genommen zwar den beiden erstgenannten Bereichen zugeordnet werden kann, aufgrund der besonders stark regulierten Beziehungen aber häufig gesondert betrachtet wird.

Das *Kommunikationsmanagement* hat aus dieser Perspektive eine doppelte Aufgabe. Einerseits geht es um die Steuerung der Unternehmenskommunikation, im Kern also um die zweckrationale Gestaltung von Kommunikationsprozessen mit dem Ziel, die Unternehmenssicht zu vermitteln und Stakeholder zu beeinflussen („Outbound"). Damit sollen konkrete Wertschöpfungsziele wie zum Beispiel die Steigerung von Verkaufszahlen oder aber Kostensenkungen unterstützt werden. Ebenso wichtig ist jedoch die Einspeisung externer Meinungen und Interessen in den organisatorischen Entscheidungsprozess („Inbound") (vgl. Röttger/Preusse 2009: 175 ff.). Das Kommunikationsmanagement beobachtet relevante Stakeholder und kommunikative Prozesse innerhalb der Organisation (beispielsweise durch Audits, vgl. Hargie/Tourish 2009) und im Organisationsumfeld (zum Beispiel durch Issues Monitoring und Issues Management) – auch unabhängig von der Umsetzung konkreter Kommunikationsmaßnahmen. Dadurch kann ebenfalls ein Beitrag zur Wertschöpfung geleistet werden, wenn diese Erkenntnisse (zum Beispiel Kundenmeinungen in Online-Communities, Fachdebatten von Kritikergruppen oder Vordenkern in der Wissenschaft) eine Weiterentwicklung der Unternehmensstrategie und eine Differenzierung im Wettbewerb ermöglichen.

Das Kommunikationsmanagement trägt Verantwortung für die Ergebnisse und ist wie jeder andere Managementprozess auch in mehrere idealtypische Phasen unterteilbar: auf die Situationsanalyse von Stakeholderbeziehungen, Themen/Issues, Images/Meinungen und eigenen Potentialen folgt die Planung und Umsetzung von Kommunikationsstrategien, Programmen, Kampagnen und Einzelmaßnahmen sowie letztlich die Kontrolle der Ergebnisse. Darüber hinaus ist eine begleitende Prozesskontrolle vorzusehen, um erfolgskritische Meilensteine im Auge zu behalten und unvorgesehene Änderungen aufzufangen. Mit diesen Schritten muss einerseits die Ankopplung an die Wertschöpfungsziele des Unternehmens und zum anderen die Anknüpfung an die Lebenswelt der relevanten Stakeholder gewährleistet werden. Denn Kommunikationsprozesse sind soziale Interaktionen, können also nur gelingen, wenn alle Beteiligten sich darauf einlassen und zusammenwirken.

Kommunikations-Controlling ist eine Unterstützungsfunktion, die Strategie-, Prozess-, Ergebnis- und Finanz-Transparenz für den arbeitsteiligen Prozess des Kommunikationsmanagements schafft und geeignete Methoden, Strukturen und Kennzahlen für die Planung, Umsetzung und Kontrolle der Unternehmenskommunikation bereitstellt (vgl. Zerfaß 2005, 2008). Die Funktionen von Kommunikations-Controlling – in der Praxis wird manchmal auch von „Communication Performance Management" gesprochen – bestehen darin, die Management- und Umsetzungsprozesse der Unternehmenskommunikation zu analysieren, das Wissen und die Einstellungen von Stakeholdern zu beobachten, Wirkungszusammenhänge zwischen Unternehmensstrategie und Kommunikation abzubilden, Messgrößen zu definieren und in Kennzahlensteckbriefen zu fixieren, Evaluationsmethoden auszuwählen beziehungsweise zu entwickeln sowie Evaluations-Dienstleister zu führen und Ergebnisse aufzubereiten, bis hin zur Visualisierung in Dashboards oder Kennzahlen-Cockpits. Daraus ergibt sich die faktische Nähe zur Ergebnis- und Prozesskontrolle als Teil des Kommunikationsmanagements.

Obwohl das Controlling nur die Grundlagen für Steuerung und Kontrolle schafft, deren Umsetzung aber systematisch in der Verantwortung der Kommunikationsverantwortlichen selbst bleibt, sind die entsprechenden Fachleute aufgrund von Qualifikationsdefiziten vieler Marketing- und PR-Mitarbeiter oft die einzigen, die methodisch anspruchsvolle Evaluationsaufgaben übernehmen können. Organisatorisch ist das Kommunikations-Controlling bei den meisten Unternehmen innerhalb der Kommunikationsabteilung angesiedelt – in einigen Konzernen als Stabsstelle, zumeist aber als Teilaufgabe einer Linienfunktion. Der Impuls hierfür geht in der Praxis bislang fast immer von der Leitungsebene des Kommunikationsmanagements aus. Das Wissen wird durch branchenweite Initiativen wie den Arbeitskreis „Wertschöpfung durch Kommunikation" der Deutschen Public Relations Gesellschaft (DPRG) und das Portal www.communicationcontrolling.de geteilt und verbreitet. Zunehmend befassen sich auch Controllingabteilungen und Controller mit dem Thema und erarbeiten, beispielsweise im Facharbeitskreis Kommunikations-Controlling des Internationalen Controller Vereins (ICV), eigene Vorstellungen (vgl. Schmidt/Biel 2009). Das Engagement der Fachleute selbst reicht allerdings nicht aus. Um dauerhaft erfolgreich zu sein, ist die Unterstützung und Legitimation durch die Unternehmensführung notwendig. Bei zunehmender Bedeutung des Kommunikationsmanagements und wachsenden Budgets für die entsprechenden Abteilungen ist zu erwarten, dass das Topmanagement in immer mehr Unternehmen selbst aktiv wird und zum Zweck der Rationalitätssicherung und Prozesssteuerung auch der Kommunikation ein spezifisches Kommunikations-Controlling etabliert beziehungsweise einfordert.

Die Aufgaben: Rationalitätssicherung und Informationsversorgung

Die Aufgaben des Kommunikations-Controllings bei der Unterstützung und Prozesssteuerung des Kommunikationsmanagements lassen sich in Anlehnung an die allgemeinen Controllingfunktionen (vgl. oben) wie folgt präzisieren.

Kommunikations-Controlling dient der *Rationalitätssicherung des Kommunikationsmanagements,* wobei Rationalität verstanden wird als „herrschende Meinung von Fachleuten hinsichtlich einer bestimmten Zweck-Mittel-Relation" (Weber/Schäffer 2008: 45). Durch die Etablierung eines Kommunikations-Controllingsystems soll das Kommunikationsmanagement so organisiert werden, dass die Wertschöpfungsziele erreicht werden und die Unternehmenskommunikation entsprechend dem State-of-the-art umgesetzt wird. Dabei lassen sich drei Rationalitätsebenen unterscheiden (vgl. Weber/Schäffer 2008: 46 ff.): die *Ergebnisrationalität* (Werden die richtigen Kommunikationsziele bzw. Beobachtungsziele angestrebt und erreicht?), die *Prozessrationalität* (Werden geeignete Denkmodelle und Konzepte verwendet und umgesetzt?) und die *Inputrationalität* (Verfügen die Kommunikationsverantwortlichen und andere Beteiligte über das notwendige Können und Wollen? Stehen geeignete Ressourcen zur Verfügung?). Dementsprechend lassen sich verschiedene Handlungsfelder unterscheiden (vgl. auch Abbildung 1): die Analyse des Zusammenspiels von Unternehmens- und Kommunikationszielen zum Beispiel durch Scorecard-Anwendungen (vgl. Pfannenberg 2010) im strategischen Kommunikations-Controlling sowie die Analyse der Unternehmenskommunikation von der Initiierung bis zu ökonomischen Ergebnissen im Rahmen von Phasenkonzepten der Kommunikationswirkung (vgl. Rolke/Zerfaß 2010).

Kommunikations-Controlling übernimmt zudem die *Informationsversorgung des Kommunikationsmanagements und der Unternehmensführung,* sofern die Analyse, Kontrolle und Beobachtung aufgrund mangelnder Kapazitäten oder Kompetenzen nicht von den Kommunikationsverantwortlichen selbst übernommen wird. Die Delegation von Datenerhebung und Reporting hat mehrere Vorzüge (vgl. Hargie/Tourish 2009: 29). Erstens wird die Kontroll- und Steuerungsfähigkeit des Kommunikationsmanagements erhöht, wenn Informationen an einer Stelle akkumuliert werden und einheitliche Kennzahlendefinitionen, Erhebungsmethoden sowie umfassende Auswertungen (Quer- bzw. Zeitreihenvergleiche, Benchmarks) angewendet werden *(Diagnosefunktion).* Zweitens können auf Grundlage systematischer Analysen der Wertschöpfungsketten und Kommunikationsprozesse verbesserte Organisationsstrukturen, Verfahren und Instrumente für das Kommunikationsmanagement entwickelt werden *(Innovationsfunktion).* Schließlich erleichtert die konzeptionelle und zunehmend auch institutionelle Ausdifferenzierung des Kommunikations-Controllings den Vergleich der Praktiken einer Kommunikationsabteilung oder -agentur mit rechtlich und ethisch normierten Standards, beispielsweise mit der Publizitätsgesetzgebung und den Verhaltenskodizes von Werbung und Public Relations *(Compliance-Funktion).* Die Informationsversorgung erstreckt sich grundsätzlich auf alle Phasen des Managementprozesses der Kommunikation (vgl. analog hierzu Köhler 2006: 42 ff.). Prozessanalysen und Kennzahlen für die Analyse und Planung sind ebenso gefragt wie Steuerungsinformationen für die Führung von Mitarbeitern oder Agenturen und Ergebniskontrollen von Kommunikationsmaßnahmen.

Die Handlungsfelder: Strategisches und operatives Kommunikations-Controlling

Das Kommunikations-Controlling als Unterstützungsfunktion ist ebenso vielschichtig wie das Kommunikationsmanagement selbst. Es geht um eine Vielzahl von Fragekomplexen, die zudem organisations- und situationsspezifisch in unterschiedlicher Weise auftreten. Daher kann es aus systematischen Gründen niemals einen „one best way" des Kommunikations-Controllings geben. Notwendig ist vielmehr ein Portfolio von Methoden und Kennzahlen, die den jeweiligen Problemstellungen gerecht werden (vgl. Zerfaß 2008: 439 ff.).

Aufgabe des *strategischen Kommunikations-Controllings* ist es, Erfolgspotentiale für das Kommunikationsmanagement zu schaffen und zu erhalten. Der Maßstab ist die Effektivität der Kommunikationspolitik und ihrer Infrastruktur („Are we doing the right things?"). Das betrifft in erster Linie die Rationalitätssicherung für die *Steuerung und Kontrolle der Kommunikationsstrategie*. Hier geht es um die vielfach diskutierte, aber in der Praxis nur selten konsequent realisierte Verzahnung von Unternehmens- und Kommunikationsstrategie und die Wertschöpfung durch Kommunikation – also den Beitrag, den die Kommunikation zur Erreichung der strategischen Ziele der Gesamtorganisation leistet. Im Mittelpunkt stehen Methoden, mit denen die Bedeutung der Kommunikation als Werttreiber für den Erfolg des Unternehmens nachgewiesen werden kann, insbesondere Adaptionen der Balanced Scorecard. In Unternehmenspraxis und Wissenschaft angestrebt, aber bislang noch nicht normiert, sind ferner standardisierte Methoden zur Bewertung kommunikativ geschaffener Werte wie Marken oder Reputationskapital (vgl. Zerfaß 2009).

Das strategische Kommunikations-Controlling umfasst zweitens die Rationalitätssicherung für *Strukturen und Prozesse des Kommunikationsmanagements*. Mit Prozessanalysen wie zum Beispiel Integrations-Audits lassen sich die organisatorische und personelle Ausgestaltung von Kommunikationsabteilungen, Kompetenzen, Verantwortlichkeiten, der interne Workflow und Schnittstellen zu Dienstleistern evaluieren und optimieren. Die Unternehmensführung und die Kommunikationsleitung können dadurch sicherstellen, dass das notwendige Potential für die Umsetzung einer wertschöpfenden Kommunikationspolitik vorhanden ist. Das strategische Kommunikations-Controlling wurde in den vergangenen Jahren durch die Entwicklung idealtypischer Werttreibermodelle mit Key Performance Indicators für verschiedene Bereiche der Unternehmenskommunikation wesentlich weiterentwickelt (vgl. Pfannenberg 2010).

Beim *operativen Kommunikations-Controlling* geht es um die Bereitstellung von Methoden und Informationen, die eine optimale Ausschöpfung der durch Kommunikationsmanagement und -strategie geschaffenen Erfolgspotentiale ermöglichen. Als Messlatte dient die Effizienz der Kommunikationspolitik („Are we doing things right?"). Dies betrifft zunächst die Rationalitätssicherung von *Kommunikationsprogrammen/-kampagnen und Beobachtungsroutinen.* Bei PR-Konzeptionen, Informationskampagnen und so weiter ist beispielsweise zu gewährleisten, dass sie stringent und widerspruchsfrei aufgebaut sind und dass die Finanzmittel optimal verteilt werden. Mit Hilfe von Programmanalysen und Konzeptionsevaluationen können die Kommunikationsverantwortlichen die Performance einzelner Programme steuern und kontrollieren. Ebenso sind komplexe Verfahren des Issues Managements und andere Formen der Umfeldbeobachtung auf ihre Konsistenz hin zu überprüfen.

Ein weiteres wichtiges Handlungsfeld ist das operative Kommunikations-Controlling auf der Ebene der Kommunikationsmaßnahmen. Hier geht es um die *Rationalitätssicherung für einzelne Kommunikationsprozesse,* also beispielsweise um Methoden für die Steuerung und Kontrolle von Pressearbeit, Corporate Publishing (Mitarbeiter- und Kundenzeitschriften), Event- oder Online-Kommunikation. Dies ist der klassische Bereich empirischer Forschungsmethoden im Zuge der Maßnahmenplanung sowie der Wirkungskontrolle. Hier wird gefragt, welchen Erfolg die Maßnahmen haben und zu welchen Effekten sie (potentiell) bei den entsprechenden Stakeholdern führen. Für die Ergebnismessung – die immer im Nachhinein ansetzt – steht eine Vielzahl erprobter Methoden bereit, von Befragungen über Medienanalysen bis zu Reputationsmessungen (vgl. hierzu die Beiträge in Teil II dieses Sammelbands). Das operative Kommunikations-Controlling zielt insgesamt auf Verbesserungen von Kosteneffizienz, Qualität, Leistungserstellungsprozessen und Maßnahmen-Performance. Ein wichtiger Schritt zur Strukturierung und Weiterentwicklung dieses Bereichs ist die begriffliche Normierung der Wirkungsdimensionen der Kommunikation im mehrstufigen DPRG/ICV-Bezugsrahmen des Kommunikations-Controllings (vgl. Rolke/Zerfaß 2010).

Die Anknüpfungspunkte: Audits, Evaluationsmethoden und Managementsysteme

Die hier skizzierte Programmatik des Kommunikations-Controllings ist keine theoretische Vision, sondern – wie die Fallstudien in Teil III dieses Sammelbands zeigen – in Unternehmen bereits Realität. Dies ist möglich, weil die Managementpraxis nicht bei null anfangen muss, sondern auf Erfahrungen und Konzepte aus anderen Bereichen zurückgreifen kann.

Kommunikationswissenschaft und Marketing-/PR-Praxis verfügen seit langem über ein ausdifferenziertes Instrumentarium für Audits im Sinne einer Analyse der (internen) Kommunikationsprozesse und -strukturen von Unternehmen (vgl. Hargie/Tourish 2009) und für die Medienwirkungs- und Publikumsforschung. Pragmatische Anknüpfungspunkte bieten insbesondere erprobte Verfahren der PR-Evaluation (vgl. Watson/Noble 2007). *Betriebswirtschaftslehre und Managementpraxis* stellen allgemeine Verfahren des Controllings sowie moderne Managementsysteme bereit, beispielsweise die Balanced Scorecard, Benchmarking-Konzepte und Geschäftsprozessmanagement-Ansätze. Diese Methoden gilt es zu verknüpfen und in unternehmensspezifischen Systemen des Kommunikations-Controllings weiterzuentwickeln.

Die Implementation: Top-down- und Bottom-up-Ansätze

Die Vorgehensweise bei der Einführung von Kommunikations-Controllingsystemen hängt stark von den jeweiligen Voraussetzungen im Unternehmen ab (vgl. Zerfaß 2008: 445 ff.). Erfahrungen mit operativen Evaluationsmethoden spielen dabei ebenso eine Rolle wie die Führungskultur und die Verankerung von modernen Managementmethoden in der Organisation. Ein weltweites Kommunikations-Controlling für einen Großkonzern muss anders aussehen als das Controlling für ein mittelständisches Unternehmen oder eine soziale Einrichtung in öffentlicher Trägerschaft. Prinzipiell empfehlenswert ist eine *Top-down-Vorgehensweise*. Dabei wird zunächst das strategische Kommunikations-Controlling implementiert und es werden Kommunikationsziele aus Unternehmenszielen abgeleitet. Das erlaubt die Entwicklung vollständiger Wertketten von den Unternehmenszielen bis zu den Kommunikationsmaßnahmen einschließlich der Definition passender Kennzahlen und Key Performance Indicators. Ein *Bottom-up-Ansatz* empfiehlt sich dagegen, wenn größere operative Defizite in der Unternehmenskommunikation erkennbar sind und die zeitnahe Verbesserung von Prozessen und Instrumenten Vorrang hat oder wenn die systematische Zielableitung aufgrund unspezifischer Unternehmensstrategien oder mikropolitischer Widerstände gegen entsprechende Managementmethoden nicht möglich ist. In diesem Fall kann man zunächst mit traditionellen Bereichszielen oder generischen Key Performance Indicators für einzelne Stakeholdergruppen arbeiten und die operativen Kommunikationsprozesse optimieren. Die Schärfung der Ziele und Anknüpfung an die Unternehmensstrategie darf dabei allerdings nicht aus dem Auge verloren werden und muss im Zeitverlauf nachgeholt werden.

Empirische Erkenntnisse zum Kommunikations-Controlling

Die Praxis des Kommunikations-Controllings ist bislang noch unterentwickelt. Dies belegen empirische Studien der Universität Leipzig und ihrer Partner auf nationaler, europäischer und internationaler Ebene.

Eine *Studie bei den umsatzstärksten deutschen* Aktiengesellschaften (Dax-30, MDax, TecDax) hat gezeigt, dass das Kommunikations-Controlling vor allem im Kontext der operativen Steuerung wahrgenommen wird (vgl. Sommer 2007). Die strategische Dimension wurde von den befragten Kommunikations-, Marketing- und Finanzdirektoren (n = 88) kaum gesehen; zugleich waren die zum damaligen Zeitpunkt bereits vorliegenden Scorecard-Konzepte wenig bekannt. Bemerkenswert ist, dass jene Befragten, die bereits Kommunikations-Controlling nutzten, die Ausrichtung der Kommunikation an den Unternehmenszielen und die Schaffung von Transparenz für Kommunikationsprozesse als wichtigste Beweggründe nannten. Dies unterstreicht die praktische Relevanz des hier entfalteten Begriffsverständnisses.

Die Notwendigkeit einer Verknüpfung von Unternehmens- und Kommunikationszielen wird durch die bislang größte europäische Studie zum Kommunikationsmanagement bestätigt. Der *European Communication Monitor 2009* (vgl. Zerfass et al. 2009) stützt sich auf die Aussagen von 1.863 Kommunikationsmanagern aus 34 Ländern, die zu 84 Prozent Kommunikationschefs, Unit-Leiter oder Agenturgeschäftsführer sind und aufgrund ihrer Berufserfahrung (mehrheitlich über zehn Jahre) und ihres Alters (durchschnittlich 42 Jahre) als Meinungsführer im Berufsfeld gelten können. 47 Prozent der Befragten bezeichnen die Verknüpfung von Unternehmensstrategie und Kommunikation als zentrale Herausforderung für das Kommunikationsmanagement. Damit stellt dieses Thema seit drei Jahren unangefochten die drängendste Frage für die Praxis dar. Demgegenüber gehen nur 19 Prozent davon aus, dass neue Evaluationsmethoden für die Kommunikation etabliert werden müssen. Dieser Wert war in den Vorjahren höher. Es scheint sich die Einsicht durchgesetzt zu haben, dass der Ruf nach neuen Verfahren und Formeln nur davon ablenkt, dass es im Kern um die systematische Anwendung und Verknüpfung bekannter Management- und Evaluationsmethoden geht. Klare Defizite gibt es derzeit bei der Kostenerfassung und Wirkungsmessung (vgl. zur Systematisierung Rolke/Zerfaß 2010). Europaweit erfassen nur 47 Prozent der Kommunikationsmanager den finanziellen Input und 30 Prozent den Personalaufwand auf Projektebene (Input). In Deutschland ist die Situation etwas besser (59 beziehungsweise 31 Prozent), aber noch weit entfernt von einer systematischen Kostenerfassung. Bei der Evaluation von

Kommunikation richtet sich der Blick in erster Linie auf die Wirkung in den Massenmedien beziehungsweise auf die Reichweite eigener Kommunikationsplattformen wie Internet und Intranet (Output). Drei von vier Befragten versuchen, in diesem Bereich mehr Transparenz zu schaffen. Immerhin 54 Prozent richten nach eigenen Angaben den Blick auf das Gelingen der Verständigung mit den Kommunikationspartnern (direkter Outcome). Kennzahlen für die Beeinflussung als eigentliches Ziel jeglicher Kommunikation (indirekter Outcome) spielen bei einem deutlich geringeren Teil (39 Prozent) eine Rolle. Entscheidend und aus Sicht eines wertorientierten Kommunikationsmanagements erschreckend ist jedoch, dass die Auswirkungen auf die Unternehmensziele einschließlich der Schaffung immaterieller Vermögenswerte (Outflow) nur von rund einem Drittel der Befragten erhoben wird (vgl. Zerfass et al. 2009: 69 ff.). Die Studie zeigt, dass ein wertorientiertes Kommunikationsmanagement aufgrund fehlender Controllingkonzepte und Evaluationsdaten in den meisten europäischen Unternehmen noch nicht möglich ist.

Der *Global Survey of Communications Measurement 2009* (vgl. Wright et al. 2009) belegt, dass auf internationaler Ebene ein noch größerer Entwicklungsbedarf besteht. An dieser nicht repräsentativen Trendstudie beteiligten sich 520 Kommunikationsmanager, schwerpunktmäßig aus den USA, Großbritannien/Irland, Deutschland, Indien und Kanada. Die derzeitige Evaluationspraxis ist weltweit klar von medienbezogenen Ansätzen (Clippings, Werbeäquivalenzberechnungen usw.) gekennzeichnet. Gleichzeitig vertritt eine deutliche Mehrheit der Befragten die Meinung, dass es möglich ist, den finanziellen Return on Investment (ROI) von Kommunikationsmaßnahmen zu berechnen. Und mit einem steigenden Bewusstsein für die Bedeutung von Evaluation und Wertschöpfung geht ein klares Interesse an einem Instrument zur ROI-Messung einher. Diese Aussagen zeigen, dass die Grundlagen des betriebswirtschaftlichen Controllings und des Kommunikations-Controllings im Berufsfeld bislang kaum bekannt sind. Einfache Rechenmodelle und ROI-Formeln, wie sie hier favorisiert werden, werden der Komplexität der Unternehmenskommunikation und des Kommunikationsmanagements nicht gerecht. Sie sind daher keine sinnvolle Vision für das strategische Kommunikations-Controlling.

Perspektiven des Kommunikations-Controllings

Die eingehende Beschäftigung mit den Grundlagen von Controlling, Managementsystemen und Evaluationsmethoden hat dazu geführt, dass das Interesse am Kommunikations-Controlling deutlich gestiegen ist. Wie die genannten Befragungen zeigen, hoffen viele Kommunikationsverantwortliche aber immer noch auf einfache und schnelle Lösungen von der Stange wie die genannten ROI-Messinstrumente. Dabei wird übersehen, dass Controllingsysteme immer unternehmensspezifisch implementiert werden müssen (vgl. Horváth 2009: 805 ff.). Hierzu sind klare Ziele, Führungsstärke sowie hinreichende Personal- und Finanzmittel notwendig. Das Kommunikations-Controlling kann nur dann zur Differenzierung im Wettbewerb und zur Wertschöpfung beitragen, wenn es – ebenso wie die Unternehmens- und Kommunikationsstrategie – in eigener Verantwortung entwickelt wird. Allerdings darf nicht übersehen werden, dass die Einführung von Controllingsystemen auch negative Auswirkungen haben kann. Diese müssen frühzeitig mitbedacht werden.

Fluch oder Segen? – Kritische Stimmen und Herausforderungen

Auf die Grenzen des Kommunikations-Controllings und blinde Flecken der bisherigen Diskussion haben Zerfaß (2005: 218 ff.) und Röttger/Preusse (2009) hingewiesen. Die Fallstricke lassen sich wie folgt benennen und vermeiden:

- *Fehlerhafte Anwendungen von Managementmethoden und Evaluationsinstrumenten.* Ein erstes, vor allem auf die mangelnde Erfahrung mit entsprechenden Systemen zurückzuführendes Problemfeld ist die falsche Konstruktion von Scorecards und Kennzahlensystemen. Diese Gefahr ist aus dem strategischen Management und dem Marketing-Controlling bekannt. In der PR-Fachdiskussion waren einige der frühen Konzepte bereits konzeptionell widersprüchlich, so dass auch die Implementationen rasch an Grenzen stießen (vgl. Zerfaß 2005: 192 ff. und 218). Ein typischer Anwendungsfehler ist ferner, dass ein Kommunikations-Controlling nur „bottom-up" für einzelne Kommunikationskanäle, Bereiche der Unternehmenskommunikation, Abteilungen oder Geschäftseinheiten eingerichtet wird, ohne dass vorab oder zumindest im Nachgang ein klarer Bezug zu den übergeordneten Unternehmenszielen hergestellt wird. Ohne durchgehende Wirkungsketten degenerieren viele wohlgemeinte Ansätze zur Evaluation und Optimierung zu „Ritualen der Verifikation" (vgl. Power 1997, Zerfaß 2005). An dieser Stelle spielt der Erfahrungsaustausch mit Anwendern von Kommunikations-Controlling in Unternehmen sowie mit Beratern und Wissenschaftlern eine große Rolle. Das Lernen von Best Practices hilft, typische Anwendungsfehler zu vermeiden und sinnvolle Wirkungsketten beziehungsweise Kennzahlendefinitionen einzusetzen.

- *Objektivitätsillusion und Komplexitätsreduktion des Kommunikationsmanagements.* Ein anderer Problembereich ist die scheinbare Objektivität von Kennzahlensystemen, Messergebnissen und Zahlen. Power (1997: 142 ff.) verweist darauf, dass diese keineswegs so effektiv und neutral sind, wie dies gemeinhin vermutet wird. Der Begründungszusammenhang von Methoden und Kennzahlen wird allerdings selten hinterfragt. Zahlen erscheinen objektiv. Deshalb werden häufig Kommunikationsmaßnahmen bevorzugt, die etabliert sind und sich leicht messen lassen. Die Unternehmenskommunikation droht aufgrund der dort verfügbaren Evaluationsmethoden noch stärker „output"-orientiert zu werden (vgl. Zerfaß 2005: 218, Röttger/Preusse 2009: 173 f.). Kreative und unorthodoxe Vorgehensweisen, die die wichtigste Quelle nachhaltiger Wettbewerbsvorteile sind, geraten ebenso wie die „Inbound"-Aufgaben des Kommunikationsmanagements, insbesondere die Beobachtungsleistungen des Issues Managements und der Beitrag zur Revision von Unternehmensstrategien, in den Hintergrund (vgl. Röttger/Preusse 2009: 175 ff.).
- *Eindimensionale Konzepte von Stakeholderbeziehungen und Kommunikationswirkungen.* Die Diskussion zum Kommunikations-Controlling geht vielfach von einer unidirektionalen Beeinflussbarkeit der Stakeholder im Unternehmensumfeld und von einer Steuerbarkeit von Kommunikationsprozessen aus, die den Erkenntnissen der modernen Organisationssoziologie und Kommunikationswissenschaft nicht gerecht wird (vgl. Röttger/Preusse 2009: 170 ff.). Insbesondere wird häufig übersehen, dass – wie oben skizziert – gezielte Maßnahmen der Unternehmenskommunikation (Stimuli) keineswegs zwangsläufig zu Einstellungs- und Verhaltensänderungen (Response) bei den Rezipienten führen, da das Gelingen und das Resultat sozialer Interaktionen stets von Interessen und Handlungsstrategien aller Beteiligten beeinflusst wird. Insofern dürfen Darstellungen der Wirkungsstufen von Kommunikation nicht als mechanistische, empirisch belegbare und rechenbare Modelle missverstanden werden. Es handelt sich vielmehr um Bezugsrahmen, die eine korridorale Kausalität (vgl. Rolke/Zerfaß 2010) abbilden und als Sprachinstrumente – wie andere Managementmethoden auch – vor allem eine diskursive Planung und Reflexion des Handelns ermöglichen sollen.
- *Selektivität des Controllings und strategische Blindheit.* Die systematische Abbildung von Stakeholderbeziehungen, Wirkungsketten und Kommunikationsprozessen in Steuerungs- und Evaluationsinstrumenten kann dazu führen, dass Veränderungen in der Organisation und in der Unternehmensumwelt nicht rechtzeitig wahrgenommen werden. Als Schnittstelle zu politischen, gesellschaftlichen und ökonomischen Interessen muss das Kommunikationsmanagement

besonders flexibel reagieren und die eigenen Strukturen, Prozesse und Maßnahmen zeitnah anpassen können (vgl. Röttger/Preusse 2009: 174 ff.). Diese Flexibilität – und damit ein zentrales Erfolgskriterium der Unternehmenskommunikation – ist gefährdet, wenn zu eng gefasste Controllingsysteme beispielsweise eine Umsteuerung von Budgets in Instrumente verhindern, für die noch keine normierten Kennzahlen und Erhebungsmethoden vorliegen (zum Beispiel Online-Videos). An dieser Stelle wird deutlich, dass das Kommunikations-Controlling ebenso wie das unternehmensweite Controlling stets durch eine ungerichtete strategische Überwachung ergänzt werden muss (vgl. Steinmann/Schreyögg 1995: 279 ff., Zerfaß 2005: 21). Es ist und bleibt Aufgabe des strategischen Managements, im Rahmen der strategischen Kontrolle die Instrumente der Performance-Steuerung wie Scorecards und Qualitätsmanagementsysteme laufend kritisch zu hinterfragen und weiterzuentwickeln (vgl. Müller-Stewens/Lechner 1995: 693 ff.). Die Transparenzverantwortung des Kommunikations-Controllings entlastet das Kommunikationsmanagement nicht von seiner Ergebnisverantwortung.

Die genannten Problemfelder stellen die Sinnhaftigkeit des Kommunikations-Controllings nicht in Frage. Sie verdeutlichen vielmehr, dass eine gründliche Auseinandersetzung mit den theoretischen Grundlagen notwendig ist, um Fehlinterpretationen zu vermeiden. Dabei sind Impulse nicht nur von kommunikationswissenschaftlicher Seite – so das Plädoyer von Röttger/Preusse 2009 – zu erwarten. Im Gegenteil erscheint eine genaue Kenntnis von Managementmethoden wie Value Links und Scorecards notwendig, die beispielsweise auch eine Implementation von Zielen der Umweltbeobachtung, der Nichtveröffentlichung von Medienberichten oder der Flexibilisierung von Controllingstrukturen ermöglichen. Angesichts der ausdifferenzierten Forschung und Praxiserfahrung im betriebswirtschaftlichen Controlling kann es nicht darum gehen, die Grundlagen neu zu entwickeln. Gefragt ist vielmehr die systematische Integration der Perspektiven auf Basis einer einheitlichen sozialtheoretischen Grundlage (vgl. hierzu für das Kommunikationsmanagement insgesamt Zerfaß 2007).

Quo vadis? – Entwicklungspfade und Institutionalisierung

Angesichts der skizzierten Vorteile und Herausforderungen stellt sich abschließend die Frage, welche Entwicklungspfade sich für das Kommunikations-Controlling abzeichnen. Die vorliegenden Konzepte und die in diesem Buch dokumentierten Fallbeispiele zeigen, dass die Institutionalisierung des Kommunikations-Controllings im deutschsprachigen Raum begonnen hat – und damit dort steht, wo das betriebswirtschaftliche Controlling insgesamt Ende der 1960er Jahre stand. Damals wurden innerhalb weniger Jahre ausgehend von den Tochtergesellschaften amerikanischer Konzerne in fast allen größeren Unternehmen Controllingstrukturen aufgebaut und entsprechende Stellen besetzt (vgl. Weber/Schäffer 2008: 7 ff.). Es ist nicht möglich vorherzusagen, wie lange diese Entwicklung im Kommunikationsbereich dauern wird. Die fruchtbare Zusammenarbeit von Wissenschaft und Praxis einerseits sowie der Controller- und Kommunikationsverbände ICV und DPRG andererseits deutet aber darauf hin, dass zeitnahe Fortschritte zu erwarten sind.

Um die möglichen Formen und Einflussfaktoren der Institutionalisierung zu analysieren, bietet sich ein Rekurs auf neoinstitutionalistische Theorien der Organisationssoziologie an (vgl. Sandhu 2009). Unter Institutionen werden dort formelle und informelle Spielregeln verstanden, die auf drei unterschiedlichen Säulen (grundlegenden Interpretationen, sozialen Erwartungen, kodifizierten Regeln) beruhen und dem gesellschaftlichen Zusammenleben Sinn und Stabilität verleihen. Dazu trägt bei, dass alle Institutionen mit entsprechenden Handlungsvollzügen und Ressourcen verbunden sind. Beispiele im Bereich des Kommunikationsmanagements sind

- *kognitive Institutionen* im Sinne selbstverständlicher professioneller Handlungslogiken (Konzeptionstechniken, Textformen, Gesprächsführung etc.),
- *normative Institutionen,* die auf erlernten Interaktionskompetenzen, prozedural normierten Handlungsvollzügen und zertifizierten Strukturen beruhen (Zusammenarbeit mit Journalisten im Mediensystem, Freigabeprozesse für Publikationen, Projektabläufe und Qualitätsmanagement),
- *regulative Institutionen,* die sich auf Gesetze oder Vorgaben übergeordneter Normierungsgremien stützen und sanktionsbewehrt sind (Informations- und Publizitätspflichten im Bereich der Finanzkommunikation, geplante Markenbewertung nach internationalen ISO-Standards).

Impulse für die weitere Institutionalisierung des Kommunikations-Controllings können aus allen Bereichen kommen: Der Gesetzgeber kann Auflagen erlassen, wichtige Stakeholder können bestimmte Prozesse und Nachweise einfordern und die Kommunikationsverantwortlichen selbst können erfolgreiche Organisationen nachahmen sowie ihr Handlungsspektrum durch den Einfluss von Beratern, Verbänden, Fachmedien und Wissenschaftlern ausbauen.

Vor dem Hintergrund empirischer Befunde (vgl. Zerfass et al. 2009: 65 ff.) ist davon auszugehen, dass sich auf der *kognitiven Ebene* bereits ein klares Problembewusstsein unter Kommunikationsverantwortlichen herausgebildet hat. Professionelle Handlungslogiken sind im operativen Kommunikations-Controlling, beispielsweise bei der Anwendung von Medienanalysen und anderen Output-Erhebungen, vorhanden. Für den Bereich des strategischen Kommunikations-Controllings mit Scorecards und Value Links sowie für die Kostenerfassung gilt dies noch nicht. Unternehmen, die die Chancen von mehr Transparenz und Prozessorientierung erkannt und entsprechende Systeme implementiert haben, sind derzeit noch in der Minderheit und zählen eher zur Avantgarde als zum Mainstream des Kommunikationsmanagements.

Auf der *normativen Ebene* könnten die Erwartungen von internen und externen Stakeholdern insbesondere des Topmanagements und der Controllingabteilungen die Institutionalisierung voranbringen: Wenn die Relevanz von Kommunikation als Werttreiber umfassend erkannt wird, ist mit einer verstärkten Nachfrage nach einheitlichen Prozessen und Bewertungsmaßstäben zu rechnen. Hier verdienen die Initiativen der Controllerverbände besondere Beachtung. Wenn dort einheitliche Begrifflichkeiten und Methoden etabliert werden, kann dies dazu führen, dass Kommunikationsprozesse stärker in formale Strukturen eingebunden und differenzierter analysiert werden.

Die *regulative Ebene* (quasi-)gesetzlicher Standards spielt für das Kommunikations-Controlling aller Voraussicht nach in den nächsten Jahren noch keine Rolle. Selbst in den bereits seit langem intensiv diskutierten Bereichen von Markenbewertung und Reputationsmessung mangelt es noch an einheitlichen Bewertungsstandards und vor allem an den Voraussetzungen für eine differenzierte Erfassung der einschlägigen Kosten beziehungsweise Aufwendungen (vgl. Zerfaß 2009). Insofern ist derzeit noch nicht von einer rechtlichen Institutionalisierung des Kommunikations-Controllings und seiner Methoden auszugehen.

Für die Unternehmensführung und das Kommunikationsmanagement eröffnet sich damit ein weites Handlungsfeld. Nicht rechtliche Vorgaben, sondern unternehmerisches Handeln wird darüber entscheiden, wie schnell das Kommunikations-Controlling vorangetrieben und in der Breite verankert wird.

Literatur

Arnaout, Ali (2005): Controlling – auch für die Kommunikationspraxis? In: Piwinger, Manfred/Porák, Victor (Hg.): Kommunikations-Controlling. Wiesbaden, S. 121–132.

Hargie, Owen/Tourish, Dennis (Hg.) (2009): Auditing Organizational Communication. New York/East Sussex.

Horváth, Péter (2009): Controlling, 11. Auflage. München.

Köhler, Richard (2006): Marketingcontrolling: Konzepte und Methoden. In: Reinecke, Sven/Tomczak, Torsten (Hg.): Handbuch Marketingcontrolling, 2. Auflage. Wiesbaden, S. 39–61.

Küpper, Hans-Ulrich (2008): Controlling: Konzeption, Aufgaben, Instrumente, 5. Auflage. Stuttgart.

Müller-Stewens, Günter/Lechner, Christoph (2005): Strategisches Management, 3. Auflage. Stuttgart.

Pfannenberg, Jörg (2010): Strategisches Kommunikations-Controlling mit der Balanced Scorecard. In diesem Band.

Power, Michael (1997): The Audit Society. Rituals of Verification. Oxford.

Röttger, Ulrike/Preusse, Joachim (2009): Communication controlling revisited. Annotations to a consolidation of the research agenda on planning and controlling communication management. In: Rogojinaru, Adela/Wolstenholme, Sue (Hg.): Current trends in international public relations. Bucharest, S. 165–184.

Rolke, Lothar/Zerfaß, Ansgar (2010): Wirkungsdimensionen der Kommunikation: Ressourceneinsatz und Wertschöpfung im DPRG/ICV-Bezugsrahmen. In diesem Band.

Sandhu, Swaran (2009): Strategic Communication: An Institutional Perspective. In: International Journal of Strategic Communication. 3. Jg., Nr. 2, S. 72–92.

Schmidt, Walter/Biel, Alfred (2009): Das Modell des Internationalen Controller Vereins (ICV) zur Planung und Steuerung sowie Bewertung und Bilanzierung immaterieller Werte. In: Möller, Klaus/Piwinger, Manfred/Zerfaß, Ansgar (Hg.): Immaterielle Vermögenswerte: Bewertung, Berichterstattung und Kommunikation. Stuttgart, S. 125–144.

Sommer, Christian (2007): Vision und Realität des Kommunikations-Controllings. Eine Befragung der Kommunikations-, Marketing- und Finanzdirektoren führender deutscher Aktienunternehmen. In: Bentele, Günter/Piwinger, Manfred/Schönborn, Gregor (Hg.): Kommunikationsmanagement (Loseblattsammlung). München, Nr. 4.27, S. 1–34.

Steinmann, Horst/Scherer, Andreas Georg (1996): Controlling und Unternehmensführung. In: Schulte, Christof (Hg.): Lexikon des Controlling. München/Wien, S. 139–144.

Steinmann, Horst/Schreyögg, Georg (2005): Management, 6. Auflage. Wiesbaden.

Watson, Tom/Noble, Paul (2007): Evaluating Public Relations, 2. Auflage. London.

Weber, Jürgen/Schäffer, Utz (2008): Einführung in das Controlling, 12. Auflage. Stuttgart.

Wright, Donald K./Gaunt, Richard/Leggetter, Barry/Zerfass, Ansgar (2009): Global Survey of Communications Measurement 2009 – Final Report. London.

Zerfaß, Ansgar (2005): Rituale der Verifikation? Grundlagen und Grenzen des Kommunikations-Controlling. In: Rademacher, Lars (Hg.): Distinktion und Deutungsmacht. Studien zu Theorie und Pragmatik der Public Relations. Wiesbaden, S. 183–222.

Zerfaß, Ansgar (2007): Unternehmenskommunikation und Kommunikationsmanagement. In: Piwinger, Manfred/Zerfaß, Ansgar (Hg.): Handbuch Unternehmenskommunikation. Wiesbaden, S. 21–70.

Zerfaß, Ansgar (2008): Kommunikations-Controlling. Methoden zur Steuerung und Kontrolle der Unternehmenskommunikation. In: Meckel, Miriam/Schmid, Beat (Hg.): Unternehmenskommunikation, 2. Auflage. Wiesbaden, S. 435–469.

Zerfaß, Ansgar (2009): Immaterielle Werte und Unternehmenskommunikation – Herausforderungen für das Kommunikationsmanagement. In: Möller, Klaus/Piwinger, Manfred/Zerfaß, Ansgar (Hg.): Immaterielle Vermögenswerte: Bewertung, Berichterstattung und Kommunikation. Stuttgart, S. 23–47.

Zerfass, Ansgar/Moreno, Angeles/Tench, Ralph/Verčić, Dejan/Verhoeven, Piet (2009): European Communication Monitor 2009. Trends in Communication Management and Public Relations – Results of a Survey in 34 Countries. Brüssel.

Wirkungsdimensionen der Kommunikation: Ressourceneinsatz und Wertschöpfung im DPRG/ICV-Bezugsrahmen

Lothar Rolke und Ansgar Zerfaß

Wer kommuniziert, will etwas bewirken – direkt oder indirekt. Und wenn Unternehmen oder Organisationen professionell kommunizieren, soll es am Ende ihren Zielen dienen. Wie sich dieser Wirkungszusammenhang so abbilden lässt, dass dies sowohl der Komplexität von Kommunikationsprozessen als auch den Kategorien des betriebswirtschaftlichen Controllings gerecht wird, zeigt der gemeinsame Bezugsrahmen für Kommunikations-Controlling der Deutschen Public Relations Gesellschaft (DPRG) und des Internationalen Controller Vereins (ICV), der von Wissenschaftlern und Experten aus beiden Disziplinen erarbeitet wurde. Der Bezugsrahmen greift die bislang in Kommunikationsmanagement, PR und Marketing-Kommunikation verwendeten Wirkungsmodelle auf und führt eine Terminologie ein, die eine Einordnung und Zusammenwirkung verschiedener Ansätze des Kommunikations-Controllings ermöglicht. Der vorliegende Beitrag erläutert das Grundverständnis des Konzepts und zeigt seine Leistungskraft.

Strategische Bedeutung der Unternehmenskommunikation

Der finanziell messbare Markterfolg von Unternehmen basiert auf materiellen wie auch auf immateriellen Einflussfaktoren, wobei letztere in der globalisierten Dienstleistungsgesellschaft stark an Bedeutung gewinnen. Gerade die „unsichtbaren" Erfolgstreiber machen heute mehr und mehr die Differenz gegenüber Wettbewerbern aus, sind aber schwerer zu steuern und zu erfassen. Der langjährige CEO von PricewaterhouseCoopers, Samuel A. DiPiazza, und Robert G. Eccles von der Harvard Business School haben den damit verbundenen Paradigmenwechsel schon vor einiger Zeit in das Zentrum der Unternehmensführung gerückt: „Finanzielle und nichtfinanzielle Maßgrößen bestimmen gemeinsam das Wesen und die Zukunft eines Unternehmens. Die Unternehmensleitungen sind zunehmend bestrebt, die relevanten Variablen und damit die eigentlichen Werttreiber in ihrer ganzen Vielfalt zu erkennen und zu steuern" (DiPiazza/Eccles 2003: 107). Reputation und Markenwert gehören ebenso dazu wie die Unternehmenskommunikation selbst, die die Verständigung einer Unternehmung mit ihren Stakeholdergruppen orchestriert und dadurch zugleich Marktziele verfolgt und Legitimität sichern will (vgl. Zerfaß 2007). Die Unternehmenskommunikation organisiert Informations-, Erlebnis- und Dialogangebote, will Einstellungen befestigen oder verändern und verfolgt dabei das Ziel, betriebswirtschaftlich erwünschtes Verhalten auszulösen: Kauf und öffentliche Zustimmung, Weiterempfehlung oder Preisakzeptanz (vgl. Rolke/Koss 2005).

Beim Versuch, die Zusammenhänge von Kommunikationsaktivitäten über die Rezeption bis hin zu den Erfolgseffekten zu rekonstruieren, wird sehr schnell deutlich, dass es sich dabei um einen sehr komplexen Wirkungsprozess handelt, bei dem die kommunikativen Impulse in sozialen Interaktionen von verschiedenen Beteiligten aufgegriffen werden und neue Rahmenbedingungen beziehungsweise Handlungsimpulse schaffen. Kaplan/Norton (1984), die angetreten waren, die Bedeutung der weichen Faktoren für den Unternehmenserfolg sicht- und messbar zu machen, haben in vergleichbaren Zusammenhängen die vier Erfolgsperspektiven der Balanced Scorecard (Finanz-, Kunden-, interne Prozess- sowie Lern- und Entwicklungsperspektive) als eine Ursache-Wirkungs-Beziehung konzipiert – ausdrücklich definiert als eine „logische Kette, durch die immaterielle Vermögenswerte zu materiellen Werten werden" (Kaplan/Norton 2004: 29). Also als einen Prozess, bei dem sich Managementimpulse stufenweise fortsetzen und dabei ihren Aggregatzustand verändern, bis sie schließlich als finanzielle Effekte sichtbar werden. Die Übertragung von Strategy Map und Balanced Scorecard auf die Unternehmenskommunikation ist die Grundlage für ein systematisches Kommunikations-Controlling. Dies hat die Debatte der vergangenen Jahre in Wissenschaft und Praxis eindrücklich gezeigt. Grundlegend wird dies in den Werttreiber-Modellen erläutert, die im Rahmen des DPRG-Arbeitskreises „Wertschöpfung durch Kommunikation" entwickelt wurden (vgl. Pfannenberg 2010). Im Mittelpunkt steht hierbei die betriebswirtschaftlich orientierte Analyse der Zusammenhänge von Kommunikations- und Unternehmenszielen.

Ergänzend dazu kann man die Kommunikationsprozesse selbst näher betrachten und von der Initiierung bis zur potentiellen Wirkung analysieren. Dies ist eine ergänzende und durchaus kompatible, wenn auch bezüglich der Schwerpunkte leicht veränderte Sichtweise: In der Tradition der PR-Evaluationsforschung (vgl. Watson/Noble 2007, Paine 2007) und des Marketing-Controllings (vgl. Reinecke/Janz 2009) geht es darum, kommunikationswissenschaftlich tragfähige Strukturierungen von Prozessen der Bedeutungsvermittlung und Realitätskonstruktion zu entwickeln. In diesem Kontext haben sich Wissenschaftler, Kommunikationsmanager und Controller im deutschsprachigen Raum in einem mehrmonatigen Diskussionsprozess auf einen einheitlichen Bezugsrahmen verständigt – den *DPRG/ICV-Bezugsrahmen für Kommunikations-Controlling* (vgl. Abbildung 1). Das Konzept wurde im Frühjahr 2009 von bei-

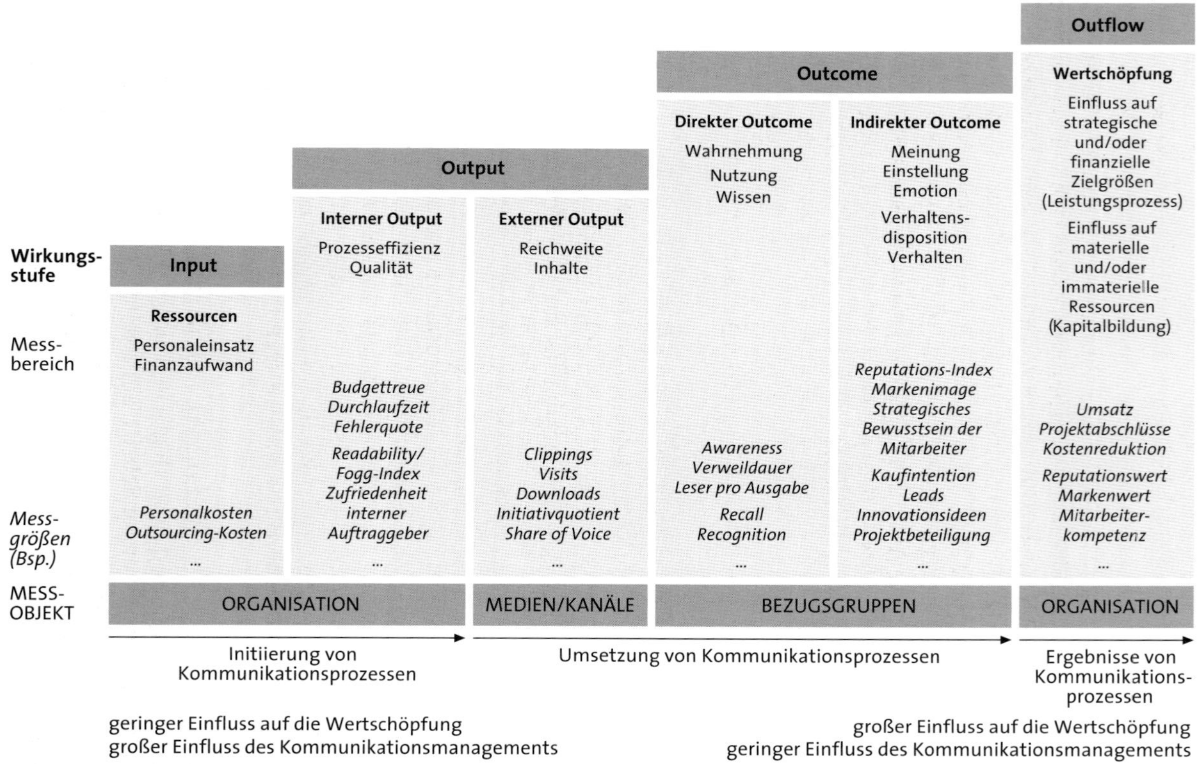

Wirkungsstufe	Input	Output		Outcome		Outflow
		Interner Output	**Externer Output**	**Direkter Outcome**	**Indirekter Outcome**	**Wertschöpfung**
Messbereich	Ressourcen	Prozesseffizienz Qualität	Reichweite Inhalte	Wahrnehmung Nutzung Wissen	Meinung Einstellung Emotion Verhaltensdisposition Verhalten	Einfluss auf strategische und/oder finanzielle Zielgrößen (Leistungsprozess) Einfluss auf materielle und/oder immaterielle Ressourcen (Kapitalbildung)
Messgrößen (Bsp.)	Personaleinsatz Finanzaufwand	Budgettreue Durchlaufzeit Fehlerquote Readability/ Fogg-Index Zufriedenheit interner Auftraggeber	Clippings Visits Downloads Initiativquotient Share of Voice	Awareness Verweildauer Leser pro Ausgabe Recall Recognition	Reputations-Index Markenimage Strategisches Bewusstsein der Mitarbeiter Kaufintention Leads Innovationsideen Projektbeteiligung	Umsatz Projektabschlüsse Kostenreduktion Reputationswert Markenwert Mitarbeiterkompetenz
	Personalkosten Outsourcing-Kosten					
Messobjekt	ORGANISATION	ORGANISATION	MEDIEN/KANÄLE	BEZUGSGRUPPEN		ORGANISATION

Initiierung von Kommunikationsprozessen → Umsetzung von Kommunikationsprozessen → Ergebnisse von Kommunikationsprozessen

geringer Einfluss auf die Wertschöpfung → großer Einfluss auf die Wertschöpfung
großer Einfluss des Kommunikationsmanagements → geringer Einfluss des Kommunikationsmanagements

Abbildung 1: DPRG/ICV-Bezugsrahmen für Kommunikations-Controlling.

den Verbänden als Branchenstandard verabschiedet und ist inzwischen bereits von Unternehmen und von anderen Fachorganisationen (zum Beispiel dem Kommunikationsverband in Deutschland) übernommen worden. Der Bezugsrahmen modifiziert und präzisiert frühere Darstellungen von Kommunikationswirkungen (vgl. Lindenmann 2003; Macnamara 2005; Pfannenberg/Zerfaß 2005; Watson/Noble 2007: 81 ff.), die mit Unterscheidungen wie Output, Outtake, Outgrowth, Outcome und Outflow operieren, aber diese Begrifflichkeiten zum Teil unterschiedlich verwenden.

Der DPRG/ICV-Bezugsrahmen macht Einflüsse, Wirkungen, Voraussetzungen und Umwandlungen von Kommunikation sichtbar und ordnet die wichtigsten Messbereiche, Messgrößen und Messobjekte einzelnen Wirkungsstufen zu. Da er Orientierung auf einer Metaebene geben will, sollen einige Implikationen dieses Konzepts im Nachfolgenden genauer diskutiert werden: das Verständnis von Wirkung, die mögliche Dimensionierung sowie die Anschlussfähigkeit gegenüber anderen Ansätzen, die in der Praxis bereits angewandt werden, aber ganz unterschiedliche Ausschnitte des Kommunikationsprozesses sichtbar machen.

Kommunikationswirkungen besser verstehen

Wer kommuniziert, will Wirkungen erzielen. Und wer etwas bewirken will, hat eine – wie stark auch immer reflektierte – Vorstellung von *Ursache-Wirkungs-Beziehungen*. Kommunikationsmanager müssen wie alle anderen Führungskräfte auch die Logik der von ihnen verantworteten Prozesse und die vermuteten Wirkungszusammenhänge offenlegen, um die eigenen Erwartungen mit den tatsächlichen Ergebnissen des Handelns zu vergleichen. An diesem Anspruch muss auch dann festgehalten werden, wenn die vermutete Kausalität in der Praxis nicht vollständig oder nur auf Basis subjektiver Einschätzungen überprüft werden kann – sei es aus Zeitmangel oder aus Mangel an finanziellen Ressourcen. Denn nur dann löst sich das Kommunikationsmanagement aus der Sphäre des kreativen Handwerks und nimmt die Rolle einer zugleich steuerbaren und rechenschaftspflichtigen Kernfunktion der Unternehmensführung ein.

Das Verstehen und Abbilden von Kommunikationsprozessen und ihrem Zusammenhang mit den strategischen Unternehmenszielen ist selbstverständlich nur ein erster Schritt. Ein zweiter Schritt besteht darin, die Zusammenhänge empirisch mit den Methoden der Meinungs-, Medien- und Marktforschung gezielt zu beleuchten und die Ergebnisse für die eigene Arbeit zu nutzen. Hierzu liegen eine Fülle von Methoden vor, die an anderer Stelle in diesem Sammelband und in einschlägigen Standardwerken von Kommunikationsmanagement, Marketing und Marketingforschung erläutert werden.

Die Herausforderungen treten jedoch nicht erst bei der Messung von Kommunikationseffekten auf, sondern bereits beim Verstehen der Eigenarten von Kommunikation. Gerade im Marketing herrscht die etwas restriktive Vorstellung vor, bei Kommunikation handele es sich um eine Art von Informationsübertragung, die bei Rezipienten etwas bewirken beziehungsweise steuern kann (vgl. kritisch hierzu Zerfaß 2009: 27 ff.). Damit wird ausgeblendet, dass Kommunikation eine soziale Interaktion zwischen kompetenten Akteuren ist, die immer auch verstehensabhängig ist. Sowohl persuasive Kommunikation als auch anspruchsvollere Versuche der argumentativen Verständigung zwischen mindestens zwei absichtsgeleiteten Kommunikationspartnern beruhen zwangsläufig auf gemeinsamen, nicht hinterfragten Hintergrundüberzeugungen, weil so überhaupt nur Verstehen möglich ist (vgl. Habermas 1981: 107), ohne dass damit bereits ein inhaltliches Einverständnis vorausgesetzt werden kann.

Wenn Kommunikation weder technisch (als Informationsübertragung) noch mechanistisch (als immer wirksame Beeinflussung) missverstanden wird, sondern als ein höchst komplexer Prozess mit Interdependenzen, Reaktionen, Missverständnissen, Korrekturversuchen und Barrieren zu begreifen ist (vgl. Merten 2009), dann hat das Folgen für das Verständnis der Ursachen-Wirkungs-Beziehungen im Kommunikations-Controlling: Kommunikationswirkungen sind weder präzise prognostizierbar noch stabil, weil sie immer wieder durch intervenierende Faktoren beeinflusst werden. Sie vollziehen sich innerhalb bestimmter Schwankungsbreiten, die sich über Indikatoren entlang einer vermuteten, vielleicht auch empirisch bestätigten Wirkungskette sichtbar machen lassen und weisen meist eine erkennbare Stoßrichtung auf. Für diese Art einer eher groben Kausalbeziehung, bei der es mehr um die Resultate als um filigrane Wirkungsbeziehungen geht, soll hier der Begriff der „korridoralen Kausalität" eingeführt werden.

Korridorale Kausalität findet sich bei komplexen, nichtlinearen und häufig auch wechselseitigen Ursache-Wirkungs-Beziehungen, deren Wirkkräfte zwar eine erkennbare Richtung haben, aber die sich kontextabhängig innerhalb von Schwankungsbreiten zeigen. Dabei handelt es sich nicht selten um Effekte, die auf mehreren Ursachen beruhen und die im Verlauf stufenweise ihren „Aggregatszustand" verändern. Kommunikationsprozesse folgen erfahrungsgemäß dem Prinzip korridoraler Kausaltät: Gehörtes wird beispielsweise zu Wissen und Wissen zu Verhalten – aus Sicht des Unternehmens wünschenswerterweise zu geldwertem Verhalten. Korridorale Kausalität ist nicht auf detaillierte Beeinflussungsnetze fokussiert, sondern auf den großen Zusammenhang von einer Wirkungsstufe zur nächsten, deren Übergänge dann mit Hilfe von Indikatoren beobachtet werden können. Der hier vorgestellte Bezugsrahmen von DPRG/IVC ist in diesem Sinne zu verstehen.

Planung und Erfahrung als Grundlage des Kommunikationserfolgs

Der DPRG/ICV-Bezugsrahmen ist im Grundsatz ein komplexes Input-/Output-Schema, wobei die Wirkungsseite fünfstufig aufgefächert ist. Die Phasen gliedern sich in:

- *Input („Welche Aufwendungen werden für die Kommunikation gemacht?")*. Die eingesetzten Ressourcen umfassen den Personaleinsatz und den Finanzaufwand für Kommunikation. Beides lässt sich in Kostenkategorien messen.
- *Interner Output („Was wird vom Unternehmen selbst geleistet?")*. Hier geht es um die Prozesseffizenz, die zum Beispiel durch Budgettreue, Durchlaufzeiten und Fehlerquoten belegt werden kann, und um die Qualität der Aktivitäten von Kommunikationsabteilungen und -agenturen. Eine wichtige Messgröße ist dabei die Zufriedenheit (interner) Auftraggeber. Der Fokus liegt immer noch bei der Organisation selbst und der Initiierung der eigentlichen Kommunikationsprozesse.
- *Externer Output („Welche Kontaktangebote werden geschaffen?")*. Diese Wirkungsstufe bezieht sich auf die Reichweite und Inhalte der Kommunikationsangebote, die den Bezugsgruppen oder Rezipienten zugänglich sind. Mit Kennzahlen wie Clippings von Medienberichten, Visits auf Websites oder dem Share of Voice als Anteil von Unternehmensmeldungen an der gesamten Medienberichterstattung in einer Branche werden Eigenschaften von Medien beziehungsweise Kommunikationskanälen erhoben. Dies sind notwendige Voraussetzungen für das Gelingen von Kommunikationsprozessen, aber noch keine Indikatoren für eine gelungene Verständigung mit den Bezugsgruppen.
- *Direkter Outcome („Inwiefern werden Wahrnehmung und Wissen gesteigert?")*. Mit Wahrnehmung, Nutzung und Wissen geht es hier um Veränderungen bei den Stakeholdern selbst. Awareness, Verweildauer, Leser pro Ausgabe, Recall und Recognition sind typische Kennzahlen, mit denen das Zustandekommen von Verständigung und die Informationsgenerierung in kommunikativen Interaktionen nachgewiesen werden können.

- *Indirekter Outcome („Wie stark werden Meinungen/Absichten beeinflusst?")*. Diese Phase bezieht sich auf die Einflussnahme als das eigentliche Ziel aller Kommunikationsprozesse. Meinung, Einstellung, Emotionen sowie Verhaltensdisposition und Verhalten beziehungsweise Handeln von Stakeholdern können durch Indikatoren wie Markenimage, Reputationsindizes, Mitarbeiter-Commitment, Kaufbereitschaft und so weiter erhoben werden.
- *Outflow („Welche werthaltigen Zielgrößen können dadurch erhöht werden?")*. Als Ergebnis von Kommunikationsprozessen können strategische und/oder finanzielle Zielgrößen im Leistungsprozess des Unternehmens oder materielle und/oder immaterielle Ressourcen bei der Kapitalbildung beeinflusst werden. Messgrößen sind hier beispielsweise Umsatz, Projektabschlüsse, Kostenreduktion oder Reputations- und Markenwerte.

Warum die damit beschriebene Wirkungskette korridoral zu verstehen ist, wurde bereits beschrieben. Doch der Bezugsrahmen enthält zwei weitere wichtige Implikationen, die hier hervorgehoben werden müssen, weil sie möglicherweise nicht auf den ersten Blick erkennbar sind:

- Zunächst die implizite Wirkungsschleife im Kommunikationsprozess (vgl. die Ebene „Messobjekt" in Abbildung 1), der idealiter nicht mit den medial vermittelten Wahrnehmungsangeboten an die Bezugsgruppen endet, sondern auf den Outflow zielt, der dann als Return on Investment „zurückwirkt" und damit die Organisation selbst als Empfänger umgewandelter Impulse wieder sichtbar werden lässt. Dieser Anspruch markiert – unabhängig davon, ob der Zusammenhang auch immer nachgezeichnet werden kann – einen wichtigen Meilenstein im Selbstverständnis des Kommunikationsmanagements. Unternehmenskommunikation leistet einen wert- und existenzsichernden Beitrag für eine Organisation und ist von daher unverzichtbar. Oder anders ausgedrückt, Ressourcen werden eingesetzt, um Wertschöpfung zu erzielen.
- Ebenso enthält der Bezugsrahmen einen Hinweis auf den Planungsprozess von Kommunikation – unterteilt in Initiierung, Umsetzung und Ergebnis(sicherung). Dabei wird verdeutlicht, dass stufenweise mit zunehmender Annäherung an die Wertschöpfung der Einfluss des Kommunikationsmanagements abnimmt. Die externen, intervenierenden Faktoren nehmen im Gegenzug zwangsläufig zu, da es sich um eine Abfolge sozialer Interaktionen handelt, die stets von mehreren Beteiligten (Mitarbeitern, Agenturen, Journalisten, Stakeholdern, ...) und deren Intentionen beziehungsweise Handlungen abhängen.

Vor diesem Hintergrund ist Kommunikations-Controlling nicht nur als Instrument zur (Zwischen-)Ergebniskontrolle zu verstehen, sondern auch und vor allem als Mittel zur Steuerung oder besser zur geplanten Impulssetzung. Mit Hilfe des Bezugsrahmens und entsprechender Messmethoden ist es möglich zu entscheiden, worauf es in einer konkreten Kommunikationssituation ankommt: Sind Budget oder Arbeitskräfte notwendig, um überhaupt den öffentlichen Dialog beginnen zu können? Fehlt es an Reichweite oder müssen Wahrnehmungs- und Wissensbarrieren abgebaut werden? Wie müssen Einstellungen verändert werden, um geldwerte Verhaltenseffekte auszulösen? Der hier vorgestellte Rahmen für Kommunikations-Controlling unterstützt durch seine diagnostische Qualität den konzeptionellen Planungsprozess – einerseits, indem er eine systematische Herangehensweise erlaubt, andererseits, indem er ermöglicht, Erfahrungen zu konfigurieren, abzuspeichern und mit neuen Erfahrungen zu vergleichen.

Wie wichtig Erfahrungen sind, wenn Unternehmenskommunikation erfolgversprechend konzeptionalisiert werden soll, darauf hat Merten (2009: 29) aufmerksam gemacht: „PR-Konzeptionen planen bei den definierten Zielgruppen zu erreichende Wirkungen im Wissen, in den Einstellungen, in den Meinungen und auch im Verhalten. Im Grunde ist eine solche Planung logisch unmöglich, denn über Art und Umfang der eingetretenen Wirkung entscheidet stets das Selektionsverhalten des Rezipienten, auf das sein Vorwissen, seine subjektive Befindlichkeit, sein Wert- und Normensystem und die situationalen Variablen erheblichen Einfluss nehmen. Gleichwohl ist die Erfahrung im Umgang mit Zielgruppen bei ähnlichen oder vergleichbaren Kommunikationszielen eine unschätzbare Hilfe." Dabei gilt: Erfahrungen mit Wirkungen von Kommunikation kann nur derjenige machen, der die Wirkung erst einmal sichtbar, also messbar macht und im Rahmen von Ursache-Wirkungs-Zusammenhängen zu beurteilen vermag.

Anschlussfähigkeit gegenüber anderen Ansätzen

Der Wirkungsstufen-Bezugsrahmen als ein vor allem kausal aufgespreiztes Input-Output-Schema ist für die Praxis ein systematisches Monitoring- und Planungssystem, das über drei Dimensionen verfügt:

- Die *horizontale Perspektive* mit der „korridoralen Wirkungsdimension" und der darin abgebildeten eingeschränkten, aber unterstellten Kausalität von Kommunikationswirkungen wurde bereits oben erläutert.
- In *vertikaler Hinsicht* kann jede einzelne Stufe weiter vertieft und differenziert werden. Beispielsweise kann der „indirekte Outcome" über

verschiedene Verfahren der Reputationsmessung in zahlreiche Einzelmerkmale und Teilreputationen aufgespalten werden, um die untersuchten Veränderungen präziser zu erfassen (vgl. Liehr/Peters/Zerfaß 2010). Auch die Messbereiche auf der Output-Ebene können ohne Probleme erweitert werden (vgl. Rolke/Jäger 2009).

- In *räumlicher Dimension* sind alle Wirkungsstufen und Vertiefungen auf die verschiedenen Stakeholdergruppen wie Kunden, Investoren, Mitarbeiter und gesellschaftspolitische Anspruchsgruppen zu beziehen. Dabei spielen auch hier wieder Interdependenzen wie der Zusammenhang beispielsweise von Mitarbeiter-Commitment und Kundenzufriedenheit eine Rolle; dies verdient im Einzelfall eine nähere Betrachtung.

Angesichts dieser sichtbaren wie auch der impliziten Komplexität von Kommunikationsprozessen wird klar, warum das Wirkungsstufen-Konzept kein direkt umsetzbares und rechenbares Modell ist, sondern ein offener Bezugsrahmen (ein „Framework" im Sinne von Porter 1991), das strategische Zusammenhänge offenlegt und eine Integration von Messverfahren und Kennzahlen ermöglicht. Die Beziehungen zwischen den Variablen sind keineswegs determiniert, sondern es handelt sich um ein „Redeinstrument", das Kommunikationsmanager bei ihren Entscheidungen für ein unternehmensspezifisches Controllingsystem unterstützen soll, aber keine fixen Verfahren oder Kennzahlen vorwegnimmt. In der Praxis werden Kommunikationswirkungen zumeist nur ausschnitthaft auf einzelnen Ebenen beobachtet. Der Wirkungsstufen-Bezugsrahmen hilft, diese Ausschnitte sichtbar zu machen und in den Gesamtzusammenhang einzuordnen. Seine Leistungskraft beweist er gerade dadurch, dass er andere Konzepte „aufnehmen" kann. Dies kann kursorisch an folgenden Beispielen gezeigt werden:

- Der „Brand Funnel" beziehungsweise der „Markentrichter", der in der Wirkungsforschung des Marketings verbreitet ist (vgl. Arnold/Deuringer 2005), differenziert die Outcome- und Outflow-Stufen, kümmert sich aber weder um die generierten Kontakte noch um den Input. Damit lässt er sich als Teil des Wirkungsstufen-Bezugsrahmens verorten.

- Der RepTrak und andere Indexwerte der Reputationsmessung basieren auf einer hochdifferenzierten Erfassung von Meinungen und Einsichten zu einem Unternehmen seitens unterschiedlicher Stakeholdergruppen; es handelt sich um Leitkennzahlen für den direkten Outcome, die sich je nach Erhebungsmethode und Regressionsrechnung durchaus auch mit Outflow-Effekten in Beziehung setzen lassen (vgl. Liehr/Peters/Zerfaß 2010).

- Das Referenzsystem für Kommunikations-Controlling (vgl. Rolke/Jäger 2009) bildet die gesamte Wirkungskette ab und differenziert auf der Input-Seite, auf der zusätzlich der Grad der strategischen Integration berücksichtigt wird. Wie auch bei den auf Wirkungsketten und Werttreibern aufbauenden Scorecard-Ansätzen werden unterschiedliche Stakeholdergruppen einbezogen.
- Die „Communication Impact Points" bilden eine stark verdichtete Leistungskennzahl über die Wirkkraft von Kommunikation (vgl. beispielhaft Jäger 2009), indem Kennziffern aus dem externen Output und dem Outcome zusammengeführt werden.

Wenn also ganz verschiedene Ansätze mehr oder minder reibungsfrei unter ein gemeinsames konzeptionelles Dach passen, dann wirken sie auf einmal viel ähnlicher, als es im ersten Moment erscheint. Dies spricht dafür, dass im Kommunikations-Controlling die Möglichkeiten zur Standardisierung noch nicht ausgeschöpft sind. Das wird in den nächsten Jahren zu beobachten sein. Doch zunächst sind die hier vorgestellten Wirkungsstufen ein guter Bezugsahmen, um der Erfolgsbetrachtung von Kommunikation mehr Sicherheit zu geben und Effizienz zu ermöglichen.

Literatur

Arnold, Hans/Deuringer, Christian (2005): Markenbewertung als strategische Herausforderung: Das Beispiel Allianz Group. In: Pfannenberg, Jörg/Zerfaß, Ansgar (Hg.): Wertschöpfung durch Kommunikation. Frankfurt am Main, S. 173–182.

DiPiazza Jr., Samuel A./Eccles, Robert G. (2003): Vertrauen durch Transparenz. Die Zukunft der Unternehmensberichterstattung. Weinheim.

Habermas, Jürgen (1981): Theorie des kommunikativen Handelns. Band 1: Handlungsrationalität und gesellschaftliche Modernisierung. Frankfurt am Main.

Jäger, Wolfgang (2009): HR-Media-Controlling. Berechnung der Effizienz und Effektivität von Maßnahmen in der HR-Kommunikation (Whitepaper DJM Consulting). Königstein im Taunus.

Kaplan, Robert S./Norton, David P. (2004): Strategy Maps. Der Weg von immateriellen Werten zum materiellen Erfolg. Stuttgart.

Liehr, Kerstin/Peters, Paul/Zerfaß, Ansgar (2009): Reputation messen und bewerten – Grundlagen und Methoden. In diesem Band.

Lindenmann, Walter (2003): Guidelines for Measuring the Effectiveness of PR Programs and Activities. Gainesville (FL).

Macnamara, Jim (2005): Public Relations Handbook, 5. Auflage. Randwick (NSW).

Merten, Klaus (2009): Wirkungen von Kommunikation. In: Bentele, Günter/Piwinger, Manfred/Schönborn, Gregor (Hg.): Kommunikationsmanagement (Loseblattsammlung). München, Nr. 8.31, S. 1–34.

Paine, Katie D. (2007): Measuring Public Relationships. Berlin (NH).

Pfannenberg, Jörg (2010): Strategisches Kommunikations-Controlling mit der Balanced Scorecard. In diesem Band.

Pfannenberg, Jörg/Zerfaß, Ansgar (2005): Wertschöpfung durch Kommunikation: Thesenpapier der DPRG zum strategischen Kommunikations-Controlling in Unternehmen und Institutionen. In: Pfannenberg, Jörg/Zerfaß, Ansgar (Hg.): Wertschöpfung durch Kommunikation. Frankfurt am Main, S. 184–198.

Porter, Michael E. (1991): Towards a Dynamic Theory of Strategy. In: Strategic Management Journal, 12. Jg. (Special Issue Winter 1991), S. 95–117.

Reinecke, Sven/Janz, Simone (2009): Controlling der Marketingkommunikation. In: Bruhn, Manfred/Esch, Franz-Rudolf/Langner, Tobias (Hg.): Handbuch Kommunikation. Wiesbaden, S. 993–1020.

Rolke, Lothar/Jäger, Wolfgang (2009): Kommunikations-Controlling. Messung und Entwicklung eines Returns on Communication. In: Bruhn, Manfred/Esch, Franz-Rudolf/Langner, Tobias (Hg.): Handbuch Kommunikation. Wiesbaden, S. 1021–1041.

Rolke, Lothar/Koss, Florian (2005): Value Corporate Communications. Norderstedt.

Watson, Tom/Noble, Paul (2007): Evaluating Public Relations, 2. Auflage. London.

Zerfaß, Ansgar (2007): Unternehmenskommunikation und Kommunikationsmanagement: Grundlagen, Wertschöpfung, Reputation. In: Piwinger, Manfred/Zerfaß, Ansgar (Hg.): Handbuch Unternehmenskommunikation. Wiesbaden, S. 21–70.

Zerfaß, Ansgar (2009): Kommunikation als konstitutives Element im Innovationsmanagement. In: Zerfaß, Ansgar/Möslein, Kathrin M. (Hg.): Kommunikation als Erfolgsfaktor im Innovationsmanagement. Wiesbaden, S. 23–55.

Strategisches Kommunikations-Controlling mit der Balanced Scorecard

Jörg Pfannenberg

Mitglieder des Arbeitskreises „Wertschöpfung durch Kommunikation" der Deutschen Public Relations Gesellschaft (DPRG) haben von 2005 bis 2007 ein Modell des Kommunikations-Controllings entwickelt, das mit der Strategy Map und der Balanced Scorecard (BSC) von Kaplan/Norton (vgl. Pfannenberg 2010: 16 ff.) arbeitet. Dieser Beitrag stellt die neu geschaffenen theoretischen Grundlagen des Controlling-Modells, die Vorgehensweise sowie prototypische Value Links und Kennzahlen für die Kommunikationsfelder des Unternehmens wie auch das Management der Kommunikation dar.

Kommunikation in der Strategy Map des Unternehmens

Da die Strategy Map Unternehmensziele in Ursache-Wirkungs-Beziehungen für den Unternehmenserfolg abbildet, kann die Kommunikation mit ihren Zielen und Messgrößen hier anschließen (vgl. DPRG/Pfannenberg/Sass 2007: 1 f.). Dabei wirkt jeder der vier Kommunikationsstränge als Werttreiber auf eine der vier Perspektiven der Strategy Map:

- *Interne Kommunikation* als Treiber für Lernen und Entwicklung.
- *Externe (Unternehmens-)Kommunikation* als Treiber für die Beziehung zu Gemeinden und Umwelt. Sie stellt die „Licence to Operate" entsprechend den anderen Exzellenz-Zielen der Strategy Map sicher (vgl. Zerfaß 2010: 297 ff.).
- *Marketing-Kommunikation* als Treiber für Kundenbeziehung und Image.
- *Finanzkommunikation* als Treiber für die Finanzierungsstrategie.

Die Dimensionen von Kommunikations-Scorecards

Um die Konzepte Strategy Map und BSC auf das Kommunikations-Controlling anzuwenden, werden die vier Perspektiven der Unternehmensstrategie durch Wirkdimensionen der Kommunikation ersetzt. Dabei ist der Arbeitskreis „Wertschöpfung durch Kommunikation" in seinem Projekt 2005 bis 2007 vom Wirkungsebenen-Modell ausgegangen, das 2000 in der DPRG/GPRA-Broschüre „PR-Evaluation. Messen, Analysie-

Nachhaltige Steigerung des Unternehmenswerts

Finanzielle Perspektive

Produktivitätsstrategie	Ertragssteigerungsstrategie	Finanzierungsstrategie
Verbesserung der Kostenstruktur	Steigerung des Nutzens für den Kunden	Fremdkapitalkosten
Optimale Nutzung der Ressourcen	Erschließung neuer Ertragschancen	Eigenkapitalkosten

Finanzkommunikation

Kundenperspektive

Kunden-Wertbeitrag

Preis	Verfügbarkeit		Partnerschaft	
Qualität	Sortiment	Funktionalität	Service	Marken

Produkt-/Serviceeigenschaften — Beziehung — Image

Marketing-Kommunikation

Interne (Geschäftsprozess-) Perspektive

Betriebl. Management
Produktion und Lieferung der Produkte und Services

Innovation
Entwicklung neuer Produkte und Services

Kundenmanagement
Steigerung des Nutzens für den Kunden

Rahmenbedingungen und soziale Umwelt
Beziehungen zu Gemeinden und Umwelt

Externe (Unternehmens-) Kommunikation

Lern- und Entwicklungsperspektive

Human Capital
- Qualifikationen
- Training
- Wissen

Informationskapital
- Systeme
- Datenbanken
- Netzwerke

Organisationskapital
- Kultur
- Führungsstil
- Alignment
- Teamwork

Interne Kommunikation

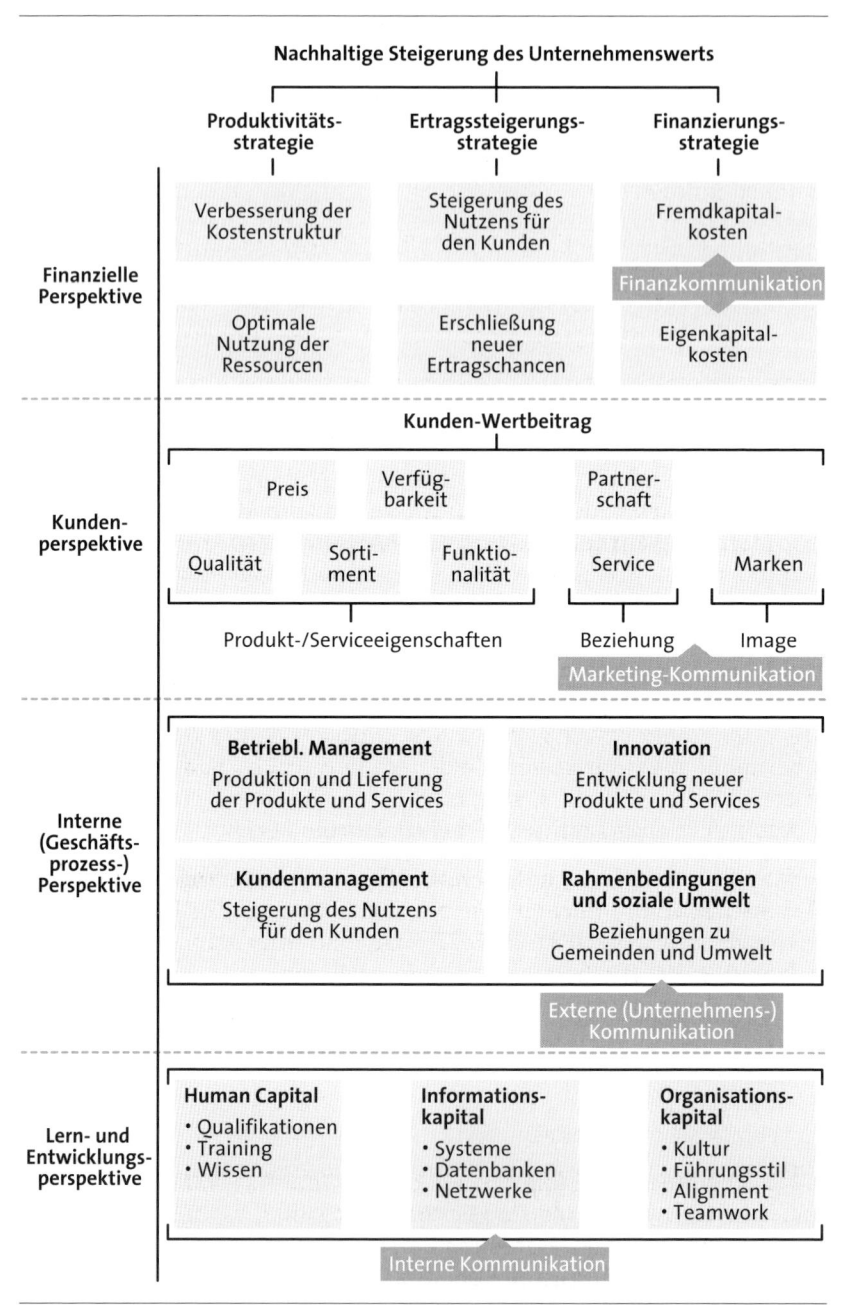

Abbildung 1: Generische Strategy Map nach Kaplan/Norton (2004), ergänzt um die Finanzierungsstrategie; mit den vier Feldern der Kommunikation als Treiber für Finanzierungsstrategie, Kundenbeziehung und Image, Beziehung zu Gemeinden und Umwelt sowie Lernen und Entwicklung der Mitarbeiter.

ren, Bewerten – Empfehlungen für die Praxis" veröffentlicht wurde (vgl. Abbildung 2). Die Wirkungsebenen von Kommunikation und damit die Dimensionen des Kommunikations-Controllings sind in dem Projekt des Arbeitskreises 2005 bis 2007 *Output, Outcome* und *Outflow*. Jede Stufe ist die Voraussetzung für das Erreichen der nächsten (vgl. DPRG/Pfannenberg/Sass 2007: 3):

Output. Gegenstand des Controllings sind hier die Prozesse und die erbrachten Kommunikationsleistungen: Sind die Erstellungsprozesse der Maßnahmen effizient und effektiv? In welcher Menge, Frequenz und Qualität werden die Kommunikationsmaßnahmen realisiert?

Outcome. Bezugspunkt des Controllings sind hier die Wirkungen bei den Stakeholdern: Sind die Botschaften der Kommunikation den Stakeholdern zugänglich (zum Beispiel Reichweite, Aktualität und Umfang der Information)? Fördern Gestaltung und Aufbereitung der Botschaften die Nutzbarkeit des Mediums für den Rezipienten (Usability)? Wie verändert die Wahrnehmung der Botschaften Wissen, Meinungen, Einstellungen, Emotionen und Verhaltensdispositionen der Stakeholder? Die Zugänglichkeit von Informationen und die Usability der Medien werden als Outgrowth bezeichnet. Ein Beispiel für Outgrowth ist die Nutzbarkeit von Internet- beziehungsweise Intranet-Seiten, wie sie durch das Nutzungsverhalten (Zahl der Seitenabrufe, Visits, Verweildauer) angezeigt wird (vgl. Schweiger 2010). Auch die Wiedergabe von Unternehmensinformationen in der Medienberichterstattung wird als Outgrowth bezeichnet, insofern die Presse hier die Botschaften des Unternehmens zugänglich macht (vgl. Mathes/Zerfaß 2010).

Outflow. Hier bezieht sich das Controlling auf die betriebswirtschaftlichen Wirkungen: Welchen Beitrag leistet Kommunikation zur Erreichung der strategischen und finanziellen Unternehmensziele? Die betriebswirtschaftlichen Wirkungen von Kommunikation werden im Regelfall durch das Verhalten der Stakeholder realisiert, die Ziele und Strategien des Unternehmens mehr oder weniger unterstützen – zum Beispiel durch engagierte Mitarbeit und Teamwork, durch den Kauf von Produkten und Services, behördliche Genehmigungen oder auch die Bereitstellung von Kapital.

Die strategischen Wirkungsebenen der Kommunikation erscheinen in den Balanced Scorecards für die Steuerung und das Controlling der Kommunikationsfelder – analog zu den Perspektiven von Strategy Map und BSC von Kaplan/Norton – ebenfalls als Ebenen (vgl. Tabelle 1).

Das Controlling der übergeordneten Managementaufgabe „Steuerung der Kommunikationsfunktion" geschieht dagegen in den Kategorien des General Managements – den klassischen Perspektiven von Strategy

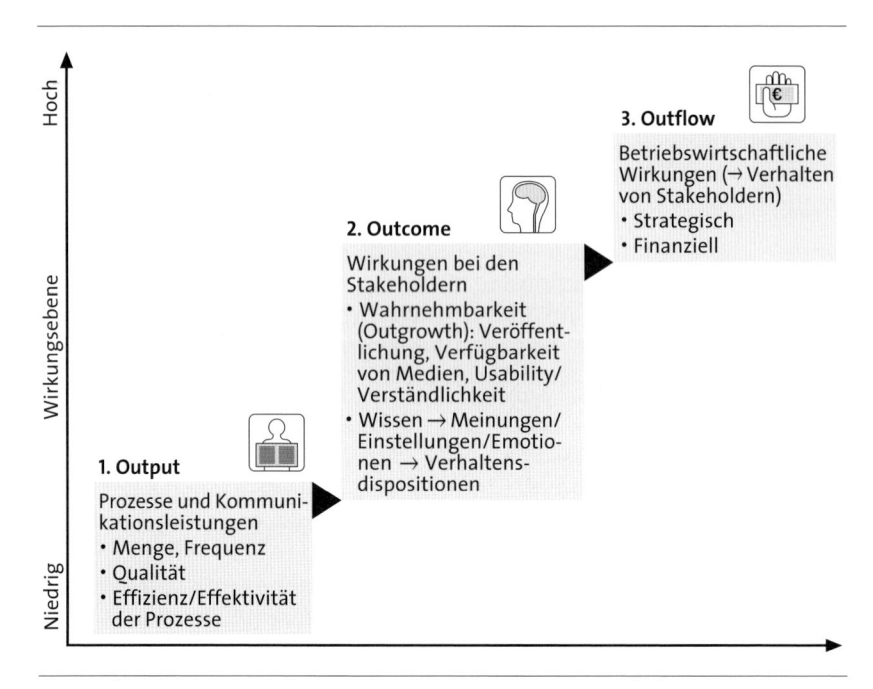

```
Hoch
 ↑
 |                                              3. Outflow
 |                                              Betriebswirtschaftliche
 |                                              Wirkungen (→ Verhalten
 |                              2. Outcome      von Stakeholdern)
 |                                              • Strategisch
 |                              Wirkungen bei den  • Finanziell
 |                              Stakeholdern
 |                              • Wahrnehmbarkeit
 |                                (Outgrowth): Veröffent-
 |                                lichung, Verfügbarkeit
 |                                von Medien, Usability/
 |                                Verständlichkeit
 |                              • Wissen → Meinungen/
 |                                Einstellungen/Emotio-
 |              1. Output        nen → Verhaltens-
 |                                dispositionen
 |              Prozesse und Kommuni-
 |              kationsleistungen
 |              • Menge, Frequenz
 |              • Qualität
 |              • Effizienz/Effektivität
 |                der Prozesse
Niedrig
 └─────────────────────────────────────────────────────→
```

Abbildung 2: Wirkungsebenen der Kommunikation (nach DPRG/GPRA 2000 und Pfannenberg/Sass 2007).

Map und BSC bei Kaplan/Norton: Finanzen, Kunden, Prozesse und Lernen/Entwicklung (vgl. Pfannenberg/Diercks 2009 und Abbildung 1).

Vorgehensweise: Strategisches Kommunikations-Controlling schrittweise aufbauen

Das Kommunikations-Controlling wird durch das Kommunikationsteam in einem moderierten Scorecard-Workshop aufgebaut. Um Verständnis und Commitment für die Ziele zu erreichen, sollten insbesondere die Kommunikationsziele und vor allem die Jahreszielwerte von den Betroffenen selbst festgelegt werden.

Der Aufbau des Kommunikations-Controllings erfolgt in drei Schritten:

Schritt 1: Werttreiberbäume entwickeln

Im ersten Schritt werden die Werttreiberbäume der Kommunikation in den relevanten Kommunikationsfeldern entwickelt. Analog zur Darstellung der Ursache-Wirkungs-Beziehungen in der Strategy Map

Schritt 1

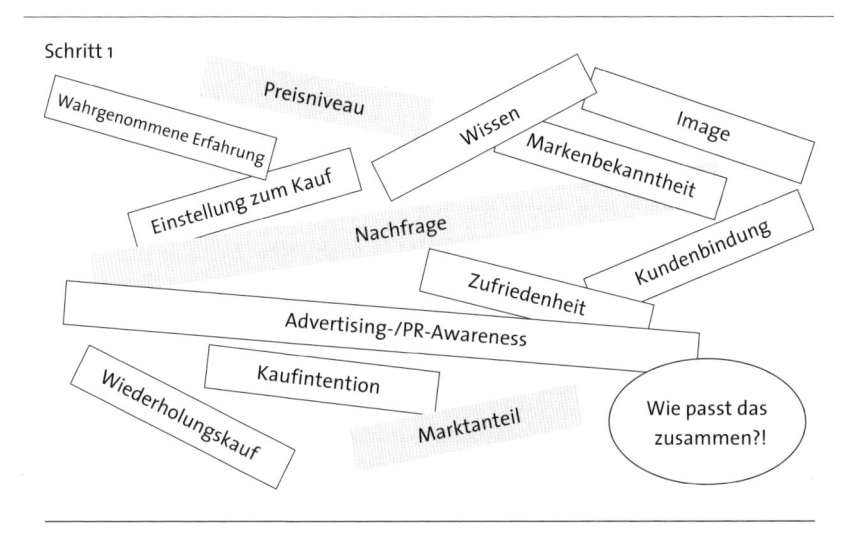

Wahrgenommene Erfahrung
Preisniveau
Wissen
Image
Markenbekanntheit
Einstellung zum Kauf
Nachfrage
Kundenbindung
Zufriedenheit
Advertising-/PR-Awareness
Kaufintention
Wiederholungskauf
Marktanteil
Wie passt das zusammen?!

Schritt 2

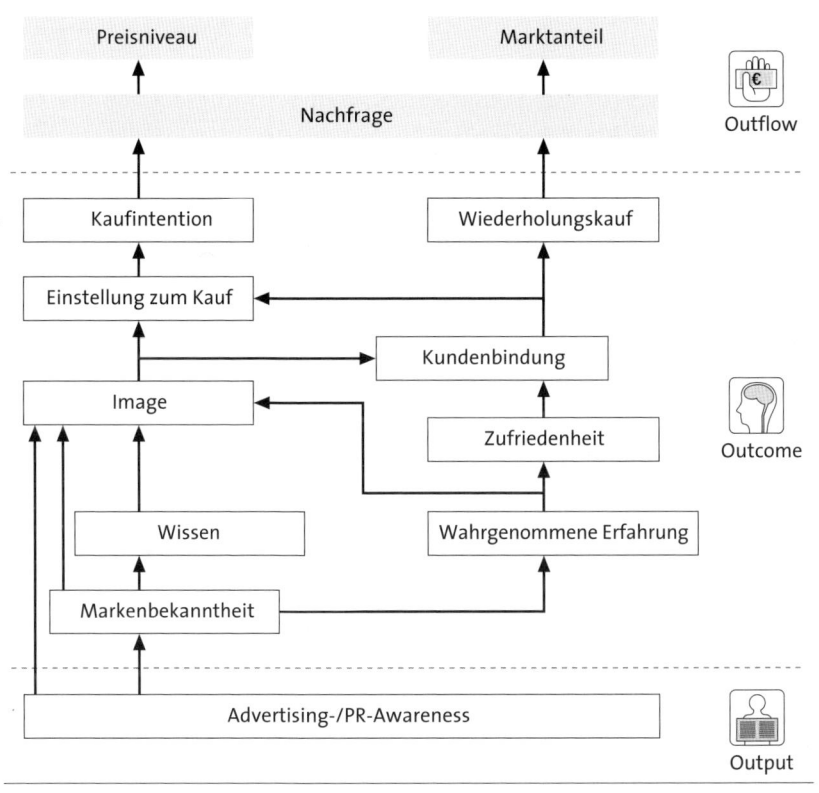

Preisniveau ← Nachfrage → Marktanteil — Outflow

Kaufintention — Wiederholungskauf
Einstellung zum Kauf ← Kundenbindung
Image ← Zufriedenheit — Outcome
Wissen — Wahrgenommene Erfahrung
Markenbekanntheit

Advertising-/PR-Awareness — Output

Abbildung 3: Aus Zielsetzungen (Value Driver) der Kommunikation wird durch Value Links ein Werttreiberbaum.

des Unternehmens werden die Werttreiber in den drei Wirkdimensionen der Kommunikation identifiziert und die Wirkungsbeziehungen zwischen ihnen lückenlos entwickelt, von der Output- über die Outcome- bis hin zur Outflow-Ebene (vgl. DPRG/Pfannenberg/Sass 2007: 4).

Die Frage „Wenn Sie abends von der Arbeit nach Hause fahren: Wann haben Sie das Gefühl, Ihre Zielsetzungen erreicht zu haben/etwas Nützliches für das Unternehmen geschaffen zu haben?" führt zur Nennung von Zielsetzungen, die im Workshop zum Beispiel per Kartenabfrage gesammelt, geclustert und den Wirkungsebenen zugeordnet werden. Dann werden die Value Links zwischen den Wirkungsclustern eingezeichnet und so die Wirkungskette von den eingesetzten Medien über die immateriellen bis hin zu den materiellen/finanziellen Effekten der Kommunikation aufgebaut (zur Darstellung von Werttreiberbäumen vgl. Abbildungen 5 bis 8).

Schritt 2: Scorecard aufbauen

Sind die kommunikativen Werttreiber und Wirkungsketten geklärt, werden die Werttreiber entsprechend den Wirkungsebenen als Zielsetzungen in Scorecards übertragen. Scorecards folgen typischerweise der Struktur: Bereich, Werttreiber (= Zielsetzung), Key Performance Indicators (KPIs) inklusive Dimension, gegebenenfalls Messverfahren,

Ebene	Werttreiber	KPI (Dimension)	Messmethode	Ziel 2009	Status 2008	Ziel 2011	Maßnahmen
Outflow							
Outcome							
Output							

Tabelle 1: Aufbau einer Kommunikations-Scorecard (Beispiel).

Ziel im aktuellen Zeitraum, Wert im vorausgehenden Zeitraum, mittelfristiges 3- oder 5-Jahresziel, gegebenenfalls Maßnahmen (vgl. Pfannenberg/Diercks 2009).

Schritt 3: KPIs, Messverfahren und Zielwerte festlegen

Im dritten Schritt werden für die Werttreiber/Zielsetzungen KPIs festgelegt und Erhebungs-/Messverfahren für diese Kennzahlen definiert. KPIs der Kommunikation sind Kennzahlen, die den Kommunikationserfolg anzeigen und somit als Indikator für Kommunikationswirkungen genutzt werden können. Um aussagefähig (valide) zu sein, sollten KPIs der Kommunikation

- im Wesentlichen – unmittelbar oder mittelbar – durch Kommunikation steuerbar sein.

- benchmarkfähig sein. Dafür müssen die KPIs durch Erhebungs-/Messverfahren getrackt werden können, die in der Branche akzeptiert und etabliert sind – also nicht auf künstlichen neuen Begriffen und/oder proprietären Konzepten basieren beziehungsweise solche Erhebungs-/Messmethoden erfordern.

- anschlussfähig an das Unternehmens-Controlling, also berechenbar sein.

- möglichst einfach mit „Bordmitteln" der Unternehmenskommunikation zu ermitteln und zu steuern sein. Dabei ermöglicht die Plausibilisierung der Beziehung zwischen den Werttreibern durch die Werttreiberbäume der Kommunikation, dass die KPIs die Zielsetzungen nicht komplett messtechnisch abbilden müssen: Indikator-Werte, die in einer wie auch immer gearteten Beziehung zum Werttreiber stehen, reichen für ein valides, intersubjektiv nachvollziehbares Tracking aus (vgl. DPRG/Pfannenberg/Sass 2007: 5).

Die Festlegung der Zielwerte erfolgt wenn möglich auf Basis der erreichten Werte in der Vorperiode. Allerdings spielen dabei auch die verfügbaren Ressourcen – Finanzmittel und Personal – eine Rolle. Um das Management auf einen mittelfristigen Zeithorizont auszurichten, werden gleichzeitig mittelfristige Ziele festgelegt.

Die Balanced Scorecard mit den Zielwerten wird mit der Leitung der Unternehmenskommunikation abgestimmt, sie ist deren zentrales strategisches Steuerungsinstrument.

Tracking und Reviews

Zur Umsetzung des Trackings aller relevanten KPIs wird ein Tracking-Tool auf Excel-Basis aufgesetzt. Die Review-Intervalle des strategischen Kommunikations-Controllings sind entsprechend dem Tempo in den gesteuerten Projekten getaktet: Messungen und Review der Scorecard erfolgen in entsprechenden Abständen, zum Beispiel monatlich. Bei Anpassungen der kommunikativen Bedarfe werden die Scorecard-Struktur und/oder die KPIs und Erhebungs-/Messmethoden angepasst – dies geschieht ebenfalls im Rahmen der regelmäßigen Scorecard-Reviews.

Value Links und Kennzahlen für die vier Kommunikationsfelder des Unternehmens

Kommunikations-Controlling deckt alle wesentlichen Felder der Kommunikation von Unternehmen ab: interne Kommunikation, externe (Unternehmens-)Kommunikation, Marketing-Kommunikation und Finanzkommunikation.

Bei größeren Kommunikationsabteilungen/Agenturen sollte das Kommunikations-Controlling auch die übergeordnete Steuerung der Kommunikationsfunktion/der Agentur umfassen. Das Management der Abteilung/der Agentur ist auf die optimale Nutzung der finanziellen und personellen Ressourcen, auf die übergeordneten Strukturen und Prozesse sowie die Sicherung von Akzeptanz und Support für die Arbeit der Abteilung gerichtet. Außerdem wird über diese übergeordnete Scorecard das Kommunikationsmanagement in den Kommunikationsfeldern gesteuert und kontrolliert (vgl. Abbildung 4).

In ihrem Projekt zur Entwicklung des strategischen Kommunikations-Controllings haben die Mitglieder des Arbeitskreises „Wertschöpfung durch Kommunikation" Werttreiber und Value Links für die vier Felder der Kommunikation von Unternehmen identifiziert und in ihren Ursache-Wirkungs-Beziehungen dargestellt. Diese Werttreiberbäume werden im Folgenden in harmonisierter und weiterentwickelter Form wiedergegeben (vgl. Abbildungen 5 bis 8). In Projekten mit Unternehmen wurden inzwischen auch Werttreiberbäume und Scorecards für das strategische Controlling der Unternehmens*funktion* Kommunikation entwickelt.

Interne Kommunikation (vgl. Abbildung 5). Der zentrale Werttreiber in der Lern- und Entwicklungsperspektive ist nach Kaplan/Norton die Veränderungsbereitschaft (Readiness for Change). Denn nur Unternehmen, die sich in ständig wandelnden wirtschaftlichen und gesellschaftlichen

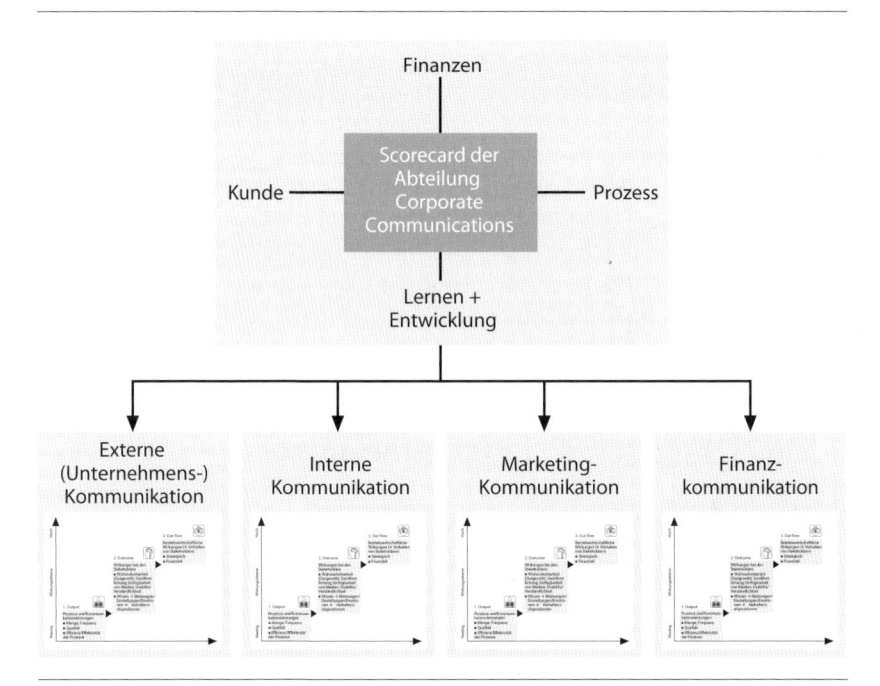

Abbildung 4: Scorecard-System für die Steuerung und das Controlling der integrierten Kommunikation in einem Großunternehmen.

Umfeldern schnell und effektiv auf die sich verändernden Bedürfnisse ihrer Stakeholder einstellen, können bei der Produktion und Lieferung der Produkte und Services, im Bereich Innovation und bei der Orientierung auf die Kundenbedürfnisse dauerhaft besser, „exzellenter" als der Wettbewerb sein. Dies ist die Voraussetzung für nachhaltige Wettbewerbsvorteile und damit für den Erfolg des Unternehmens.

Ein Schlüsselfaktor für exzellente Leistungserbringungsprozesse von Unternehmen ist bekannterweise das Verhalten der Führungkräfte: Dies beinhaltet über das Führen im operativen Geschäft hinaus auch die Unterstützung der Unternehmensleitung bei der Erreichung von Zielen und der Umsetzung von Strategien und Change-Programmen. Die Veränderungsbereitschaft von Mitarbeitern hängt wesentlich von ihrem Commitment für das Unternehmen ab. Commitment ist eine komplexe Einstellung, die einerseits durch die Motivation der Mitarbeiter, andererseits durch ihre Zufriedenheit getrieben wird. Letztere hängt wesentlich davon ab, ob die Mitarbeiter zufrieden mit der Unternehmensführung sind – ob sie ihr zutrauen, die Strategie des Unternehmens umzusetzen und die Unternehmensziele zu verwirklichen. Für die Motivation wie auch für das Vertrauen in die Unternehmensführung spielen

```
                    Operative Exzellenz  ◄────────  Führungsverhalten
                                  ▲                         ▲
                                  │                         │              Outflow
    ─ ─ ─ ─ ─ ─ ─ ─ ─ ─ ─ ─ ─ ─ ─ │ ─ ─ ─ ─ ─ ─ ─ ─ ─ ─ ─ ─ │ ─ ─ ─ ─ ─ ─
                              Readiness for Change
                                          ▲
                              Commitment für das
                                  Unternehmen
                                          ▲
                Motivation                         Vertrauen in die
           • Kooperationsbereitschaft             Unternehmensführung       Outcome
           • Kundenorientierung
                    ▲                                     ▲
                                  Ausrichtung auf
         Wissen  ──►  Unternehmensziele/ ◄──   Reputation des
                                  -strategie/-werte              Unternehmens
                    ▲                     ▲                     ▲
    ─ ─ ─ ─ ─ ─ ─ ─ ─ ─ ─ ─ ─ ─ ─ ─ ─ ─ ─ ─ ─ ─ ─ ─ ─ ─ ─ ─ ─ ─ ─ ─ ─ ─ ─
                              Aufmerksamkeit
                                                                            Output
```

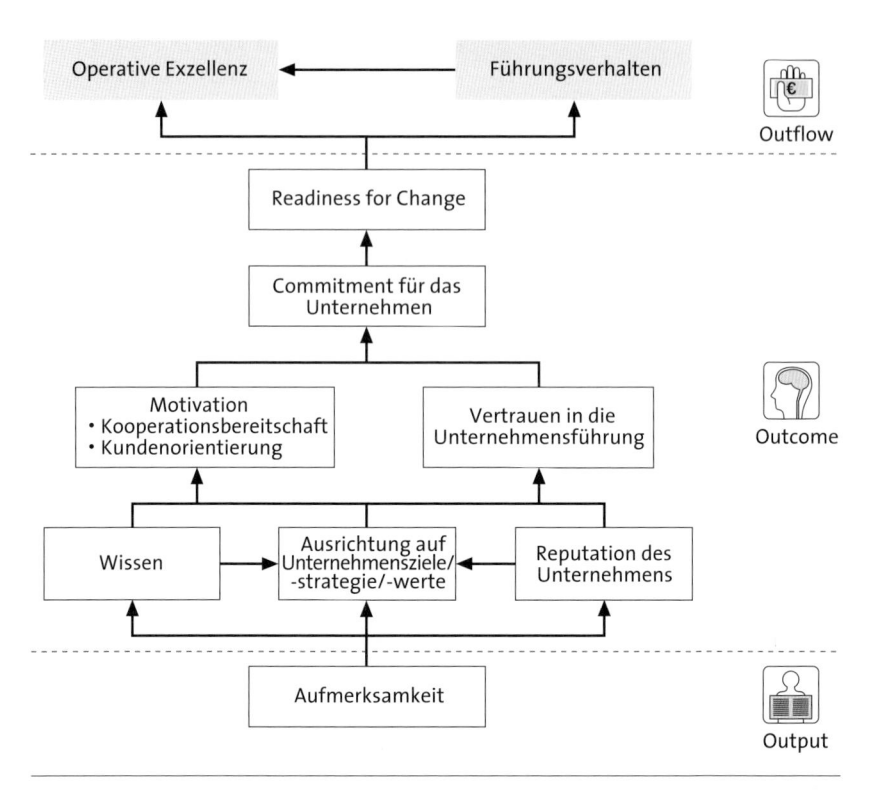

Abbildung 5: Werttreiber und Value Links der internen Kommunikation (vgl. DPRG/Sass/Schönefeld/ Pütz/Stobbe 2007 und Pfannenberg 2009: 10).

das Wissen über und die Ausrichtung auf die Unternehmensziele, -strategie und -werte, aber auch die Reputation des Unternehmens insgesamt eine Rolle. Aufmerksamkeit ist die Voraussetzung für die Akkumulation von Wissen und eine entsprechende Orientierung (vgl. DPRG/Sass/ Schönefeld/Pütz/Stobbe 2007).

Externe (Unternehmens-)Kommunikation (vgl. Abbildung 6). Die Sicherung der Handlungsspielräume („Licence to Operate", vgl. Zerfaß 2010: 297 ff.) ist die Voraussetzung dafür, dass das Unternehmen in seinen Prozessen im Vergleich zu anderen Unternehmen Wettbewerbsvorteile („Competitive Advantages") realisieren kann. Denn die Fähigkeit zu operativer Exzellenz bei der Produktion und Lieferung der Produkte und Services, im Bereich Innovation und bei der Orientierung auf die Kundenbedürfnisse kann nur zum Tragen kommen, wenn das Unternehmen auch realisieren darf, was es kann. Wenn es durch die Gesetzgebung, genehmigende und kontrollierende Behörden, die Rechtsprechung oder durch andere Stakeholder, NGOs oder auch nur durch den Meinungsdruck in der Öffentlichkeit gehindert wird, seine exzellenten Fähigkeiten im Wettbewerb auszuspielen, hat dies unmittelbare Folgen für die Wertschöpfung. Insofern handelt es sich bei der „Licence to Operate" um einen negativen „kritischen" Werttreiber: Fehlende gesellschaftliche Legitimation für exzellente Leistungserbringungsprozesse stellen für das Unternehmen ein Risiko dar (vgl. DPRG/Schönefeld/Pfannenberg/Sass 2007).

Die sozialen Interaktionsprozesse des Unternehmens mit externen Stakeholdern sind in der Hauptsache kommunikationsgetrieben. Aufmerksamkeit und die dadurch bewirkte Wahrnehmung sind die Vor-

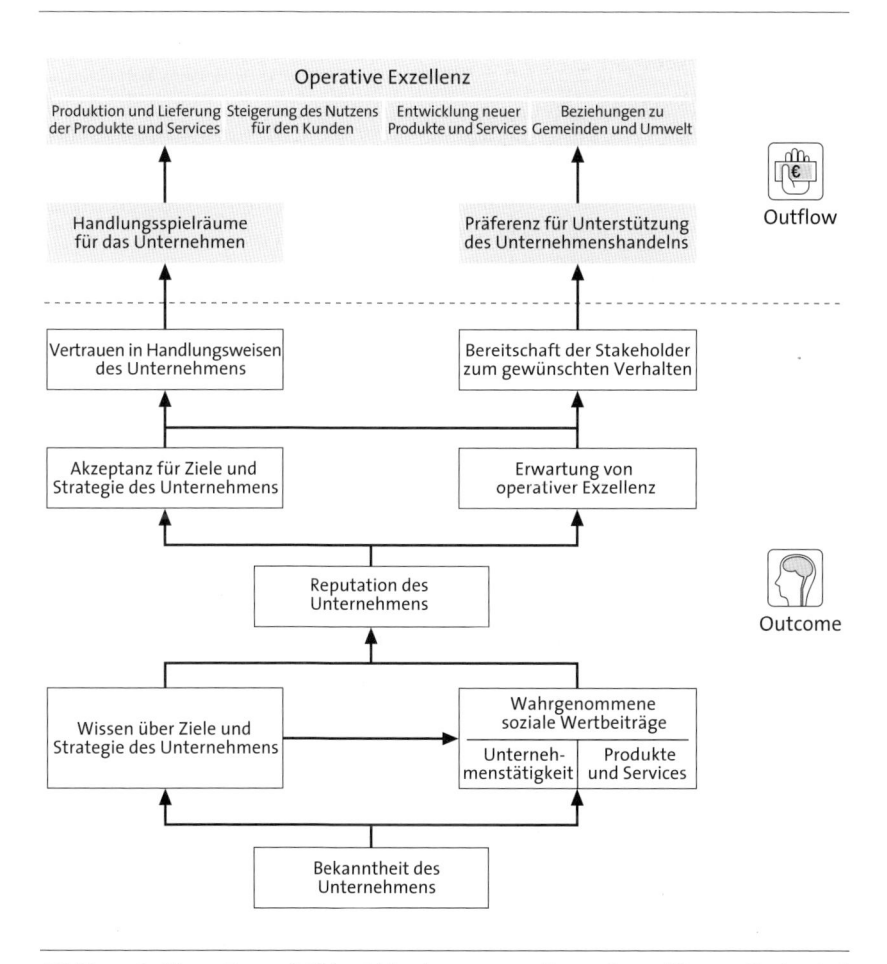

Abbildung 6: Werttreiber und Value Links der externen (Unternehmens-)Kommunikation (vgl. DPRG/Schönefeld/Pfannenberg/Sass und Pfannenberg 2009: 11).

aussetzungen dafür, dass Unternehmen und ihre Botschaften überhaupt bekannt werden. Auf diesem ersten Schritt bauen weitere Value Links auf, etwa das Wissen über die Ziele und Strategien des Unternehmens und hinsichtlich seines sozialen Wertbeitrags – durch die Unternehmenstätigkeit (Arbeitsplätze, Zahlung von Steuern usw.) und durch Produkte und Dienstleistungen. Die Bekanntheit des Unternehmens, das Wissen über seine Ziele und Strategien sowie über seine sozialen Wertbeiträge sind die Voraussetzungen für den Aufbau von Reputation bei den Stakeholdern. Reputation impliziert die Akzeptanz der Stakeholder für die Ziele und Strategien des Unternehmens wie auch das Zutrauen der Stakeholder, dass das Unternehmen seine Ziele und Strategien umsetzen kann. Diese Umsetzungskompetenz kann als operative Exzellenz bezeichnet werden. Akzeptanz für die Ziele und Strategien und die Erwartung operativer Exzellenz begünstigen das Vertrauen in die zukünftigen Verhaltensweisen des Unternehmens und schaffen bei den externen Stakeholdern Unterstützungspotentiale – Verhaltensdisposition zur Unterstützung der operativen Ziele (vgl. Liehr/Peters/Zerfaß 2010). Mit diesen Werttreibern zahlt die externe Kommunikation in betriebswirtschaftliche Zielsetzungen des Unternehmens ein (vgl. DPRG/Schönefeld/Pfannenberg/Sass 2007).

Marketing-Kommunikation (vgl. Abbildung 7). Sowohl in B2C- wie auch in B2B-Märkten gilt: Die Präferenz der (potentiellen) Käufer für eine Produkt-/eine Serviceleistung führt zu höherem Absatz und/oder zu höherer Preiselastizität – und damit sowohl zu höherem Umsatz als auch zu höheren Margen. Direktes Ziel der Marketing-Kommunikation ist stets Aufmerksamkeit: Advertising- beziehungsweise PR-Awareness ist die Voraussetzung dafür, dass das Produkt/der Service bekannt wird und die potentiellen Käufer Wissen darüber akkumulieren. Insofern ist Brand Awareness (Markenbekanntheit) Basistreiber der Marketing-Kommunikation. Gleichzeitig sammeln die Verbraucher Erfahrungen mit den Produkten/Services: Der Abgleich zwischen kommuniziertem Kundennutzen und eigener Erfahrung prägt wesentlich die Intensität und Richtung von Wissen und Einstellungen darüber. Die wahrgenommene Erfahrung mit einem Produkt/Service bestimmt zudem die Kundenzufriedenheit, die wiederum maßgeblich die Weiterempfehlungsbereitschaft beeinflusst. Das Wissen über das Produkt/den Service und die Kundenzufriedenheit sind wesentliche Treiber für das Image der Leistungen – beziehungsweise in markenorientierten Märkten für das Markenimage. Darüber hinaus spielen auch die Glaubwürdigkeit des Unternehmens und die Empfehlungen von Opinion/Fashion Leadern im Umfeld des Käufers/Verbrauchers eine Rolle. Das Image der Leistungen beeinflusst zusammen mit der Zufriedenheit die Kundenbindung. Sie führt idealerweise zum gewohnheitsmäßigen Gebrauch und damit zum

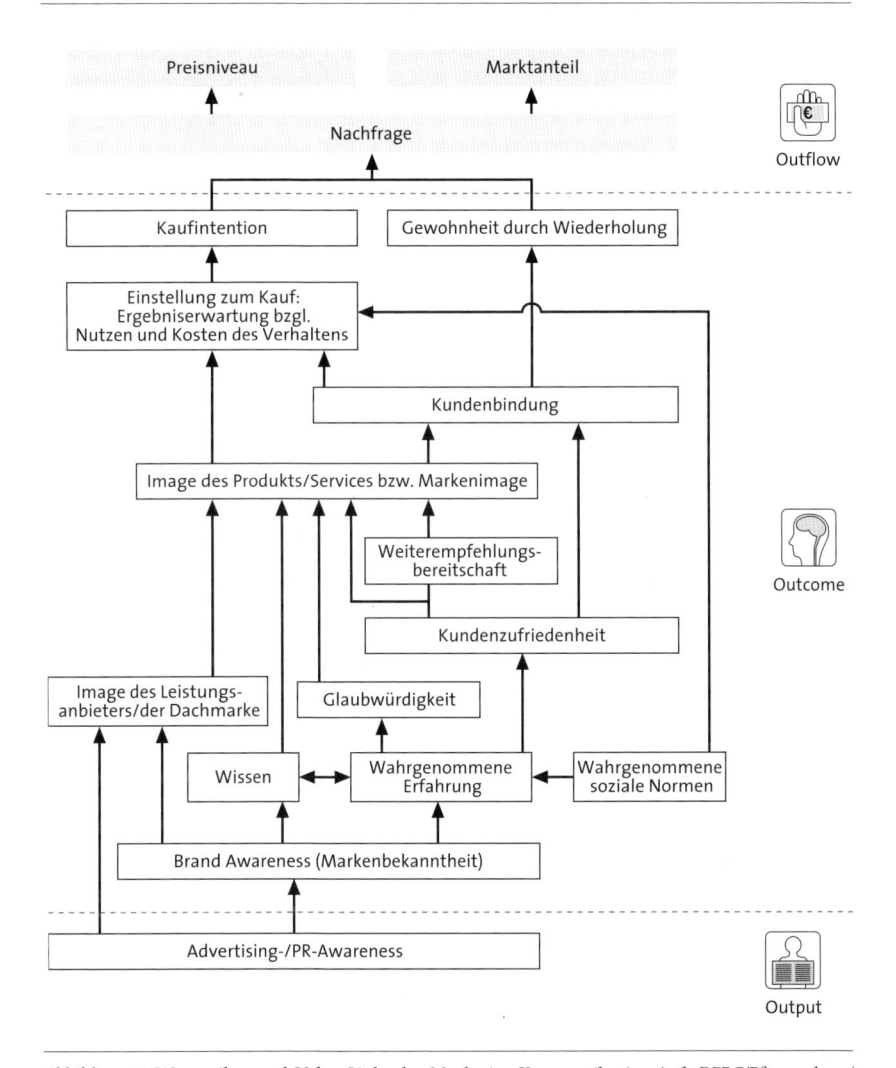

Abbildung 7: Werttreiber und Value Links der Marketing-Kommunikation (vgl. DPRG/Pfannenberg/ Sass/Jossé/Schönefeld 2007 und Pfannenberg 2009: 12).

wiederholten Kauf. Andererseits bestehen beim potentiellen Käufer – vom Image getriebene – Einstellungen zum möglichen Kauf/Nichtkauf. Diese Einstellungen führen gegebenenfalls zur Kaufintention. Kaufintention und gewohnheitsmäßiger Wiederholungskauf sind die Treiber für Nachfrage – und damit für die Steigerung des Preisniveaus und/oder des Marktanteils (vgl. DPRG/Pfannenberg/Sass/Jossé/Schönefeld 2007).

Finanzkommunikation (vgl. Abbildung 8). Die Möglichkeiten des Unternehmens, sich über den Kapitalmarkt zu finanzieren, hängen wesentlich von seiner Bewertung ab. Dabei sind die Einschätzungen der Potentiale und Risiken des Unternehmens wichtige Komponenten für die Preisentwicklung seiner Kapitalmarktprodukte (Aktien, Anleihen, etc.). Die Finanzkommunikation zielt auf diese Einschätzungen und ist deshalb ein direkter Treiber für die Wahrnehmung der Potentiale und Risiken von Unternehmen. Im Gegensatz zur externen Unternehmenskommunikation, die alle Stakeholder anspricht, richtet sich die Finanzkommunikation insbesondere an aktuelle und potentielle Investoren, an Kreditgeber, an Finanzintermediäre (hier insbesondere Ratingagenturen, Analysten) sowie – als Mittler in der Financial Community – an die Finanz- und Wirtschaftspresse. Finanzkommunikation umfasst die Disziplinen IR (Kommunikation mit Investoren und Analysten), Fixed-Income-IR (Kommunikation mit Fremdkapitalgebern) und PR (Kommunikation mit Finanz- und Wirtschaftsjournalisten).

Erstes Ziel der Finanzkommunikation ist stets Aufmerksamkeit, in diesem Fall für das Unternehmen und seine Kommunikation. Aufmerksamkeit ist die Voraussetzung dafür, dass das Unternehmen und seine Kapitalmarktprodukte bekannt werden – und damit für deren Wahrnehmung. Neben der Kommunikation – insbesondere der Kapitalmarktkommunikation – nehmen die Kapitalmarktteilnehmer die Performance des Kapitalmarktprodukts, die Performance der Unternehmensführung und – in der Rolle als Verbraucher – die Leistungen des Unternehmens wahr. So akkumulieren sie Wissen über die Kapitalmarktstory des Unternehmens, das heißt über seine Strategie, das Leistungsportfolio, die Ertragskraft, die Managementqualität und andere wertrelevante Faktoren. Die Wahrnehmung der Kapitalmarkt-Performance und der Kapitalmarktkommunikation beeinflussen die institutionelle Reichweite des Kapitalmarktprodukts, das heißt die Anzahl der covernden Journalisten und die Verfügbarkeit von Research-Berichten in internationalen Datenmedien wie Bloomberg und Thomson Reuters.

Die Wahrnehmung des Unternehmens, seines Managements, seiner Kapitalmarktprodukte und seiner Kommunikation bei (potentiellen) Investoren sind auch wesentliche Faktoren für die Investorenstruktur. Sie sollte den strategischen Zielsetzungen des Unternehmens entsprechen und über ein „Investor Targeting" der Investor-Relations-Abteilung betrieben werden. In Bezug auf das Buy-Side-Profil – regionale Streuung, Marktkapitalisierung, Value, Growth, Leverage – wird die Investorenstruktur aktiv gesteuert; es sollte möglichst starke und verlässliche Anker-Investoren geben. Die Investorenstruktur wirkt direkt auf die Platzierungsfähigkeit des Kapitalmarktprodukts im Markt, seinen Markpreis und die Kursentwicklung und auch auf die Liquidität. Dieser Begriff beschreibt eine Marktsituation, bei der ein Wertpapier jederzeit ver- und gekauft werden kann. Die Liquidität hängt einerseits von der Anzahl der sich im Umlauf befindlichen Wertpapiere ab (Free Float) und zum anderen von der Anzahl der Marktteilnehmer, die bereit sind, dieses zu kaufen oder zu verkaufen.

Das Wissen über das Unternehmen, seine Strategie und sein Leistungsportfolio sind die Basis für die Reputation des Unternehmens und das Vertrauen in die Unternehmensführung. Sie sind außerdem Treiber der Risiko- und Potentialwahrnehmung der Investoren/Fremdkapitalgeber und Analysten und damit ihrer individuellen Prognosen zur Wertentwicklung des Kapitalmarktprodukts.

Entscheidend sind hier bei Aktien die Earnings Expectations (Gewinnerwartungen) beziehungsweise bei Krediten und Anleihen die Credit Ratings. Über ein intelligentes Erwartungsmanagement (Earnings Expectations Guidance) kann Investor Relations den Investment Professionals Orientierung geben. Die Differenz zwischen dem Durchschnitt der Gewinnschätzungen der führenden Finanzanalysten und Broker (EPS Consensus) und dem vom Unternehmen selbst berichteten Gewinn je Aktie (EPS – Earnings per Share) zeigt den Erfolg des Erwartungsmanagements. Bei starken Abweichungen der einzelnen Gewinnschätzungen oder Ausreißern ist der Spread (Spanne) entsprechend groß. Die Credit Ratings werden bei Krediten durch die Bankinstitute beziehungsweise bei Anleihen und ähnlichen Finanzmarktprodukten von Credit-Analysten und Ratingagenturen vorgenommen. Treasury und Investor Relations sind auch hier gefordert, über das Erwartungsmanagement Orientierung zu geben.

Die Earnings Expectations Guidance wirkt direkt auf die Platzierungsfähigkeit des Kapitalmarktprodukts im Markt. Basierend auf den individuellen Prognosen der Marktteilnehmer zur Wertentwicklung des Investments und den Erwartungen an die Qualität der Unternehmensführung entwickeln sich Einstellungen zu der Frage, ob das Kapitalmarktprodukt gehalten, verkauft oder gekauft beziehungsweise gezeichnet werden soll (Hold/Sell/Buy/Zeichnung) – dies wirkt sich unmittelbar auf den Umsatz aus, das Handelsvolumen eines Wertpapiers (zum Beispiel der Aktie) an der Börse in der fraglichen Periode. Die Entscheidungen der Investoren bezüglich Hold/Sell/Buy/Zeichnung führen auf der Outflow-Ebene zur Investition oder Desinvestition. Die Summe dieser Entscheidungen beeinflusst die Platzierungsfähigkeit des Kapitalmarktprodukts und seine Liquidität im Markt. Der Marktpreis des Wertpapiers und im Zeitverlauf die Volatilität der Kursentwicklung sind direkte Treiber für die Kapitalkosten des Unternehmens.

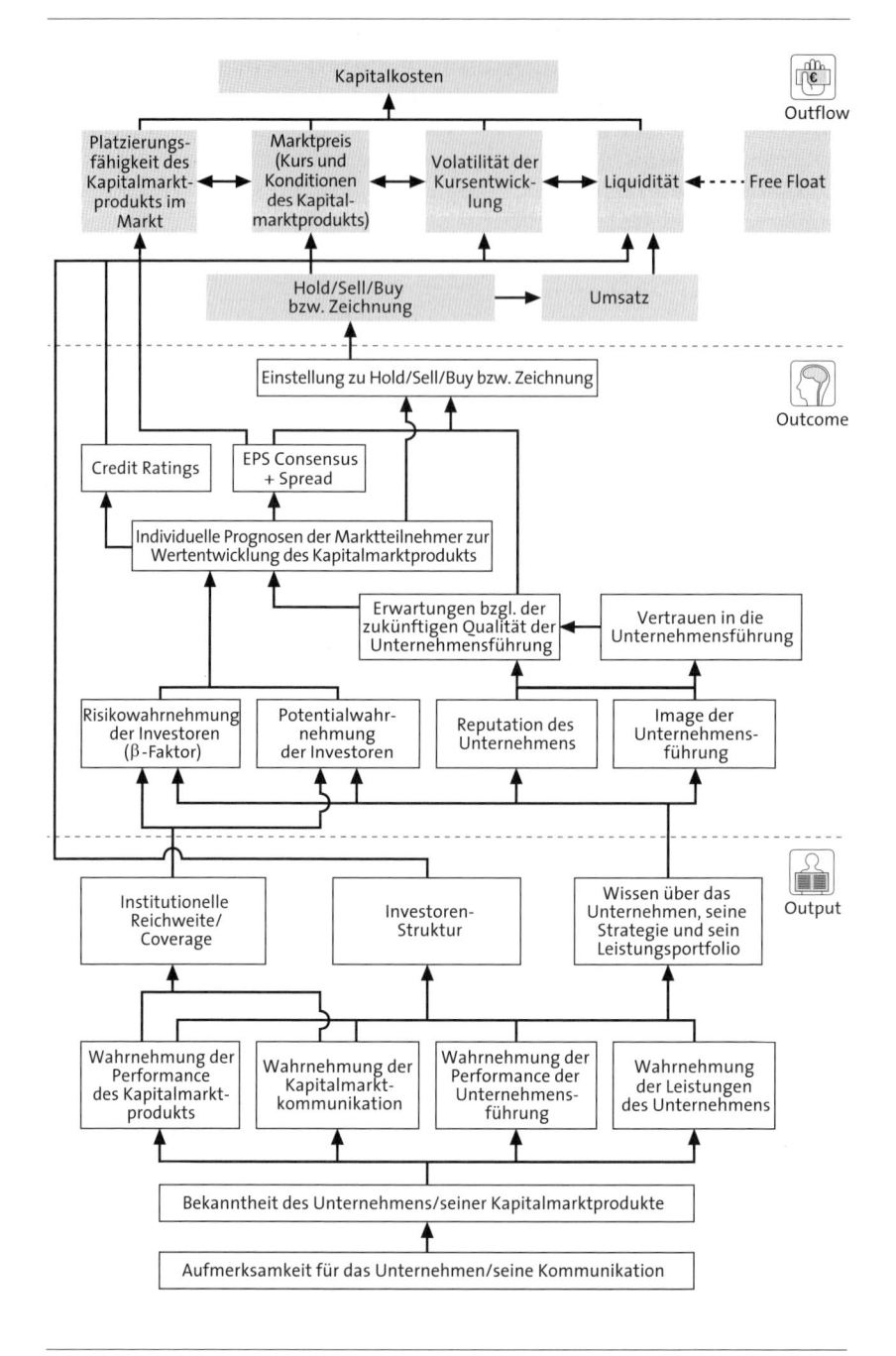

Abbildung 8: Werttreiber und Value Links der Finanzkommunikation (vgl. DPRG/Pfannenberg/Frank 2007 und Pfannenberg/Bolwin 2010).

Diese Begründungskette macht deutlich, dass die Finanzkommunikation nicht als Werttreiber im eigentlichen Sinne der Definition von Rappaport („Shareholdervalue") zu verstehen ist, da sie nicht unmittelbar auf die interne Wertgenerierung und damit den intrinsischen Unternehmenswert einwirkt, sondern vielmehr als Instrument zur Werttransformation zwischen der internen Wertgenerierung und der Bildung von Shareholdervalue dient. Finanzkommunikation ist also nicht an der Schaffung, sondern lediglich an der Realisierung von Unternehmenswert beteiligt: Durch die Überführung des abstrakten Unternehmenswertes in konkreten Shareholdervalue entstehen für die Investoren/Shareholder unter Umständen erhebliche Wertsteigerungen ihres Investments (vgl. DPRG/Pfannenberg/Frank 2007: 2ff. und Bolwin/Frank 2010).

Steuerung der Funktion Kommunikation

Die Kommunikationsfunktion unterstützt als oberstes Ziel das profitable Wachstum des Unternehmens. Wesentlich hierfür sind die Reduzierung von Risiken und die optimale Nutzung der personellen und finanziellen Ressourcen: Auf der operativen Ebene der Kommunikation geht es um Issues Management: um Themen und Botschaften, Beziehungen zu Stakeholdergruppen, um mediale und persönliche Kommunikation, um die Evaluation der Kommunikationsmaßnahmen. Dafür zuständig sind in Kommunikationsabteilungen die Experten für Issues Management, interne Kommunikation, PR/PA, Markenführung, Investor- und

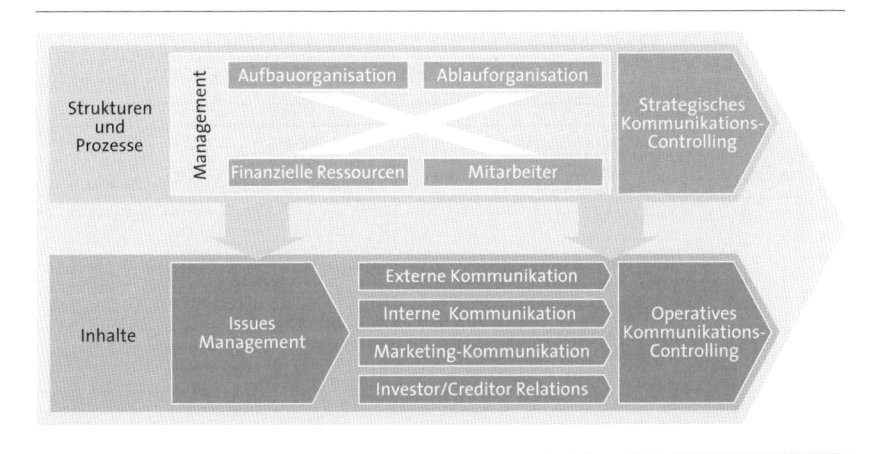

Abbildung 9: Management von Strukturen und Prozessen als Steuerung und Unterstützung der operativen Kommunikationsaufgaben (eigene Darstellung).

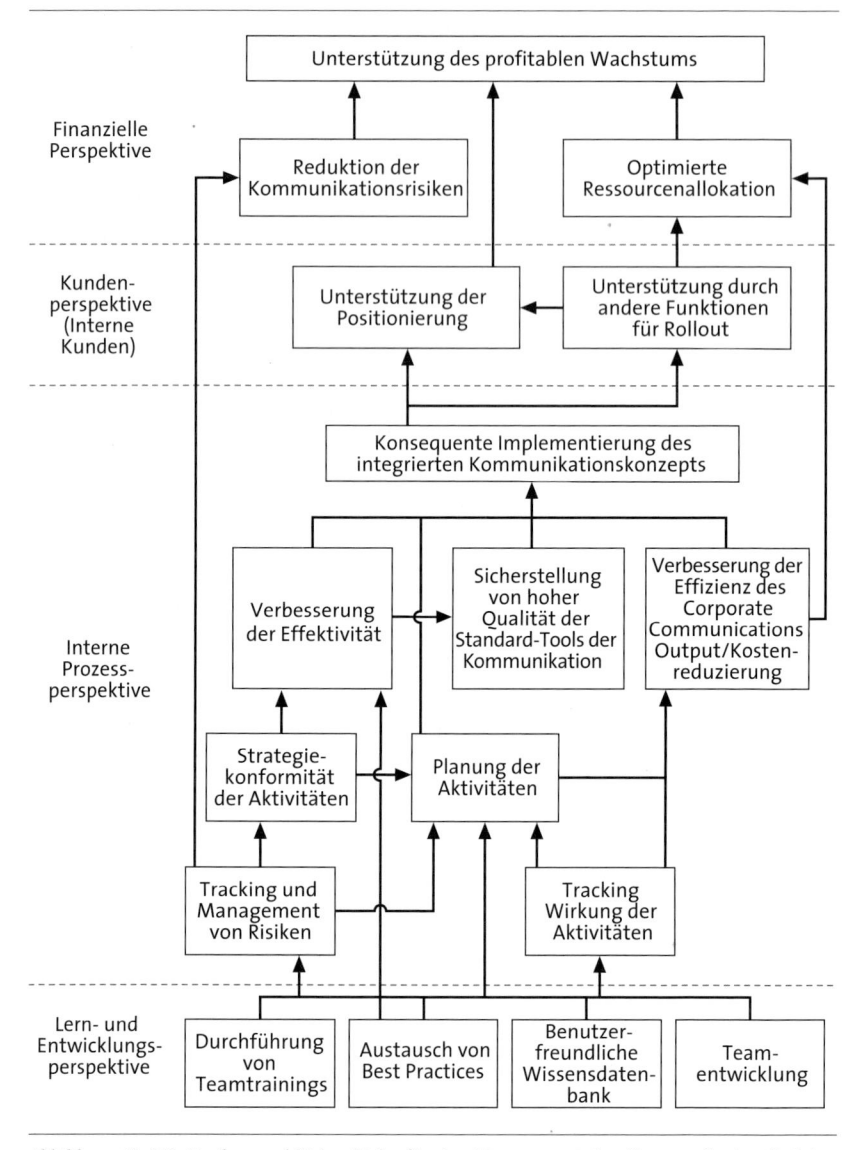

Abbildung 10: Werttreiber und Value Links für das Management der Kommunikationsfunktion (Pfannenberg 2009: 14).

Creditor Relations. Doch das ist nicht alles: Auf der Struktur-/Prozess-Ebene müssen Manager von Kommunikationsabteilungen dafür sorgen, dass die Experten das Beste aus ihren Fähigkeiten machen können: Das Management der Kommunikationsabteilung ist dafür verantwortlich, die Aufgaben der Funktion so zu organisieren und zu steuern, dass für das Unternehmen das beste Ergebnis – die Unterstützung des Wertschöpfungsprozesses durch kommunikative Exzellenz – entsteht (vgl. Abbildung 9).

Dabei geht es einerseits darum, die Strukturen und Prozesse so aufzustellen, dass die Ressourcen – Mitarbeiter und Finanzmittel – möglichst effektiv eingesetzt werden. Andererseits stellt das Management der Abteilung den Issues Managern Tools und Instrumente zur Verfügung, die deren Arbeit verbessern und die Performance – den Kommunikationserfolg – unterstützen.

Von ihren „internen Kunden" wird die Kommunikationsabteilung wesentlich daran gemessen, ob sie die Positionierung des Unternehmens in seinen Märkten – Finanzmarkt, Arbeitsmarkt, Absatzmarkt, Beschaffungsmarkt – unterstützt. Dafür braucht sie jedoch den Support anderer Funktionen beziehungsweise Abteilungen im Unternehmen. In der internen Prozessperspektive der Kommunikationsabteilung geht es vor allem um die konsequente Implementierung der Kommunikationsstrategie. Die Treiber für den Erfolg ähneln den Treibern bei anderen Funktionen im Unternehmen: Effektivität, Qualität, Effizienz. Dies wird möglich durch zielführende Maßnahmen, die in die Kommunikationsstrategie einzahlen, und sorgfältige Planung. Das operative Kommunikations-Controlling sowie das Tracking und Management von Kommunikationsrisiken sind die Voraussetzung dafür, dass die Strategie laufend angepasst und optimiert wird. Dafür braucht es gut ausgebildete, gut informierte Mitarbeiter und ein Wissensmanagement, zum Beispiel mit Wissensdatenbanken und Best-Practice-Transfer.

Kennzahlen und Erhebungs-/Messverfahren

Im Rahmen des Projekts des DPRG-Arbeitskreises „Wertschöpfung durch Kommunikation" wurden auf Basis der Werttreiberbäume auch Vorschläge für KPIs sowie für Erhebungs- und Messverfahren in den vier Feldern des Kommunikations-Controllings von Unternehmen entwickelt (vgl. Tabelle 2). Weitere marktgängige und theoretisch fundierte Kennzahlen finden sich in den Aufsätzen zu den Standardwerkzeugen des Kommunikations-Controllings in diesem Buch.

Typische Werttreiber in der Scorecard für das Management der Kommunikationsfunktion sind in der

Lern- und Entwicklungsperspektive: Durchführung von Trainings/Schulungen und Teamentwicklungsmaßnahmen, Austausch von Best Practices

Ebene	Interne Kommunikation	Externe (Unternehmens-) Kommunikation	Marketing-Kommunikation	Finanzkommunikation
Outflow	Fluktuationsquote Mitarbeiter		Brand Potential Index (GfK)	Abweichung vom Fair Value
				Kurs-Buchwert-Verhältnis in Peergroup
				Marktwert-Buchwert-Verhältnis (Tobin's Q)
				Spread (→Fixed Income)
				Volatilität: Beta im Verhältnis zum Gesamtmarkt (Benchmarks)
Outcome	Commitment-Index (TNS)	Reputations-Quotient (Harris/Fombrun)	Brand Awareness	Reputations-Quotient (Harris/Fombrun oder TNS Infratest)
			Customer Satisfaction	
			Purchase Intention	Consensus Spread
			Imageprofile u. Ä. (GfK u. a.)	
Output	Zufriedenheit der Mitarbeiter mit Information/ Kommunikation		Advertising-/ PR-Awareness • gestützt • ungestützt	Wahrnehmung (→ Perception Profiles)
				Bekanntheit
				Institutionelle Reichweite

Tabelle 2: Vorschläge für Kennzahlen von Mitgliedern des DPRG AK Wertschöpfung (vgl. Thesenpapiere des Arbeitskreises „Wertschöpfung durch Kommunikation" 2007 und Pfannenberg 2009: 15).

und Nutzung von Wissensdatenbanken, Motivation, Zufriedenheit (KPIs: Commitment, Krankheitstage).

Interne Prozessperspektive: Planung der Aktivitäten (Maßnahmen- und Budgetplanung), Controlling der Wirkung der Kommunikationsaktivitäten, Tracking und Management von Risiken, Strategiekonformität der Aktivitäten/konsequente Implementierung (zum Beispiel der Corporate Story), Verbesserung der Effizienz (Senkung der Kosten), Verbesserung der Effektivität (Output-Qualität), Optimierung der Projekt- und Datenablage (Einheitliche Struktur, Transparenz, Usability), hohe Qualität der Standard-Tools der Kommunikation, definierte Abstimmungsprozesse und Workflows, zum Beispiel projekt-/bereichsübergreifendes Artbuying, Fotoshooting, Foto- und Filmarchiv mit transparenten Nutzungs- und Urheberrechten von Bildern, Filmen, Artwork sowie Bündelung der Abläufe von Zahlungen, Innovation, zum Beispiel Entwicklung von Tools zur Prozesssteuerung, Implementierung eines Issues-Management-Tools.

Perspektive der (internen) Kunden: Unterstützung der Positionierung in strategischen Kernbereichen, Zufriedenheit der unternehmensinternen Kunden (KPI zum Beispiel Reklamationen), Weiterentwicklung des Full-Service-Angebots, Zustimmung des Vorstands zur Corporate Story und Implementierungsplanung, Unterstützung durch andere Funktionen für Rollout der Corporate Story.

Finanzielle Perspektive: Optimierte Ressourcenallokation, Reduzierung interner und externer Kosten für die Erstellung von Medien, effizienter Personaleinsatz (Auslastung, Abbau Überstunden), Kommunikationsrisiken des Unternehmens reduzieren, Unterstützung von profitablem Wachstum.

Ausblick: Zukünftiger State of the Art?

Der Aufbau des strategischen Kommunikations-Controllings mit Werttreiberbäumen und Kommunikations-Scorecards in den Wirkdimensionen Output, Outcome und Outflow auf der Basis der Strategy Map und der Balanced Scorecard von Kaplan/Norton schließt an bekannte Methoden und Instrumente an, die in vielen Unternehmen bereits für das Controlling einzelner Funktionen, vor allem für „weiche Faktoren", genutzt werden (vgl. Horváth 2006: 244). Die Vorgehensweise ist transparent für alle Betroffenen – Teams und Dienstleister – wie auch für die Unternehmensführung und das Controlling. Die Erarbeitung ist partizipativ, dies erhöht die Akzeptanz und Unterstützung des Kommunikationsteams. Schließlich sind die Arbeitsinstrumente wie auch die Tracking-Tools allgemein verfügbar: Teure proprietäre Beratersysteme und -programme sind überflüssig, die Implementierung und Steuerung des Controllingsystems kann durch die Leitung der Kommunikationsabteilung selbst mit einfachen Mitteln erfolgen, im Regelfall werden für die Scorecards und ihr Tracking einfache Excel-Tabellen oder andere im Unternehmen vorhandene Controlling-Tools eingesetzt.

Das strategische Kommunikations-Controlling mit Scorecards ist die einzige Vorgehensweise beziehungsweise Methode, die in den Jahren 2003 bis 2009 eine nennenswerte Anzahl von Implementierungen in großen deutschen Unternehmen erreicht hat. Auch in anderen Ländern sind – wenn überhaupt – nur Implementierungen der Scorecard-Methode im Anschluss an Kaplan/Norton zu beobachten. Von daher ist es wahrscheinlich, dass sich die im Rahmen des DPRG-Projekts entwickelte Vorgehensweise und etablierten Methoden und Instrumente zu einem zukünftigen Standard für das Kommunikations-Controlling entwickeln.

Literatur

Bolwin, Boris/Frank, Ralf (2010): Erfolgsmessung der Finanzkommunikation: Inhalte und Perzeption. In diesem Band.

DPRG/Pfannenberg, Jörg/Frank, Ralf (2007): Werttreiber, Value Links und Key Performance Indicators der Finanzkommunikation. Berlin.*

DPRG/Pfannenberg, Jörg/Sass, Jan (2007): Werttreiber, Value Links und Key Performance Indicators der Kommunikation: Theoretische Grundlagen. Berlin.*

DPRG/Pfannenberg, Jörg/Sass, Jan/Jossé, Harald/Schönefeld, Ludwig (2007): Werttreiber, Value Links und Key Performance Indicators der Marketing-Kommunikation. Berlin.*

DPRG/Sass, Jan/Schönefeld, Ludwig/Pütz, Horst/Stobbe, Reimer (2007): Werttreiber, Value Links und Key Performance Indicators der internen Kommunikation. Berlin.*

DPRG/Schönefeld, Ludwig/Pfannenberg, Jörg/Sass, Jan (2007): Werttreiber, Value Links und Key Performance Indicators der externen Kommunikation. Berlin.*

DPRG Deutsche Public Relations Gesellschaft/GPRA Gesellschaft Public Relations Agenturen (2000): PR-Evaluation. Messen, Analysieren, Bewerten – Empfehlungen für die Praxis. Booklet des Evaluationsausschusses von DPRG und GPRA. Bonn.

Horváth, Péter (2006): Controlling, 10. Auflage. München.

Kaplan, Robert S./Norton, David P. (2004): Strategy Maps. Der Weg von immateriellen Werten zum materiellen Erfolg. Stuttgart.

Liehr, Kerstin/Peters, Paul/Zerfaß, Ansgar (2010): Reputation messen und bewerten – Grundlagen und Methoden. In diesem Band.

Mathes, Rainer/Zerfaß, Ansgar (2010): Medienanalysen als Steuerungs- und Evaluationsinstrument für die Unternehmenskommunikation. In diesem Band.

Pfannenberg, Jörg (2009): Die Balanced Scorecard im strategischen Kommunikations-Controlling. communicationcontrolling.de, Dossier Nr. 2. Berlin/Leipzig.

Pfannenberg, Jörg (2010): Das Modell des Unternehmens in der modernen Managementtheorie. In diesem Band.

Pfannenberg, Jörg/Bolwin, Boris (2010): Erfolgsmessung – Einzug des Controllings in die Kommunikation. In: Bextermöller, Matthias/Franke, Thomas (Hg.): Wertschöpfer und Zukunftslotsen. Erscheint in 2010.

Pfannenberg, Jörg/Diercks, Anna (2009): Kommunikations-Controlling in Veränderungsprojekten. In: Pfannenberg, Jörg (Hg.): Veränderungskommunikation. So unterstützen Sie den Change-Prozess wirkungsvoll. Themen, Prozesse, Umsetzung. Frankfurt am Main, S. 92–102.

Schweiger, Wolfgang (2010): Website-Nutzung und Usability: Evaluationsmethoden und Kennzahlen. In diesem Band.

Zerfaß, Ansgar (2010): Unternehmensführung und Öffentlichkeitsarbeit. Grundlagen einer Theorie der Unternehmenskommunikation und Public Relations, 3. Auflage. Wiesbaden.

* Thesenpapiere des Arbeitskreises „Wertschöpfung durch Kommunikation" der Deutschen Public Relations Gesellschaft e.V. DPRG zu Kennzahlen der Kommunikation. Im Internet verfügbar unter www.communicationcontrolling.de/kennzahlen-dprg-thesen.html.

Reporting im Kommunikations-Controlling: Daten aufbereiten, visualisieren und kommunizieren

Christoph Lautenbach und Jan Sass

"Weniger Zahlen, aber gescheitere." (Lenin)

Die Informationsversorgung des Managements gehört zu den wichtigsten Aufgaben des Controllings im Unternehmen, und das Reporting nimmt demgemäß viel Zeit in Anspruch. Eine weitverbreitete Schwäche des Reportings im Unternehmen trifft häufig auch auf die Unternehmenskommunikation zu: Das Management erhält zu viele Daten und zu wenig Informationen. Das Reporting folgt in der Regel keinem einheitlichen Standard: Zumeist werden die Präsentationsformate und Auswertungsstandards der jeweiligen Marktforschungsinstitute oder Analysedienstleister verwendet, aber keine eigenen Datenauswertungen und -interpretationen vorgenommen. Das Reporting erfolgt selten in einer benutzerfreundlichen, attraktiven Form und ist zu wenig an den Informationsbedürfnissen und Lesegewohnheiten der Empfänger orientiert.

In der neuen Disziplin Kommunikations-Controlling steckt das Reporting noch in den Kinderschuhen: Standards müssen erst entwickelt werden. Dieser Beitrag informiert über die Auswahl und visuelle Aufbereitung von Informationen im Rahmen des Kommunikations-Controllings. Es werden zudem verschiedene Zielsetzungen des Reportings dargestellt und Hinweise zur Gestaltung von Berichten gegeben. Auf dieser Grundlage folgen Anregungen zur Sicherung einheitlicher Standards beim Reporting von Kommunikationskennzahlen. Abgerundet wird der Beitrag mit einigen Beispielen für die Umsetzung des Reportings.

Zielsetzung des Reportings: Bereitstellung empfängergerechter Informationen zur Steuerung und Entscheidungsunterstützung

Aus der Menge der in der Unternehmenskommunikation vorliegenden Daten sind die entscheidungsrelevanten Informationen herauszufiltern und zu verdichten. Das Reporting hat die Aufgabe, diese Informationen übersichtlich bereitzustellen und auf die jeweiligen Empfänger in Unternehmenskommunikation und Topmanagement zuzuschneiden. Unter Reporting – synonym verwendet mit Berichtswesen – wird die systematische, strukturierte und zeitnahe Versorgung verschiedener Empfänger mit relevanten und konsistenten Informationen verstanden. Dabei setzt ein gutes Reporting die strategische Anbindung der Unternehmenskommunikation an die Unternehmensziele voraus.

Bei der Frage, wie Daten angemessen aufzubereiten, zu visualisieren und zu kommunizieren sind, sollte die Unternehmenskommunikation aus den Erfahrungen der Controllingpraxis lernen (vgl. Horváth 2008; Weber et al. 2008). Wie das geschieht, hängt vor allem von der Zielsetzung des Reportings ab. Das Reporting im Kommunikations-Controlling dient zum einen der Leitung Unternehmenskommunikation, um die strategische Ausrichtung und operative Steuerung der Abteilung zu verbessern. Es informiert zum anderen das Management über den Kommunikationsstatus und die Beziehungsqualität mit Blick auf die wesentlichen Anspruchsgruppen des Unternehmens. Entsprechend sind verschiedene Formen der Bereitstellung von Informationen zu unterscheiden (vgl. Horváth 2001: 314 ff.):

1) *Informationen, die die situative Entscheidungsfindung unterstützen,* beruhen auf schnell verfügbaren Ad-hoc-Analysen. Beispiele sind anlassbezogene Blogauswertungen oder Sonderanalysen der Medienresonanz in einer unternehmenskritischen Lage. Bei diesen Informationen ist die schnelle Verfügbarkeit wichtiger als die grafische Aufbereitung. Sie sind daher zumeist nicht Bestandteil eines regelmäßigen Reportings mit vorformatierten Berichten.

2) *Informationen zur Steuerung des Tagesgeschäfts* sind vor allem für die operativ verantwortlichen Teams oder Abteilungen von Interesse. Beispiele sind Medienresonanzanalysen, die Kennzahlen wie Themendurchdringung oder Share of Voice liefern, oder Trackings, die Aussagen über die Werbeeffizienz treffen. Um eine hohe Steuerungsrelevanz zu gewährleisten, sind diese Informationen laufend zur Verfügung zu stellen; in großen Unternehmen erfolgt dies in der Regel monatlich oder quartalsweise.

3) *Informationen zur strategischen Ausrichtung der Unternehmenskommunikation* – die auch Relevanz für die Unternehmensstrategie haben – sind regelmäßig im Managementteam der Unternehmenskommunikation zu diskutieren und mindestens einmal jährlich dem Topmanagement vorzustellen. Beispiele sind die Unternehmensreputation in der Bevölkerung und bei Meinungsbildnern, die Markenwahrnehmung bei Kunden und potentiellen Kunden oder weitere Schlüsselkennzahlen beziehungsweise Key Performance Indicators (KPIs) der Unternehmenskommunikation.

Das Reporting sollte in einer angemessenen Frequenz erfolgen, die der jeweiligen Zielsetzung anzupassen ist. In welchen Abständen Daten aufzubereiten und zu kommunizieren sind, ist mit den jeweiligen Empfängern abzustimmen. In der Unternehmenspraxis werden operative Steuerungsgrößen monatlich, zum Teil sogar täglich verfolgt, strategische Informationen in der Regel quartalsweise berichtet. Da entsprechend den eingesetzten Erhebungsmethoden die meisten Informationen in der Unternehmenskommunikation nur einmal jährlich vorliegen und überwiegend nur wenige Erfahrungen mit einem zyklischen Reporting bestehen, ist es sinnvoll, die Reportingfrequenz auf ein realistisches Maß (halbjährlich oder jährlich) zu beschränken.

Informationen, die die strategische Ausrichtung der Unternehmenskommunikation betreffen, können die Grundlage für quartalsweise Führungsgespräche oder Strategiedialoge sein, die in Unternehmen zunehmend zur Verfolgung und Weiterentwicklung der Strategie geführt werden. Damit ist das Reporting der Ausgangspunkt zur gemeinsamen Identifizierung von Handlungsfeldern für die Unternehmenskommunikation und die Ableitung von Maßnahmen im Team. Dokumentieren lässt sich dieser Prozess in einem *Reporting-Kalender*, in dem Prozessschritte und -dauer, notwendige Zulieferungen, Verantwortlichkeiten und Termine klar dokumentiert sind. Dabei werden – ausgehend von den vereinbarten Abgabeterminen an den Berichtsempfänger – auch die konkreten Aufgaben für die Datensammlung, -auswertung und -aufbereitung definiert. Diese sollten so getaktet sein, dass zwischen vor- und nachgelagerten Prozessschritten ein ausreichender zeitlicher Puffer verbleibt, um offene inhaltliche Fragen zu klären oder die Interpretation der Ergebnisse mit den Kommunikationsverantwortlichen intern zu diskutieren.

Damit Berichte überhaupt als Entscheidungshilfe genutzt werden, müssen sie gut verständlich und aussagekräftig sein. Deshalb sind die Reportinginhalte an den Informations- und Steuerungsbedürfnissen der jeweiligen Berichtsempfänger auszurichten. Auch Umfang und Detaillierungsgrad sind empfängerorientiert zu gestalten. Hier gilt zumeist „Weniger ist mehr". Das Reporting sollte sich auf die wesentlichen und steuerungsrelevanten Informationen beschränken, die auf die zuvor definierten (Unternehmens- und Kommunikations-)Ziele einzahlen. Mit der Auswahl einiger weniger, meist höher aggregierter Messgrößen und Kennzahlen wird zudem die Aufmerksamkeit von Management und Leitung Unternehmenskommunikation fokussiert.

Organisation des Reportings: Erhöhte Effizienz durch Vereinbarung von Standards

Die Daten für das *Communication Reporting* stammen aus unterschiedlichen Quellen, die zum Teil nicht in der Unternehmenskommunikation vorliegen, sondern in anderen Bereichen des Unternehmens. Häufig verschwinden für das Kommunikations-Controlling relevante Daten in „Informations-Silos" und werden nicht handlungsleitend eingesetzt. Insofern ist es sinnvoll, die Verantwortung für das Zusammentragen und Aufbereiten der Daten in einer Abteilung organisatorisch eindeutig zu verankern oder einen Koordinator zu bestimmen, der die termingerechte Bereitstellung der benötigten Informationen aus den einzelnen Kommunikationsabteilungen und Unternehmensbereichen steuert und für die Qualitätssicherung beim Reporting verantwortlich ist. In diesem Zusammenhang sind auch Verantwortlichkeiten in der Abteilung Unternehmenskommunikation festzulegen und individuelle Rollenfunktionen beim Reporting zuzuweisen. Ein verbindlich festgeschriebener Steuerungsprozess gewährleistet die Verfügbarkeit der benötigten Daten.

Um einen einheitlichen Standard beim Reporting in der Unternehmenskommunikation sicherzustellen, hat es sich als hilfreich erwiesen, die intern abgestimmten Kommunikationskennzahlen in Kennzahlen-Steckbriefen zu definieren. Diese Steckbriefe enthalten eine nähere Beschreibung der jeweiligen Kennzahl sowie Angaben zu Quelle, Messverfahren und Erhebungsfrequenz. Sie dienen nicht nur der Transparenz und Nachvollziehbarkeit, sondern bilden auch die Briefing-Grundlage für externe Dienstleister, die an der Erhebung der Kennzahlen beteiligt sind. Die ausführliche Kodifizierung in einem Handbuch ist ein wesentlicher Erfolgsfaktor für ein Kommunikations-Controlling. Ein solches Handbuch informiert auch darüber, welche Quellen beziehungsweise Studien den ausgewählten Kennzahlen zugrunde liegen. Damit ist ein weiterer, nicht zu unterschätzender Nutzengewinn verbunden: In kaum einem Unternehmen gibt es eine kompakte und leserfreundlich gestaltete Übersicht zu den vorhandenen Studien und ihren Leistungseigenschaften. Im *Handbuch Kommunikations-Controlling* werden Hintergrund, Ziele, Vorgehensweise und Kennzahlen detailliert beschrieben; der Prozess von der Erhebung über die Analyse bis zur Aufbereitung der Daten kann darin nachvollzogen werden.

Während in anderen Bereichen des Unternehmens Softwarelösungen für die Datenübernahme und -auswertung etabliert sind und eine systemübergreifende Datenkonsistenz sicherstellen, sind diese für das Kommunikations-Controlling bislang noch nicht verfügbar. Die Daten für das Kommunikations-Controlling werden daher bis auf weiteres dezentral ermittelt und aus verschiedenen Datenquellen zusammengetragen. Bevor die vorliegenden Daten Eingang in das Reporting finden können, müssen sie zu Informationen aufbereitet, das heißt, in einen Zielzusammenhang eingebettet werden. Zumeist – soweit sie nicht von den unterschiedlichen Dienstleistern bereits erhoben und geliefert werden – sind die eigentlichen Kommunikationskennzahlen aus den vorhandenen Daten erst zu berechnen. Die ermittelten Ist-Werte sind dann den Zielwerten gegenüberzustellen. Dabei werden Veränderungen vom Ausgangswert zum Ist-Wert sowie Abweichungen vom Ist- zum Zielwert berechnet. Die Berechnung der Werte gehört zu den Aufgaben des Kommunikations-Controllings, ebenso die Aufbereitung im Reporting.

Die Akzeptanz für das Reporting erhöht sich, wenn die Daten in Botschaften übersetzt werden. Die Kommentierung der Ergebnisse im Rahmen des Reportings, die Ableitung von Handlungsempfehlungen und die Entscheidung über Maßnahmen sind Aufgaben des Kommunikationsmanagements. Die plakative Verdichtung der Daten durch die Verknüpfung sprachlicher Kommentierungen mit eingängigen Grafiken trägt ebenfalls zu einer stärkeren Akzeptanz bei.

Anforderungen an die Datenaufbereitung: Eingängige Visualisierung zur Fokussierung von Aufmerksamkeit

Untersuchungen aus der Werbepsychologie geben Hinweise auf die Vorteile der Visualisierung: „Bilder vermitteln Informationen wirksamer als Sprache" (Meyer 1999: 375 ff.). Die Visualisierung von Daten erleichtert den Zugang zu abstrakten Informationen. Zusammenhänge werden besser verständlich, Informationen eingängig. Nur eine geeignete Darstellung lenkt die Aufmerksamkeit der Empfänger des Reportings auf das Wesentliche (vgl. Kuhlmann 2001; Möslein 2001; Reiterer et al. 2000; Schwalb 2003).

In der Unternehmenspraxis sind Diagramme, die in Präsentationen zusammengestellt werden, die am häufigsten vorzufindende Darstellungsform (Kreis-, Balken-, Säulen-, Kurven- und Punktdiagramm). Die Darstellungsform wird von der Aussage bestimmt. Dabei sind grundsätzlich fünf Aussagetypen zu unterscheiden: Struktur-, Rangfolgen- und Zeitreihenaussagen sowie Häufigkeitsverteilung und Korrelation.

- In einer *Strukturaussage* kommt es darauf an, zu zeigen, welchen Anteil einzelne Komponenten an einer Gesamtheit haben. Beispiel: Im vergangenen Jahr entfielen 70 Prozent unseres Budgets auf Sponsoring.

- In der *Rangfolgenaussage* werden einzelne Objekte bewertend gegenübergestellt. Beispiel: Die interne Kundenzufriedenheit mit der Presseabteilung liegt über der der internen Kommunikation.

- Bei der *Zeitreihenaussage* interessiert die Veränderung einer Größe im Zeitablauf. Beispiel: Seit 2006 ist die Bewertung der Reputation in der Bevölkerung kontinuierlich zurückgegangen.

- Mit Hilfe einer *Häufigkeitsverteilung* wird angegeben, wie oft ein bestimmtes Objekt in verschiedenen, aufeinanderfolgenden Größenklassen auftritt. Beispiel: Die meisten Artikel sind in Fachmedien erschienen.

- *Korrelationsaussagen* geben Auskunft darüber, ob der Zusammenhang zwischen zwei Variablen dem erwarteten Muster folgt oder nicht. Beispiel: Trotz steigender Ausgaben für Printwerbung ist die ungestützte Bekanntheit des Unternehmens zurückgegangen.

Umsetzungsbeispiele: Communication Scorecards, Dashboards, Reports, webbasierte Anwendungen

Communication Scorecards

Das am weitesten verbreitete Darstellungsformat für das Zusammentragen verschiedener Controllingdaten ist die Communication Scorecard. Die Scorecard ermöglicht eine einfache Darstellung von Messgrößen sowie der jeweils relevanten Leistungs- und Wirkungskennzahlen der Unternehmenskommunikation. Die Scorecard informiert über die Ist- und Ziel- beziehungsweise Planwerte zu den Kennzahlen, die einem Unternehmens- oder Kommunikationsziel zugeordnet sind. In ihrer einfachsten Form werden diese Communication Scorecards in den Programmen Microsoft Word oder Powerpoint erstellt; mit Excel lassen sich auch komplexere Communication Scorecards gestalten.

In der Praxis haben Scorecards unterschiedliche Ausprägungen, die sich an den Informationsinteressen orientieren. So ist oft neben der Messgröße auch die Datenquelle in einer Spalte angelegt, die zeigt, wie und gegebenenfalls in welcher Frequenz die Daten erhoben werden. Um eine stärkere Verknüpfung zum Tagesgeschäft herzustellen, sind mitunter die Maßnahmen zur Verwirklichung der Zielsetzungen genannt. In der Scorecard eines Leiters Unternehmenskommunikation ist es durchaus auch üblich, der Messgröße in einer Spalte den jeweiligen Abteilungs- oder Teamleiter zuzuordnen, um damit mehr Verbindlichkeit zu schaffen und sicherzustellen, dass Kommunikations-

Media Relations

Indikator	Einheit	Veränderung	Abweichung	Ist-Wert					Plan-Wert
		Ist vs. Ist	Ist vs. Plan	Q1/08	Q2/08	Q3/08	Q4/08	Q1/09	2009
KPI									
CEO Medienimage	-1 bis +1	4,0%	-22,0%	n.n.	-0,05	-0,15	-0,25	-0,22	0,00
Strategische Themendurchdringung	-1 bis +1	3,3%	26,0%	n.n.	0,29	0,33	0,22	0,26	0,00
Wirkungsindikatoren									
Qualität der Wirtschaftspressearbeit	Top-2 in %	0,0%	-13,0%	20	20	20	20	20	23
Sympathie für das Unternehmen	Top-2 in %	0,0%	-20,0%	8	8	8	8	8	10
Gesamtscore Corporate Website	Score	0,0%	0,0%	63,30	62,60	59,40	57,20	n.n.	67,40
Journalistenzufriedenheit	Skala 1 bis 4	0,0%	0,0%	n.n.	n.n.	n.n.	n.n.	2,60	n.n.
Leistungsindikatoren									
Medienpräsenz insgesamt	Anzahl	-4,2%	270,0%	n.n.	2.836	3.805	4.386	4200	1.135
Medienakzeptanz insgesamt	-1 bis +1	-4,6%	-21,7%	n.n.	-0,22	-0,06	-0,13	-0,17	0,06
Medienpräsenz strategischer Themen	Anzahl	-1,3%	268,0%	n.n.	1.581	2.365	2.171	2142	582
Medienakzeptanz strategischer Themen	-1 bis +1	-1,0%	-5,5%	n.n.	-0,04	-0,06	0,05	0,04	0,10
Anteil strategischer Themen	%	4,1%	2,0%	n.n.	56	62	49	51	50
Share of Voice	%	-40,3%	135,3%	n.n.	55	52	67	40	17
Medienresonanz Pressekonferenzen	Anzahl	210,8%	0,0%	n.n.	n.n.	401	93	289	n.n.
Teilnehmer Pressekonferenzen	Anzahl	174,5%	0,0%	n.n.	n.n.	157	51	140	n.n.

Abbildung 1: Idealtypische Scorecard für die Pressearbeit. In der ersten Spalte sind die Indikatoren zur Steuerung und Bewertung der Abteilung aufgeführt. In der zweiten Spalte folgen Angaben zur Messgröße beziehungsweise Messeinheit. Die Spalten 3 und 4 berichten über die prozentualen Veränderungen von Ist-Werten und die Abweichung der Planwerte von den Ist-Werten.

Media Relations Scorecard

Indikatoren	Entwicklung Q2/08 Q3/08 Q4/08 Q1/09	Ist Plan Q2/09	Trend	Kommentar
Share of Voice (in %)	72 68 67 70	84 75	+12%	...
Medientonalität (Anteil neutraler und positiver Aussagen in %)	30 32 30 33	27 29	-7%	...
Medienpräsenz (nach Aussagen)	4.191 3.874 3.932 4.132	4.362 4.283	+1,8%	...
Anzahl Journalisten-kontakte	62 66 70 75	72 72	+/-0%	...

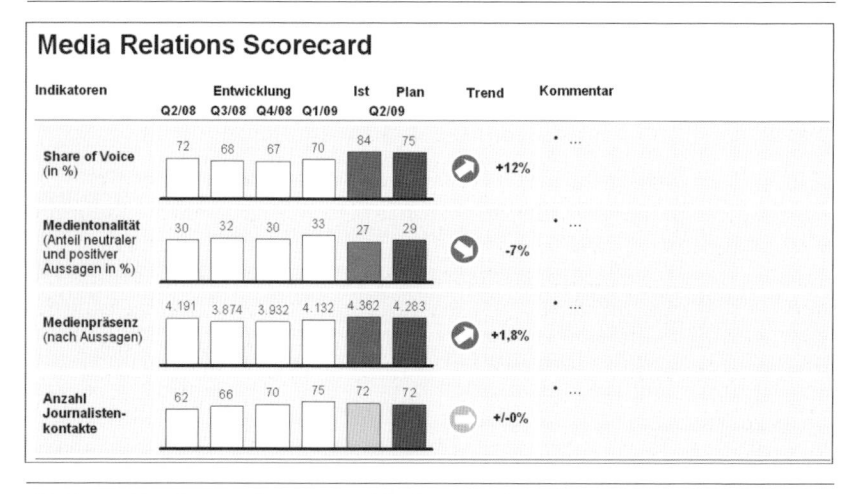

Abbildung 2: Visuell ausgerichtete Scorecard für die Pressearbeit. Indikator und Messeinheit werden in eine Spalte gezogen, womit Platz für die grafische Darstellung von Quartalsergebnissen und eine Kommentarspalte entsteht. Ist- und Planwert werden unmittelbar gegenübergestellt und als Balken farblich gefüllt. Wie sich die Ergebnisse im Trend entwickeln, ist durch Pfeile schnell erkennbar.

aufgaben und eventuelle Probleme zeitnah gelöst werden können. Wenn Schwellenwerte definiert worden sind, können Veränderungen und Abweichungen in Ampelfarben angezeigt werden. Häufig wird der Vergleich von Ist zu Ist statt mit Ampelfarben mit Trendpfeilen dargestellt. Die nachfolgenden Spalten erlauben einen quartalsbezogenen Überblick zur Entwicklung der Ist-Werte. In der äußeren rechten Spalte ist der aktuelle Ziel- beziehungsweise Planwert markiert (vgl. Abbildungen 1 und 2).

Das Zusammenspiel mehrerer Communication Scorecards hängt vom Umfang des Kommunikations-Controllings und der Organisationsform der Unternehmenskommunikation ab. Sinnvoll sind in der Regel eine Communication Scorecard für die Leitungsebene, die auch ein Reporting an das Topmanagement erlaubt, und untergeordnete Scorecards für Kommunikationsabteilungen wie Interne Kommunikation, Veranstaltungsmanagement oder Media Relations (vgl. Marell/Borgards 2010 und Schönefeld/Reichelt/Pfannenberg 2010). Scorecards können jedoch auch für relevante Projekte oder einzelne Teams und Mitarbeiter eingesetzt werden.

Communication Dashboards und Cockpits

Ein neuer Trend im Reporting ist die Darstellung von Controllingdaten in Cockpits oder Dashboards. Darunter versteht man Anwendungen, die die wichtigsten Daten auf einen Blick visualisieren und damit der Berichtskultur in vielen Unternehmen entgegenkommen. Dashboards eignen sich besonders gut, um einen schnellen Überblick zu bieten.

Communication Dashboards zeigen – einem Armaturenbrett im Auto vergleichbar – Kommunikationskennzahlen, die grafisch in Tachometern sowie in Ampeln, Torten-, Balken- oder Spinnennetzgrafiken aufbereitet sind. Communication Dashboards können die Transparenz über den Status der Unternehmenskommunikation erhöhen und das Reporting der Unternehmenskommunikation überzeugender gestalten. Wenn sie gut angelegt sind und eine hinreichende Datentiefe besitzen, erleichtern Dashboards den Kommunikationsverantwortlichen schnelle und sichere Entscheidungen (vgl. Abbildung 3).

Im Unterschied zu einfachen Präsentationen lassen sich die Daten damit interaktiv darstellen. Per Klick auf eine einzelne Grafik können Detailinformationen zur jeweiligen Kennzahl abgerufen oder Vergleiche von Quartal zu Quartal dargestellt werden. Kennzahlen der obersten Ebene sind mit einem „Drill down" zu vertiefen, dies gibt die Möglichkeit, je nach Bedarf unterschiedlich tief in die Details des Reportings einzusteigen. Abteilungen, Geschäftsbereiche, Regionen oder Länder sind auf diese Weise schnell miteinander vergleichbar, und eine potenziell große Menge an quantitativen und qualitativen Informationen steht über-

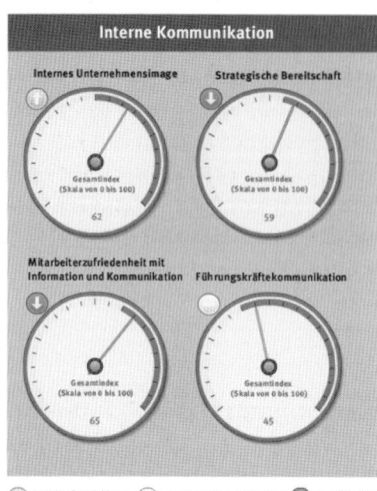

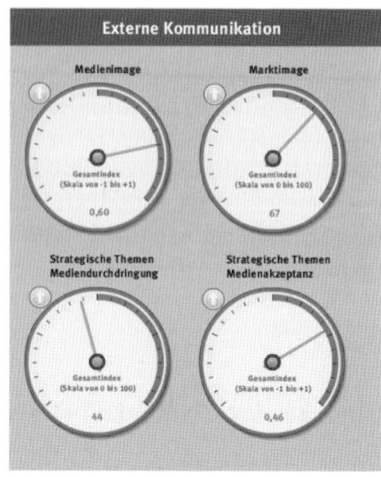

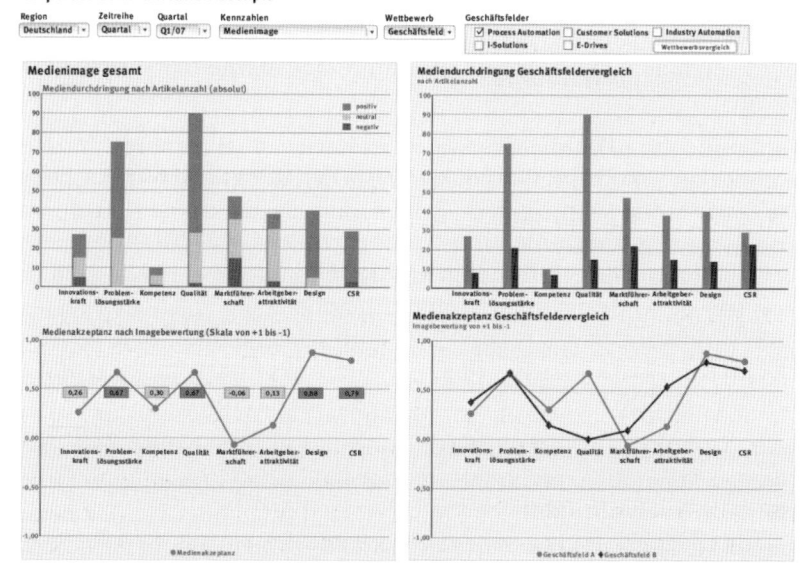

Abbildung 3: Beispiel eines Communication Cockpits. Auf der ersten Ebene visualisieren acht Tachos die Key Performance Indicators (KPIs) der internen und externen Kommunikation. Per Klick – zum Beispiel auf „Medienimage" – öffnet sich auf der zweiten Ebene des Cockpits ein Fenster mit weiteren Informationsgrafiken, die detailliertere Angaben enthalten und die Medienakzeptanz zum Beispiel nach verschiedenen Geschäftsfeldern beleuchten.

sichtlich zur Verfügung. Besonders sinnvoll ist der Einsatz weiterer Cockpit-Ebenen, wenn auf der ersten Ebene eine Index-Kennzahl aufgeführt ist, die bei Veränderungen in der Tiefe befragt werden kann. Je nach Fragerichtung erlauben solche Cockpits beim Reporting so eine flexible Vertiefung von Hintergründen (vgl. Abbildung 3).

Communication Dashboards sind häufig webbasierte Anwendungen. Um Praxisansprüchen zu genügen, sollten solche Dashboards in alle gängigen Formate exportierbar und aus einer Scorecard per Klick zu aktualisieren sein. Zu beachten ist dabei, dass die Darstellung der Informationen nicht von den Möglichkeiten und Funktionalitäten einer spezifischen Software bestimmt wird, sondern von den Informationsbedürfnissen und den Sehgewohnheiten der Empfänger.

Management Reports

Um die Beratungs- und Servicerolle des Kommunikations-Controllings gegenüber dem Kommunikationsmanagement auszubauen, kann ein vierteljährlicher *Management Report* hilfreich sein, der die relevanten Informationen in verständlicher und konsistenter Form aufbereitet. Das kompakte Format orientiert sich an den zunehmend in Unternehmen verbreiteten *Flash Reports* oder *Quick Reports*: Auf zwei bis drei Seiten werden die zentralen Ergebnisse komprimiert dargestellt. Ein Management Report besteht im Wesentlichen aus

- Management Summary,
- kurzer Beschreibung von Anlass, Zielsetzung und Methodik,
- Darstellung der Ergebnisse (wenig Text, aussagekräftige Grafiken),
- Schlussfolgerungen und Handlungsempfehlungen.

Im Management Report des Kommunikations-Controllings fließen wesentliche Daten aus relevanten Studien zusammen. Sie werden redaktionell aufbereitet und kommentiert. Sprache und Darstellung sollten klar und einfach sein. Das Layout dieser Reports ermöglicht – etwa durch Nutzung von Marginalien, Informationskästen und Zwischenüberschriften – eine rasche Informationsaufnahme. Detaillierte Ergebnisse von Analysen oder Studien, Zitate, Tabellen oder Fragebögen gehören in den Anhang oder entfallen ganz. Ziel solcher Reports ist es, die Handlungsorientierung der Unternehmenskommunikation auf Datenbasis zu forcieren und damit den abteilungsübergreifenden Dialog zu stärken.

Webbasierte Anwendungen

Die Integration des Kommunikations-Controllings in bestehende umfassende Managementinformationssysteme des Unternehmens ist bislang noch die Ausnahme, scheint langfristig aber wahrscheinlich. Als aktueller Trend sind webbasierte Softwarelösungen für das Kommunikations-Controlling erkennbar. Einige Analysedienstleister stellen ihre Daten über webbasierte Webmonitoring- oder Medienanalyse-Portale zur Verfügung. Belastbare Softwarelösungen für ein umfassendes Kommunikations-Controlling im Unternehmen sind allerdings noch rar und wenig getestet.

Wichtig erscheint, dass die gewählte Kommunikations-Controllingsoftware webbasiert anwendbar ist und keinen Wechsel in der Software-Architektur des Unternehmens verlangt (vgl. Abbildung 4). Wesentliche Anforderungen sind eine direkte und autonome Datenverwaltung, die komfortable Generierung von Communication Scorecards und Dashboards sowie flexible und variantenreiche Exportmöglichkeiten, beispielsweise in Microsoft Excel. Zusätzlich sollten Studien und weitere kennzahlenbezogene Dokumente integrierbar sein. Hinzu kommen eine klare Regelung von Zugangsberechtigungen, die Sicherstellung von Support- und Sicherheitsanforderungen sowie ein attraktives Screen-Design. Eine Softwareanwendung sollte darüber hinaus als

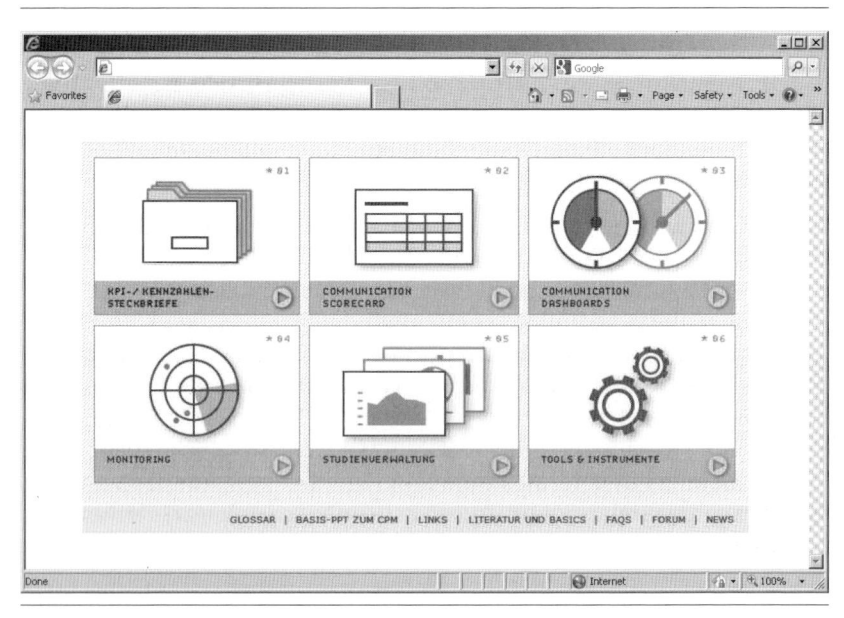

Abbildung 4: Benutzeroberfläche eines webbasierten Kommunikations-Controlling-Tools.

erweiterte Lösung für das Kommunikationsmanagement genutzt werden und als Baukastensystem die Leistungen verschiedener Anbieter integrieren können, vom Medienmonitoring über ein „Social-Media-Radar" bis zu einer Issues-Management-Lösung

Ausblick: Visualisierung komplexer Zusammenhänge als Trend im Kommunikationsmanagement

Die empfängerorientierte Aufbereitung von Daten ist eine zentrale Herausforderung für das Kommunikations-Controlling. Zu einem eingängigen Reporting gehören die Verdichtung von Daten und die Fokussierung auf relevante Informationen. Berichte an die Leitung Unternehmenskommunikation oder das Topmanagement sind mit klaren Kommentierungen auf den Punkt zu bringen und plakativ zu visualisieren. Wo das gelingt, unterstützt das Reporting die Steuerung der Unternehmenskommunikation.

Ein Schlagwort der Stunde ist *Visual Thinking*. Nicht nur für die Analyse und das Reporting von Daten des Kommunikations-Controllings spielt die visuelle Aufbereitung von Informationen eine immer größere Rolle. Die Visualisierung komplexer Zusammenhänge ist ein Trend im Kommunikationsmanagement insgesamt. Visualisierungstechniken sind bei jedem Schritt des Kommunikationsmanagementprozesses einsetzbar. Sie gewährleisten die bessere Nachvollziehbarkeit von Strategiekontexten und die vertiefte Involvierung interner Kommunikatoren. So schafft zum Beispiel ein Zielbaum die visuelle Grundlage für ein gemeinsames Strategieverständnis, er stellt den Zusammenhang von Zielen und Maßnahmen allen Mitarbeitern der Unternehmenskommunikation transparent dar.

Wenn messbare Ziele vereinbart werden und sich die Informationen zur Zielerreichung in Scorecards und Dashboards wiederfinden, entstehen auch Reaktanzen. Die über diese Instrumente leicht zugängliche Betrachtung von Kommunikationsleistung und -wirkung kann mit der Sorge verbunden sein, zukünftig nur noch an Zahlen gemessen zu werden. Die Praxis beweist jedoch, dass die Vorteile eines strukturierten und visuell gestützten Reportings weit überwiegen. Mit Scorecards und Dashboards sind Kommunikatoren nicht länger vom Bauchgefühl des Managements abhängig. Sie können positive und negative Entwicklungen nachvollziehbarer begründen sowie eigene Erfolge besser verdeutlichen.

Literatur

Horváth, Péter (2008): Grundlagen des Management Reportings. In: Gleich, Ronald/Horváth, Péter/Michel, Uwe (Hg.): Management Reporting. Grundlagen, Praxis und Perspektiven. Freiburg, S. 15–42.

Horváth & Partner (Hg.) (2001): Balanced Scorecard umsetzen. Stuttgart.

Kuhlmann, Melanie (2001): Visualisierung und Präsentation von Informationen. Wie Controller ihre Informationen an den Mann bringen. In: Kostenrechnungspraxis, 45. Jg., S. 203–299.

Marell, Susanne/Borgards, Arne (2010): Cognis: Scorecard-System für die integrierte Kommunikation und das Kommunikationsmanagement. In diesem Band.

Meyer, Jörn-Axel (1999): Visualisierung von Informationen. Verhaltenswissenschaftliche Grundregeln für das Management. Wiesbaden.

Möslein, Kathrin M. (2001): Bilder als Kommunikationsschnittstelle. Zur Rolle der Visualisierung in Organisationen. In: Zeitschrift für Arbeitswissenschaft, 55. Jg., S. 94–102.

Reiterer, Harald/Mann, Thomas M./Mußler, Gabriela/Bleimann, Udo (2000): Visualisierung von entscheidungsrelevanten Daten für das Management. In: HMD, Praxis der Wirtschaftsinformatik, Heft 212, S. 71–83.

Schönefeld, Ludwig/Reichelt, Susanne/Pfannenberg, Jörg (2010): Hoerbiger: Balanced-Scorecard-System zur Steuerung von Kommunikationsteam und Agenturen. In diesem Band.

Schwalb, Susanne (2003): Richtig präsentieren für Controller. Berichte pfiffig darstellen. In: Der Controlling-Berater, Heft 7, Gruppe 3, S. 105–124.

Weber, Jürgen/Malz, Regina/Lührmann, Thomas (2008): Excellence im Management-Reporting. Transparenz für die Unternehmenssteuerung. Weinheim (Schriftenreihe Advanced Controlling, Hg. v. Jürgen Weber, Band 62).

II

Standardwerkzeuge des Kommunikations-Controllings

Medienanalysen als Steuerungs- und Evaluationsinstrument für die Unternehmenskommunikation

Rainer Mathes und Ansgar Zerfaß

Die Massenmedien haben für das Kommunikationsmanagement – auch im Zeitalter des Internets und sozialer Netzwerke – eine zentrale Bedeutung. Die journalistische Berichterstattung in Zeitungen, Zeitschriften, Fernsehen, Radio und Online-Publikationen prägt die Themen der öffentlichen Diskussion. Durch die Vermittlung von Informationen und Images beeinflusst sie die Wahrnehmungen und Einstellungen relevanter Stakeholder. Deshalb ist eine systematische Analyse der Berichterstattung in den Medien ein unverzichtbarer Baustein für das Kommunikations-Controlling. Mit Medienanalysen können die kommunikativen Rahmenbedingungen erhoben und die Wirkungen eigener Kommunikationsaktivitäten evaluiert werden. Beide Ansatzpunkte schaffen Transparenz und ermöglichen eine gezielte Steuerung der Presse- und Medienarbeit. Von Medienanalysen profitieren aber auch die Event-Kommunikation, Sponsoringkonzepte, Imagekampagnen und andere Maßnahmen, die mittelbar die öffentliche Berichterstattung beeinflussen und auf sie reagieren. Der vorliegende Beitrag erläutert Notwendigkeit und Hintergründe, stellt Methoden und Kennzahlen vor und geht auf künftige Entwicklungen der Medienanalyse ein.

Medienberichterstattung als Messgegenstand

Medienanalysen untersuchen die Berichterstattung öffentlich zugänglicher Massenmedien, die von Medienorganisationen (Verlagen, Rundfunksendern) eigenständig erstellt und über verschiedene Plattformen (TV, Radio, Internet, Print) verbreitet werden. Im Zuge der Fragmentierung der Medienmärkte werden zunehmend auch Nischenmedien wie beispielsweise thematische Weblogs und Online-Communities mit redaktionellen Inhalten analysiert.

Ein kontinuierliches Medienmonitoring ist sinnvoll, weil Massenmedien auch im Internetzeitalter eine prägende Bedeutung für die Wirklichkeitskonstruktion und damit für die Koordination, Integration und Legitimation moderner Gesellschaften haben (vgl. Jarren 2008). Menschen bilden sich ihre Vorstellungen und Meinungen – verkürzt gesagt – auf der Grundlage dessen, was Journalisten oder andere Gatekeeper wie zum Beispiel Nachrichtenreporter und einflussreiche Blogger selektieren und berichten. Das prägt die *Rahmenbedingungen der Unternehmenskommunikation* und schafft sowohl Chancen als auch Risiken, etwa durch dominante Themen und Interpretationsmuster der öffentlichen Diskussion. Zudem liefern die Berichterstattung der klassischen Medien und insbesondere Veröffentlichungen in Nischenöffentlichkeiten des Internets sehr frühzeitig inhaltliche Trendindikatoren, lange bevor die dort behandelten Themen das Wissen und die Einstellungen breiterer Gruppen in der Gesellschaft erreichen. Insofern sind Ergebnisse der Medienanalyse eine wichtige Grundlage für die Kommunikationsplanung (vgl. Zerfaß 2010: 333 ff.). Dies gilt unabhängig davon, ob sich ein Unternehmen aktiv an die Medien wendet oder auf anderen Wegen direkt mit seinen Stakeholdern kommuniziert.

Besonders relevant ist die Medienanalyse zudem, weil Unternehmen mit ihrer *Presse- und Medienarbeit* aktiv auf die Auswahlentscheidungen der Journalisten einwirken können. Journalismus und Medienarbeit sind in weiten Teilen strukturell gekoppelt; sie bedingen und ermöglichen sich gegenseitig. Eine professionelle Zusammenarbeit innerhalb rechtlich und ethisch definierter Spielregeln verschafft den Medien beispielsweise Informationsvorsprünge (Exklusivinterviews) oder Kostenersparnisse (Bereitstellung von Pressefotos, Vermittlung von sachkundigen Fachleuten), während die Botschaften von Unternehmen durch eine Berichterstattung in den Massenmedien an Reichweite und Glaubwürdigkeit gewinnen. Die Presse- und Medienarbeit umfasst ein ganzes Spektrum unterschiedlicher Maßnahmen (Pressemitteilungen, Pressekonferenzen, Hintergrundgespräche, Medienkooperationen etc.) und steht europaweit unter allen Instrumenten der Unternehmenskommunikation empirisch an erster Stelle (vgl. Zerfass et al. 2009: 54). Die Medienanalyse ist neben Journalistenbefragungen ein wichtiger Ansatzpunkt zur Evaluation und Erfolgskontrolle dieser Maßnahmen.

Definition und Einordnung der Methode

Der Medienanalyse liegt die Methode der *quantitativen Inhaltsanalyse* zugrunde, weshalb man präziser auch von Medieninhaltsanalyse spricht. Die quantitative Inhaltsanalyse wurde in den 1930er und 1940er Jahren in den USA entwickelt, um Mitteilungen und Kommunikationsinhalte vor allem von Massenmedien angemessen analysieren zu können (vgl. Schulz 2009: 44 ff.). Bernard Berelson definierte in seinem Buch „Content Analysis in Communication Research" die Inhaltsanalyse als eine Forschungsmethode zur objektiven (das heißt intersubjektiv prüfbaren), systematischen und quantitativen Beschreibung von Kommunikationsinhalten (vgl. Berelson 1952). Neu war an dieser Methodik vor allem der quantitative Ansatz, das heißt die Zerlegung von Kommunikationsinhalten in formale oder inhaltliche Bestandteile, um die Häufigkeiten und die Beziehungen dieser Bestandteile quantitativ, also durch numerische Messwerte zu ermitteln. Diese Messwerte können zum Beispiel thematische Schwerpunkte aufzeigen, Pro-Contra-Tendenzen ermitteln oder auch die Bedeutung von Interpretationsmustern darstellen. Dieser quantitative Ansatz war vor allem notwendig geworden, um die große Menge an Inhalten der zunehmend bedeutender werdenden Massenmedien analysieren zu können. Das „klassische" Verfahren der hermeneutischen Textinterpretation stieß hier rein mengenmäßig an seine Grenzen. Die spätere Forschung hat dann beide Ansätze, das heißt sowohl den „quantitativen" wie auch den „qualitativen" Ansatz, im Rahmen der klassifikatorisch-hermeneutischen Inhaltsanalyse wieder zusammengeführt (vgl. Mathes 1988, 1992).

In den 1960er Jahren wurde der ursprüngliche Ansatz, die Inhalte von Massenkommunikation zu systematisieren und quantitativ zu beschreiben, ergänzt. Zusätzlich zur Beschreibung verfolgte die Inhaltsanalyse nun auch das Ziel, von den Kommunikationsinhalten auf andere Faktoren im Kommunikationsprozess wie beispielsweise deren mögliche Wirkungen zu schließen (vgl. Holsti 1969, Merten 2007). Dies kann etwa die vermutete Bedeutung gesellschaftlicher Themen (wie zum Beispiel „Umwelt") oder das Meinungsklima zu einer bestimmten Streitfrage (zum Beispiel „Verlängerung der Laufzeit von Atomkraftwerken") sein.

Im engeren Sinne analysiert die Inhaltsanalyse, wer, was, wann, wo und wie in welchem Medium sagt und zu welchen verdichteten Vorstellungsbildern (Vertrauenszuschreibungen, Medienimages usw.) sowie medialen Wirklichkeitskonstruktionen dies führt. Damit wird ersichtlich, welche Kommunikationsangebote die Stakeholder – sofern sie zu den Rezipienten des jeweiligen Mediums gehören – potentiell wahrnehmen können. Dies betrifft im DPRG/ICV-Bezugsrahmen für Kommunikations-Controlling, der Kommunikationsprozesse auf mehreren Stufen vom Input bis zur betriebswirtschaftlichen Wertschöpfung abbildet, die Ebene des externen Outputs (vgl. Rolke/Zerfaß 2010). Medienanalysen können nicht nachweisen, ob die Berichterstattung wirklich wahrgenommen, verstanden und erinnert wurde, und ob dies Einstellungen, Handlungsorientierungen oder sogar ein vom Unternehmen erwünschtes Handeln (Produktkauf durch Kunden, Unterlassen von Protesten durch lokale Bürgerinitiativen etc.) beeinflusst hat. Dazu sind andere Methoden notwendig, die direkt bei den Stakeholdern ansetzen, insbesondere Befragungen.

Medienanalysen identifizieren allerdings das vorgeschaltete Handeln der Journalisten beziehungsweise anderer Gatekeeper (Wer greift welche Impulse der unternehmerischen Pressearbeit auf?) und können insofern Erfolge der Kommunikation mit vermittelnden Instanzen belegen. Ein Beispiel dafür ist die Berichterstattung über einen Automobilkonzern in populären Trendmagazinen. Wenn die Betreuung von Lifestyle-Journalisten intensiviert wird und die Analysen daraufhin eine stärkere Berücksichtigung der vom Unternehmen kommunizierten Botschaften zeigen, belegt dies die Effizienz der Pressearbeit.

Eine spezifische Ausprägung der Medienanalyse ist die *Medienresonanzanalyse*, die von Medieninhalten auf reale Begebenheiten, Einstellungen und Entwicklungen schließt. Dabei wird angenommen, dass es eine Korrelation zwischen der Wirklichkeitskonstruktion der Medien und der sozialen Realität der handelnden Akteure (Unternehmen und ihrer Stakeholder) gibt (vgl. Merten 2007: 32 ff.). Die Medienwirkungsforschung zeigt, dass ein solcher Zusammenhang in vielen Fällen besteht, in manchen Situationen allerdings auch interpersonale Netzwerke und persönliche Erfahrungen eine Distanz zur Berichterstattung schaffen und dann keine Wirkungen bei den Rezipienten unterstellt werden können. Der vielfach verwendete Begriff der Medienresonanzanalyse unterstellt bei genauerem Hinsehen also schon einen Wirkungszusammenhang, der nicht immer gegeben ist und im Zuge eines ausdifferenzierten Kommunikations-Controllings gesondert nachgewiesen werden muss. In vielen Fällen wird der Begriff Medienresonanzanalyse aber auch einfach nur als Synonym für Medieninhaltsanalyse verwendet.

Vorgehensweise und Umsetzung

Die Aussagekraft einer Medienanalyse wird maßgeblich durch eine klare Zielbestimmung und ein professionelles Projektmanagement bestimmt. Die grundsätzliche Vorgehensweise wird in Abbildung 1 skizziert. Dabei sind verschiedene Akteure einzubeziehen: Während die Definition der Evaluationsziele von den zuständigen Kommunikationsmanagern beziehungsweise Controllern gemeinsam mit (internen) Auftraggebern, zum Beispiel der Leitung Unternehmenskommunikation, der Geschäftsführung oder Produktmanagern, geschehen sollte, bietet sich für die Planung und Umsetzung der eigentlichen Inhaltsanalyse eine Zusammenarbeit mit spezialisierten Analyse-Dienstleistern an. Die Beschaffung der Untersuchungseinheiten (Zeitungsartikel, TV-Sendungen) kann dagegen an Medienmonitoring-Dienstleister delegiert werden. Das interne Reporting der Ergebnisse und die Ableitung von Handlungsempfehlungen fällt wiederum ebenso in den Aufgabenbereich von Kommunikationsmanagement und -Controlling wie die zyklische Revision und Weiterentwicklung des Gesamtprozesses.

Zieldefinition	Konzeption	Umsetzung	Reporting
Ziele der Medienanalyse festlegen (z. B. Themenbeobachtung, Wettbewerbsanalyse, Erfolgskontrolle der Medienarbeit)	Untersuchungseinheiten definieren (Analysezeitraum; Beitrags- vs. Aussagenebene; Formate)	Untersuchungseinheiten recherchieren und beschaffen (Clippings, Internetseiten, TV-/Hörfunksendungen; eigenes Pressematerial/Input)	Ergebnisse aufbereiten (Grafik, Tabellen) Aussagen bzgl. des Analyseziels ableiten Zielerreichung reflektieren
Relevante Stakeholder und Kommunikationsziele definieren (abgeleitet aus Unternehmenszielen/Scorecards)	Mediensample definieren (Vollerhebung/ Stichprobe) Kategorien definieren und Codebuch als Handlungsanweisung für die Messung anfertigen	Codierung durchführen Formale Kennzahlen berechnen Inhaltliche Kennzahlen berechnen	
Strategische Themen, Akteure und Botschaften festhalten	Codierer schulen (Probecodierung)	Indizes und Benchmarks berechnen	
Handlungsrelevante Aussagen/Bewertungen identifizieren	Analysekriterien, Kennzahlen und Indizes festlegen	Codierung überprüfen (Qualitätssicherung)	
	Berichtsumfang festlegen und Muster-Report erstellen		

Abbildung 1: Systematische Vorgehensweise bei der Medienanalyse.

Das „Herzstück" einer quantitativen Inhaltsanalyse sind die formalen und inhaltlichen Merkmale, die als Kategorien bezeichnet werden und die in einem präzisen Regelwerk, dem sogenannten Codebuch, definiert werden. Sie dienen dazu, die relevanten Kommunikationselemente zu identifizieren und quantitativ als numerische Einheiten messbar zu machen (vgl. Früh 1981). Verkürzt gesagt, werden Inhalte in eine numerische Struktur (das heißt einen Datensatz) überführt. Dadurch ist es vor allem möglich, sehr große Textmengen zu analysieren: Trendanalysen über 10, 20 oder 30 Jahre sind dadurch ebenso wenig ein methodisches Problem wie der Vergleich von tausenden von Internetquellen.

Die Medieninhaltsanalyse kann – wie alle sozialwissenschaftlichen Methoden – unterschiedlichen Qualitätsansprüchen genügen (vgl. Schulz 2009: 50 ff.): So können die relevanten Inhalte mehr oder weniger treffsicher identifiziert sein (Relevanz- und Validitätskriterium), die Kategorien können mehr oder weniger systematisch geordnet und aufbereitet werden (Systemkriterium), und die Kategoriedefinitionen können mehr oder weniger präzise sein (Reliabilitätskriterium). Im Ergebnis entsteht durch die Analyse ein mehr oder weniger analytisches

Abbild der „Medienrealität", das heißt der Realität, wie sie in den Medien vermittelt und von den Mediennutzern wahrgenommen wird.

Die Codierung: Quellenbeschaffung und Analyse

Die Umsetzung der Medienanalyse setzt voraus, dass die zu analysierenden Medien und Quellen vorliegen. Auf diese Aufgabe haben sich sogenannte Medienbeobachtungs- beziehungsweise Clipping-Dienstleister spezialisiert, die vor allem für den täglichen Medienspiegel von Unternehmen die relevanten Meldungen aus Zeitungen, Zeitschriften, Hörfunk, Fernsehen und Internet oder Social-Media-Plattformen recherchieren und dokumentieren. Diese Dokumentation kann – sofern sie vollständig ist – als Grundlage für die Analyse genutzt werden. Im Zuge der Digitalisierung der Medienlandschaft sind jedoch nationale Datenbanken (zum Beispiel von Genios oder PMG) oder internationale Datenbanken (wie Lexis Nexis oder Factiva) sehr viel bedeutender geworden. Auch die von den Medien häufig angebotenen direkten elektronischen Ausgaben (zum Beispiel sogenannte E-Paper von Tageszeitungen oder die Online-Ausgaben von Hörfunknachrichten) stehen sehr zeitnah für Analysezwecke zur Verfügung.

Die Inhaltsanalyse der relevanten Artikel, Internetseiten und Sendungen geschieht durch qualifizierte Codierer. Diese sichten die Untersuchungseinheiten gemäß der im Codebuch vorgegebenen Kriterien und Ausprägungen und geben sie in eine Datenbank ein. Untersuchungseinheiten sind je nach Medium einzelne Artikel, Sendungen oder Inhaltsseiten (Pages) im Internet, für die vorab definierte Find-Kriterien gelten (vgl. Raupp/Vogelgesang 2009: 129 f.).

Die Kategoriensysteme können mehr oder weniger differenziert angelegt werden. Weitverbreitet ist beispielsweise die Kombination von formalen Publizitätskriterien (Artikelgröße, journalistische Form etc.) mit inhaltlichen Aspekten der Berichterstattung (zitierte Akteure, Tonalität, Bewertungen) und nachfolgenden Input-Output-Auswertungen (Vergleich der Berichterstattung mit vorangegangenen Aktivitäten der Presse- und Medienarbeit eines Unternehmens) oder Wettbewerbsvergleichen (Benchmarking im Vergleich zu der Berichterstattung über andere Unternehmen) (vgl. Mathes/Salazar/Tscheulin 1995: 153 ff.). Als Beispiel für ein relativ einfaches Kategoriensystem können die Publizitätsanalyse, die mediale Reputationsanalyse sowie die Input-Output-Analyse dienen, wie sie Mathes und Gärtner bereits 1993 für den Einsatz innerhalb des Kommunikations-Controllings beschrieben haben. Elaboriertere Verfahren wie beispielsweise die Modul- und Netzwerktechnik der Inhaltsanalyse analysieren nicht nur die Objekte und deren wertende Charakterisierungen, sondern darüber hinaus auch die Struktur von komplexen Aussagezusammenhängen (vgl. Mathes 1992: 416, Schulz 2009: 49 f.).

Bei der Codierung werden sowohl quantitative wie qualitative Daten erhoben. *Quantitative Daten* werden in Zahlen ausgedrückt und lassen sich dementsprechend aggregieren sowie zu Indizes und Zeitreihen verdichten. Das betrifft beispielsweise die Auflagenhöhe von Zeitungen oder die Reichweite von Sendungen, die thematische Struktur der Berichterstattung, aber auch die skaliert festgehaltene positive, neutrale beziehungsweise negative Tonalität einer Aussage. Zusätzlich können *qualitative Daten* in Textform erhoben werden, wie etwa die Namen der Verfasser einer Meldung oder Zitate, die prägnante Argumentationsmuster belegen und daher exemplarisch festgehalten werden.

Diese methodische Unterscheidung ist – auch wenn dies in der PR-Fachliteratur häufig anders dargestellt wird – nicht gleichbedeutend mit der Abgrenzung verschiedener Erhebungsdimensionen (vgl. hierzu Besson 2008: 149 f.). *Formale Erhebungsdaten* erfassen die strukturellen Merkmale einer Untersuchungseinheit, beispielsweise Mediengattung, Medium, Veröffentlichungsdatum, Rubrizierung, Auflage, Reichweite, Auflagenhöhe und so weiter. Diese Informationen sind im Allgemeinen „objektiv" erkennbar beziehungsweise sie beruhen auf Berechnungen neutraler Institutionen wie der IVW (Informationsgemeinschaft zur Feststellung der Verbreitung von Werbeträgern e.V.) und der ag.ma (Arbeitsgemeinschaft Media-Analyse e.V.). *Inhaltliche Erhebungsdaten* beziehen sich dagegen auf die Bedeutungen und Wertungen, die in einer Untersuchungseinheit vermittelt und im Zuge der Codierung offengelegt werden.

Durch die Kombination qualitativer und quantitativer sowie formaler und inhaltlicher Daten kann die Medienanalyse eine Fülle verschiedener Kennzahlen ermitteln, die je nach Zielsetzung ausgewiesen oder/und zu Indizes und Benchmarks verdichtet werden können.

Kennzahlen der Medieninhaltsanalyse

Formale Kennzahlen

Eine Auswahl etablierter Messgrößen beziehungsweise Kennzahlen für die strukturelle Beschreibung der Medienberichterstattung wird in Tabelle 1 dargestellt (vgl. vertiefend GPRA 1994, Femers/Klewes 1995, Besson 2008: 150 f., Plauschinat/Bollenbach/Pitzschel 2009: 9 ff.). Die Herausforderung besteht heute und in der näheren Zukunft darin, die entsprechenden Werte medienübergreifend vergleichbar zu machen. Während die Auflagenhöhe (gedruckte, verbreitete, verkaufte Ausgaben) und darauf aufbauend die Reichweite (Leserkontakte pro Ausgabe) bei Printmedien klar definiert sind, gelten beispielsweise bei Online-Publikationen (Visits, PageImpressions) oder Bewegtbildformaten im Internet (In Page Calls, Gesamtverweildauer) andere, zum Teil noch nicht standardisierte und vor allem nicht miteinander vergleichbare Werte. Zu berücksichtigen ist ferner, dass formale Kennzahlen alleine keine Aussagekraft haben. Die Analyseergebnisse müssen immer mit Vergleichsdaten aus anderen Perioden (zum Beispiel dem Vorjahr, Vormonat), von anderen Projekten (Reichweite der Print-Berichterstattung über Event A und Event B) oder von Wettbewerbern (Abrufe des Produkttest-Videos über Mobiltelefon A versus des Videos über Mobiltelefon B auf der Website eines Verbrauchermagazins) verglichen werden.

Um die Erfolge von Kommunikation zu messen und zu dokumentieren, werden häufig auch sogenannte *Werbeäquivalenzwerte* ermittelt. Dabei werden redaktionelle Veröffentlichungen mit dem entsprechenden „Werbepreis" bewertet, das heißt entsprechend den (Brutto-)Kosten, die für eine Anzeige oder einen Werbespot gleicher Größe beziehungsweise Länge zum gleichen Zeitpunkt und mit gleicher Prominenz anfallen würden. Erweiterte Verfahren wie beispielsweise der „PRIME PR Value" berücksichtigen zusätzlich die Tonalität der Berichterstattung, die spezifische Mediaqualität der berichtenden Medien und die kommunikationsstrategische Reputationsrelevanz der übermittelten Inhalte. Allerdings ist zu beachten, dass redaktionelle Berichte und Anzeigen prinzipiell unterschiedlich wirken und Werbeäquivalenzwerte keine direkte Auskunft über die relevante Wirkung bei den Stakeholdern geben. Als pragmatischer Maßstab für die Effizienz der Medienarbeit, beispielsweise im Zeitvergleich oder im Benchmarking innerhalb eines Konzerns

Kennzahl (Messgröße)	Definition
Reichweite (Millionen)	Anzahl der potentiellen Leser-, Hörer- oder Zuschauerkontakte
Text-Bild-Quotient (Wert von 0 bis 1)	Verhältnis von Texten mit Illustrationen zu Texten ohne Illustrationen
Positionierung (Wert von 0 bis 3)	Positionierung und Prominenz des Beitrags (Titelseite, Rubrikentitel, Textseite; Onlinemagazin-Startseite, Unterseite, usw.)
Erreichungsgrad Zielmedien (Prozent)	Anteil der Zielmedien aus einem definierten Medienpanel (strategisch wichtige Titel), die in einer Zeitperiode über das Unternehmen berichten
Werbeäquivalenzwert (Euro)	Berechnung der Kosten, die eine Werbeschaltung mit der gleichen Größe bzw. der gleichen Sendedauer wie der redaktionelle Bericht im gleichen Medium kosten würde

Tabelle 1: Beispiele für formale Kennzahlen der Medienanalyse.

oder einer Branche, sind die auch international relativ leicht erhebbaren Werbeäquivalenzwerte aber durchaus geeignet. Im DPRG/ICV-Bezugsrahmen (vgl. Rolke/Zerfaß 2010) können sie als Leistungsindikator auf der Ebene des internen Outputs verortet werden.

Inhaltliche Kennzahlen

Von zentraler Bedeutung für das Kommunikations-Controlling sind die inhaltlichen Kennzahlen der Medienanalyse. Ihre Auswertung ermöglicht es, die Botschaften der Presse- und Medienarbeit sowie die Unternehmenskommunikation insgesamt zu justieren. Tabelle 2 nennt einige etablierte Kennzahlen (in Anlehnung an Plauschinat/Bollenbach/Pitzschel 2009: 11). Dabei ist zu beachten, dass die Bezeichnungen, Kennzahlendefinitionen und Skalen trotz grundsätzlicher Übereinstimmung der Instrumente in der Praxis je nach Dienstleister und Codebuch stark voreinander abweichen. Daher empfiehlt es sich, innerhalb eines Unternehmens oder Konzerns einheitliche Kennzahlensteckbriefe zu definieren, um auf diese Weise Inhaltsanalysen verschiedener Geschäftseinheiten, Ländergesellschaften und Dienstleister vergleichbar zu machen.

Kennzahl (Messgröße)	Definition
Themendurchdringung (Prozent)	Anteil der Berichte über ein Unternehmen, die vorab definierte strategische Themen enthalten, an der Gesamtzahl der Berichte über das Unternehmen
Initiativquotient (Wert von 0 bis 1)	Verhältnis der vom Unternehmen selbst initiierten Berichte zu den fremdinitiierten Berichten
Akzeptanzniveau (Wert von -1 bis +1)	Differenz zwischen positiven Berichten und negativen Berichten, dividiert durch die Gesamtzahl der Berichte
Tonalität (Wert von -1 bis +1)	Summe der positiv (+1), neutral (0) und negativ (-1) bewerteten Berichte, dividiert durch die Gesamtzahl der Berichte
Share of Voice (Prozent)	Anteil der positiven und neutralen Berichte über ein Unternehmen im Verhältnis zu den Berichten über Wettbewerber

Tabelle 2: Beispiele für inhaltliche Kennzahlen der Medienanalyse.

Report-Kontakt-Modell: Von der Medienpräsenz zur Rezipienten-Wahrnehmung

Die bislang beschriebenen Medienanalysen messen die Präsenz bestimmter Inhalte und Botschaften. Erweiterte Analyseinstrumente messen darüber hinaus, welches Publikum mit diesen Inhalten und Botschaften erreicht wird. Ein Beispiel hierfür ist das Report-Kontakt-Modell von PRIME Research. Dieses Modell geht von einer simplen Annahme aus: Ohne Kontakt gibt es keine Medieneffekte. Nur diejenigen Inhalte, die von den relevanten Zielgruppen wahrgenommen werden, haben einen möglichen Effekt auf deren Kenntnisse, Meinungen und Einstellungen sowie möglicherweise auch auf deren Verhalten.

Menschen selektieren Medieninhalte in einem dreistufigen Prozess: Sie selektieren die Medien, die sie nutzen, sie selektieren die Beiträge, die sie interessieren, und sie bestimmen die Dauer und Intensität, mit der sie sich dem Beitrag und den einzelnen Inhalten zuwenden. Entsprechend unterscheidet das Report-Kontakt-Modell drei Messgrößen: den Medienkontakt, den Report-Kontakt und den Botschaften-Kontakt (vgl. Abbildung 2). Als Medienkontakt wird die Gesamtheit der Leser, Zuschauer oder Hörer eines Mediums bezeichnet, das heißt die maximale Anzahl der Menschen, die mit einem Beitrag in der Publikation in Kontakt gekommen sein könnten. Der Medienkontakt gibt somit die Wahrnehmungsmöglichkeit eines Beitrags an („opportunity to see"). Die Zahl der Menschen, die zum Beispiel einen Zeitungsartikel lesen, wird von der Prominenz der Platzierung, der Größe und der Auffälligkeit der Gestaltung (zum Beispiel Farbigkeit, Bilder) abhängen. Der Report-Kontakt variiert zwischen 100 Prozent (Schlagzeilen auf der Titelseite) und 5 Prozent (sehr kleiner Beitrag ohne auffällige Gestaltungs-

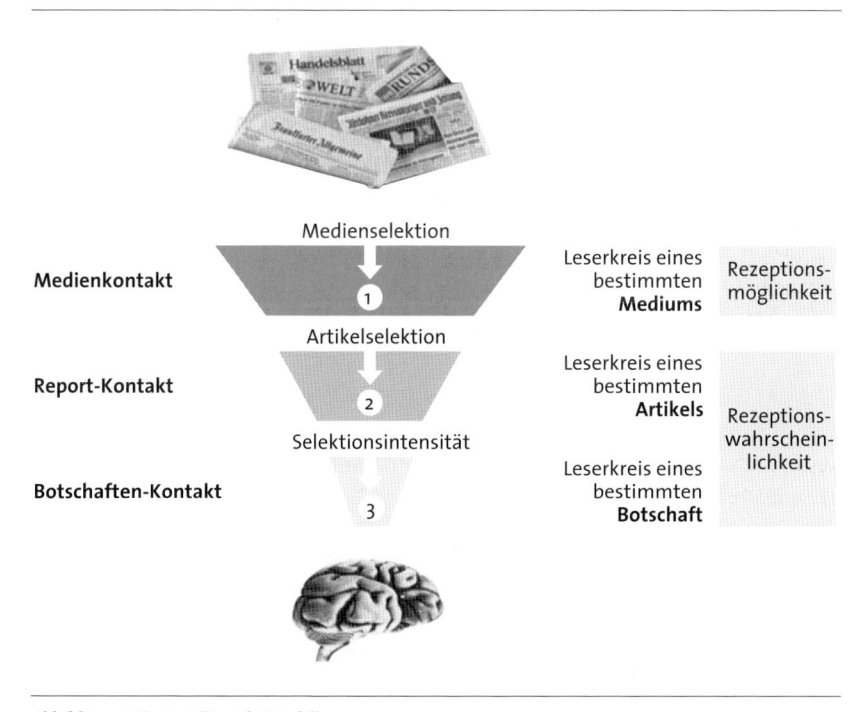

Abbildung 2: Report-Kontakt-Modell.

merkmale) des Medienkontakts. Der Report-Kontakt gibt die Wahrscheinlichkeit an, mit der ein Beitrag wahrgenommen wird („probability to see"). Erscheint ein kleiner Bericht wenig prominent auf den letzten Seiten einer Zeitung, dürfte nur eine kleine Zahl der Leser der Ausgabe den Beitrag beachten. Die Zahl derjenigen, die jede Passage des Artikels lesen, wird noch geringer sein. Dies berücksichtigt die Messgröße des Botschaften-Kontakts. Der Botschaften-Kontakt gibt die Wahrscheinlichkeit an, mit der eine Botschaft innerhalb eines Beitrags wahrgenommen wird („probability to see" auf der Ebene einzelner Darstellungen).

Ausblick: Digitalisierung der Medienanalyse

Die Medienlandschaft wird zunehmend digital und mit ihr die Medieninhaltsanalyse. Bereits in den 1960er Jahren gab es erste Versuche der computerunterstützten Inhaltsanalyse. Durch Computerprogramme wird der zu analysierende Text segmentiert sowie das Vorkommen bestimmter Suchbegriffe identifiziert, die vorab in einem sogenannten Diktionär definiert werden. In dem Maße, wie die Medieninhalte zunehmend in digitaler Form vorliegen und die Computerlinguistik Fortschritte macht, werden diese Verfahren zunehmend praxisrelevant. Die Verfahren können komplementär zur menschlichen Codierung, zunehmend aber auch substitutiv genutzt werden. Im ersten Fall erfolgt die Computeranalyse als erster Schritt im Analyseprozess, das heißt als eine Vorab-Analyse, die dann in einem zweiten Schritt durch menschliche Codierer validiert und weiter präzisiert wird. Abbildung 3 zeigt schematisch, wie die interaktive Analyse durch das Zusammenspiel von computerunterstützter und konventioneller Inhaltsanalyse erfolgt (vgl. Mathes 1992: 419).

Im zweiten Fall erfolgt die Analyse vollständig durch Computerprogramme. Gegenüber der menschlichen Codierung hat die Computeranalyse sowohl Vor- als auch Nachteile. Ein erster Vorteil besteht darin, dass damit nahezu beliebig große Mengen an Mitteilungen und Kommunikationsinhalten analysiert werden können – ein im Internetzeitalter nicht zu unterschätzender Vorteil. Grenzen setzt hier nur die Verarbeitungs- und Speicherkapazität der Programme und Rechner, auf denen diese Systeme laufen. Ein zweiter Vorteil besteht darin, dass die Analyse nahezu in Echtzeit erfolgt, also fast ohne Zeitverzögerung zur Verfügung steht – ebenfalls ein im Internetzeitalter nicht zu unterschätzender Vorteil, da frühzeitige Information und Reaktionsschnelligkeit für das Kommunikationsmanagement eine hohe Bedeutung besitzen. Die Nachteile sind allerdings auch gewichtig: Trotz der

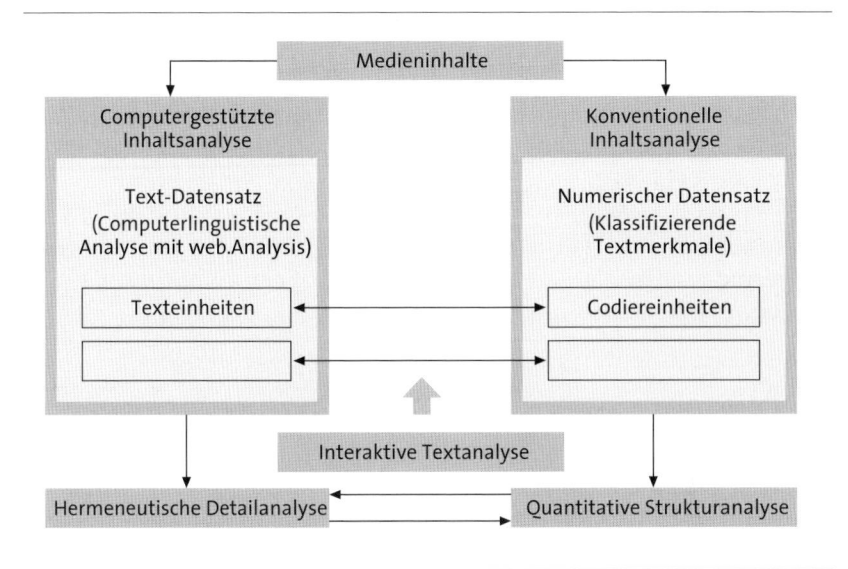

```
                          Medieninhalte
            ┌──────────────┴──────────────┐
            ▼                              ▼
 ┌─────────────────────┐         ┌─────────────────────┐
 │ Computergestützte   │         │   Konventionelle    │
 │   Inhaltsanalyse    │         │   Inhaltsanalyse    │
 │                     │         │                     │
 │   Text-Datensatz    │         │ Numerischer Datensatz│
 │ (Computerlinguisti- │         │   (Klassifizierende │
 │ sche Analyse mit    │         │    Textmerkmale)    │
 │    web.Analysis)    │         │                     │
 │                     │         │                     │
 │  ┌─────────────┐    │   ◄──►  │   ┌─────────────┐   │
 │  │Texteinheiten│    │         │   │Codiereinheiten│  │
 │  └─────────────┘    │         │   └─────────────┘   │
 │  ┌─────────────┐    │   ◄──►  │   ┌─────────────┐   │
 │  └─────────────┘    │         │   └─────────────┘   │
 │                     │    ▲    │                     │
 └──────────┬──────────┘    │    └──────────┬──────────┘
            │       Interaktive Textanalyse │
            ▼                               ▼
 ┌─────────────────────┐  ◄──►   ┌─────────────────────┐
 │Hermeneutische       │         │Quantitative         │
 │Detailanalyse        │         │Strukturanalyse      │
 └─────────────────────┘         └─────────────────────┘
```

Abbildung 3: Kombination von computerunterstützter und konventioneller Inhaltsanalyse.

raschen Fortschritte von Text- und Computerlinguistik sind diese Analysen noch bei weitem nicht so präzise und differenziert wie die menschliche Codierung. Dies gilt insbesondere für die Messung der Tonalität, aber auch für eine differenzierte Betrachtung verschiedener Reputationsdimensionen.

Aber auch bei der „klassischen", menschlichen Analyse halten digitale Techniken zunehmend Einzug. Die Analyse wird immer zeitnäher, häufig sogar tagesaktuell durchgeführt und über Internet-Portale zur Verfügung gestellt. Die Portale zeigen nicht nur die Analyseergebnisse in Form von Schaubildern und Tabellen, sondern liefern darüber hinaus einen Überblick über die relevanten Nachrichten des Tages. Durch die Verknüpfung von Analyse und News entsteht die Möglichkeit der interaktiven Analyse. Interessierende Fragestellungen können direkt am Bildschirm ausgewertet werden. Zusätzlich zum Analyseergebnis stehen bei diesen Tools auch die relevanten Texte zur Verfügung, die das Analyseergebnis erklären.

Die Digitalisierung von Medien und Analyse wird die Medieninhaltsanalyse in den nächsten Jahren revolutionieren. Die Veränderung wird ähnlich umfassend und tiefgreifend sein wie in den 1950er Jahren, als in den USA zum ersten Mal in großem Stil Kommunikationsinhalte in Form von statistischen Kennwerten analysiert wurden. Mit den neuen Mitteln der Computeranalyse wird es möglich sein, in einem integrierten Prozess das News-Management eines Unternehmens zu organisieren sowie vergleichend die unterschiedlichen Informations- und Kommunikationskanäle wie klassische Medien und Online-Medien, Blogs, Foren und Social Media zu analysieren. Damit wird sich der Trend, das Kommunikationsmanagement von Unternehmen auf der Basis solider Analysen zu organisieren, fortsetzen.

Literatur

Berelson, Bernard (1952): Content Analysis in Communication Research. Glencoe (Il.).

Besson, Nanette A. (2008): Strategische PR-Evaluation, 3. Auflage. Wiesbaden.

Femers, Susanne/Klewes, Joachim (1995): Medienresonanzanalysen als Evaluationsinstrument der Öffentlichkeitsarbeit. In: Baerns, Barbara (Hg.): PR-Erfolgskontrolle. Frankfurt am Main, S. 115–134.

Früh, Werner (1981): Inhaltsanalyse. Theorie und Praxis. München.

GPRA Gesellschaft Public Relations Agenturen e.V. (1994): Medienresonanz-Analysen. Frankfurt am Main.

Holsti, Ole R. (1969): Content Analysis for the Social Sciences and Humanities. Reading (Mass.).

Jarren, Otfried (2008): Massenmedien als Intermediäre. Zur anhaltenden Relevanz von Massenmedien für die öffentliche Kommunikation. In: Medien & Kommunikationswissenschaft, 56. Jg., S. 329–346.

Mathes, Rainer (1988): „Quantitative" Analyse „qualitativ" erhobener Daten? Die hermeneutisch-klassifikatorische Inhaltsanalyse von Leitfadengesprächen. In: ZUMA Nachrichten, 23, S. 60–78.

Mathes, Rainer (1992): Hermeneutisch-klassifikatorische Inhaltsanalyse von Leitfadengesprächen. Über das Verhältnis von quantitativen und qualitativen Verfahren der Textanalyse und die Möglichkeit ihrer Kombination. In: Hoffmeyer-Zlotnik, Jürgen H. P. (Hg.): Analyse verbaler Daten. Über den Umgang mit qualitativen Daten. Opladen, S. 402–424.

Mathes, Rainer/Gärtner, Hans-Dieter (1993): PR-Erfolgskontrolle durch wissenschaftliche Begleitforschung. In: Kalt, Gero (Hg.): Öffentlichkeitsarbeit und Werbung, 4. Auflage. Frankfurt am Main, S. 129–139.

Mathes, Rainer/Salazar-Volkmann, Christian/Tscheulin, Jochen (1995): Medien-Monitoring – Ein Baustein der Public-Relations-Erfolgskontrolle. In: Baerns, Barbara (Hg.): PR-Erfolgskontrolle. Frankfurt am Main, S. 147–172.

Merten, Klaus (2007): Medienanalye in der Mediengesellschaft – Möglichkeiten und Grenzen. In: Wägenbaur, Thomas (Hg.): Medienanalyse. Baden-Baden, S. 21–49.

Plauschinat, Oliver/Bollenbach, Antje/Pitzschel, Oliver (2009): Evaluation der Presse- und Medienarbeit. communicationcontrolling.de, Dossier Nr. 3. Berlin/Leipzig.

Raupp, Juliana/Vogelgesang, Jens (2009): Medienresonanzanalyse. Wiesbaden.

Rolke, Lothar/Zerfaß, Ansgar (2010): Wirkungsdimensionen der Kommunikation: Ressourceneinsatz und Wertschöpfung im DPRG/ICV-Bezugsrahmen. In diesem Band.

Schulz, Winfried (2009): Inhaltsanalyse. In: Noelle-Neumann, Elisabeth/Schulz, Winfried/Wilke, Jürgen: Fischer Lexikon Publizistik Massenkommunikation, 5. Auflage. Frankfurt am Main, S. 43–64.

Zerfaß, Ansgar (2010): Unternehmensführung und Öffentlichkeitsarbeit. Grundlegung einer Theorie der Unternehmenskommunikation und Public Relations, 3. Auflage. Wiesbaden.

Zerfass, Ansgar/Moreno, Angeles/Tench, Ralph/Verćić, Dejan/Verhoeven, Piet (2009): European Communication Monitor 2009. Trends in Communication Management and Public Relations – Results of a Survey in 34 Countries. Brüssel.

Website-Nutzung und Usability: Evaluationsmethoden und Kennzahlen

Wolfgang Schweiger

Mit der Bedeutung und den Möglichkeiten von Websites und anderen Formen der Online-Kommunikation steigen die Anforderungen an ihre Kommunikationsleistung und deren Evaluation. Bei der Erfassung der Website-Nutzung dominieren derzeit zwei quantitative Kennzahlen: PageImpression und Visit. Diese sowie daraus abgeleitete Kennwerte erlauben valide Vergleiche im Zeitverlauf und Vergleiche zwischen Websites, Ländern und Märkten und lassen sich gut in Kommunikations-Controllingsysteme integrieren. Schwieriger gestaltet sich die Erfassung einzelner Zielgruppen und ihres Nutzungsverhaltens; hierzu muss man im Wesentlichen auf Befragungsdaten zurückgreifen, deren Verlässlichkeit begrenzt ist. Auch die Usability als strategischer Unternehmenswert lässt sich über Befragungen erfassen. Auf der operativen Ebene empfehlen sich Usability-Tests und Experten-Ratings für die stetige Optimierung einer Website. Der Beitrag konzentriert sich auf Messmethoden zur Nutzung von Websites und ihren Reichweiten einerseits und zu ihrer Usability beziehungsweise Nutzerfreundlichkeit andererseits. Dabei werden Stärken und Schwächen der einzelnen Verfahren und ihre praktische Anwendung in der PR-Evaluation und im Kommunikations-Controlling erläutert.

Corporate Websites und ihre Evaluation

Internetauftritte von Unternehmen nehmen in deren Gesamtkommunikation einen sehr hohen Stellenwert ein (vgl. Westermann 2004: 541). Sie ermöglichen eine

- direkte, zeitnahe und weltweite Kommunikation von Informationen, Interessen und Image an alle Anspruchsgruppen,
- Umgehung von Journalisten und Massenmedien (sog. Journalismus-Bypassing), die Sicht eines Unternehmens kann ohne inhaltliche Kompromisse und Platzbeschränkungen dargestellt werden,
- technische Darstellung aller denkbaren Inhalte und Formate und Verknüpfung mittels Hyperlinks – vom text- und tabellenbasierten Geschäftsbericht im PDF-Format über aktuelle und journalistisch aufgemachte Themenspecials bis hin zu Image-Filmen und Spielen,

- direkte Einbindung spezieller Kommunikationsangebote für öffentliche und nichtöffentliche Bezugsgruppen, beispielsweise im Intranet, Online-Pressebereich oder über Services für Investoren, Kunden oder Club-Mitglieder,
- einfache Einbindung von Push-Medien wie E-Mail-Newsletter oder RSS-Pressemitteilungen,
- interaktiv-dialogische PR (vgl. Kunczik 2002: 349 ff.), zum Beispiel über Kontaktformulare,
- Kommunikation mit vergleichsweise überschaubaren Kosten und Personalaufwand.

Die Relevanz der Online-Kommunikation insgesamt und von Websites im Besonderen führt zu hohen Erwartungen an ihre Kommunikationsleistung und deren Nachweis. Nicht umsonst gilt die Online-Kommunikation unter Mitgliedern der Deutschen Public Relations Gesellschaft (DPRG) – nach der klassischen Presseresonanz-Kontrolle – als wichtigstes Evaluationsfeld (vgl. Jantzen 2009). Die Evaluation kann sich dabei auf verschiedene Wirkungsstufen der Kommunikation erstrecken, die im DPRG/ICV-Bezugsrahmen für Kommunikations-Controlling als Output, Outcome und Outflow bezeichnet werden (vgl. Rolke/Zerfaß 2010):

- Auf der *Output*-Ebene ist neben der inhaltlichen Beschaffenheit einer Website (zum Beispiel Quantität und Qualität von Texten, Bildern und der sonstigen multimedialen Umsetzung; erfolgreiche Darstellung des intendierten Unternehmens-Images oder von Corporate Messages) beispielsweise auch ihre Suchmaschinen-Auffindbarkeit (u. a. durch Suchmaschinen-Optimierung des Contents oder durch Suchmaschinen-Marketing, das heißt Keyword-Advertising) von Bedeutung. Pragmatisch gesehen ist auch die Usability eine Output-Dimension, das heißt eine Eigenschaft einer Website (dazu unten mehr).
- Auf der *Outcome*-Ebene geht es im Wesentlichen um die Bekanntheit einer Website, ihre Akzeptanz und Nutzung. Die Output-Ebene schafft wesentliche Voraussetzungen für den Outcome: Nur wenn Personen bei einer Suchmaschinen-Recherche – zum Beispiel mittels Google – auf eine Website stoßen oder durch andere Werbe- und PR-Maßnahmen von ihr erfahren – zum Beispiel durch eine Crossmedia-Kampagne –, und nur wenn diese Website relevante und attraktive Inhalte anbietet, findet erstmalige und wiederholte Nutzung statt. Sowohl Nutzung als auch Usability sind wiederum zentrale Voraussetzungen für den indirekten Outcome: Nur wenn Zielgruppenangehörige eine Website besuchen (Nutzung) und dies auch erfolgreich tun (Usability), besteht die Chance einer Wissens- und Imageverbesserung und letztlich auf einen Beitrag zur Wertschöpfung der Organisation.

- *Outflow*-Effekte im Sinne monetärer Wirkungen sind im Kontext von Nutzung und Usability vor allem bei Online-Shops nachweisbar, denn der dortige Umsatz hängt – zumindest bei vergleichbaren Produkten, Preisen und Serviceleistungen in verschiedenen Shops – maßgeblich von der Besucherzahl und Nutzerfreundlichkeit der jeweiligen Website ab.

Website-Nutzung

Definition und grundlegende Kennzahlen

Die Messung von Website-Nutzung und -Reichweiten gilt in der Unternehmenskommunikation mittlerweile als Standard. Derzeit dominieren zwei ursprünglich von der IVW (Informationsgemeinschaft zur Feststellung der Verbreitung von Werbeträgern e.V.) entwickelte Kennzahlen das Feld: PageImpression und Visit. Die IVW erfasst seit mehreren Jahren die Nutzung von Online-Werbeträgern. Dazu gehören neben Nachrichtenmedien und Themenportalen – sogar Websites von Fußballvereinen wie www.herthabsc.de sind IVW-geprüft – auch Online-Communities wie Facebook, Xing, studiZV und sonstige Social-Web-Angebote wie zum Beispiel Youtube oder Twitter (zu Definitionen und Verfahren vgl. ivw.de sowie http://daten.ivw.eu/download/pdf/Online_RichtlinienV2_1_Anlage1.pdf).

Unter *PageImpression* (auch Seitenabruf; früher PageView) versteht man den einmaligen Abruf einer Einzelseite einer Website durch einen Nutzer. Es geht also um *Kontakte mit einer Webseite*. Mit dem Aufkommen dynamischer Seiten, die es erlauben, den angezeigten Inhalt einer Seite *teilweise* zu verändern, ohne eine gänzlich neue Seite abzurufen (zum Beispiel als dynamische Menüs, ein- und ausblendbare Content-Bereiche oder interaktive Flash-Anwendungen), wird die Abgrenzung und damit die Zählung von PageImpressions erschwert. Die IVW-Definition reagiert darauf, indem eine PageImpression als „wesentliche Veränderung" der angezeigten Seite definiert wird – was immer das im konkreten Fall bedeuten mag.

Ein *Visit* (gelegentlich: Unique Visit) bezeichnet laut IVW „einen zusammenhängenden Nutzungsvorgang" auf einer Website. Hier misst man somit *Besuche auf einer Website*. In der IVW-Definition heißt es weiter: „Ein Visit beginnt, wenn ein Nutzer innerhalb eines Angebotes eine PageImpression erzeugt. Jede weitere PageImpression, die der Nutzer im Folgenden innerhalb des Angebotes erzeugt, wird diesem Visit zugeordnet. Der Visit wird als beendet angesehen, wenn länger als 30 Minuten keine PageImpression durch den Nutzer erzeugt worden ist. Wechselt der Nutzer auf ein neues Angebot und kehrt innerhalb von 30 Minuten auf das alte Angebot zurück, so wird kein neuer Visit gezählt." Die Festlegung auf maximal eine halbe Stunde „Zugriffspause" ist eine rein pragmatische Entscheidung.

Methoden und abgeleitete Kennzahlen

Zur Messung von Zugriffen auf eine Website existieren zwei grundlegende Verfahren. Beide Verfahren sind serverbasiert, das heißt, es werden technische Daten, die Website-Besucher unwissentlich und unabsichtlich hinterlassen, ausgewertet. Sie sind deshalb nichtreaktiv (eine Messung ist reaktiv, wenn allein die Messung ein Objekt hinsichtlich der zu messenden Eigenschaften verändert).

Auswertung von Server-Logfiles. In ihnen wird jeder Abruf einer Datei auf dem Webserver in Echtzeit in einem einfachen Textformat protokolliert. Erfasst werden die abgerufene Datei (HTML, Cascading Style-Sheets, Bilder und Videos, sonstige Dokumente wie PDF-Dateien), Datum und Uhrzeit des Abrufs, IP-Adresse des zugreifenden Computers, Betriebssystem und Browser des Besuchers, Referrer-Page (Seite, die den Besucher per Link auf die Zielseite verwiesen hat, falls vorhanden). Über die Referrer-Page werden auch vorherige Suchmaschinen-Suchen und die dabei genutzten Suchketten erfasst. Die Auswertung der Logfiles erfolgt mit Analyse-Tools, die entweder vom Webspace-Provider zur Verfügung gestellt oder nachträglich installiert werden können. Derzeit sind hierfür Dutzende von kostenlosen (zum Beispiel Webalizer, AWStats) und kostenpflichtigen Programmen (zum Beispiel NetTracker, WebTrends) im Angebot. Schließlich bieten alle professionellen Content-Management-Systeme ein integriertes System zur Nutzungsmessung auf Logfile-Basis.

IVW-Methode/Google Analytics. Die IVW-Methode arbeitet mit einem *Zählpixel* (unsichtbare Bilddatei von der minimalen Größe eines Pixel), das auf jeder Seite des Webangebots eingefügt ist. Sein Abruf erfolgt nicht auf dem Webserver selbst, sondern über einen anderen Server und kann dort wiederum per Logfile gemessen werden. Ein ähnliches Verfahren bietet Google an: Hier wird in jede Seite einer Webseite ein *Tracking-Code* (Javascript) eingefügt; die Auswertung läuft über die Google Analytics-Website. Das Tool ist derzeit bis maximal 5 Millionen PageImpressions pro Website kostenlos, weshalb Google Analytics sehr häufig bei kleineren und mittelgroßen Unternehmens-Websites zum Einsatz kommt. Zählpixel beziehungsweise Tracking-Codes zur Zugriffsmessung auf einem externen Server haben mehrere Vorteile:

- Website-Administratoren können diejenigen Seiten, deren Zugriffe sie zählen beziehungsweise nicht zählen wollen, frei bestimmen; damit lassen sich irrelevante Seiten (zum Beispiel Impressum) leicht ausschließen.

- Die Seiten verschiedener Domains und/oder auf unterschiedlichen Servern können mit einem einheitlichen System gemessen werden, so dass sich beispielsweise alle Länder-Websites eines Unternehmens einheitlich erfassen lassen.

- Die technische Umsetzung und Weiterentwicklung des Analyse-Tools kann auf einen externen Dienstleister verlagert werden, der korrekte und neutrale Messungen gewährleisten kann. Besonders bei der Vermarktung von Werbeträger-Medien ist eine glaubwürdige Währung von entscheidender Bedeutung, da ansonsten Manipulationen durch die Anbieter zu befürchten wären. Dieser Vorteil kann auch bei der Unternehmenskommunikation von Bedeutung sein, etwa wenn die Zugriffe nicht durch die Online-Abteilung selbst, sondern durch eine andere Abteilung oder einen externen Dienstleister kontrolliert werden sollen.

Aus den „Rohwerten" PageImpression und Visit lassen sich weitere Kennzahlen zur Website-Nutzung berechnen, die allerdings eher selten zum Einsatz kommen und uneinheitlich verwendet werden (vgl. Sterne 2002: 82 f. und 171 ff.). Teilweise geben sie über die bloße Nutzung hinaus erste Anhaltspunkte zur Einschätzung der Usability und inhaltlichen Attraktivität einer Website:

- *Seitenabrufdauer.* Wie lange werden die Seiten durchschnittlich angesehen beziehungsweise wie viele der Seitenabrufe sind auffallend kurz/mittellang/lang?

- *Besuchsdauer* (auch Stickiness, Verweildauer oder UseTime). Wie lange bleiben Besucher durchschnittlich auf der Website und wie viele Seiten sehen sie dabei an (vgl. Werner 2003: 324)?

- *Die Absprungrate,* die zum Beispiel Google-Analytics ausweist (Bounce Rate), misst den Anteil von Besuchen, die bereits auf der ersten Seite enden (sog. single-page visits).

- Von großem Interesse sind schließlich die *(Unique) Visitors,* das heißt die Anzahl einzelner Besucher. Dieser Wert ist deshalb von Bedeutung, weil nur er Aussagen über die *Reichweite* zulässt, das heißt über die Anzahl der Personen, die eine Website innerhalb eines bestimmten Zeitintervalls (zum Beispiel innerhalb eines Monats) erreicht. Zur Ermittlung der Unique Visitors muss zusätzlich ein Cookie auf dem Besucher-Computer gesetzt werden – ein Verfahren, das einige Fehlerquellen in sich birgt (vgl. Werner 2003: 324 f.). Kennt man die Anzahl der Unique Visitors, kann man hieraus die Wiederbesuchshäufigkeit beziehungsweise den Anteil der Wiederholungsbesucher ableiten.

Serverbasierte Verfahren der Nutzungsmessung haben neben der bereits angesprochenen Nichtreaktivität einen weiteren Vorteil: Anders als bei anderen Evaluationsverfahren (allen voran: Befragungen) werden nicht nur eine Stichprobe und damit ein – mehr oder weniger repräsentativer – Teil der Besucher oder Besuche untersucht, sondern *sämtliche* Zugriffe auf eine Website. Die Frage, ob die Evaluationsergebnisse repräsentativ oder typisch sind, erübrigt sich damit. Auf der anderen Seite existieren einige technische Fehlerquellen, so dass auch hier keine absolute Sicherheit möglich ist (vgl. Sterne 2002: 72 ff.; dort finden sich auch praktische Lösungshinweise). Das Hauptproblem: Über die Person eines Nutzers ist – abgesehen vom Nutzungsverhalten – nichts außer der IP-Adresse des benutzten Computers bekannt. Man weiß nicht einmal, ob der Abrufende wirklich ein Mensch ist oder ein Robot oder Spider – Programme, wie sie unter anderem Suchmaschinen einsetzen, um Internet-Inhalte durch Weiterverfolgen von Links „einzusammeln". Ein Problem stellt auch das Caching dar – hier werden einmal abgerufene Inhalte auf dem lokalen Rechner eines Nutzers (lokaler Cache) oder auf Proxy-Servern zwischengespeichert, um unnötiges Datenaufkommen zu verhindern. Schätzungen zufolge greifen bis zu 75 Prozent aller Abrufe auf einen Cache zu und sind daher nicht im Logfile messbar (vgl. Sterne 2002: 70 f.). Ein Problem, das besonders in der B2B-Kommunikation gravierend ist, sind *maskierte IP-Adressen* (zum Beispiel alle Mitarbeiter einer Organisation haben dieselbe IP-Adresse), da die Anzahl individueller Besucher höher sein kann als die abrufenden IP-Adressen. In diesem Fall unterschätzt man zum Beispiel die Anzahl der Visits, weil unterschiedliche Besuche mit einer IP-Adresse als ein einziger, langer Besuch interpretiert werden, und man überschätzt den Anteil der Wiederholungsbesucher. Auch die Cookie-gestützte Ermittlung der Unique Visitors kann tendenziell fehlerhafte Werte ergeben, wenn mehrere Personen auf einem Computer mit einem gemeinsamen Profil arbeiten oder wenn Nutzer ihre Cookies löschen.

Praktischer Einsatz, Probleme und Alternativen

PageImpressions, Visits und alle abgeleiteten Werte werden üblicherweise auf Monatsebene und für die gesamte Website ausgezählt. Sie lassen sich natürlich auch für kürzere oder längere Zeitintervalle und für ausgewählte Website-Bereiche (zum Beispiel Pressebereich oder Jobangebote) oder Arten von Inhalten (zum Beispiel Pressemitteilungen) oder bestimmte Dokumentenformate ausweisen (zum Beispiel PDF-Dateien; hier spricht man von *Downloads*). Bei solchen Detail- beziehungsweise Segmentauswertungen ist das generelle Besuchsaufkommen auf einer Website zu berücksichtigen: Je mehr Besuche oder Besucher es gibt, desto eher lohnen sich Detail- beziehungsweise Segmentauswertungen.

Eine Herausforderung besteht darin, die Nutzungsdaten einzelner Bezugsgruppen zu erfassen. Es ist für Unternehmen von eminenter Bedeutung zu wissen, wie viele Journalisten, Investoren, Jobsuchende und so weiter wie häufig eine Website besuchen. Nur wenn man die strategische Bedeutung einzelner Gruppen festgelegt hat *und* ihren quantitativen Anteil unter allen Besuchern kennt, kann man Aufbau und Gestaltung der Website an diese Gruppen anpassen. Zwar können die Zugriffszahlen auf gruppenspezifische Inhalte innerhalb einer Website (zum Beispiel auf Stellenangebote oder Pressemitteilungen) näherungsweise als Indikator für die Größen der Besuchergruppen gelten, doch lässt sich eine Reihe von Inhalten nicht eindeutig zuordnen (zum Beispiel „Über das Unternehmen"). Eine Lösung sind Besucherbefragungen, doch auch diese liefern nur bedingt verlässliche Zahlen, da die Gruppen erfahrungsgemäß höchst unterschiedliche Größen aufweisen, so dass beispielsweise nur wenige Journalisten an einer Befragung teilnehmen. Außerdem nehmen manche Gruppen häufiger an OnSite-Befragungen teil als andere. Besonders Journalisten gelten als schwierig zu befragen; andererseits ist von Jobsuchenden eine höhere Teilnahmebereitschaft zu erwarten – das legen zumindest die Besucherbefragungen im Web Excellence Forum (vgl. webxf.org und Tillmanns-Estorf/Bachem/Schrammel 2010) nahe, bei denen die letztgenannte Gruppe regelmäßig mit hoher Teilnahmebereitschaft und positiven Website-Bewertungen auffällt. Deshalb ist es sinnvoll, weitere verfügbare Nutzungszahlen ins Gesamtbild zu integrieren. Beispielsweise können in einer Offline-Zielgruppenbefragung Bekanntheit und Nutzung der Unternehmens-Website abgefragt werden, um ihre Reichweite innerhalb relevanter Teilöffentlichkeiten zu ermitteln (vgl. allgemein Reigber/Frost 2003). Weiter bietet sich die Erfassung der Akzeptanz dialogischer Kommunikationsinstrumente durch Zielgruppen an, also die Anzahl von Newsletter-Abonnenten, Club-Mitgliedern oder auch die Aktivität in unternehmensbezogenen Blogs und Diskussionsforen (Anzahl aktive Kommunikatoren und Beiträge). Je mehr mit und über ein Unternehmen kommuniziert wird und je positiver der Tenor, desto besser.

Die beschriebenen Verfahren haben einen weiteren Nachteil: Sie erlauben nur dann einen Vergleich mit den Websites von Mitbewerbern *(Benchmark)*, wenn man auch deren Serverdaten zur Verfügung hat. Das ist natürlich nur selten der Fall, sieht man einmal von IVW-gemeldeten Angeboten ab. Hier kann als grobe Schätzung *alexa.com* weiterhelfen.

Alexa bietet interessierten Nutzern eine Such-Toolbar zur Installation im Webbrowser an, die gleichzeitig die Seitenabrufe aller Nutzer aufzeichnet und an einen zentralen Server weiterleitet. Auf diese Weise können die Nutzungsdaten aller Websites, die zumindest gelegentlich von Alexa-Toolbar-Nutzern besucht werden, ermittelt und veröffentlicht werden. Man muss sich aber im Klaren darüber sein, dass diese Daten erstens von einer kleinen Stichprobe stammen – eben den Alexa-Toolbar-Nutzern –, weshalb die Ergebnisse bestenfalls für große, reichweitenstarke Websites eine gewisse Validität für sich beanspruchen können. Zweitens weicht diese Stichprobe durchaus von der Grundgesamtheit ab, so dass die Nutzungsdaten je nach Website-Type, Branche und Zielgruppen unterschiedlich verzerrt sein können. Drittens können die Daten von Website-Anbietern manipuliert werden, indem sie ihre Besucher explizit zur Installation des Alexa-Tools auffordern oder mittels technischer Tricks Seitenabrufe fingieren.

Eine validere Vergleichsmöglichkeit bietet das Web Excellence Forum seinen Mitgliedern mit dem *WebXF-Corporate Reach Benchmark:* Ähnlich dem IVW-Verfahren werden Zugriffe mittels Tracking-Codes, die auf einer vergleichbaren Auswahl von Seiten aller Teilnehmer-Websites installiert werden (darunter die Startseite), auf einem zentralen Server protokolliert und ausgewertet. Ein weiterer Vorteil: Während sich die Logfile-Daten unterschiedlicher Server und Konfigurationen teilweise erheblich unterscheiden, liefert das Verfahren vergleichbare Werte (vgl. www.webxf.org).

Usability

Definition

Laut der ISO-Norm 9241-11 bezeichnet Usability allgemein das „Ausmaß, in dem ein Produkt von einem Benutzer verwendet werden kann, um bestimmte Ziele in einem bestimmten Kontext effektiv, effizient und zufriedenstellend zu erreichen". Usability ergibt sich aus dem Zusammenspiel dreier Elemente: (a) einem *Nutzer* mit (b) einem *Ziel,* das er mit Hilfe eines (c) *Produkts* erreichen möchte. Auf Websites bezogen bedeutet Usability, dass Besucher die Informationen, die sie konkret suchen, schnell und leicht finden und/oder dass sie ihr Nutzungsinteresse (zum Beispiel Überblick verschaffen, Unternehmen kennenlernen, sich unterhalten) befriedigen können. Damit taucht eine theoretische Schwierigkeit auf: Usability ist keine angebotsimmanente Eigenschaft, sondern kann von Besucher zu Besucher und von Nutzungssituation zu Nutzungssituation variieren. Deshalb ist es wichtig, jede Website durch unabhängige Dritte testen zu lassen, denn was eine Person – im schlimmsten Fall der Projektleiter oder Entwickler selbst – für nutzerfreundlich hält, kann für andere Nutzer mit anderen Bedürfnissen gänzlich verwirrend sein. Aus pragmatischer Sicht ist die Frage, wie die generelle, das heißt, die nutzer-, ziel- und situationsübergreifende Usability einer Website zu beurteilen sei, schnell beantwortet: Wenn viele Menschen mit unterschiedlichen Nutzungsbedürfnissen in unterschiedlichen Situationen mit einer Website gut zurechtkommen, ist sie nutzerfreundlich. Treten immer wieder Probleme, Fragen und Fehler auf, ist sie es nicht.

Anders als in der Nutzungsmessung geht es bei Usability weniger um quantitative Kennzahlen und Benchmarks. Im Mittelpunkt stehen vielmehr qualitative Erkenntnisse, die zur Qualitätsverbesserung unter anderem durch die Beseitigung konkreter Usability-Mängel eingesetzt werden. Deshalb gibt es hier auch keine allgemein gebräuchlichen, akzeptierten Kennwerte. Wichtiger sind die operativen Konsequenzen: Da die Usability einer Website niemals „auf einen Schlag" – sprich: innerhalb eines Re-Design-Zyklus – perfektioniert werden kann, ist – wie beim Kommunikations-Controlling generell – eine „iterative Vorgehensweise" unumgänglich (Zerfaß 2008: 547).

Innerhalb des internationalen Normensystems ISO 9241 zur „Ergonomie der Mensch-System-Interaktion" ist neben der ISO 9241-11 (zur Gebrauchstauglichkeit) die Norm ISO 9241-110 (zur Dialoggestaltung) von Bedeutung. Sie nennt die wichtigsten Usability-Dimensionen und damit Fehlerquellen (vgl. Wandke 2004: 332):

- *Aufgabenangemessenheit.* Bietet die Website (a) für alle Bedürfnisse geeignete Funktionen und Inhalte an, die sich (b) mit minimalem Aufwand, das heißt ohne unnötige Interaktionen, nutzen lassen?

- *Selbstbeschreibungsfähigkeit.* Sind die Website, ihre Navigationselemente und Orientierungshilfen aus sich selbst heraus verständlich oder bedürfen sie zusätzlicher Erklärungen oder gar Gebrauchsanleitungen oder Nutzerschulungen?

- *Erwartungskonformität.* Ist die Gestaltung der Website durchgehend konsistent? Entspricht sie den grundsätzlichen Erwartungen und Gewohnheiten der Nutzer oder kommen neue, vielleicht sogar bessere Funktionen und Gestaltungsformen zum Einsatz, die jedoch gegen Nutzererwartungen verstoßen?

- *Fehlertoleranz.* Kann die Website falsche Nutzereingaben oder Link-Klicks verhindern? Wie gut kann sie falsche Eingaben „auffangen", das heißt, kommen Nutzer trotz zwischenzeitlich falscher Eingaben trotzdem ans Ziel?

- *Individualisierbarkeit.* Wie verhält es sich mit der Anpassbarkeit an individuelle Nutzer und ihre Bedürfnisse?
- *Lernförderlichkeit/Learnability.* Wie schnell und einfach können Besucher die Logik der Website-Architektur und ihre Funktionsweisen verstehen und erlernen?

Methoden

Usability kreist um die Frage, wie effektiv, effizient und zufriedenstellend Website-Besucher ihre Ziele erreichen. Mit (a) *Effektivität* ist die Frage angesprochen, ob die Ziele überhaupt erreicht werden oder nicht, (b) *Effizienz* bezieht sich auf den zeitlichen, kognitiven und energetischen Aufwand, der dazu nötig ist, und bei der (c) *Zufriedenheit* geht es um die subjektive Wahrnehmung durch die Nutzer. Zur validen Messung von Usability bieten sich zwei grundsätzliche Herangehensweisen an: Usability-Tests im Labor und Nutzerbefragungen.

Bei *Usability-Tests* lädt man Versuchspersonen in ein Labor (= neutraler Raum) ein, wo sie in einer weitgehend natürlichen Nutzungssituation mit einer zu testenden Website konfrontiert werden. Häufig beginnt der Test mit einer kurzen „Kennenlernphase", in der die Teilnehmer frei auf der Website surfen können. Danach bekommen sie konkrete Aufgaben gestellt, die sie mit Hilfe der Website möglichst schnell lösen sollen. Dabei kommt meist eine Mischung einfacher, mittelschwerer und komplexer Rechercheaufgaben zum Einsatz (zum Beispiel „Finden Sie zum Thema XY Ihren Ansprechpartner"). Während des Surfens und Suchens werden die Aktionen der Versuchspersonen protokolliert, um ihr Verhalten qualitativ und quantitativ zu erfassen. Dies geschieht durch Logfile, Bildschirm, Video-Aufzeichnung (der Gestik und Mimik der Probanden) oder durch die apparative Erfassung ihrer Blickbewegungen auf dem Bildschirm (Eye-Tracking). Häufig genügen auch freie oder standardisierte Verhaltensprotokolle, die ein Versuchsleiter anfertigt, der entweder neben der Testperson sitzt oder hinter einer verspiegelten Glasscheibe verborgen ist.

Bei der qualitativen Usability-Evaluation werden hauptsächlich auffällige Situationen und Aktionen analysiert, um die wichtigsten Fehlerquellen zu identifizieren. Bei quantitativen Tests werden verschiedene Verhaltensparameter erfasst, um daraus vergleichbare Kennwerte zu berechnen:

- *Zeiten.* Betrachtungs-, Lese-, Entscheidungs-, Bearbeitungszeiten pro Aufgabe.

- *Schritte.* zum Beispiel die Blickbewegungssprünge (sog. Sakkaden), die Anzahl der Mausklicks oder anderer Aktionen (zum Beispiel Scrollen) oder die Beschaffenheit der Navigations-Pfade (sog. Clickstream-Analyse).
- *Fehler.* Anzahl und Art.

Gelegentlich sollen die Versuchspersonen während der Nutzung ihre Gedanken verbalisieren (Methode des lauten Denkens; vgl. Zerfass/Hartmann 2005). Dies dient der detaillierten Erfassung ihrer subjektiven Wahrnehmung und Zufriedenheit bis hin zu spontanen Gefühlen (zum Beispiel Überraschung beim Öffnen einer irrelevanten Seite, Frustration bei erfolgloser Suche). Da dieses Verfahren als reaktiv gilt, die Versuchspersonen folglich erheblich ablenkt, und keine natürliche Nutzung zulässt, konfrontiert man die die Testpersonen häufig erst nach der Nutzungsphase mit einer Videoaufzeichnung ihres Verhaltens, das sie nachträglich kommentieren sollen (Post-Exposure-Walkthrough oder Videokonfrontation). Aufgrund des großen Aufwands sind die Stichproben von Usability-Tests meist eher klein – zwischen fünf und 50 Versuchspersonen. Erfahrungsgemäß reichen weniger als zehn Probanden aus, um einen Großteil aller wesentlichen Usability-Schwächen einer Website zu identifizieren (qualitativer Ansatz). Quantitative Studien sollten nicht unter 20 Teilnehmer aufweisen.

Eine ressourcensparende Alternative sind *Nutzerbefragungen.* Anders als in Usability-Tests werden hier keine konkreten Nutzungssituationen simuliert und getestet, sondern die Besucher einer Website nach ihrer allgemeinen Beurteilung gefragt. Dies geschieht in der Regel durch eine OnSite-Befragung, bei der sich bei jedem oder jedem x-ten Besucher (n'th-Visit-Verfahren) ein Online-Fragebogen öffnet. Mittlerweile existiert eine Reihe von Inventaren (das heißt empirisch überprüften Fragebatterien) zur Usability-Messung nach der ISO-Norm 9241-10, wie zum Beispiel EU-CON II, IsoMetrics oder das Website Analysis and Measurement Inventory WAMMI (vgl. Wandke 2004: 340 ff.). WAMMI misst mit Hilfe von 20 einfachen Testfragen fünf Usability-Dimensionen: Kontrolle und Orientierung, optische Attraktivität, Effizienz, Nützlichkeit (Helpfulness) und Erlernbarkeit (Learnability; siehe www.wammi.com).

Nutzerbefragungen und Usability-Tests ergänzen sich ideal: Während Usability-Tests konkrete Schwachstellen einer Website identifizieren, liefern Nutzerbefragungen die Beurteilungen einer großen Zahl von Website-Besuchern und damit vergleichbare quantitative Daten. Deshalb eignen sie sich nicht nur zur Evaluation von Re-Designs (etwa als Vorher-/Nachher-Messung), sondern auch für Benchmarks, sofern es gelingt, auf mehreren Websites identische Fragebögen einzusetzen.

Praktischer Einsatz, Probleme und Alternativen

In der praktischen Anwendung gilt es bei allen Verfahren Probleme zu meistern. Den Teilnehmern von Nutzerbefragungen fällt es nicht nur schwer, die Bewertungsdimensionen einer Website unabhängig voneinander zu beurteilen; sie lassen sich in ihrem Urteil auch stark vom allgemeinen Unternehmens-Image leiten. Das zeigt sich in der kontinuierlichen Nutzerbefragung des Web Excellence Forums, bei der mittlerweile ein Gesamtdatensatz mit über 20.000 Befragten auf über 20 deutsch- und englischsprachigen Websites vorliegt: Die Antworten zum Unternehmens-Image und zur Usability korrelieren deutlich (Korrelationskoeffizient r = +0,50). Noch stärker hängt die Usability-Bewertung mit der Attraktivität des Designs zusammen (r = +0,88). Das bedeutet, dass Befragte ihre Einschätzung der Nutzerfreundlichkeit sehr stark vom optischen Gefallen abhängig machen – eine Dimension, die bei Usability-Tests im Labor kaum ins Gewicht fällt.

Für Usability-Tests und Nutzerbefragungen gilt gleichermaßen, dass die Repräsentativität beziehungsweise Qualität einer Stichprobe wichtiger ist als ihre Größe. Das Ziel bei einer Evaluation muss darin bestehen, Studienteilnehmer zu rekrutieren, die den tatsächlichen Nutzern der Website möglichst entsprechen. Darüber hinaus sollten strategisch wichtige Zielgruppen wie Investoren oder Journalisten ausreichend repräsentiert sein, auch wenn sie unter den Website-Besuchern eher kleine Gruppen ausmachen. Das ist deshalb wichtig, weil die jeweiligen Anspruchsgruppen ganz unterschiedliche Usability-Probleme haben können: Journalisten suchen beispielsweise meistens aktuelle Presseinformationen und Ansprechpartner (vgl. Herbst 2004: 121). Die Rekrutierung einer ausreichenden Zahl von Untersuchungsteilnehmern aus einzelnen Anspruchsgruppen stellt in der Praxis oft ein Problem dar; nur selten finden sich beispielsweise Journalisten, Investoren oder Jobsuchende, um freiwillig an einem Usability-Test oder einer Nutzerbefragung teilzunehmen.

Bei mehrsprachigen Websites für mehrere Länder verschärft sich dieses Rekrutierungsproblem naturgemäß zusätzlich. Hier kommen auch noch interkulturelle Unterschiede in der Website-Gestaltung und Nutzererwartung hinzu. Auch das Übersetzen von Fragebögen in andere Sprachen ist fehleranfällig, da unterschiedliche „Formulierungs- und Beantwortungskulturen" existieren.

Gemeinsam ist den beschriebenen Verfahren schließlich ein hoher Ressourcenaufwand und – besonders bei Nutzerbefragungen – häufig die Notwendigkeit der Koordinierung unterschiedlicher Unternehmensbereiche (zum Beispiel Online-Kommunikation, Marktforschung, Investor

Relations). Deshalb kommen in der praktischen Entwicklung nutzungsfreundlicher Unternehmens-Websites, die ja iterativ oder zyklisch über mehrere kleinere Schritte gehen sollte, noch andere Verfahren zum Einsatz, die einfacher, schneller und preiswerter, aber auch weniger valide sind. Die wichtigste und meistverbreitete Methode ist der Einsatz von Checklisten und Experten-Ratings. Hier begutachten – meist externe – Experten oder Expertenteams die Nutzerfreundlichkeit von Websites anhand von Kriterienkatalogen; diese ähneln den bereits erwähnten Usability-Inventaren. Große Verbreitung hat auch das Verfahren der heuristischen Evaluation nach Nielsen gefunden. Auch Usability-Benchmarks in Massen und Branchenmedien (zum Beispiel Financial Times Bowen Craggs Index) basieren meistens auf Experten-Ratings. So hilfreich solche einfachen Verfahren zur groben und heuristischen Usability-Abschätzung sind, so unzureichend sind sie, wenn eine quantitativ vergleichbare Usability-Evaluation von Websites unter der Berücksichtigung relevanter Markt-, Länder- und Zielgruppenspezifika gefordert ist. In diesem Fall liefern die bereits erwähnten Logfile- beziehungsweise Clickstream-Analysen sowie andere technisch erhobene Nutzungsparameter zwar gröbere, aber letztlich besser vergleichbare Resultate.

Bewertung und Ausblick

Mit PageImpressions und Visits sowie daraus abgeleiteten Kennwerten existieren automatisch erhobene Daten zu Website-Nutzung und -Reichweiten, die valide Vergleiche im Zeitverlauf und Vergleiche zwischen Websites, Ländern und Märkten erlauben und sich deshalb hervorragend in Kommunikations-Controllingsysteme integrieren lassen. Schwieriger gestaltet sich die Erfassung einzelner Zielgruppen und ihres Nutzungsverhaltens; hierzu muss man im Wesentlichen auf Befragungsdaten zurückgreifen, deren Validität begrenzt ist. Auch die Usability als strategischer Wert lässt sich hauptsächlich über Befragungen erfassen – zusammen mit anderen Nutzerbewertungen wie der inhaltlichen Qualität, Attraktivität und Relevanz einer Website oder dem Image, das ein Unternehmen aus der Sicht von Website-Besuchern hat. Auf der operativen Ebene empfehlen sich Usability-Tests und Experten-Ratings für die stetige Optimierung einer Website.

Blickt man in die Zukunft, ist die Entwicklung weiterer, leitungsfähigerer Verfahren der automatisierten und damit nichtreaktiven Messung von Website- und Internet-Nutzung sowie Usability zu erwarten. Mit Hilfe von Data-Mining-Techniken wird es möglich sein, aus protokollierten Daten zum Nutzerverhalten vergleichsweise verlässliche Prognosen zu Nutzungsmustern konkreter Zielgruppen und zur Usability abzuleiten. Mit Hilfe einer serverseitig installierten Software ist es zum Beispiel möglich, die Mausbewegung von Website-Besuchern zu erfassen, ohne dass diese etwas davon bemerken. Wenn es gelingt, in diesen Daten konkrete Muster und Strukturen zu entdecken, lassen sich damit nicht nur automatisch Usability-Probleme erfassen, sondern vielleicht auch aktuelle Bedürfnisse und Interessen der Besucher. Diese erlauben wiederum detailliertere Kennwerte zur Website-Nutzung. Dass damit aber auch in der Unternehmenskommunikation und im Kommunikations-Controlling datenschutzrechtliche Fragen an Bedeutung und Brisanz gewinnen werden, steht auf einem anderen Blatt. Auch die IVW reagiert auf die steigende Relevanz detaillierterer und aussagekräftigerer Nutzungsdaten. Ab Anfang 2010 tritt die Ausweisung der Visits neben den PageImpressions in den Vordergrund (www.ivw.eu). Neben den absoluten Angaben wird zusätzlich nach Herkunft (Inland/Ausland) und inhaltlichen Bereichen (zum Beispiel redaktioneller Content oder E-Commerce) differenziert. Eine weitere Herausforderung besteht darin, die gesamte Komplexität von Web-Inhalten eines Unternehmens (zum Beispiel auch in Facebook oder Youtube) beziehungsweise über ein Unternehmen zu erfassen. Beispielsweise wird in Communities oder Foren die Attraktivität oder Usability einer Website diskutiert, was durchaus erheblichen Einfluss auf die Meinung der Website-Besucher ausüben kann.

Literatur

Herbst, Dieter (2004): Internet-PR. Berlin.

Jantzen, Nora (2009): Vom Clipping zum Controlling. Eine Online-Befragung zur Bedeutung von PR-Evaluation. In: PR Magazin, 40. Jg., Nr. 9, 63–68.

Kunczik, Michael (2002): Public Relations. Konzepte und Theorien, 4. Auflage. Köln/Weimar/Wien.

Reigber, Dieter/Frost, Carola (2003): Online-Reichweitenforschung in Deutschland. In Theobald, Axel/Dreyer, Marcus/Starsetzky, Thomas (Hg.): Online-Marktforschung, 2. Auflage. Wiesbaden, S. 115–131.

Rolke, Lothar/Zerfaß, Ansgar (2010): Wirkungsdimensionen der Kommunikation: Ressourceneinsatz und Wertschöpfung im DPRG/ICV-Bezugsrahmen. In diesem Band.

Sterne, Jim (2002): Web Metrics. Proven Methods for Measuring Web Site Success. New York.

Tillmanns-Estorf, Bernadette/Bachem, Christian/Schrammel, Wolfgang (2010): Controlling der digitalen Unternehmenskommunikation bei B. Braun mit WebXF. In diesem Band.

Wandke, Hartmut (2004): Usability-Testing. In: Mangold, Roland/Vorderer, Peter/Bente, Gary (Hg.): Lehrbuch der Medienpsychologie. Göttingen u.a., S. 325–354.

Werner, Andreas (2003): Marketing-Instrument Internet, 3. Auflage. Heidelberg.

Westermann, Arne (2004): Unternehmenskommunikation im Internet. Berlin.

Zerfaß, Ansgar (2008): Steuerung und Wertschöpfung von Kommunikation. In: Bentele, Günter/Fröhlich, Romy/Szyszka, Peter (Hg.): Handbuch der Public Relations, 2. Auflage. Wiesbaden, S. 536–551.

Zerfass, Ansgar/Hartmann, Bernd (2005): The Usability Factor. Improving the Quality of E-Content. In: Bruck, Peter A./Buchholz, Andrea/Karssen, Zeger/Zerfass, Ansgar (Hg.): E-Content – Technologies and Perspectives for the European Market. Berlin/Heidelberg/New York, S. 163–180.

Akzeptanzmessung von Corporate-Publishing-Medien und Events

Ansgar Zerfaß und Lisa Dühring

Unternehmenspublikationen, Websites und Veranstaltungen sind personal-, zeit- und kostenintensive Instrumente der Unternehmenskommunikation. Der Beitrag zur Wertschöpfung muss angesichts des hohen Aufwands überzeugend nachgewiesen werden. Dazu ist in erster Linie die Akzeptanz dieser Medien beziehungsweise Plattformen und der dort vermittelten Botschaften bei den relevanten Stakeholdern zu untersuchen. Es gilt zu evaluieren, welches Interesse potentielle Rezipienten haben und mit welcher Bereitschaft sie die angebotenen Corporate-Publishing-Medien (CP-Medien) oder Events nutzen, ob sie sich mit den transportierten Botschaften, Inhalten und Informationen auseinandersetzen, diese verstehen, ihnen Vertrauen schenken und bestenfalls sogar in ihr zukünftiges Handeln mit einbeziehen. Die Akzeptanz von CP-Medien und Events kann demnach hauptsächlich auf der Outcome-Ebene (Wahrnehmung, Nutzung, Wissen, Meinungen, Einstellungen, Emotionen und Verhalten) gemessen werden. Hierzu eignen sich komplexe Methoden der empirischen Sozialforschung wie Befragungen und Beobachtungen. Dieser Beitrag stellt die Ebenen der Akzeptanz von CP-Medien und Events dar und gibt einen Überblick über die wichtigsten Methoden und Kennzahlen zur Akzeptanzmessung.

Definition und Abgrenzung der Messgegenstände

Corporate Publishing (CP) bezeichnet den Prozess und das Ergebnis der Planung, Herstellung, Organisation und Evaluation von externen und internen Unternehmenspublikationen. Darunter fallen Kundenzeitschriften, Mitarbeiterzeitschriften, Corporate Books, Geschäftsberichte, Formen der Online-Kommunikation (Newsletter, Intranet, Websites, Weblogs, Online-Videos), Corporate Radio/Podcasts und Business TV. Corporate Publishing bedient sich der Mittel des Journalismus, um die Aufmerksamkeit relevanter Stakeholder zu erreichen, und hat seit den 1990er Jahren im Zuge fragmentierter Medienmärkte und sinkender Produktions- beziehungsweise Distributionskosten für professionelle Medien stark an Bedeutung gewonnen. Im deutschsprachigen Raum werden pro Erscheinungsintervall derzeit rund 7.200 Business-to-Consumer- und 7.700 Business-to-Business-Magazine produziert (vgl. Weichler 2007, EICP/Zehnvier 2008).

Events sind inszenierte Ereignisse in Form von Veranstaltungen und Aktionen, die den Adressaten (Kunden, Meinungsführern, Mitarbeitern etc.) firmen- oder produktbezogene Kommunikationsinhalte erlebnisorientiert vermitteln und auf diese Weise die Kommunikationsziele des Unternehmens realisieren wollen (vgl. Zanger/Drenger 2009). Als Erfolgsfaktoren der Live-Kommunikation gelten die Entwicklung eines spezifischen Erlebnisprofils und die Emotionalisierung von Produkten und Marken. In Ergänzung zur virtualisierten Kommunikation im Internet sollen erlebbare und emotionale Inhalte eine intensive (Ein-)Bindung der wichtigsten Bezugsgruppen des Unternehmens ermöglichen (vgl. Herbst 2007: 477 f., Kirchgeorg/Springer/Brühe 2009).

Die Wirkungsformen und damit auch die Evaluationsmethoden von Corporate Publishing und Events sind – trotz der auf den ersten Blick sehr unterschiedlichen Erscheinungsformen – in weiten Strecken vergleichbar und werden daher in diesem Beitrag gemeinsam diskutiert. CP und Events sind Instrumente der Unternehmenskommunikation, die Plattformen für die Kommunikation mit relevanten Stakeholdern gestalten und diese zur Verbreitung von Botschaften, Vermittlung von Interessen und für Dialogprozesse nutzen. Als primäre Ziele werden Kunden- beziehungsweise Mitarbeiterbindung, Reputationsaufbau, Erhöhung des Bekanntheitsgrades, Information sowie das Herstellen von Vertrauen und Glaubwürdigkeit angestrebt. Im Gegensatz zur Presse- und Medienarbeit oder Werbung verzichten CP und Events auf Vermittlungsleistungen, Glaubwürdigkeit und Reichweite von Massenmedien beziehungsweise unabhängiger Organisationen wie zum Beispiel von Messegesellschaften. Im Unterschied zur direkten Kommunikation beispielsweise in Führungs- und Verkaufsgesprächen, bei der Inhalte und Interessen unmittelbar im Vordergrund stehen, spielt bei CP und Events allerdings der Rahmen, also die journalistische Qualität der Publikation oder die Attraktivität von Veranstaltungen eine zentrale Rolle. Nur wenn der Rahmen stimmt, kann die inhaltliche Kommunikation stattfinden und erfolgreich sein.

Schlüsselfaktor für den Erfolg von Corporate Publishing und Events ist demnach die *Akzeptanz* der vom Unternehmen geschaffenen Medien oder Plattformen bei den relevanten Stakeholdern. Akzeptanz kann definiert werden als das Interesse und die Bereitschaft der angesprochenen Zielgruppen, die von Unternehmen angebotenen CP-Medien und Events zu nutzen, sich mit den dort vermittelten Botschaften, Inhalten und Informationen auseinanderzusetzen, diese zu verstehen und ihnen Glauben und Vertrauen zu schenken sowie sie unter Umständen als Basis für zukünftiges Handeln im Sinne einer Feedback- und Dialogkommunikation oder eines Anschlusshandelns heranzuziehen. Die Media-Choice-Forschung hat mehrere Kriterien identifiziert, die für die

Akzeptanz und die Wahl konkreter Medienangebote eine Rolle spielen (vgl. Möslein 1999: 4):

- Aus der Perspektive der subjektiven Medienakzeptanz bestimmen *persönlicher Arbeitsstil und Kommunikationspräferenzen des Einzelnen* die Medienwahl: Unterstützt das Medium meine individuellen Bedürfnisse?
- Aus der Perspektive der kollektiven Medienakzeptanz entscheidet die *Akzeptanz des Mediums im Lebens- und Arbeitsumfeld* über die Auswahl: Was nutzen andere?
- Aus der Perspektive der Media-Richness-Theorie dominieren die *objektiven Eigenschaften des Mediums*: Welchen Informationsgehalt kann das Medium vermitteln und entspricht dieser seiner Funktion?
- Aus der Perspektive des aufgabenorientierten Ansatzes der Medienwahl stellt die *betriebliche Kommunikationsaufgabe* jeweils bestimmte Grundanforderungen, die vom eingesetzten Medium zu leisten sind: Wie gut erfüllt ein Medium die Anforderungen der Aufgabe?

Um die Akzeptanz von CP und Events evaluieren zu können, muss jenseits der zweckrationalen Zielsetzungen des kommunizierenden Unternehmens vor allem der Nutzen, den die jeweiligen Publikationen beziehungsweise Veranstaltungen für die Stakeholder haben, bestimmt werden. Rezipienten befriedigen mit dem Medienkonsum und der Teilnahme an Events situativ verschiedene Bedürfnisse:

- Rezipienten suchen in Kunden- und Mitarbeiterzeitschriften, auf Unternehmenswebsites und bei Veranstaltungen *Informationen,* die auf sie zugeschnitten sind und die sie für interessant halten. Nur wer sich von einer Botschaft angesprochen fühlt, setzt sich mit ihr auseinander.
- Unternehmensmedien und insbesondere Events dienen gleichzeitig der *Unterhaltung* und konkurrieren hier mit dem unüberschaubaren Angebot der Medienwirtschaft und Freizeitindustrie.
- Das Bedürfnis nach *Integration* wird adressiert, wenn das Selbstwertgefühl der Rezipienten gesteigert wird, indem man ihnen etwas Besonderes bietet, ihnen exklusive Informationen zukommen lässt und sie in nicht alltäglicher Weise an einer Marken- und Produktwelt teilhaben lässt.
- Schließlich bieten CP-Medien und Events diverse Formen der *Interaktion*. Insbesondere Veranstaltungen, Intranets und Social-Media-Anwendungen wie Weblogs und Communities sind dialogorientierte Plattformen, die auf persönlichen Kontakt und Feedback setzen und damit die Kunden- oder Mitarbeiterbindung erhöhen wollen.

Ebenen der Evaluation von Corporate Publishing und Event-Kommunikation

Voraussetzung für den Einsatz der richtigen Evaluationsmethoden ist das Verstehen der *Wirkungsformen* dieser Medien, also deren Einfluss auf Wissen, Einstellungen und Verhalten der angesprochenen Zielgruppen. Im Bereich der Event-Kommunikation belegen empirische Studien (vgl. Lasslop 2003, Nufer 2006), dass es zu einer Übertragung der während des Events als positiv erlebten Inhalte auf das Eventobjekt (Produkt, Marke, Unternehmen) kommt. Die Wahrnehmung der Eventinhalte wird wiederum von verschiedenen Konstrukten wie zum Beispiel der Zufriedenheit mit dem Event, den während der Eventteilnahme empfundenen Emotionen oder der aktiven Einbeziehung der Zielgruppe in die Veranstaltung beeinflusst. Studien im Bereich Corporate Publishing konstatieren, dass CP-Produkte die Kunden- wie die Mitarbeiterbindung erhöhen und dazu beitragen können, die Corporate Identity zu stärken sowie Unternehmensziele und -strategien zu vermitteln. Gerade sensible und komplexe Themen lassen sich auf diesem Wege gut darstellen (vgl. FCP 2006).

Um die Vielfalt der Wirkungszusammenhänge zu strukturieren, bietet sich eine Unterscheidung verschiedener Ebenen an. In Anlehnung an die Terminologie des DPRG/ICV-Bezugsrahmens zum Kommunikations-Controlling (vgl. Rolke/Zerfaß 2010) betrifft dies entlang der Produktions- und Wirkungskette von CP und Events die nachfolgend skizzierten Stufen.

Zunächst lässt sich ermitteln, welcher Personaleinsatz und welche Finanzmittel für die Erstellung eines CP-Produkts beziehungsweise die Organisation eines Events aufgewendet werden *(Input)*. Eine entsprechende Vollkostenrechnung unter Einbeziehung des internen Steuerungsaufwands und von Opportunitätskosten ist in der Unternehmenspraxis bislang keinesfalls selbstverständlich. Damit einhergehend sollte die Effizienz der Produktions- oder Planungsprozesse und deren Qualität evaluiert werden *(interner Output)*. Dabei sind insbesondere die Zusammenarbeit zwischen internen und externen Dienstleistern, die Zufriedenheit interner Auftraggeber mit den CP-Medien beziehungsweise dem Event, die Einhaltung zeitlicher Vorgaben und vorher definierter Qualitätsstandards sowie die Budgettreue von Bedeutung. Die interne Akzeptanz von Corporate Publishing und Events lässt sich beispielsweise am Grad des Involvements der Mitarbeiter und der Unternehmensleitung erkennen: Wie bereitwillig tragen Mitarbeiter zur Erstellung einer Mitarbeiterzeitschrift oder Organisation eines Mitarbeiter-Events bei? Welche Unterstützung erfahren solche Projekte von Seiten der Geschäftsführung oder des Vorstands?

In einem nächsten Schritt ist zu prüfen, ob und wie CP-Medien beziehungsweise Events die adressierten Stakeholder erreichen. Zu evaluieren sind Inhalte und Reichweiten *(externer Output)*. Inhaltlich sollte analysiert werden, ob sich vorher definierte Kernbotschaften und -themen in den Unternehmenspublikationen oder in den durchgeführten Veranstaltungen und gegebenenfalls in der (externen) Medienberichterstattung über die Events wiederfinden. Die mediale Reichweite eines Events lässt sich über Medienresonanzanalysen (vgl. vertiefend Mathes/Zerfaß 2010) im Anschluss an das Event ermitteln: In welchem Umfang und mit welchem Tenor haben die Medien das Event und die hier transportierten Botschaften aufgegriffen? Eine hohe Reichweite ist ein Indikator für die Relevanz eines Unternehmens beziehungsweise eines Themas, muss aber kein Gradmesser für die Akzeptanz sein, die das Unternehmen oder das Thema seitens der Journalisten erfährt. Die Reichweite lässt sich bei klassischen CP-Produkten wie Mitarbeiter- und Kundenmagazinen durch die Distributionskanäle (versandte bzw. verteilte Exemplare minus Rückläufer, gegebenenfalls multipliziert um Mehrfachnutzungen) sehr gut evaluieren. Interaktive CP-Medien wie Intranets und Communities erfordern dagegen neue Evaluationsmethoden und ausgefeilte Softwarelösungen. Oftmals entziehen sich moderne CP-Produkte einer genauen Reichweitenanalyse, so dass nur die Nutzung einen Rückschluss auf die potentielle Reichweite zulässt. Bei Events bemisst sich die Reichweite an der Anzahl der Eventteilnehmer. Dabei kann einerseits nach Zielgruppen differenziert werden, aber auch nach verschiedenen Phasen oder Teilbereichen des Events, die unterschiedlich frequentiert werden. Hohe Teilnehmer- beziehungsweise Abonnentenzahlen sind ein erster Indikator für die Akzeptanz einer Veranstaltung oder einer Unternehmenspublikation, aber angesichts der vorherrschenden Preis- und Distributionsstrukturen immer kritisch zu reflektieren. Die meisten CP-Medien und Events werden kostenfrei angeboten, so dass die Leser oder Nutzer deutlich weniger Hürden zu überwinden haben als bei der Nutzung alternativer Angebote der Medien- oder Unterhaltungswirtschaft.

CP-Produkte und Events erfüllen nur dann ihre Bestimmung, wenn sie von den Nutzern oder Teilnehmern positiv bewertet und die durch sie transportierten Kernbotschaften wahrgenommen und verstanden werden. Wichtig ist daher die Evaluation von Wahrnehmung, Nutzung und Wissensvermittlung *(direkter Outcome)*. Bei der Wahrnehmung einer Kommunikationsbotschaft handelt es sich um einen kognitiven Prozess der Informationsaufnahme und -verarbeitung, der von verschiedenen Variablen auf Rezipientenseite beeinflusst wird. Das Involvement von Lesern beziehungsweise Nutzern von Unternehmenspublikationen und von Event-Teilnehmern hängt insbesondere von Prädispositionen wie Wissen, Einstellungen und Bedürfnissen ab. Auch die prinzipielle Akzeptanz oder Ablehnung eines Unternehmens, seiner Produkte oder eines Themas kann ausschlaggebend dafür sein, inwieweit man sich auf die Inhalte eines CP-Mediums oder einer Veranstaltung einlässt. Weitere Variablen sind zum Beispiel die Gestaltung und die Verständlichkeit der Botschaften, die Stimmung und der Kontext, in dem die Botschaft wahrgenommen wird. Diese intervenierenden Variablen sind bei der Interpretation von Kennzahlen der CP- und Event-Evaluation zu berücksichtigen.

Zentraler Ansatzpunkt für die Akzeptanzmessung ist die Evaluation von Meinungen, Einstellungen, Emotionen, Handlungsorientierung und Verhalten relevanter Stakeholder im Zuge der Nutzung von CP-Produkten oder der Teilnahme an Events *(indirekter Outcome)*. Auf dieser Ebene zeigt sich, ob die entsprechenden Kommunikationsangebote einen positiven Meinungs- und Einstellungswandel bewirkt haben und die Reputation des Unternehmens beziehungsweise seiner Produkte und Marken verbessert wurde. Letztlich geht es aber nicht nur um einen Meinungs-, sondern auch um einen Verhaltenswandel. Erst dieses Anschlusshandeln der Stakeholder hat für das Unternehmen direkte oder indirekte ökonomische Konsequenzen.

Im Sinne der Wertschöpfung durch Kommunikation bezieht sich deshalb eine letzte Evaluationsebene auf den ökonomischen Vorteil, der aus der Produktion von CP-Medien oder der Durchführung von Events resultiert *(Outflow)*. Er umfasst monetäre, quasimonetäre und nichtmonetäre Größen. Ein monetärer Vorteil entsteht dann, wenn der Nutzen, der dem Unternehmen durch das Anschlusshandeln der Stakeholder entsteht (zum Beispiel eine Steigerung der Produktverkäufe), die Kosten für die Medienproduktion beziehungsweise die Eventdurchführung einschließlich aller Planungs- und Evaluationsaufwendungen überschreitet (Breakeven). Quasimonetäre Vorteile bezeichnen Kosten, die durch das CP-Produkt oder das Event gespart werden, wie beispielsweise Kosten für bezahlte Werbung oder Messeauftritte. Die nichtmonetären Vorteile bezeichnen das Unterstützungspotential und immaterielle Werte wie die Reputation eines Unternehmens oder eine positive Unternehmenskultur, gesteigerte Mitarbeitermotivation und -bindung sowie eine verbesserte Informationslage im Unternehmen, die mittelfristig auch wieder in geldwerte Vorteile münden können.

Methoden und Kennzahlen zur Akzeptanzmessung

Die Verknüpfung der oben erläuterten Definition von (Medien-)Akzeptanz mit den skizzierten Evaluationsstufen zeigt, dass die Akzeptanz von CP-Medien und Events hauptsächlich auf der Outcome-Ebene gemessen werden kann. Da Akzeptanz ein affektives und kognitives Konstrukt ist, das durch verschiedene Faktoren beeinflusst wird und sich in verschiedenen Einstellungen und Verhaltensweisen äußert, gibt es keine allgemeingültige Messmethode. Es eignen sich jedoch verschiedene Verfahren der empirischen Sozialforschung, aus denen sich Rückschlüsse auf die Akzeptanz schließen lassen. Zum Einsatz kommen in der Praxis insbesondere *Befragungen, Beobachtungen* sowie *Recall- und Recognition-Tests* bei Stakeholdern oder Lesern/Nutzern und Teilnehmern. Idealerweise sollten vor der Messung von Wirkungen immer die Prädispositionen der Betroffenen durch eine *Vorab-Befragung (Nullmessung)* erfasst werden. Wie bereits erwähnt, werden Informationen umso besser wahrgenommen, je eher ein Rezipient bereit ist, sich den präsentierten Botschaften bewusst zuzuwenden, je höher also sein Involvement ist. Vorhandenes Wissen, Einstellungen und Bedürfnisse der Teilnehmer aktivieren einerseits die Informationsaufnahme und fungieren zum anderen als Wahrnehmungsfilter, der die Botschaften vor der Aufnahme und Verarbeitung selektiert (vgl. Lasslop 2003: 105ff.).

Corporate Publishing

Die Akzeptanz von CP-Medien wird in erster Linie über *Leser-* beziehungsweise *Nutzerbefragungen* evaluiert (zu Befragungen in der Unternehmenskommunikation vgl. vertiefend Merten 2007). *Quantitative Befragungen* verwenden standardisierte Fragebögen, die den Stakeholdern beziehungsweise Rezipienten persönlich, schriftlich, telefonisch oder online vorgelegt werden. Beispielsweise bietet es sich an, jährlich einer Ausgabe der Mitarbeiterzeitschrift einen Fragebogen beizulegen oder in einem festen Intervall eine Stichprobe aller Intranet-Nutzer online zu befragen. Aufgrund der klaren Struktur mit eindeutigem Wortlaut, Frageverlauf und meist auch vorgegebenen Antwortmöglichkeiten sind statistische Auswertungen und die Berechnung von Kennzahlen sowie Indexwerten aller Art leicht möglich. Klassische Fragen bei Mitarbeiter- oder Kundenmagazinen sind: „Wie lange und wie viele Seiten werden durchschnittlich gelesen?" (Messgröße „Lesedauer" und „Leseintensität"). „Wie viele Male wird das Magazin erneut in die Hand genommen?" (Messgröße „Lesefrequenz"). Im Gegensatz dazu liefern *qualitative Befragungen* keine statistisch vergleichbaren Werte, dafür aber eine differenziertere Erhebung von Einstellungen, Motiven und Gefühlen. Sie eignen sich, um ergänzend zur Kennzahlenermittlung komplexe Akzeptanzkonstrukte und deren Ursachen zu ermitteln, sind allerdings für die Ermittlung von Indikatoren für Scorecards etc. kaum geeignet.

Wahrnehmen und Verstehen konkreter Inhalte werden mit *Recall- und Recognition-Tests* evaluiert. „Recall" bezeichnet die ungestützte Erinnerung an einen Artikel, „Recognition" die gestützte Erinnerung bei Nennung von zentralen Inhalten. Weiterführend kann so auch das Verstehen und Behalten von intendierten Kernbotschaften getestet werden. Recall beziehungsweise Recognition werden auch bei experimentellen Designs und bei Copy-Tests in Laborsituationen abgefragt. Bei solchen elaborierten Forschungsdesigns werden die Rezipienten in einer künstlich hergestellten Situation beobachtet, getestet und danach befragt. Um die indirekten Wirkungen in strukturierten Befragungen zu messen, wird häufig ein Index gebildet, das heißt, anhand mehrerer Teilfragen wird ein differenziertes Einstellungsprofil des Lesers erhoben. Anhand dieser Profile können die Rezipienten in Segmente eingeteilt werden. Die Messgröße „Leser-Blatt-Bindung" als Ausdruck der emotionalen Affinität des Lesers zu einem CP-Magazin wird beispielsweise von TNS Emnid mit folgenden Fragen erfasst: „Würden Sie das Magazin bei Nicht-Erhalt vermissen?" und „Würden Sie das Magazin Ihren Bekannten weiterempfehlen?". In einer Matrix ergeben sich daraus vier Lesersegmente: „Fan" (Ja/Ja), „Stiller Genießer"(Ja/Ja), „Reservierter Botschafter" (Nein/Ja) und „Distanzierter" (Nein/Nein) sowie entsprechende Kennzahlen (vgl. Freese/Knoblauch 2006).

Digitale CP-Medien wie das Intranet, Unternehmens-Websites, Weblogs und Online-Videoangebote können darüber hinaus durch *standardisierte Verfahren der Online-Evaluation* und *Usability-Tests* evaluiert werden (vgl. vertiefend Schweiger 2010).

• Glaubwürdigkeit (Skala)	• Reichweite (Zahl)
• Inhaltliche Qualität (Skala)	• Bekanntheit (Prozent)
• Gestalterische Qualität (Skala)	• Aufmerksamkeit (Prozent)
• Lesedauer bzw. Dauer der Nutzung (Zeit)	• Leser-Blatt-Bindung (Prozent)
• Leseintensität (Skala)	• Zufriedenheit (Skala)
• Unterhaltungswert (Skala)	• Nutzwert (Skala)
• Informationswert (Skala)	

Tabelle 1: Messgrößen und Kennzahlen zur Akzeptanz von Corporate Publishing.

Angesichts des breiten Spektrums von CP-Medien und vielfältigen Erkenntnisinteressen existieren zahlreiche etablierte Kennzahlen (vgl. Tabelle 1), aber keine allgemeingültigen Evaluationsmethoden zur Akzeptanzmessung von Corporate Publishing. Für den Bereich Kundenzeitschriften haben der Branchenverband Forum Corporate Publishing, die Deutsche Post und TNS Emnid allerdings ein normiertes Instrument vorgelegt: den *CP Standard* (vgl. FCP 2006, Freese/Knoblauch 2006). Dieser basiert auf einer standardisierten Repräsentativbefragung der Zielgruppen von Kundenmagazinen und liefert Ergebnisse, die in branchenübergreifende Benchmarks einfließen. Der CP Standard verknüpft Ansätze aus Medien-, Werbewirkungs- und Kundenbindungsforschung und fügt drei Bausteine zusammen: CP Basic ermittelt, inwieweit die zentralen Zielgruppen des Unternehmens unter den Lesern des Corporate-Publishing-Produkts vertreten sind. CP Impact fragt nach der Akzeptanz des Kundenmagazins im engeren Sinn. Erhoben werden unter anderem Nutzungsintensität und -häufigkeit, Titelprofil, Zufriedenheitsdimensionen, Fitting zum Absender sowie die Leser-Blatt-Bindung. CP Target ermittelt über Einschätzungsskalen die Überzeugungsleistung der kommunikativen Botschaften und den geleisteten Imagetransfer auf das Unternehmen. Darüber hinaus wird ein Index zur Kundenbindung in verschiedenen Zielgruppensegmenten erstellt. Abbildung 1 verdeutlicht die Teilbereiche dieses Instruments und ordnet die einzelnen Kennzahlen und Messbereiche den Wirkungsstufen der Kommunikation im DPRG/ICV-Bezugsrahmen für Kommunikations-Controlling zu (vgl. Rolke/Zerfaß 2010).

Ein weiteres standardisiertes Instrument ist der *Index Interne Kommunikation* der Kommunikationsberatung ICOM (vgl. ICOM 2008). Dabei handelt es sich um ein Kennzahlensystem für Mitarbeitermedien, das unter anderem bei BMW, Daimler, der Deutschen Bahn, der Deutschen Bank

Wirkungsstufe	Output	Outcome	
	Externer Output	**Direkter Outcome**	**Indirekter Outcome**
Messbereich	Anteil der Leser an den Empfängern; Soziodemografische Merkmale der Leser (Reichweite)	Nutzung und Bewertung des CP-Mediums (Akzeptanz)	Überzeugungsleistung der Botschaften (Meinung/Einstellung) Beitrag des CP-Mediums zur Kundenbindung (Verhalten)
Messgrößen und Kennzahlen (Bsp.)	Leserquote Durchschnittsalter der Leser	Nutzungshäufigkeit Nutzungsintensität Informationstiefe Redakt. Kompetenz Glaubwürdigkeit	Unternehmens-Image Kundenbindung
Datenquelle	Leserschafts-forschung	Werbewirkungs-forschung	Kundenzufriedenheits-forschung
Instrument	CP Basic	CP Impact	CP Target
	CP Standard		

Abbildung 1: Der CP Standard als Instrument zur Evaluation von Kundenzeitschriften.

und VW eingesetzt wurde beziehungsweise wird. Interne CP-Medien wie Mitarbeiterzeitung, Intranet, Newsletter, aber auch Events werden im Hinblick auf je vier Leistungs- und Wirkungsdimensionen bewertet. In einer Nullmessung werden die Ziele und die zu berücksichtigenden Instrumente der internen Kommunikation erfasst. Mit verschiedenen Erhebungsmethoden (Interviews, Fragebögen, Workshops) werden anschließend die Kommunikationsverantwortlichen zur Leistungsseite (Inhalt, Prozesse, Gestaltung, Reichweite, Aktualität) und die Mitarbeiter zur Wirkungsseite (Nutzung, Akzeptanz, Wissensstand, Motivation) befragt. Medienakzeptanz wird in diesem Index beschrieben als „Wie gut kommen die Medien bei den Mitarbeitern an und wie zufrieden sind sie mit Inhalt und Optik?". Obwohl der Index in dieser Form nur interne Medien erfasst, ist die Methode prinzipiell auch geeignet, die Akzeptanz externer CP-Medien zu messen. Darüber hinaus kann er auch zur Evaluation von Events herangezogen werden. Die praktischen Erfahrungen mit dem Index belegen, dass CP und Events – wie in diesem Beitrag argumentiert – strukturell vergleichbare Verfahren der Unternehmenskommunikation sind und daher auch weitgehend mit den gleichen Methoden evaluiert werden können.

Events

Die Akzeptanzmessung von Events weist an vielen Punkten Gemeinsamkeiten mit dem Corporate Publishing auf, weshalb an dieser Stelle nur auf einige gesonderte Aspekte näher eingegangen wird. Auch hier sind *Befragung und Beobachtung* die am besten geeigneten Evaluationsmethoden, wobei Meinungen, Einstellungen und Wissen der Teilnehmer größtenteils mit einer Teilnehmerbefragung, Nutzung und Verhalten dagegen eher durch teilnehmende Beobachtungen ermittelt werden können (vgl. Buhl 2007).

• Glaubwürdigkeit (Skala)	• Reichweite (Zahl)
• Inhaltliche Qualität (Skala)	• Bekanntheit (Prozent)
• Gestalterische Qualität (Skala)	• Aufmerksamkeit (Prozent)
• Zusagenquote (Prozent)	• Verweildauer (Prozent)
• Wiederholungsbereitschaft (Prozent)	• Zufriedenheit (Skala)
• Unterhaltungswert (Skala)	• Nutzwert (Skala)
• Informationswert (Skala)	

Tabelle 2: *Messgrößen und Kennzahlen zur Akzeptanz von Events.*

Die meisten Kennzahlen zur Akzeptanzmessung von Events (vgl. Tabelle 2) können im Rahmen einer *Teilnehmerbefragung* erhoben werden. Diese ist sowohl während als auch im Anschluss an die Veranstaltung möglich, wobei beide Varianten Vor- und Nachteile haben. Persönliche Befragungen während des Events weisen den Vorteil auf, dass die Befragten sich an die Eindrücke des Events noch intensiv erinnern und ihre negativen wie positiven Erlebnisse und Eindrücke direkt schildern können. Problematisch kann hingegen sein, dass unter Umständen positiv verzerrte Antworten gegeben werden, weil die Befragten nicht unhöflich sein wollen. Auch anonyme Befragungen an Terminals, die in den Veranstaltungsräumen aufgestellt werden, oder ausgelegte Fragenbögen stellen eine Erhebungsmöglichkeit dar. Hier besteht allerdings die Gefahr einer geringen Rücklaufquote. Alternativ kann eine Befragung nach der Veranstaltung durchgeführt werden. Der zeitliche Abstand sollte jedoch nicht allzu groß sein, um Antwortverzerrungen durch zeitlich bedingtes Vergessen auszuschließen. Zum Einsatz kommen weiterhin *Recall- und Recognition-Tests*. Darüber lassen sich zum Beispiel Bekanntheitsgrad und Wissensvermittlung erheben. Die Zunahme von Faktenwissen bei den Teilnehmern kann mit Vorher-Nachher-Tests ermittelt werden. Hier wird der Wissensstand der Teilnehmer zu einem bestimmten, bei der Veranstaltung kommunizierten Thema vor dem Eventbesuch und nach dem Eventbesuch abgefragt und die Unterschiede ausgewertet.

Kennzahlen wie Aufmerksamkeit und Verweildauer, von denen auf das Involvement und die Akzeptanz der Teilnehmer geschlossen werden kann, lassen sich durch *teilnehmende Beobachtung* ermitteln. Bei größeren Kundenveranstaltungen sollte zum Beispiel erhoben werden, wie einzelne (Parallel-)Angebote frequentiert werden, zu welchen Themen es Nachfragen und Diskussionen gab und in welchem Umfang im Nachgang Präsentationsunterlagen angefordert oder Folgetermine vereinbart wurden. Daraus lassen sich vielfältige Kennzahlen und Indexwerte berechnen. Standardisierte Methoden, wie sie in Ansätzen beim Corporate Publishing existieren, fehlen bei der Event-Kommunikation bislang. Es gibt jedoch im deutschsprachigen Raum neben allgemeinen Evaluationsdienstleistern einige spezialisierte Anbieter wie FairControl und das Institut für Eventmanagement, die mit einer breiten Angebotspalette die hier beschriebenen Methoden abdecken.

Bewertung und Ausblick

Für die Messung der Akzeptanz von Corporate-Publishing-Medien und Events liegt eine Vielzahl praxiserprobter und wissenschaftlich fundierter Methoden vor. Im Mittelpunkt stehen Befragungen, Beobachtungen, Recall- und Recognition-Tests. Ebenso besteht kein Mangel an aussagekräftigen Kennzahlen. Allerdings gibt es nur wenige standardisierte Spitzenkennzahlen, die sich zur Einbindung in Werttreiberbäume und Scorecards (vgl. Pfannenberg 2010) sowie für Benchmarks eignen. Dies liegt unter anderem daran, dass Unternehmen die Kommunikationsprozesse im Bereich Corporate Publishing und Event-Kommunikation deutlich variabler gestalten können als beispielsweise bei der Presse- und Medienarbeit, die durch strukturelle Eigenschaften des Mediensystems und des Journalismus vorgeprägt ist, oder bei der Online-Kommunikation, die bestimmte Basistechnologien nutzt und daher über einheitliche Messgrößen verfügt. Kreativität, Differenzierung und Einmaligkeit als zentrale Erfolgsparameter von Unternehmenspublikationen und Veranstaltungen erschweren die Entwicklung einer standardisierten Akzeptanzmessung. Dennoch ist es im Sinne eines wertschöpfungsorientierten Kommunikationsmanagements und Controllings unabdingbar, zentrale Parameter zumindest innerhalb des einzelnen Unternehmens oder Konzerns mit einheitlichen Prozessbeschreibungen, Erhebungsmethoden und Kennzahlendefinitionen zu evaluieren. Dies ist eine Voraussetzung dafür, dass die Investitionen angesichts der ständig zunehmenden Inszenierungsmöglichkeiten von Unternehmen, Produkten und Themen zielführend gesteuert werden können.

Literatur

Buhl, Annekathrin (2007): Controlling und Evaluation von Events. Unveröffentlichte Magisterarbeit an der Universität Leipzig. Leipzig.

EICP Europäisches Institut für Corporate Publishing/Zehnvier Marketingberatung (2008): Basisstudie Corporate Publishing. Zürich/München.

FCP Forum Corporate Publishing (2006): Effizienz – Wie Unternehmensmagazine wirken. München.

Freese, Walter/Knoblauch, Claudia (2006): Effizienz-Messung im Corporate Publishing mit CP Standard (Präsentation). Bielefeld. Im Internet: http://www.tns-emnid.com/medienforschung/pdf/cp_standard/TNS_Emnid_CP_Standard_Nov_2006.pdf.

Herbst, Dieter (2007): Eventkommunikation: Strategische Botschaften erlebbar machen. In: Piwinger, Manfred/Zerfaß, Ansgar (Hg.): Handbuch Unternehmenskommunikation. Wiesbaden, S. 477–486.

ICOM (2008): Kommunikation managen. Von der gefühlten Kommunikation zur Kennzahl, 2. Auflage. Wiesbaden.

Kirchgeorg, Manfred/Springer, Christiane/Brühe, Christian (2009): Live Communication Management: Ein strategischer Leitfaden zur Konzeption, Umsetzung und Erfolgskontrolle. Wiesbaden.

Lasslop, Ingo (2003): Effektivität und Effizienz von Marketing-Events. Wirkungstheoretische Analyse und empirische Befunde. Wiesbaden.

Mathes, Rainer/Zerfaß, Ansgar (2010): Medienanalysen als Steuerungs- und Evaluationsinstrument für die Unternehmenskommunikation. In diesem Band.

Merten, Klaus (2007): Umfragen als Instrument der Unternehmenskommunikatikon. In: Piwinger, Manfred/Zerfaß, Ansgar (Hg.): Handbuch Unternehmenskommunikation. Wiesbaden, S. 557–574.

Möslein, Kathrin (1999): Medientheorien – Perspektiven der Medienwahl und Medienwirkung im Überblick. Arbeitsbericht Nr. 10 des Lehrstuhls für Allgemeine und Industrielle Betriebswirtschaftslehre der Technischen Universität München. München.

Nufer, Gerd (2006): Wirkungen von Event-Marketing: Theoretische Fundierung und empirische Analyse unter besonderer Berücksichtigung von Imagewirkungen, 2. Auflage. Wiesbaden.

Lasslop, Ingo (2003): Effektivität und Effizienz von Marketing-Events: Wirkungstheoretische Analyse und empirische Befunde. Wiesbaden.

Pfannenberg, Jörg (2010): Strategisches Kommunikations-Controlling mit der Balanced Scorecard. In diesem Band.

Rolke, Lothar/Zerfaß, Ansgar (2010): Wirkungsdimensionen der Kommunikation: Ressourceneinsatz und Wertschöpfung im DPRG/ICV-Bezugsrahmen. In diesem Band.

Schweiger, Wolfgang (2010): Website-Nutzung und Usability: Evaluationsmethoden und Kennzahlen. In diesem Band.

Weichler, Kurt (2007): Corporate Publishing: Publikationen für Kunden und Multiplikatoren. In: Piwinger, Manfred/Zerfaß, Ansgar (Hg.): Handbuch Unternehmenskommunikation. Wiesbaden, S. 441–451.

Zanger, Cornelia/Drengner, Jan (2009): Eventmarketing. In: Bruhn, Manfred/Esch, Franz-Rudolf/Langner, Tobias (Hg.): Handbuch Kommunikation. Wiesbaden, S. 195–213.

Markenbewertung: Methoden und Standards

Jutta Menninger

Marken gehören zu den wichtigsten Vermögensgegenständen von Unternehmen – dies hat die im Jahr 2006 veröffentlichte Studie von PricewaterhouseCoopers in Zusammenarbeit mit der Gesellschaft für Konsumforschung (GfK), Prof. Sattler von der Universität Hamburg und dem deutschen Markenverband zur Praxis der Markenbewertung verdeutlicht. Die Befragten schätzen den Anteil des Markenwertes am Gesamtunternehmenswert immerhin auf 67 Prozent (vgl. PwC et al. 2006: 8). Und auch die Zahl der Anmeldungen nationaler Marken steigt weiter. Sie lag im Jahr 2007 bei 76.165, so dass der Bestand nationaler Marken 764.472 betrug (vgl. Göbel 2008: 170f.). Es verwundert daher nicht, dass es in Unternehmen immer mehr Anlässe dafür gibt, den monetären Wert einer Marke zu bestimmen.

Unter den Bewertungsmethoden lassen sich drei grundsätzliche Verfahren unterscheiden: marktpreisorientierte, kapitalwertorientierte und kostenorientierte Verfahren. Für die Markenbewertung am geeignetsten ist im Rahmen des kapitalwertorientierten Verfahrens die Mehrgewinnmethode. Die hier vorgestellte Advanced Brand Valuation (ABV) vereint markenspezifische Werttreiber mit finanziellen und rechtlichen Größen. In seiner modularen Anlage eignet sich das Modell für alle Bewertungsanlässe, also auch zur Markenführung.

Definition und Bedeutung von Marken

§ 3 des Markengesetzes definiert Marken als „[...] alle Zeichen, insbesondere Wörter einschließlich Personennamen, Abbildungen, Buchstaben, Zahlen, Hörzeichen, drei-dimensionale Gestaltungen einschließlich der Form einer Ware oder ihrer Verpackung sowie sonstiger Aufmachungen einschließlich Farben und Farbzusammenstellungen [...], die geeignet sind, Waren oder Dienstleistungen eines Unternehmens von denjenigen anderer Unternehmen zu unterscheiden".

Betriebswirtschaftlich betrachtet versteht man unter einer Marke die differenzierende Kennzeichnung von Produkten und Dienstleistungen, die aufgrund der Wahrnehmung bei den relevanten Zielgruppen einen besonderen Erfolgsbeitrag für den Inhaber der Marke erwarten lässt. Das Auftreten am Markt unter einem einheitlichen Namen kann sich auf das gesamte Unternehmen beziehen (Unternehmensmarke), auf einzelne Produkte/Dienstleistungen des Unternehmens (Produkt-/Dienstleistungsmarke) oder auf Produktgruppen (Dachmarken) (vgl. IDW 2007: 71/FN-IDW 2007: 617).

Zweifellos erschließt die Marke eine eigene Dimension in der öffentlichen Aufmerksamkeit. Markenstrategen wissen, dass eine gut positionierte Marke stabile Preisprämien und/oder einen höheren Absatz generiert, weil der „gute Name" Vertrauen und eine Mehrpreisbereitschaft in einer unübersichtlichen Warenwelt erzeugt. Markenstrategen wissen aber auch, dass dies nur ein kleiner Ausschnitt aus dem Bedeutungsreichtum einer Unternehmensmarke ist. Wenn es gelingt, ein unverwechselbares und vertrauenswürdiges Bild vor dem geistigen Auge der Menschen zu erzeugen, dann wirkt eine solche Marke auf vielen Märkten: neben dem Absatzmarkt auf dem Kapital- und Arbeitsmarkt, ebenso bei Regierungsbehörden und in der öffentlichen Wahrnehmung der sozialen Verantwortung.

Wenn man Marken beschreiben und bewerten möchte, besteht eine der größten Herausforderungen in der Abgrenzung der immateriellen Werte voneinander sowie ihrer jeweiligen Wirkung auf den Erfolg des Eigentümers.

Der Begriff des immateriellen Vermögensgegenstands ist gesetzlich nicht definiert. Nach dem Bilanzgliederungsschema handelt es sich dabei um unkörperliche Werte, die im Anlagevermögen nicht den Sach- oder Finanzanlagen zuzuordnen sind. Für das Umlaufvermögen gibt es keine explizite Ausweisvorschrift. Große und mittelgroße Kapitalgesellschaften müssen unter den immateriellen Vermögensgegenständen gemäß § 266 II HGB folgende Posten gesondert ausweisen:

- Konzessionen, gewerbliche Schutzrechte und ähnliche Rechte und Werte sowie Lizenzen an solchen Rechten und Werten,
- Geschäfts- oder Firmenwert,
- geleistete Anzahlungen.

Marken zählen zu den gewerblichen Schutzrechten. Das Markenrecht gewährt Schutz für Zeichen, die der Unterscheidung der Waren oder Dienstleistungen eines Gewerbetreibenden von den Waren oder Dienstleistungen anderer Gewerbetreibender dienen (§ 3 MarkenG). Es kann durch Eintragung in das vom Patentamt geführte Register oder durch Benutzung des Zeichens im geschäftlichen Verkehr entstehen. Die Schutzdauer beträgt grundsätzlich zehn Jahre, die immer wieder um weitere zehn Jahre verlängerbar ist (§ 47 MarkenG).

Die vertragliche Vereinbarung der Überlassung von gewerblichen Schutzrechten oder ähnlichen Rechten und Werten zur wirtschaftlichen Nutzung wird als Lizenz bezeichnet. Man unterscheidet einfache und ausschließliche Lizenzen. Die einfache Lizenz ist nicht eigenständig übertragbar, das heißt, der Lizenznehmer kann sie weder veräußern, noch Dritten zur Nutzung überlassen. Dagegen hat der Lizenznehmer einer ausschließlichen Lizenz grundsätzlich das Recht, seine Lizenz an Dritte zu veräußern und Unterlizenzen zu vergeben.

Nach der aktuellen Rechtslage besteht für alle entgeltlich erworbenen immateriellen Vermögensgegenstände Aktivierungspflicht, während für selbst geschaffene und nicht entgeltlich erworbene immaterielle Vermögensgegenstände ein Aktivierungsverbot gemäß § 248 II HGB besteht.

Mit dem Bilanzrechtsmodernisierungsgesetz (BilMoG) im April 2009 wurde jedoch eine der umfassendsten Änderungen des Handelsgesetzbuchs seit über 20 Jahren verabschiedet. Nach der Reform soll das HGB-Bilanzrecht moderner und im Vergleich zu den International Financial Reporting Standards (IFRS) wettbewerbsfähiger werden. Für die immateriellen Werte führt die Änderung des § 248 HGB allerdings nur dazu, dass selbstgeschaffene immaterielle Vermögensgegenstände des Anlagevermögens wie beispielsweise Patente oder Know-how in der HGB-Bilanz als Aktivposten aufgenommen werden können (Wahlrecht). Für Marken, Drucktitel, Verlagsrechte, Kundenlisten oder vergleichbare immaterielle Vermögensgegenstände des Anlagevermögens wird gemäß § 248 Abs. 2 S. 2 HGB neue Fassung ein Bilanzierungsverbot kodifiziert.

Immaterielle Vermögenswerte im Sinne des neuen IDW Standards 5 (S 5): Grundsätze zur Bewertung von immateriellen Werten sind „in Leistungserstellungsprozessen eingesetzte nicht finanzielle wirtschaftliche Güter, deren Substanz nicht körperlich wahrnehmbar ist, sondern beispielsweise als Recht, Beziehung, Wissen oder Information, Prozess, Verfahren oder Gedanke in Erscheinung tritt" (IDW 2007: 65/FN-IDW 2007: 611).

In Anlehnung an die internationalen Rechnungslegungsstandards werden im S 5 unter anderem folgende Beispiele für immaterielle Vermögenswerte genannt: Marketingbezogene immaterielle Vermögenswerte sind Werte, die primär zur Bewerbung oder Unterstützung des Verkaufs von Produkten und Dienstleistungen eingesetzt werden. Dies sind Kennzeichen wie Worte, Namen, Symbole oder andere Instrumente, Handels- oder Konsumartikelmarken, Einzel-, Dach- oder Unternehmensmarken, eingetragene Marken, Markenauftritte (einzigartige Farben, die Form oder die Summe des Designs), Internet-Domainnamen. Auf sonstigen vorteilhaften Verträgen oder Rechten basierende immaterielle Vermögenswerte spiegeln den Wert von Rechten wider, deren Nutzenzufluss aus vertraglichen Vereinbarungen resultiert, wie zum Beispiel Lizenzen, Stillhaltevereinbarungen, Werbe-, Konstruktions-, Management-, Service- oder Versorgungsverträgen, Leasingvereinbarungen, Wege-, Nutzungs-, Ausbeutungs- und Duldungsrechte, Franchisevereinbarungen,

Sende- und Fernsehrechte, Dienstleistungsverträge, Wettbewerbsverbote oder Konkurrenzklauseln.

Anlässe und Standards der Bewertung

Bewertungsanlässe

So vielfältig die immateriellen Werte, so zahlreich sind auch ihre Bewertungsanlässe. Wenngleich eine eindeutige und überschneidungsfreie Klassifizierung kaum möglich ist, hat sich folgende Strukturierung in der Bewertungspraxis bewährt:

Bilanzielle Aspekte	Verträge	Wertorientiertes Management
• Rating	• Verrechnungspreise	• Markenmanagement
• Purchase Price Allocation	• Kauf und Verkauf	• Management immaterieller Werte
• Impairment Test	• Betriebswirtschaftliche Beratung bei Lizenzverträgen	• Controlling
	• Sale and Lease Back	• Freiwillige Kapitalmarktinformation
	• Verletzung von Schutzrechten	

Tabelle 1: Anlässe der Markenbewertung.

1) *Bilanzielle Aspekte.* Ein wichtiger Bewertungsanlass ist der Erwerb von Unternehmensanteilen durch ein anderes Unternehmen. Für die Abbildung dieses Unternehmenszusammenschlusses im Konzernabschluss des erwerbenden börsennotierten deutschen Unternehmens sind die International Financial Reporting Standards (IFRS) anzuwenden. Nach IFRS 3 Unternehmenszusammenschlüsse (Business Combinations) wird im Rahmen einer sogenannten Kaufpreisallokation (Purchase Price Allocation) der Gesamtkaufpreis auf die im Rahmen eines Unternehmenszusammenschlusses erworbenen und zum Erwerbszeitpunkt zu beizulegenden Zeitwerten (Fair Values) zu bewertenden Vermögenswerten und Schulden aufgeteilt.

Ein zentraler Schritt ist hierbei, die im Rahmen des Unternehmenszusammenschlusses erworbenen Vermögenswerte und Schulden zu identifizieren und anschließend unter Berücksichtigung der verbleibenden wirtschaftlichen Nutzungsdauern neu zu bewerten. Als wesentliche Vermögenswerte werden häufig immaterielle Werte wie Marken, Patente und Know-how sowie der Kundenstamm des erworbenen Unternehmens identifiziert. Diese werden bei einer begrenzten Nutzungsdauer über die Laufzeit abgeschrieben; anderenfalls muss ihre Werthaltigkeit jährlich und bei besonderen Ereignissen (*Triggering Events*) überprüft werden (*Impairment Test*).

Aufgrund der Bedeutung des *Ratings* für die Finanzierung eines Unternehmens spielt die Bewertung der immateriellen Werte für die Einschätzung durch das Ratingunternehmen eine Rolle. Auch Banken sind bei Vorliegen einer seriösen Bewertung mehr und mehr bereit, immaterielle Werte wie Marken und Patente als Sicherheiten zu akzeptieren.

2) *Verträge.* Insbesondere mittelständische Unternehmen sind daran interessiert, immaterielle Werte über ein *Sale and Lease Back* für die Finanzierung zu nutzen.

Ein häufiger Bewertungsanlass sind auch steuerliche Fragestellungen. Marken werden in internationalen Konzernen in vielen Ländern genutzt und zum Teil auch dort entwickelt. Im Rahmen der Festlegung sowie der Dokumentation von *Verrechnungspreisen* im Konzern ist es daher besonders wichtig, die angemessenen Werte zu ermitteln. Auch die durch das Außensteuergesetz neu geregelte Funktionsverlagerung verlangt eine Ermittlung des sogenannten Transferpakets, das ebenfalls immaterielle Werte umfasst.

Bei *Kauf und Verkauf* von Marken dient die monetäre Bewertung dazu, den jeweiligen Grenzpreis sowie mögliche Synergien zu ermitteln. Häufig werden immaterielle Werte jedoch nicht allein, sondern im Verbund oder im Rahmen des Verkaufs von Unternehmensanteilen übertragen.

Sowohl im Konzern als auch gegenüber fremden Dritten stellt sich häufig die Frage, wie hoch eine angemessene Vergütung für die Nutzung der Marken sein soll. Neben entsprechenden *Lizenz*sätzen sind auch Einmalzahlungen sowie angemessene „Instandhaltungs- oder Erweiterungsinvestitionen" denkbar. Natürlich hängt die Antwort auch davon ab, wie exklusiv das Nutzungsrecht ist.

Da starke Marken nicht nur bei den Abnehmern, sondern auch bei Produktpiraten sehr beliebt sind, spielt die Wertermittlung von immateriellen Werten auch bei der Schadensersatzermittlung bei der Verletzung von Schutzrechten eine wichtige Rolle (vgl. Menninger/Nägele 2007: 912–919). Auch im Rahmen von Insolvenzverfahren werden Markenbewertungen durchgeführt, sind doch Marken häufig nicht besicherte werthaltige Vermögenswerte.

3) *Wertorientiertes Management.* Für das wertorientierte Management von immateriellen Werten wurde eine monetäre Wertermittlung lange Zeit entweder als nicht durchführbar und/oder als entbehrlich betrachtet. In Zeiten straffen Kostenmanagements müssen jedoch auch Abteilungen wie Marketing und Unternehmenskommunikation ihre Ausgaben

rechtfertigen, optimal verteilen und Wertsteigerungen nachweisen. Durch die Verpflichtung zur Bilanzierung von erworbenen Marken bei gleichzeitigem Aktivierungsverbot der selbsterstellten Marken ergibt sich außerdem die Notwendigkeit, Vergleichbarkeit durch die Ermittlung der Werte der selbsterstellten immateriellen Werte herzustellen (vgl. Günther 2007: 331–343).

Durch die steigende Anzahl an Bewertungsanlässen werden das Wesen der immateriellen Werte immer besser erfasst und die Methoden immer präziser.

Bewertungsstandards

Standards können die Schaffung einer Vertrauensbasis für die monetäre Bewertung von Marken unterstützen. Die Verschiedenartigkeit der Anlässe sowie die wachsende Bedeutung des Themas Markenbewertung führen dazu, dass sich unterschiedliche Gremien mit einer Standardisierung der monetären Bewertung einzelner oder mehrerer immaterieller Werte beschäftigen: Hierzu zählen vor allem das Institut der Wirtschaftsprüfer e. V. und das Deutsche Institut für Normung e. V.

Mit dem „IDW S 5: Grundsätze zur Bewertung immaterieller Vermögenswerte" wurde als Erstes der Standard des Instituts der Wirtschaftsprüfer im Jahr 2007 (IDW 2007: 64-75/FN-IDW 2007: 610–621) verabschiedet. Dieser legt die betriebswirtschaftlichen Grundsätze dar, nach denen Wirtschaftsprüfer immaterielle Vermögenswerte bewerten. Der IDW S 5 ist ein offener Standard – es ist vorgesehen, neben Marken weitere spezielle immaterielle Vermögenswerte wie Kundenbeziehungen, Technologien und Patente zu ergänzen.

Das Deutsche Institut für Normung e. V. konzentriert sich mit einem Arbeitsausschuss auf die monetäre Bewertung von Marken. Da eine ISO-Normung angestrebt wird, werden die Inhalte außerdem auf entsprechenden Sitzungen der international besetzten ISO-Komitees erarbeitet. Der Entwurf der Norm liegt seit Juni 2009 zur Kommentierung vor, mit einer Verabschiedung wird 2010 gerechnet.

Bewertungsmethoden

Bei den Bewertungsmethoden lassen sich drei grundsätzliche Verfahren unterscheiden (vgl. auch IDW 2007: 66/FN-IDW 2007: 612):

Verfahren	Marktpreis-orientiertes Verfahren		Kapitalwert-orientiertes Verfahren		Kosten-orientiertes Verfahren	
Methoden	Marktpreise auf aktivem Markt		Methode der unmittelbaren Cashflow-Prognose		Reproduktions-kostenmethode	
	Analogie-methoden		Methode der Lizenzpreis-analogie		Wiederbeschaffungs-kostenmethode	
			Residualwert-methode			
			Mehrgewinn-methode			

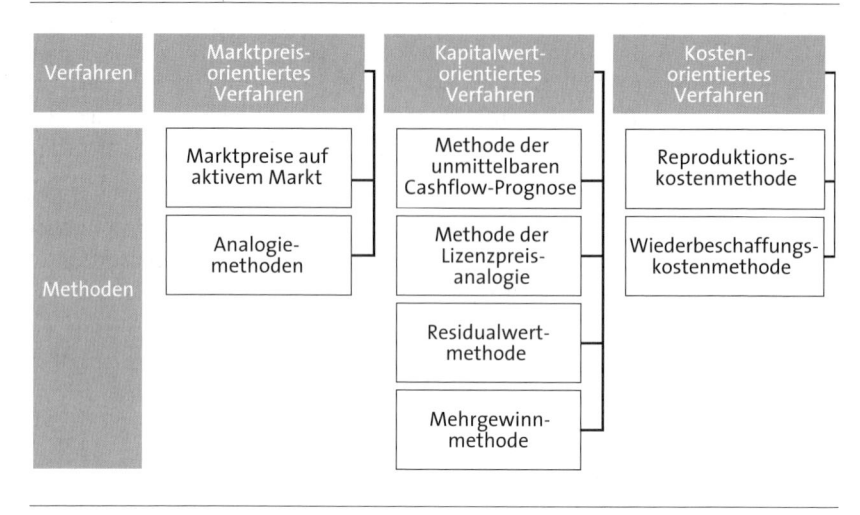

Abbildung 1: Methoden der Markenbewertung.

Marktpreisorientiertes Verfahren

Bei bestimmten Bewertungsanlässen ist es wünschenswert, einen Marktpreis zur Bewertung eines immateriellen Vermögenswertes heranzuziehen. Voraussetzung dafür ist, dass sich die beobachteten Marktpreise auf hinreichend vergleichbare Werte beziehen. Ferner muss ein aktiver Markt vorliegen, das heißt, die auf dem Markt gehandelten Güter sind homogen, vertragswillige Käufer und Verkäufer können in der Regel jederzeit gefunden werden und die Preise sind öffentlich bekannt.

Immaterielle Werte dienen vor allem dazu, ein Alleinstellungsmerkmal zu begründen – das erschwert die Vergleichbarkeit. Außerdem werden diese Werte meist nicht auf aktiven Märkten im hier genannten Sinn gehandelt. Daher fällt es häufig schwer, eine verlässliche Werteinschätzung rein auf einem marktpreisorientierten Verfahren zu basieren. Dem rein marktpreisorientierten Verfahren kommt somit meist keine eigenständige Bedeutung zu. Insbesondere bei den kapitalwertorientierten Verfahren werden Marktpreise jedoch als einzelne Bestandteile oder zur Plausibilisierung herangezogen.

Kapitalwertorientiertes Verfahren

Dem kapitalwertorientierten Verfahren liegt die Annahme zugrunde, dass sich der Wert eines immateriellen Vermögenswertes aus dessen Eigenschaft ergibt, künftige Erfolgsbeiträge in Form von Zahlungsströmen für den Eigentümer zu erwirtschaften.

Der Wert eines Vermögenswertes ergibt sich daher aus der Summe der Barwerte der künftig erzielbaren Zahlungsströme zum Bewertungsstichtag, die aus der Nutzung des immateriellen Vermögenswertes während der erwarteten wirtschaftlichen Nutzungsdauer erzielt werden. Eine wesentliche Aufgabe bei der Bewertung immaterieller Vermögenswerte besteht in der Isolierung der spezifischen Zahlungsströme, die dem zu bewertenden Vermögenswert zuzurechnen sind. Es handelt sich dabei um eine Art „Mehrwert" gegenüber denjenigen Zahlungsströmen, die ohne diesen spezifischen Vermögenswert realisiert werden könnten. Dabei jeweils entstehende zusätzliche Kosten, zum Beispiel auch für die Entwicklung und Pflege des immateriellen Wertes, müssen ebenfalls berücksichtigt werden.

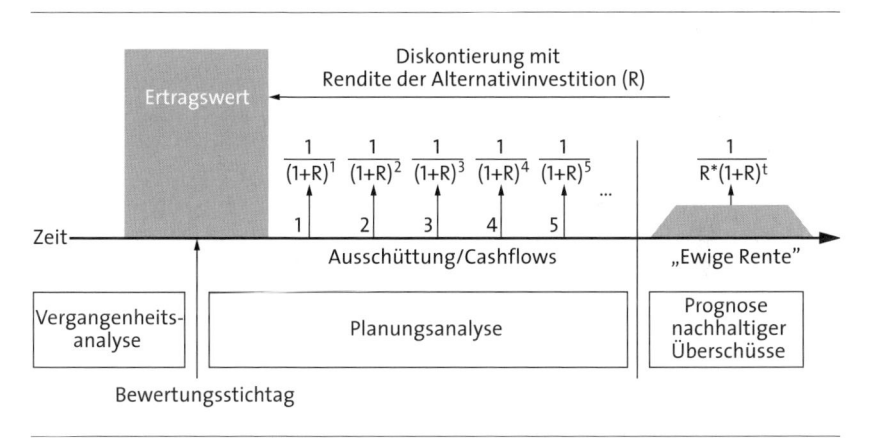

Abbildung 2: Schema einer Wertermittlung.

Zur Wertermittlung sind diese zusätzlichen Zahlungsströme mit dem vermögenswertspezifischen Kapitalkostensatz auf den Bewertungsstichtag zu diskontieren. Bei der in der Praxis regelmäßig angewendeten Risikozuschlagsmethode müssen die Erwartungswerte der Zahlungsströme mit einem risikoangepassten Kapitalisierungszinssatz diskontiert werden. Als Ausgangsgröße dienen die gewogenen durchschnittlichen Kapitalkosten des Unternehmens. Zur Objektivierung der Ansätze, zum Beispiel für bilanzielle oder steuerliche Zwecke, sind die Kapitalkosten vom Kapitalmarkt abzuleiten. Für andere Zwecke, zum Beispiel zur

Ermittlung von Entscheidungswerten, können auch unternehmensintern vorgegebene oder anderweitig abgeleitete Renditeerwartungen zur Diskontierung der Zahlungsströme herangezogen werden.

Zur Bestimmung der aus Kapitalmarktdaten abgeleiteten gewogenen durchschnittlichen Kapitalkosten des Unternehmens müssen Eigenkapitalkosten, Fremdkapitalkosten (nach Steuern) und Kapitalstruktur ermittelt werden. Die vermögenswertspezifischen Eigenkapitalkosten setzen sich in Anlehnung an das Capital Asset Pricing Model (CAPM) aus einem risikolosen Basiszinssatz und einer Marktrisikoprämie, angepasst an die Besonderheiten des betreffenden immateriellen Vermögenswertes (vermögenswertspezifischer Risikozuschlag), zusammen. Der Basiszinssatz sollte – wie auch bei der Unternehmensbewertung nach IDW S 1 – jeweils aus den periodenspezifischen Zerobondrenditen der aktuellen Zinsstrukturkurve äquivalent zur Nutzungsdauer abgeleitet werden (vgl. Berichterstattung zur Ableitung von Basiszinssätzen aus der Zinsstrukturkurve, FN-IDW 2005: 555/FN-IDW 2006: 581).

Bei der Bestimmung des vermögenswertspezifischen Risikozuschlags zur Bewertung immaterieller Vermögenswerte dürfen nur solche Unternehmen in die Vergleichsgruppe einbezogen werden, die zum zu bewertenden Vermögenswert gleichwertige Vermögenswerte bei der Leistungserstellung oder zur Positionierung auf dem Absatzmarkt einsetzen. Gegebenenfalls können als Vergleichsgruppe auch solche Unternehmen herangezogen werden, deren Geschäftszweck in unmittelbarem Zusammenhang mit dem zu bewertenden immateriellen Vermögenswert steht. Sofern der immaterielle Vermögenswert eine von der Vergleichsgruppe abweichende Risikostruktur aufweist, sind angemessene Zu- oder Abschläge beim Risikozuschlag vorzunehmen.

Auch bei der Ermittlung der Fremdkapitalkosten sind Laufzeit- und Risikoäquivalenz mit dem zu bewertenden immateriellen Vermögenswert zu gewährleisten; grundsätzlich gelten jedoch die in IDW S 1 (vgl. IDW 2005: 1303–1327/FN-IDW 2005: 673–754 für die Ermittlung der Fremdkapitalkosten nach Steuern) und die Kapitalstruktur enthaltenen Überlegungen. Der Planungszeitraum der Cashflows ist auf die wirtschaftliche Nutzungsdauer abzustellen; sie kann zeitlich begrenzt oder unbegrenzt sein.

Auch die Überschüsse aus der Nutzung immaterieller Vermögenswerte unterliegen meist der Besteuerung. Wurden daher bei der Ableitung der Zahlungsströme Steuern in Abzug gebracht, so ist der Kapitalisierungszinssatz äquivalent nach diesen Steuern zu ermitteln. Ferner ist zu prüfen, ob und in welcher Höhe die Berücksichtigung eines abschreibungsbedingten Steuervorteils angemessen ist. Dieser ergibt sich dann, wenn die steuerliche Bemessungsgrundlage aus den von dem Vermögenswert generierten Zahlungsströmen um Abschreibungen auf den Vermögenswert zu reduzieren ist.

Kapitalwertorientierte Verfahren sind sehr flexibel und ermöglichen daher die Bewertung aus verschiedenen Perspektiven. Neben typisierten Wertkonzepten wie dem beizulegenden Zeitwert, die für Zwecke der Rechnungslegung relevant sind, können durch individuelle Komponenten auch strategisch geprägte Entscheidungswerte ermittelt werden.

Die Mehrgewinnmethode am Beispiel der Markenbewertung

Bei der Markenbewertung ist die Mehrgewinnmethode zu bevorzugen. Die zentrale Aufgabe besteht in der Abgrenzung der markenspezifischen Umsätze, das heißt derjenigen Umsätze, die durch das Vorhandensein der Marke beeinflusst sind. Der höhere Umsatz kann dabei sowohl auf höhere Verkaufspreise als auch auf höhere absetzbare Mengen zurückzuführen sein. Beispielhaft für eine Mehrgewinnmethode wird hier das Advanced Brand Valuation (ABV) Modell von PricewaterhouseCoopers dargestellt. Es wurde in Zusammenarbeit mit der Gesellschaft für Konsumforschung (GfK) und Prof. Dr. Henrik Sattler von der Universität Hamburg entwickelt.

Die ABV ist modular aufgebaut und vereint verhaltenswissenschaftliche mit finanziellen und rechtlichen Größen. Sie ist deshalb für alle Markenbewertungsanlässe, aber vor allem auch sehr gut für die Markenführung geeignet. Es werden vier einzelne Module unterschieden:

- Markenisolierungsmodul,
- Markenprognosemodul,
- Markenrisikomodul,
- Simulationsmodul.

Das *Markenisolierungsmodul* basiert auf dem Einbezug von psychologischen und verhaltensorientierten Komponenten, die vor allem eine Isolierung des Preis- und Mengeneffekts der Marke im Vergleich zu einem nicht markierten oder schwächer markierten Produkt erlaubt. Die Preisdifferenzanalyse kann dabei zum Beispiel auf Basis von Paneldaten oder auch auf Basis von Conjoint-Analysen durchgeführt werden. Im ersten Fall handelt es sich dabei um tatsächlich am Markt gezahlte Preisprämien, im anderen Fall wird die grundsätzliche Preisbereitschaft indirekt ermittelt.

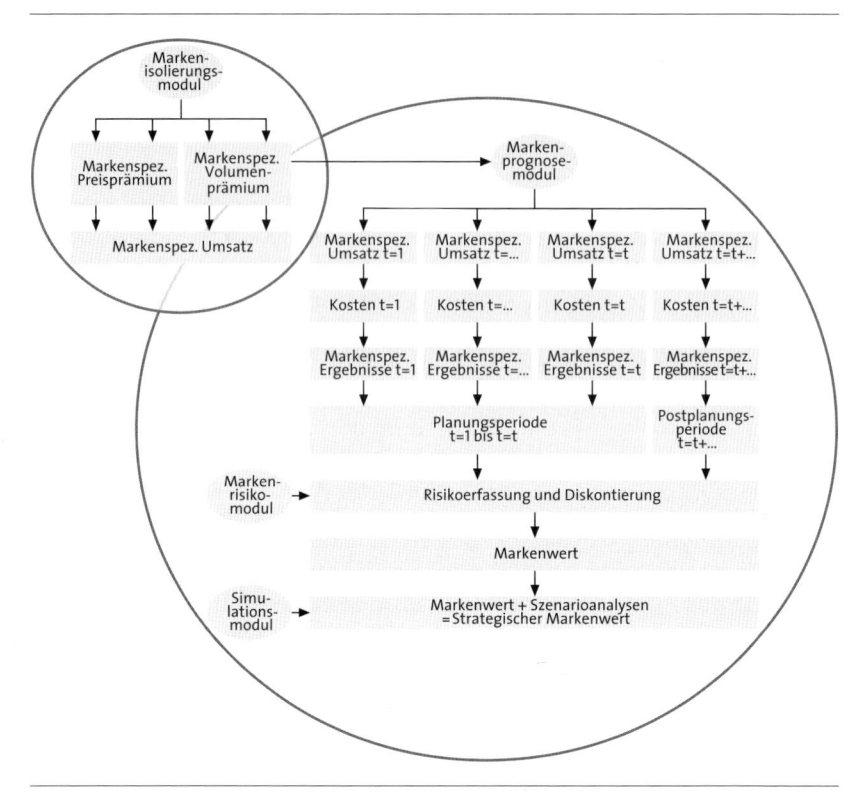

Abbildung 3: Modellcharakteristik der Advanced Brand Valuation.

Daran schließt sich das *Markenprognosemodul* an, das für die Zukunft neben den markenspezifischen Umsätzen auch die dafür notwendigen Kosten berücksichtigt, um schließlich die markenspezifischen Ergebnisse zu ermitteln. Als Planungszeithorizont wird die voraussichtliche Lebensdauer der Marke zugrunde gelegt. Ist die Lebensdauer nicht zeitlich begrenzt, wird die Planung nur für die bereits schätzbare Zukunft detailliert ermittelt. Der restliche Wertbeitrag wird dann über die ewige Rente berechnet.

Da der Markenwert wie auch ein Unternehmenswert immer auf einen bestimmten Stichtag ermittelt wird, sind die geplanten Markenergebnisse mit einem angemessenen Diskontierungszinssatz auf den Stichtag abzuzinsen. Durch das Markenrisikomodul wird das mit der Marke verbundene Risiko ermittelt. Ausgehend von dem für das Unternehmen angemessenen Diskontierungszinssatz wird der Zu- oder Abschlag für die jeweils betrachtete Marke ermittelt. Dies gilt vor allem für Produkt- und Dachmarken; dagegen geht man bei einer Unternehmensmarke meist davon aus, dass Unternehmens- und Markenrisiko identisch sind.

In das Markenrisikomodul fließen zum Beispiel die Markenstärke, der rechtliche Schutz der Marke sowie die Markentradition ein. Eine mit der Markentradition (vgl. Menninger/Robers 2006: 241–259) assoziierte Zuverlässigkeit, Markenvertrauen und emotionale Bindung können mitverantwortlich für einen höheren Markenwert sein.

Für die Markenführung oder auch für die Ermittlung des Grenzpreises bei Kauf beziehungsweise Verkauf besonders hilfreich ist das optionale *Simulationsmodul*. Hier werden durch die Szenarioanalyse, die eine Veränderung einzelner wichtiger Werttreiber erlaubt, verschiedene mögliche Markenwerte errechnet. Das Unternehmen erhält dadurch die Möglichkeit einzuschätzen, welche Auswirkungen einzelne Maßnahmen auf Basis der aktuell unterstellten Annahmen haben. Auch hier spielt die Markentradition eine Rolle: So lässt die Existenz klassischer Markenartikel wie zum Beispiel Coca-Cola, Persil, Tempo oder Faber-Castell über mehrere Dekaden oder gar hundertjährige Zeiträume auch weiterhin ein hohes Wertschöpfungspotential zum Beispiel durch Markendehnung vermuten (zu den Erfolgskriterien und -aussichten von Markendehnungen vgl. Völckner/Sattler 2006: 18–34).

Kostenorientiertes Verfahren

Das kostenorientierte Verfahren fokussiert sich – wie der Name schon sagt – auf die für die Reproduktion oder Wiederbeschaffung notwendigen historischen oder zukünftigen Kosten. Es zeigt damit eine wesentliche konzeptionelle Schwäche, da der zukünftige Nutzen aus dem immateriellen Vermögenswert meist nicht berücksichtigt wird. Allerdings kann die Anwendung einer kostenorientierten Methode für bestimmte Fragestellungen durchaus hilfreich sein, zum Beispiel bei der Frage nach Kauf oder Selbsterstellung von immateriellen Werten oder bei Lizenzvereinbarungen, die eine Vergütung als Zuschlag zu den Kosten vorsehen, oder auch für Plausibilitätsüberlegungen anhand von Anschaffungskosten für immaterielle Werte.

Ausblick

Der Bewertung von immateriellen Werten hängt häufig noch etwas Mystisches an. Für viele ist schon das Wesen und die Wirkung von immateriellen Werten unverständlich, aber diesen Werten auch noch eine monetäre Größe beizumessen, sehen sie als die Quadratur des Kreises an. Dabei ist es eigentlich ganz einfach, wenn man den Grundsatz der Interdisziplinarität beachtet: Markenstärke, Marktforschung, Kommunikation, Preis- und Mengenprämien, Cashflows, rechtlicher Schutz – all dies sind wichtige Aspekte des immateriellen Wertes Marke. Die bereichsübergreifende Analyse und Entwicklung der immateriellen Werte führt zu einer adäquaten und realistischen Einschätzung der Werttreiber der immateriellen Werte und zur Nutzung von Synergien durch eine verbesserte Zusammenarbeit.

Im Zeitalter der Wissens- und Kommunikationsgesellschaft wird außerdem die Bedeutung von Netzwerken betont. Dies führt zu einer veränderten Bedeutung von Raum und Zeit. Die Unabhängigkeit immaterieller Werte von der physischen Substanz prädestiniert sie geradezu als Ausgangspunkt und Nutznießer von Netzwerken, sowohl im Unternehmen als auch extern. Vielleicht wird man später einmal sagen, dass die Nutzung dieser Fähigkeit von immateriellen Werten das eigentlich Revolutionäre der Wissens- und Kommunikationsgesellschaft gewesen ist.

Literatur

Buchele, Mark-Steffen/Hoepfner, Jörg (2004): Marken und die Bestimmung des Markenwerts. In: PR Magazin, 35. Jg., Nr. 7, S. 47–54.

Göbel, Vanessa (2008): Markenwirtschaft schützt sich. In: Markenartikel, 70 Jg., Nr. 4, S. 170–171.

Günther, Thomas (2007): Zur Abbildung immaterieller Ressourcen im Controlling und in der Rechnungslegung. In: Der Konzern, Zeitschrift für Gesellschaftsrecht, Steuerrecht, Bilanzrecht und Rechnungslegung der verbundenen Unternehmen, 5. Jg., S. 331–343.

IDW (2005): S 1, Grundsätze zur Durchführung von Unternehmensbewertungen. In: Die Wirtschaftsprüfung (WPg), S. 1303–1327, FN-IDW, S. 673–754.

IDW (2007): S 5, Grundsätze zur Bewertung immaterieller Vermögenswerte. In: Die Wirtschaftsprüfung (WPg), Supplement 4, S. 64–75, FN-IDW, S. 610–621.

Küting, Karlheinz/Dürr, Ulrike (2003): „Intangibles" in der deutschen Bilanzierungspraxis. In: Steuer- und Bilanzpraxis, 5. Jg., Nr. 1, S. 1–5.

Menninger, Jutta/Nägele, Thomas (2007): Die Bewertung von Gewerblichen Schutzrechten und Urheberrechten für Zwecke der Schadensberechnung im Verletzungsfall. In: Wettbewerb in Recht und Praxis (WRP), 53 Jg., S. 912–919.

Menninger, Jutta/Robers, Diane (2006): Markenwert – Paradigmenwechsel im Marketing? In: Herbrand, Nicolai/Röhrig, Stefan (Hg.): Die Bedeutung der Tradition für die Markenkommunikation. Stuttgart, S. 241–259.

PwC/GfK/Sattler, Henrik/Markenverband (2006): Praxis von Markenbewertung und Markenmanagement in deutschen Unternehmen. Neue Befragung 2005. Frankfurt am Main.

Völckner, Franziska/Sattler, Henrik (2006): Drivers of Brand Extension Success. In: Journal of Marketing, 70. Jg., Nr. 2, S. 18–34.

Reputation messen und bewerten – Grundlagen und Methoden

Kerstin Liehr, Paul Peters und Ansgar Zerfaß

Die Reputation im Sinne des Ansehens eines Unternehmens (oder eines anderen Bezugsobjekts) und der damit verbundenen Unterstützungspotentiale wichtiger Bezugsgruppen gilt als zentrale Zielgröße des Kommunikationsmanagements. Der Aufbau von Reputationskapital und die Vermeidung von Reputationsrisiken finden sich in den Zielsystemen vieler Unternehmen. Unabhängig von den jeweiligen Wirkungszusammenhängen kommen hierbei Verfahren der Reputationsmessung zum Einsatz, die sich hinsichtlich Zielsetzung, Methodik und Operationalisierung des Messgegenstands unterscheiden. Da mit diesen Kriterien festgelegt wird, welche Sachverhalte tatsächlich gemessen und bewertet werden, ist eine genaue Unterscheidung unabdingbar. Besteht das Ziel darin, die Unternehmensreputation zu erheben (Messung), sie mit der von Wettbewerbern zu vergleichen (Benchmarking) oder sie im Anschluss an eine solche Positionsbestimmung auch aktiv zu beeinflussen (Steuerung)?

Die Zielsetzung bestimmt maßgeblich die Frage der Methodik. Aus den häufig verwendeten Medienresonanzanalysen lässt sich das Bild bei Journalisten und deren Unterstützungsbereitschaft ableiten; inwieweit andere Akteure dies wahrnehmen und sich davon beeinflussen lassen, wird nicht geklärt. Dagegen wird mit Stakeholderbefragungen die Reputation direkt bei den relevanten Bezugsgruppen erhoben. Schließlich unterscheiden sich die meisten Verfahren hinsichtlich der Operationalisierung der Reputation: Welche beobachtbaren Facetten können identifiziert werden, die stellvertretend für Reputation stehen und sich messen lassen? Hier ist eine Abwägung zwischen Analysegenauigkeit und Praxistauglichkeit notwendig. Der Beitrag gibt einen Überblick zur Reputationsmessung und stellt neben einigen bekannten Messverfahren mit Standardkriterien die wichtigsten neueren Konzepte vor, mit denen der Wertschöpfungsbeitrag unternehmensspezifisch erhoben werden kann.

Reputation als Gegenstand der Messung

Reputation ist die generalisierte, kollektive Einschätzung eines Objekts (zum Beispiel eines Unternehmens) durch seine Anspruchsgruppen. Reputation (synonym „der gute Ruf") setzt sich aus deren Vorstellungsbildern vom und ihrer Einstellung zum Objekt zusammen. Sie bildet sich bei den Anspruchsgruppen als Ergebnis von Wahrnehmungen, Erfahrungen und Bewertungen im Zeitverlauf. Diese können sowohl im direkten Kontakt zwischen Unternehmen und Anspruchsgruppen entstehen, als auch durch Dritte, das heißt Journalisten und andere Stakeholder, vermittelt werden. Die Güte der Reputation ist ein Indikator für das zukünftige Verhalten der Anspruchsgruppen gegenüber dem Reputationsobjekt. Über sie lassen sich Aussagen über das Ausmaß der Unterstützungspotentiale von Anspruchsgruppen gegenüber dem Reputationsobjekt ableiten (vgl. Liehr/Peters/Zerfaß 2009).

Bei einer *Reputationsmessung* wird demnach erfasst, wer (Reputationsabsender: zum Beispiel Kunde) *wen* (Reputationsobjekt: zum Beispiel Unternehmen) in Bezug auf *welche Dimensionen* (zum Beispiel Produktqualität, Leadership, Arbeitsbedingungen) *wie einschätzt*. Die Messergebnisse werden in der Regel in zumeist mehreren Kennzahlen zusammengefasst. Diese lassen Aussagen über die Güte der Reputation zu (Einschätzung) und können als Indikator für die Unterstützungspotentiale der betrachteten Anspruchsgruppen (Handlungsorientierung bzw. Verhalten) dienen.

Diese Begriffsklärung zeigt bereits, dass Reputation ein mehrdimensionales und immaterielles Konstrukt ist, das in verschiedenen Differenzierungsgraden erhoben werden kann. Einfache Lösungen werden der Komplexität des Messgegenstands nicht gerecht.

Kennzahlen der Reputationsmessung

Aufgrund der Vielzahl praxisgängiger Verfahren der Reputationsmessung und der teilweise stark abweichenden Operationalisierungen des Konstrukts „Reputation" lassen sich keine allgemeingültigen Kennzahlen benennen. Üblicherweise werden bei den zugrunde liegenden empirischen Erhebungen (Medienresonanzanalysen, Befragungen) mehrstufige Skalen verwendet und Auswertungen in mehreren Dimensionen vorgenommen, so dass sich durch geeignete Berechnungen und Gewichtungen verfahrensspezifische Indexwerte bilden lassen. Beispiele hierfür sind der auf einer Skala von 0 bis 100 abgebildete „Global Pulse Score" im RepTrak-Konzept (vgl. Reputation Institute 2009) und der von -100 bis +100 variierende „Reputation Index" (RI) im Modell des Media Reputation Index (vgl. Eisenegger/Imhoff 2008).

Vorgehensweise: Operationalisierung, Dimensionen, empirische Methoden

Wie muss konkret vorgegangen werden, um Reputation valide zu messen? Vor der Messung steht immer die Definition und Operationalisierung in einem *Reputationsmodell*. Denn bei einem mehrdimensionalen Konstrukt wie der Reputation hängt das Ergebnis der Messung davon ab, wie viele und welche inhaltlichen Dimensionen man als relevant betrachtet und deshalb erhebt. Zudem ist entscheidend, bei wem die Reputation analysiert wird – direkt bei den Bezugsgruppen, in den Medien oder in beiden Bereichen.

Definition und Operationalisierung von Reputation

Das Reputationsmodell als Grundlage jeder Messung umfasst drei Bestandteile: das Reputationsobjekt, die Operationalisierung des Reputationsobjekts und die Reputationsabsender (vgl. Abbildung 1).

Reputationsobjekte können Unternehmen oder Organisationen, Abteilungen, Gruppen, Personen (zum Beispiel CEOs), aber auch Produkte, Technologien oder abstrakte Systeme wie das Internet sein. Für die Vorgehensweise heißt das: Es muss klar sein, wessen Reputation gemessen werden soll. Im Folgenden wird exemplarisch auf das Reputationsobjekt Unternehmen eingegangen.

Reputationsdimensionen legen die inhaltlichen Aspekte fest, bezüglich derer Vorstellungsbilder und Einstellungen gemessen werden sollen (vgl. Abbildung 1: a – d). Beispiele sind die finanzielle Leistungsfähigkeit, die Arbeitsumgebung oder die Produkt- und Servicequalität eines Unternehmens. Um die Dimensionen festzulegen, muss man beobachtbare Facetten der Reputation identifizieren, die empirisch erhoben werden können. Doch diese Dimensionen sind oftmals noch zu pauschal, so dass sie nochmals auf verschiedene Indikatoren heruntergebrochen werden können. Diese *Indikatoren* stellen die potentiellen Erfolgsfaktoren dar, auf Basis derer später Handlungsempfehlungen abgeleitet werden können.

Schließlich ist zu klären, bei welchen *Reputationsabsendern* die Vorstellungsbilder und Einstellungen gemessen werden sollen. Für jede Anspruchsgruppe sind andere Aspekte bedeutsam. Deshalb führt die Reputationsmessung für ein Unternehmen zum Beispiel bei Investoren, Kunden, Politikern und Gewerkschaften naturgemäß zu unterschiedlichen Ergebnissen. Grundsätzlich sollte bei der Bestimmung der Reputationsabsender zwischen Mittlern – zum Beispiel Journalisten bezie-

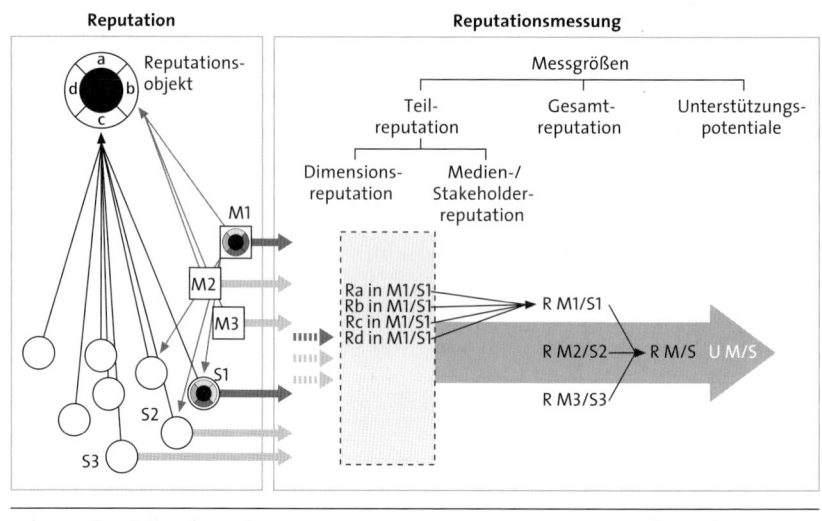

	Reputation		Reputationsmessung		
				Messgrößen	
			Teil-reputation	Gesamt-reputation	Unterstützungs-potentiale
			Dimensions-reputation	Medien-/Stakeholder-reputation	

Abbildung 1: Idealtypisches Vorgehen einer Reputationsmessung.

a-d	Reputationsdimensionen	R M1	Gesamtreputation bei Medium 1
M	Medien	R S1	Gesamtreputation bei Stakeholder 1
S	Stakeholder	R M	Gesamtreputation in den Medien
Ra in M	Reputation in Dimension a in Medium 1	R S	Gesamtreputation bei Stakeholdern
Ra bei S1	Reputation in Dimension a bei Stakeholder 1	U M	Unterstützungspotential in den Medien
		U S	Unterstützungspotential bei Stakeholdern

Beginn der Reputationsmessung, Methode abhängig vom Reputationsabsender (Medienresonanzanalyse vs. Stakeholderbefragung)

hungsweise Medien – und Stakeholdern unterschieden werden (vgl. Abbildung 1: M1 – M3 und S1 – S3).

Festlegung der Erhebungsdimensionen

In Vorbereitung der empirischen Erhebung muss weiterhin festgelegt werden, welche Messgrößen erhoben werden sollen (vgl. Abbildung 1):

Die *Gesamtreputation* drückt aus, wie die Gesamtheit der untersuchten Reputationsabsender zum Reputationsobjekt (hier: Unternehmen) steht. Damit könnte beispielsweise ermittelt werden, dass ein Unternehmen X von der Stakeholdergruppe „Kunden" 80 von 100 Punkten erhält und somit bei diesen das im Vergleich zu allen Mitbewerbern am besten angesehene Unternehmen ist. Solche stark verdichteten Ergebnisse haben allerdings nur eine geringe Aussagekraft. Wenn solche Urteile – gar über Ländergrenzen hinweg – in einer Topkennzahl zusammengefasst werden, besteht die Gefahr, dass für das Unternehmen kritische Reputationsverschiebungen unbemerkt bleiben. Trotzdem sind solche Kennzahlen bei Vorständen beliebt. Auch sind sie die Voraussetzung dafür, die Kommunikationsaktivitäten standardisierten Zielen zuordnen zu können, den Grad der Zielerreichung zu quantifizieren und so die Anschlussfähigkeit an das Management-Reporting des Gesamtunternehmens zu garantieren. Effektiv steuern lässt sich die Unternehmenskommunikation damit allein aber noch nicht.

Zur *Teilreputation* gehören die Messgrößen Dimensionsreputation und Stakeholder- und Medienreputation. Die *Dimensionsreputation* erfasst die Unternehmensreputation in den einzelnen vorher bestimmten Dimensionen bei den verschiedenen Reputationsabsendern. Das Ergebnis lässt eine differenzierte Erkenntnis darüber zu, welcher Stakeholder beziehungsweise welches Medium das Reputationsobjekt in welcher Dimension wie bewertet. So könnte beispielsweise die Anspruchsgruppe Kunden das Unternehmen X in Bezug auf die Qualität seiner Produkte als gut, jedoch dessen finanzielle Leistungsfähigkeit und Beitrag zur CO_2-Reduktion als schlecht einschätzen, während die Investoren diese Wahrnehmung nur teilweise teilen. Daraus lassen sich Stärken und Schwächen des Reputationsobjekts in den einzelnen Dimensionen und in Bezug auf die einzelnen Reputationsabsender ablesen. Die *Medien- oder Stakeholderreputation* verdichtet die einzelnen Dimensionsreputationen für verschiedene Medien beziehungsweise Bezugsgruppen und gibt an, wie groß die Reputation ist, die die untersuchten Medien (zum Beispiel die internationale Wirtschaftspresse, die TV-Berichterstattung in Deutschland) oder bestimmte Stakeholder (zum Beispiel Kunden, Arbeitnehmer) insgesamt dem Reputationsobjekt (hier: Unternehmen) zusprechen.

Um das *Unterstützungspotential* von Stakeholdergruppen zu erfassen, muss deren zukünftiges Verhalten gegenüber dem Unternehmen identifiziert beziehungsweise abgefragt werden. Das Unterstützungspotential drückt sich beispielsweise darin aus, inwieweit Kunden bereit sind, höhere Preise für Produkte zu bezahlen oder inwieweit Politiker das Vorhaben eines Unternehmens unterstützen.

Festlegung der empirischen Methoden

Je nachdem, mit welchem Ziel die Reputationsmessung durchgeführt wird (Positionsbestimmung versus Steuerung) und welche Reputationsabsender untersucht werden sollen (Medien versus Stakeholder), bieten sich unterschiedliche Verfahren an. Zum Einsatz kommen Medienresonanzanalysen, Stakeholderbefragungen sowie Kombinationen der beiden Methoden:

Mit Hilfe von *Medienresonanzanalysen* (vgl. Raupp/Vogelgesang 2009) wird die Reputationseinschätzung von Journalisten in den Medien über das jeweilige Reputationsobjekt erhoben. Dazu dient eine inhaltsanalytische Auswertung der anhand geeigneter Suchkriterien identifizierten Veröffentlichungen (Presseberichte, Online-Dokumente, TV-Sendungen) auf Basis eines Codebuchs. Der Fokus richtet sich auf die im Kommunikations-Controlling als externer Output bezeichnete Darstellung des Unternehmens in der publizistischen Öffentlichkeit (vgl. Rolke/Zerfaß 2010). Da hiermit ausschließlich die Handlungen der Journalisten offengelegt werden, geben Medienresonanzanalysen nur einen eingeschränkten Aufschluss darüber, welche Faktoren ursächlich für die Meinungsbildung und das Handeln in den Redaktionen waren. Zudem lassen sie nur sehr bedingt Rückschlüsse auf die Einstellung oder das Verhalten anderer Anspruchsgruppen zu. Dies lässt sich valide nur mit Stakeholderbefragungen erreichen.

Stakeholderbefragungen sind Umfragen, die telefonisch, schriftlich oder online durchgeführt werden und den Gütekriterien der empirischen Sozialforschung genügen müssen (vgl. Merten 2007). Befragt werden können breite Bevölkerungsgruppen (zum Beispiel Vorstände, Geschäftsführer und Manager bei den einfachen Reputations-Rankings von Fortune Magazine und Manager Magazin) oder spezifische Stakeholdergruppen mit konkretem Bezug zum Unternehmen und dessen Strategie, zum Beispiel unter Rückgriff auf Adressen von (potentiellen) Kunden, Mitarbeitern und Journalisten. Nicht auf einzelne Unternehmen zugeschnittene Befragungen beschränken sich meist auf das Abfragen von Standarddimensionen mit dem vorrangigen Ziel, Unternehmen im Wettbewerbsumfeld einzuordnen. Gründe für die Platzierung oder Handlungsempfehlungen zur Steigerung der Reputation sind hieraus nicht abzuleiten – genauso wenig wie aus Studien, die sich auf Mittelwertvergleiche (sog. Benchmarks) beschränken. Um Reputation also nicht nur zu messen, sondern sie auch effektiv steuern zu können, müssen erstens die Dimensionen in Indikatoren heruntergebrochen und zweitens stakeholderspezifische Verhaltensabsichten berücksichtigt werden. Die Ableitung erfolgskritischer Treiber erfordert den Einsatz multivariater Analysemethoden der sogenannten zweiten Generation, wie dem Partial-Least-Squares (PLS)-Verfahren (vgl. Götz/Liehr-Gobbers 2004). Auf diese Weise können die Wirkungen von Kommunikation auf der Ebene des direkten beziehungsweise indirekten Outcomes (vgl. Rolke/Zerfaß 2010) erhoben werden.

Konzepte und Messverfahren in der Unternehmenspraxis

Reputationsmessungen werden von sehr vielen Dienstleistern und Forschungsinstituten angeboten. Zudem führen Wirtschafts- und Fachzeitschriften unternehmensübergreifende Erhebungen durch, um publizistisch interessante Reputations-Rankings zu erzeugen. In einer ersten Annäherung lassen sich dabei drei Kategorien unterscheiden:

- *Eindimensionale Reputationsmessungen* versuchen, den Ruf durch die direkte Frage nach dem Image beziehungsweise der Reputation eines Unternehmens in einer übergeordneten Erhebung (zum Beispiel einer Kundenbefragung) oder durch die allgemeine Tonalität der Medienberichterstattung (positive/negative Konnotationen) zu erheben. Auf diese Weise werden einfache Skalenwerte erzeugt. Diese Verfahren werden der Komplexität der Reputationsbildung in modernen Gesellschaften nicht gerecht.

- *Generische Reputationsmessungen* gehen davon aus, dass Reputation und deren Einfluss auf die Wertschöpfung unternehmensübergreifend operationalisiert werden kann. Auf Grundlage eines fixen Reputationsmodells mit einer bestimmten Auswahl von Dimensionen und Erhebungsmethoden, die sich von Anbieter zu Anbieter unterscheiden, werden standardisierte, mehrdimensionale Messverfahren angeboten. Die Umsetzung ist deshalb vergleichsweise kostengünstig. Zudem können die Dienstleister die Messergebnisse sammeln und für Benchmarking-Zwecke in Datenbanken aufbereiten. Beispiele hierfür sind der TRI*M Reputation Manager, der RepTrak und der Media Reputation Index (vgl. unten). Diese Messverfahren ermöglichen eine Positionsbestimmung im Wettbewerb. Einige dieser Ansätze werden zudem verwendet, um populäre Rankings für die Unternehmensreputation oder für einzelne Reputationsdimensionen (zum Beispiel für Corporate Social Responsibility, Arbeitgeberattraktivität) zu erheben. Tabelle 1 gibt einen Überblick zu Verfahren, die im deutschsprachigen Raum relevant sind.

- *Strategische Reputationsmessungen* wollen darüber hinaus sicherstellen, dass in der Messung auch die den Unternehmenserfolg bestimmenden Reputationstreiber identifiziert werden, die die Handlungen der relevanten Bezugsgruppen beeinflussen und somit Ausdruck des Unterstützungspotentials sind. Da die meisten Unternehmen und Branchen unterschiedliche Wertschöpfungsmodelle verfolgen, sind die in standardisierten Messverfahren abgebildeten Einflussfaktoren und Anspruchsgruppen zumeist nicht geeignet, um steuerungsrelevante Informationen zu generieren. Reputationsmessungen, die eine strategische Steuerung ermöglichen, wie das Integrated Reputation

Ranking	Anbieter/ Medienpartner	Messung
Rankings der Gesamtreputation		
Global Reputation Pulse	Reputation Institute	*Reputationsobjekt:* ca. 1.300 Unternehmen in etwa 30 Ländern weltweit *Reputationsabsender:* ca. 70.000 Personen (Kunden) in der breiten Öffentlichkeit; die Befragten bewerten jeweils nur die Unternehmen in ihren Heimatländern *Dimensionen:* Performance, Product/Service, Innovation, Workplace, Governance, Citizenship, Leadership *Methode:* Online-Befragung (mit Ausnahmen), einmal jährlich *Ergebnis:* Indexwert, Skala von 0 bis 100
TRI*M Corporate Reputation Study	TNS-Gruppe	*Reputationsobjekt:* Unternehmen (individuelle Beauftragung der Erhebungen, u. a. durch viele Fortune-100- und Dax-30-Unternehmen) *Reputationsabsender:* Kunden, Mitarbeiter, Bürger („allgemeine Öffentlichkeit"), ggf. weitere Stakeholder *Dimensionen:* Ruf des Unternehmens, Sympathie, Vertrauen, finanzieller Erfolg, Produkt/Dienstleistungsqualität *Methode:* Befragung, unternehmensindividuell – Datensammlung für Benchmarks *Ergebnis:* Indexwert, Skala von 0 bis 100
Fortune's World's Most Admired Companies	Fortune Magazin Hay Group	*Reputationsobjekt:* Unternehmen (Fortune Global 500 nach Umsatz) *Reputationsabsender:* mehr als 4.000 Vorstandsmitglieder und Aufsichtsräte der weltweit größten Unternehmen (nach Umsatz) aus 64 Branchen sowie Finanzanalysten; die Befragten bewerten jeweils die Unternehmen ihrer eigenen Branche *Dimensionen:* Innovationskraft, Personalmanagement, Einsatz des Unternehmensvermögens, soziale Verantwortung, Qualität des Managements, Finanzkraft, Attraktivität als Langzeit-Investment, Qualität der Produkte und Dienstleistungen, globale Wettbewerbsfähigkeit *Methode:* Befragung, einmal jährlich *Ergebnis:* Indexwert, Skala von 0 bis 10
Imageprofile	Manager Magazin TNS Infratest BIK Marplan Intermedia	*Reputationsobjekt:* ca. 150 deutsche Unternehmen aus zehn Branchen, darunter alle Dax-30-Konzerne *Reputationsabsender:* repräsentativ ausgewählte Vorstände, Geschäftsführer und leitende Angestellte aus Deutschland *Dimensionen:* Ruf des Unternehmens (Note von 0 = sehr schlecht bis 10 = sehr gut), seit 2008 zusätzlich fünf imagebildende Faktoren: Ethisches Verhalten, Innovationskraft, Kundenorientierung, Managementqualität, Produkt- und Servicequalität *Methode:* Befragung, alle zwei Jahre *Ergebnis:* Indexwert als Durchschnitt aller Bewertungen für das Unternehmen, Skala von 0 bis 10

Tabelle 1: Reputations-Rankings und generische Messverfahren (Beispiele).

Ranking	Anbieter/ Medienpartner	Messung
Rankings für einzelne Reputationsdimensionen		
Good Company Ranking (Fokus: CSR)	Manager Magazin Kirchhoff Consult	*Reputationsobjekt:* 90 umsatzstärkste, börsennotierte Unternehmen in Europa und alle im Stoxx und Dax gelisteten Unternehmen (seit 2009) *Reputationsabsender:* a) vier Gruppen von Sachverständigen (erste Stufe: Auswertung aller zugänglichen Informationen der Unternehmen) und b) Jury (zweite Stufe: Festlegung einer Rangfolge auf Grundlage der Expertenbewertungen) *Dimensionen:* Mitarbeiter (Wie geht das Unternehmen mit seinen Beschäftigten um?), Gesellschaft (Wie zugänglich ist das Unternehmen für gesellschaftliche Belange?), Umwelt (Wie ressourcenschonend agiert das Unternehmen?), Performance (Wie viel Geld verdient das Unternehmen?) *Methode:* Expertenbefragung, alle zwei Jahre *Ergebnis:* Indexwert, Skala von 0 bis 25
Great Place to Work (Trust Index) (Fokus: Arbeitgeberattraktivität)	Great Place to Work Institute Capital, FTD, Handelsblatt	*Reputationsobjekt:* mehrere 1.000 Unternehmen ab 50 Mitarbeitern in allen EU-Ländern und weiteren sechs Ländern weltweit (unternehmensindividuelle Beauftragung) *Reputationsabsender:* Mitarbeiter, die Befragten bewerten jeweils nur ihre eigene Organisation *Dimensionen:* Vertrauen, Stolz und Teamgeist *Methode:* Befragung (schriftlich oder online), einmal jährlich *Ergebnis:* Gesamtindexwert (maßgeblichen Einfluss hat die Mitarbeiterbefragung), Skala von 1 bis 5
Ideal Employer Rankings (Fokus: Arbeitgeberattraktivität)	Universum Communication, Access Wirtschaftswoche	*Reputationsobjekt:* mehrere 100 der bekanntesten Unternehmen in allen EU-Ländern, den USA und einigen anderen Staaten *Reputationsabsender:* a) Students Survey: ca. 19.000 Studierende der Fachrichtungen Wirtschafts-, Ingenieur-, Rechts-, Geisteswissenschaften sowie Informationstechnologie und Medizin an 190 Hochschulen, b) Professional Survey: ca. 7.700 Arbeitnehmer, nicht unternehmensspezifisch (Zahlen jeweils für die deutschen Studien) *Dimensionen:* Benennung der drei idealen Arbeitgeber; zudem Erfassung von Präferenzen, Zielen, Erwartungen und Kommunikationsgewohnheiten der Befragten *Methode:* getrennte Online-Befragungen für Studenten und Professionals, jährlich *Ergebnis:* Ranking auf Basis prozentualer Nennungen

(Fortsetzung) Tabelle 1: Reputations-Rankings und generische Messverfahren (Beispiele).

Management System, der Corporate Reputation Monitor und der Reputation Performance Manager (vgl. unten), erfordern mehr Aufwand in der Konzeption und Umsetzung. Das hier zu Tage tretende

Spannungsfeld von Strategieorientierung und Standardisierung ist ein grundlegendes Merkmal immaterieller Werte (vgl. vertiefend Zerfaß 2009: 36 ff.); der geeignete Weg muss von jedem Unternehmen im Einzelfall bestimmt werden.

Ungeachtet von Messmodell oder -methodik sollte vor einer ersten Reputationsmessung in jedem Fall der Ist-Zustand in Form einer Nullmessung erfasst werden. Nur dadurch lässt sich die Reputationsentwicklung darlegen und der Wertschöpfungsbeitrag nachweisen. Daneben sollte analog zur eigenen (Unternehmens-)Reputation immer auch die der Konkurrenten gemessen werden. Daraus lassen sich Rückschlüsse über die eigene Position im Markt oder Wettbewerb ziehen (Benchmarking).

Die aus methodischer Sicht anspruchsvollsten Praxisverfahren der Reputationsmessung im deutschsprachigen Raum sind derzeit der Media Reputation Index (vgl. Eisenegger/Imhoff 2007), der RepTrak (vgl. Reputation Institute 2009), der Corporate Reputation Monitor (vgl. Schwaiger 2004), das Integrated Reputation Management System (vgl. Ingenhoff 2007) und der Reputation Performance Manager (vgl. Storck/Liehr 2009). Diese Verfahren werden im Folgenden näher umrissen. Sie unterscheiden sich insbesondere durch die zugrunde liegende Methodik (Medienresonanzanalysen, Stakeholderbefragungen oder Kombinationen).

Media Reputation Index

Das von Eisenegger/Imhoff (2008) entwickelte Konzept misst Reputation in Form eines *Media Reputation Index* (RI). Es wird davon ausgegangen, dass das Ansehen eines Unternehmens maßgeblich über die Massenmedien vermittelt ist. Methodisch handelt es sich um eine Medienresonanzanalyse, in der untersucht wird, ob ein Reputationsobjekt in einem Medienbeitrag eher positiv oder negativ beziehungsweise kontrovers oder neutral dargestellt wurde. Die Untersuchungseinheit ist nicht die einzelne Aussage, sondern die Tonalität des gesamten Beitrags. Der Media Reputation Index kann die Werte -100 (nur negativ) bis +100 (nur positiv) annehmen. In einem weitergehenden Schritt kann der Index weiter differenziert werden. Reputation wird dreidimensional verstanden. Sie setzt sich aus funktionaler, sozialer und expressiver Reputation zusammen. Bei der *funktionalen Reputation* geht es um die Frage, ob Akteure bestimmte Ziele erfolgreich erreicht haben und ob sie die dafür adäquaten Mittel ergreifen. Manager oder Unternehmen beispielsweise erhalten funktionale Reputation, wenn sie Gewinne oder Börsenkurse steigern. Die *soziale Reputation* bemisst sich daran, inwieweit ein Akteur in seinen Handlungen gesellschaftliche Normen befolgt. Sie bewertet folglich die Legitimität und Integrität. Die emotionale Attraktivität und

Wahrhaftigkeit eines Akteurs bilden die Basis seiner *expressiven Reputation*. Wurden einem Unternehmen in einem Medienbericht beispielsweise gute Verkaufs- und Bilanzzahlen oder ein guter Aktienkurs attestiert, fällt das in die Kategorie der funktionalen Reputation. Wurde jedoch die soziale Integrität oder Legitimität des Unternehmens bewertet, so geht es um die soziale Reputation. Erfolgen die funktionale und/oder soziale Bewertung stark emotionalisiert, so werden die Beiträge zusätzlich der expressiven Reputation zugeschrieben. Ähnliche Ansätze zur Reputationsmessung werden sowohl im angloamerikanischen Raum verfolgt (beispielsweise von Craig Carroll am Carolina Observatory on Corporate Reputation), als auch von Medienanalyseinstituten und Kommunikationsagenturen angeboten.

RepTrak

Der RepTrak (vgl. Reputation Institute 2009) ist ein mehrdimensionaler Ansatz der Stakeholderbefragung, der von dem privaten Beratungsnetzwerk Reputation Institute weltweit angeboten wird. Hierbei muss grundsätzlich zwischen dem generischen Global RepTrak Pulse, einer jährlichen syndizierten Studie, und dem RepTrak-Modell unterschieden werden. Der *Global Pulse Score* ist ein Indexwert. Er wird gebildet, indem breite Bevölkerungsgruppen in 32 Ländern eine große Anzahl von Unternehmen in sieben Dimensionen (Products/Services, Innovation, Workplace, Governance, Citizenship, Leadership und Performance) bewerten und die entsprechenden Aussagen aggregiert werden. Das Ergebnis ist eine Kennzahl auf einer Skala von 0 bis 100. Im Mittelpunkt des RepTrak-Modells steht der *RepTrak*. Er gibt die Gesamteinschätzung eines Unternehmens durch dessen Stakeholder wieder. Diese wird durch vier direkte Fragen gemessen. In ihnen werden die Achtung, die Bewunderung, das Vertrauen und das Gefühl der Stakeholder gegenüber dem Unternehmen abgefragt. Im Rahmen des Modells werden die sieben Dimensionen aus dem RepTrak-Index durch verschiedene Indikatoren pro Dimension verdichtet und mit dem RepTrak in Beziehung gesetzt. Analog zu diesen Stakeholderbefragungen gibt es auch eine Medienresonanzanalyse mit dem Namen *Media RepTrak*. In dieser wird die Medienberichterstattung in Beziehung zu den sieben Dimensionen gesetzt und untersucht, wie die Berichterstattung die Unternehmensreputation beeinflusst und in welchem Umfang dies geschieht.

Corporate Reputation Monitor

Der Corporate Reputation Monitor (vgl. Schwaiger 2004) basiert ebenfalls auf einer Stakeholderbefragung. Um Reputation messen zu können, wird sie in diesem Fall zweidimensional operationalisiert in eine kognitive und affektive Komponente. Bei der *kognitiven Komponente* geht es um das subjektive Wissen und/oder die subjektive Wahrnehmung und eine rationale Bewertung der Unternehmenseigenschaften durch die relevanten Stakeholder. Die *affektive Komponente* drückt die Einschätzung des Unternehmens und dessen Tätigkeit durch die Stakeholder aus. Die kognitive Bewertung des Unternehmens wird dem übergeordneten Konstrukt Kompetenz und die affektive Einschätzung dem der Sympathie zugeordnet und durch jeweils drei Indikatoren operationalisiert. Über diese insgesamt sechs Indikatoren wird die *Reputation als Indexwert* gemessen. Zu Beginn wurde diese Status-quo-Bestimmung lediglich durch die breite Öffentlichkeit in Deutschland bestimmt. Seit 2008 besteht die Möglichkeit, auch das Feedback anderer Stakeholdergruppen zu erheben. Über diese „Wasserstandsmeldung" hinaus bietet Schwaiger mit seinem Reputationsmodell eine erweiterte Variante der Reputationsmessung an. In diesem Reputationsmodell werden verschiedene Dimensionen (zum Beispiel Qualität, Leistung, Verantwortung und Attraktivität mit ihrer jeweiligen Operationalisierung) mit den beiden Reputationsdimensionen Sympathie und Kompetenz in Beziehung gesetzt. Je nachdem, welche Zielsetzung mit der Reputationsmessung verfolgt wird, kann man das Reputationsmodell mit weiteren Außenkriterien verknüpfen, wie zum Beispiel der Kundenbindung, der Mitarbeitermotivation oder dem Commitment.

Integrated Reputation Management System (IReMS)

In dem von Ingenhoff (2007) entwickelten Verfahren wird Reputation nicht nur wie von Schwaiger in zwei, sondern sogar in drei Sub-Faktoren zerlegt: eine funktional-kognitive, eine soziale und eine affektiv-emotionale Dimension. Es wird davon ausgegangen, dass sich Reputation aus den direkten und indirekten Erfahrungen der Stakeholder mit dem Unternehmen bildet und durch die Medien und die in ihnen diskutierten Themen vermittelt wird. Aus diesem Grund werden im IReMS *Stakeholderbefragungen und Medienresonanzanalysen* integriert. Dadurch werden die häufig isoliert betrachteten Messansätze zusammengeführt. Diese Form der integrierten Reputationsanalyse zeigt: a) Wie Reputation in solchen Anspruchsgruppen zustande kommt, die medienaffin sind und welche Wirkungen sich für deren Verhalten ableiten lassen; b) Welche Faktoren die Reputation treiben; c) Wie Issues auf die verschiedenen Reputationsdimensionen wirken und d) Welchen Einfluss die Medienberichterstattung auf die Bildung der Reputation in den Anspruchsgruppen hat.

Reputation Performance Manager

Das von Hering Schuppener Consulting bei mehreren Konzernen eingesetzte Mess- und Steuerungskonzept (vgl. Storck/Liehr 2009) zielt darauf, Unternehmensstrategie und Stakeholderverhalten so weit wie möglich in Einklang zu bringen. Das Messmodell dient der Beantwortung folgender Fragen: a) Welche Stakeholder können mit dem, was sie tun oder lassen, Einfluss darauf nehmen, ob die Strategie des Unternehmens erfolgreich umgesetzt werden kann?; b) Welches Verhalten dieser Gruppen ist für das Erreichen der Geschäftsziele wichtig?; c) Welche Wahrnehmung des Unternehmens begünstigt dieses Idealverhalten?; d) Wie nehmen die Stakeholder das Unternehmen aktuell wahr?; e) Welche Botschaften muss das Unternehmen vermitteln, um Lücken zwischen Soll und Ist bei der Reputation zu schließen?; f) Über welche Kanäle und mit welchen Maßnahmen kann diese Vermittlungsleistung erbracht werden?. Das Reputationsmodell basiert auf neun weitgehend branchenunabhängigen Reputationsdimensionen, die durch branchen- und unternehmensspezifische Indikatoren operationalisiert und mit Vertrauen und stakeholderspezifischen Verhaltensabsichten in Beziehung gesetzt werden. Ergänzend zur *Stakeholderbefragung* werden *Medienresonanzanalysen* auf Aussagenebene integriert. Diese Analyse ist abgestimmt auf die Reputationsdimensionen der Anspruchsgruppenbefragung, was eine integrierte Messung und Steuerung der Unternehmensreputation ermöglicht. Die Medienresonanz-Schnittstelle ermöglicht sowohl die Integration von bereits im Unternehmen vorliegenden Daten als auch die Einbeziehung von Werten aus dem unternehmensübergreifenden Ranking Management System von Hering Schuppener, in dem laufend mehrere 100 veröffentlichte Rankings und Ratings aus aller Welt erfasst werden. Damit ermöglicht der Performance Manager nicht nur den Wettbewerbsvergleich, sondern die Ableitung von unternehmensspezifischen Vertrauens- und Verhaltenstreibern zur Leistungssteigerung.

Bewertung und Ausblick

Bei der Interessenkoordination in ausdifferenzierten Gesellschaften spielt die Reputation – neben der Rechtsordnung, Marktmechanismen, organisationsinternen Hierarchien und Werten – eine zentrale Rolle (vgl. Zerfaß 2007: 33 ff.). Doch bei den für das Reputationsmanagement unabdingbaren Messverfahren steht eine Vielzahl verschiedener Verfahren nebeneinander, so dass sich derzeit keine übergreifenden Kennzahlen und Indizes definieren lassen.

Wenn das Ziel der Reputationsmessung darin besteht, die Unternehmensreputation mit der von Wettbewerbern zu vergleichen (Benchmarking), eignen sich alle Ansätze, die mit Methoden der Medienresonanzanalyse (externer Output) oder der Stakeholderbefragung (direkter Outcome) arbeiten. Gilt es jedoch zugleich Reputation zu steuern, müssen Ansätze gewählt werden, die weiterreichende Anforderungen erfüllen, also auch die Ebene der Handlungsorientierung und Unterstützungsleistung als indirektem Outcome abbilden. Ausschlaggebend ist die verursachungsgerechte Ableitung von stakeholderspezifischen Verhaltenstreibern. Sinnvoll ist eine Kombination und Integration von Medienanalysen und Befragungen bezogen auf Teilreputationen, die dann über die Grenzen von Unternehmensfunktionen, Kommunikationsdisziplinen und Ländergrenzen hinweg orchestriert werden können. Allerdings funktioniert die lückenlose Verzahnung unterschiedlicher Messinstrumente nicht für alle Stakeholdergruppen. Untersuchungen zeigen, dass für viele Zielgruppen kein Zusammenhang zwischen dem Tenor der Medienberichterstattung und der Bewertung der Unternehmensreputation festgestellt werden kann (vgl. Emre 2008). Letztlich sind die Auswertungsmethoden ausschlaggebend dafür, ob die Reputation lediglich gemessen oder auch gesteuert werden kann. Die zur Steuerung erforderlichen Kenntnisse über die erfolgskritischen Treiber lassen sich mit dem sogenannten Partial-Least-Square-Verfahren (PLS) ableiten (vgl. Götz/Liehr-Gobbers 2004). Nur so ist langfristig ein lückenloser Anschluss der Outcome- an die Outflow-Ebene möglich. Dazu ist zusätzlich eine Normierung von Bewertungsstandards und Reputationswerten analog zur Markenbewertung notwendig. Bis dahin ist es angesichts der derzeitigen rechtlichen Regelungen und Diskussionen zu immateriellen Vermögenswerten in Rechnungslegung, Controlling und Wirtschaftsprüfung noch ein weiter Weg (vgl. Zerfaß 2009 und Menninger 2010).

Kommunikationsmanager können die skizzierten Verfahren zielführend einsetzen, wenn sie mit den unternehmensspezifischen Werttreibern, Kommunikationszielen und Stakeholderkonstellationen verknüpft werden. Dabei ist zu berücksichtigen, dass das Reputationskonstrukt bis heute fast ausschließlich im Kontext von Massenmedien und vermeintlich passiven Anspruchsgruppen gedacht wird. Diese Vorstellung erscheint spätestens seit der Etablierung und weitverbreiteten Nutzung von Social-Web-Anwendungen revidierungsbedürftig. Deshalb liegt die Aufgabe von Reputationsmessungen jetzt und noch viel mehr in der nahen Zukunft darin, diese neuen Strukturen zu erfassen, neue Kommunikationsstrukturen, Akteure, Risiken und Chancen zu identifizieren und damit neue Ansätze des Reputationsmanagements zu ermöglichen.

Literatur

Eisenegger, Mark/Imhoff, Kurt (2008): The True, the Good and the Beautiful: Reputation Management in the Media Society. In: Zerfass, Ansgar/Van Ruler, Betteke/Sriramesh, Krishnamurthy (Hg.): Public Relations Research. Wiesbaden, S. 125–146.

Emre, Sirin (2008): Der Einfluss der Medienberichterstattung auf die Wahrnehmung der Unternehmensreputation von verschiedenen Stakeholdern – Ansätze für ein integriertes Messmodell für Unternehmensreputation in der Pharmaindustrie. Unveröffentlichte Diplomarbeit. Düsseldorf.

Götz, Oliver/Liehr-Gobbers, Kerstin (2004): Analyse von Strukturgleichungsmodellen mithilfe der Partial-Least-Squares(PLS)-Methode. In: Die Betriebswirtschaft. 64. Jg., S. 714–738.

Helm, Sabrina (2007): Unternehmensreputation und Stakeholder-Loyalität. Wiesbaden.

Ingenhoff, Diana (2007): Integrated Reputation Management System (IReMS): Ein integriertes Analyseinstrument zur Messung und Steuerung von Werttreibern der Reputation. In: PR Magazin, 38. Jg., Nr. 7, S. 55–62.

Liehr, Kerstin/Peters, Paul/Zerfaß, Ansgar (2009): Reputationsmessung – Grundlagen und Verfahren. communicationcontrolling.de, Dossier Nr. 1. Berlin/Leipzig.

Menninger, Jutta (2010): Markenbewertung: Methoden und Standards. In diesem Band.

Merten, Klaus (2007): Umfragen als Instrument der Unternehmenskommunikation. In: Piwinger, Manfred/Zerfaß, Ansgar (Hg.): Handbuch Unternehmenskommunikation. Wiesbaden, S. 557–574.

Raupp, Juliana/Vogelgesang, Jens (2009): Medienresonanzanalyse. Wiesbaden.

Reputation Institute (2009): 2009 Global Reputation Pulse, The World's Most Reputable Companies: Global Selection. New York.

Rolke, Lothar/Zerfaß, Ansgar (2010): Wirkungsdimensionen der Kommunikation: Ressourceneinsatz und Wertschöpfung im DPRG/ICV-Bezugsrahmen. In diesem Band.

Schwaiger, Manfred (2004): Components and Parameters of corporate reputation – an empirical study. In: Schmalenbach Business Review, 56. Jg., S. 46–71.

Storck, Christopher/Liehr, Kerstin (2009): Reputationsmanagement – Business case, Anforderungen, Erfolgsfaktoren. In: Röttger, Ulrike/Preusse, Joachim/Schmitt, Jana (Hg.): Profile 2008: Reputationsmanagement – Prozesse, Potenziale, Erfolgsfaktoren. Ein Rückblick. Münster, S. 6–8.

Zerfaß, Ansgar (2007): Unternehmenskommunikation und Kommunikationsmanagement: Grundlagen, Wertschöpfung, Integration. In: Piwinger, Manfred/Zerfaß, Ansgar (Hg.): Handbuch Unternehmenskommunikation. Wiesbaden, S. 21–70.

Zerfaß, Ansgar (2009): Immaterielle Werte und Unternehmenskommunikation – Herausforderungen für das Kommunikationsmanagement. In: Möller, Klaus/Piwinger, Manfred/Zerfaß, Ansgar (Hg.): Immaterielle Vermögenswerte: Bewertung, Berichterstattung und Kommunikation. Stuttgart, S. 23–47.

Die Messung von Mitarbeitereinstellungen und -verhalten

Eva Fuhlrott und Jessica Durst

Unternehmen stehen im ständigen Wettbewerb miteinander. Um sich Wettbewerbsvorteile zu sichern und nachhaltig Erfolg zu haben, müssen sie exzellent, das heißt, in ihren Geschäftsprozessen dauerhaft besser als die Konkurrenz sein. Dies ist nur durch ständige Veränderung möglich. Den Mitarbeitern kommt dabei eine besondere Rolle zu: Nur wenn sie Vision, Mission, Ziele und Strategie ihres Unternehmens mittragen und bereit für stetigen Wandel sind, werden sie Veränderungen unterstützen. Weil die Mitarbeiter bei Veränderungen eine solch tragende Rolle spielen, hat sich die Bedeutung interner Kommunikation in den vergangenen Jahren stark erhöht: Interne Kommunikation hat die Aufgabe, bei den Mitarbeitern Wissen aufzubauen, sie auf die Unternehmensziele und -strategie auszurichten sowie eine positive Reputation des Unternehmens zu fördern. Zudem soll sie Motivation und Vertrauen in die Unternehmensführung erzeugen. Dieser Beitrag befasst sich mit der Frage, wie der Erfolg der internen Kommunikation besonders auf der Outcome- und Outflow-Ebene evaluiert werden kann – hier geht es um die Messung von Mitarbeitereinstellungen und -verhalten. Es werden Kennzahlen und Methoden vorgestellt, mit denen sich Verhalten und verhaltensbezogene Einstellungen und Zustände operationalisieren und messen lassen.

Messgegenstand: Mitarbeitereinstellungen und -verhalten

Wie beeinflussen Einstellungen, Meinungen und Werte das tatsächliche Verhalten? Diese Frage beschäftigt Psychologen und Soziologen seit Jahrzehnten, ohne dass sie Übereinstimmungen gefunden hätten. Untersuchungen wie die von Fishbein/Ajzen (1975) legen nahe, dass Einstellungen vor allem dann Verhalten erklären können, wenn die erfasste Einstellung sich genau auf das gezeigte Verhalten bezieht.

Im betrieblichen Kontext wurden daher besonders Einstellungen untersucht, die in engem Bezug zur Arbeitstätigkeit stehen. Dies sind primär Konzepte wie Arbeitszufriedenheit, Involvement sowie Commitment beziehungsweise Identifikation. Entsprechende Verhaltensweisen sind das Fernbleiben vom Arbeitsplatz, Fluktuation, die Häufigkeit von Unfällen, innovatives Verhalten und Extrarollenverhalten – diese gelten gleichzeitig als wichtige Voraussetzungen für den langfristigen Unternehmenserfolg.

Einstellungs- und verhaltensbezogene Werttreiber und Kennzahlen der internen Kommunikation

Folgt man den Werttreiber-Modellen, die der Arbeitskreis „Wertschöpfung durch Kommunikation" der DPRG und Pfannenberg für die Kommunikation von Unternehmen aufgestellt haben (vgl. Pfannenberg 2010), wird deutlich, dass der Erfolg interner Kommunikation auf den drei Wirkebenen Output, Outcome und Outflow durch mehrere, aufeinander aufbauende Ausprägungen von Einstellungen und Verhalten bei Mitarbeitern begünstigt wird. Diese Werttreiber lassen sich durch Kennzahlen oder Key Performance Indicators (KPIs) darstellen und messbar machen.

Wirkebene	Werttreiber	Beispiele für Kennzahlen (KPIs)
Outflow	Operative Exzellenz	• Kundenzufriedenheit • Anzahl an Reklamationen • Produktivität • Einhaltung von Sicherheitsstandards • Wert von Verbesserungsvorschlägen • Mitarbeiterfluktuation • Fehlzeiten/Krankenstand • Anzahl von Unfällen mit Ausfalltagen
	Führungsverhalten	• Förderung von Innovationen • Coaching • Partizipative Entscheidungsfindung
Outcome	Readiness for Change	• Anteil Mitarbeiter an Jobrotation-Programmen • Commitment
	Commitment für das Unternehmen	Indexierung mit Dimensionen wie • Zufriedenheit mit dem Arbeitsverhältnis • Wiederbewerbung • Weiterempfehlung • Identifikation mit dem Arbeitgeber • Überzeugung vom gegenwärtigen Geschäftsmodell
	Motivation	• Motivstrukturen • Motivation der Arbeitskollegen • Verweilabsicht im Unternehmen
	Vertrauen in die Unternehmensführung	• Einschätzung der Wettbewerbsfähigkeit • Bewertung der Unternehmensstrategie
	Reputation des Unternehmens	Indexierung mit Dimensionen wie • Performance • Leadership • Innovationskraft • Finanzkraft
	Ausrichtung auf Unternehmensziele/-strategie/-werte	• Akzeptanz der Unternehmensziele/-strategie

Tabelle 1: Werttreiber und Beispiele für Kennzahlen der internen Kommunikation.

Wirkebene	Werttreiber	Beispiele für Kennzahlen (KPIs)
	Wissen	• Bekanntheit von Produkten und Dienstleistungen • Bekanntheit Unternehmensziele, Strategie • Kenntnisse der Märkte
Output	Aufmerksamkeit	• Zufriedenheit der Mitarbeiter mit Informationsangebot/Kommunikation • Nutzungsverhalten, z. B. Seitenabrufdauer • Usability, z. B. PageImpressions, Visits • Erscheinen, Frequenz, Distribution • Einhaltung journalistischer Standards • Einhaltung von Corporate-Design-Vorgaben • Anteil/Vorkommen von Botschaften/Werten

(Fortsetzung) Tabelle 1: Werttreiber und Beispiele für Kennzahlen der internen Kommunikation.

Output-Ebene

Damit Kommunikation etwas bewirken kann, muss eine wichtige Voraussetzung erfüllt sein: Sie muss wahrgenommen werden. Auf der Output-Ebene geht es deshalb darum, *Aufmerksamkeit* zu erzeugen. Inwiefern die Medien der internen Kommunikation durch ihre Form, Gestaltung und Verbreitungsweise dazu geeignet sind, Aufmerksamkeit für die relevanten Themen zu erzeugen, ist auf dieser Ebene daher die wichtigste Fragestellung. Zur Evaluation können zum einen Medien wie die Mitarbeiterzeitschrift, der Mitarbeiternewsletter oder das Intranet auf ihre Inhalte (zum Beispiel Botschaften/Werte), ihre Realisierung (zum Beispiel Erscheinungsform und Verbreitungsgrad) und Qualitätsstandards (zum Beispiel Einhaltung journalistischer Standards, Usability) hin untersucht werden. Zum anderen ist das Nutzungsverhalten ein Indikator für die Relevanz und Qualität der Medien.

Outcome-Ebene

Oberster Werttreiber der internen Kommunikation auf der Outcome-Ebene ist die *Veränderungsbereitschaft* (Readiness for Change). In ihrer Strategy Map des Unternehmens sehen Kaplan/Norton die Veränderungsbereitschaft als wichtigen Werttreiber für unternehmerischen Erfolg in der Lern- und Entwicklungsperspektive an. Auf der Agenda organisatorischen Wandels stehen ihrer Meinung nach die ständige Verbesserung der Kundenorientierung, die Entwicklung von Innovationen und die fortwährende Lieferung von Ergebnissen (vgl. Kaplan/Norton 2004: 12 ff.). Um dies sicherstellen zu können, sollten die Mitarbeiter mit der Strategie ihres Unternehmens vertraut sein und diese aktiv umsetzen, zum Beispiel indem sie Wissen teilen. Von Führungskräften ist vor allem gefordert, dass sie Verantwortung übernehmen und eine klare Richtung aufzeigen. Inwiefern diese Voraussetzungen erfüllt werden, kann über KPIs erfasst werden. Der Anteil von Mitarbeitern, die an einer Jobrotation teilnehmen, kann beispielsweise als Messgröße für Veränderungsbereitschaft gewählt werden, da solche Programme die teamübergreifende Zusammenarbeit maßgeblich verbessern sollen.

Eine wesentliche Bedingung für Veränderungsbereitschaft ist *Commitment*, also die Verbundenheit der Mitarbeiter zu ihrem Unternehmen und die gefühlte Verpflichtung, sich für das Unternehmen einzusetzen. Organisationales Commitment bezeichnet somit eine psychologische Kraft, die stabilisierend oder bindend wirkt und für Verhalten eine Richtung vorgibt (vgl. Meyer/Herscovitch 2001: 301). Somit ist Commitment mehr als „nur" eine Einstellung, es steht in engem Bezug zum tatsächlichen Verhalten. Besonders relevant für Verhalten ist affektives Commitment, denn damit ist ein engagierter, langfristiger und aktiver Einsatz zum Wohl der Organisation assoziiert. Commitment entzieht sich als psychologisches Konstrukt der direkten Messung. Daher wird oft über Aspekte wie die Verweilabsicht im Unternehmen oder die empfundene Arbeitszufriedenheit auf Commitment geschlossen.

Als wichtige Bedingung für Commitment wird zum einen *Motivation* angesehen: Wer motiviert ist, richtet sein Handeln aktiv darauf aus, einen als positiv bewerteten Zielzustand zu erreichen. Wie dieser gewünschte Zustand aussieht, hängt letztlich auch von der individuellen Motivstruktur ab. Während einige Menschen stärker anschlussmotiviert sind und eine gute Beziehung zu anderen suchen, sind andere Menschen eher leistungsmotiviert und möchten sich erfolgreich an Gütemaßstäben messen. Da Motive einen Einfluss auf Verhalten haben und Intensität und Ausdauer von Verhalten beeinflussen (vgl. Langens/Schmalt/Sokolowski 2005: 74), sind sie auch im Arbeitskontext interessant. Ein starkes Leistungsmotiv kann sich zum Beispiel in Extrarollenverhalten äußern: Inwiefern sind die Mitarbeiter bereit, zusätzlich zu den ihnen ohnehin übertragenen Aufgaben Initiative zu ergreifen?

Als weitere Bedingung für Commitment gilt *Vertrauen in die Unternehmensführung*. Vertrauen ist ein Zustand zwischen Wissen und Nichtwissen. Es drückt die Erwartung wohlwollender Behandlung in der Zukunft aus, beruht aber auf Erfahrungen in der Vergangenheit (vgl. Luhmann 2000: 23, Hubig/Simoneit 2007: 178). Lässt sich eine vertrauensvolle Beziehung zur Unternehmensführung etablieren, stehen die Chancen gut, die Belegschaft zu motivieren und sie stärker an das Unternehmen zu binden. Dann ist auch die Bereitschaft höher, Veränderungsprozesse aktiv mitzutragen. Bisher gibt es nur wenige Verfahren, die Vertrauen messen. Da das Vertrauen in die Unternehmensführung auch umfasst, inwiefern die Mitarbeiter ihrer Führung „zutrauen", das Unternehmen zum Erfolg zu führen, können die Einschätzungen der Mitarbeiter zur *Wettbewerbsfähigkeit des Unternehmens* und ihre *Bewertung der Unternehmensstrategie* als KPIs zur Messung von Vertrauen herangezogen werden.

Reputation im Sinne des „Guten Rufes" umschreibt, wie das Unternehmen von seinen Stakeholdergruppen wahrgenommen wird, beispielsweise hinsichtlich seiner Produktqualität oder der Arbeitsbedingungen. Die Bezugsgruppen stehen in engem Austausch miteinander, oft nehmen Mitglieder einer Stakeholdergruppe auch noch weitere Stakeholderrollen ein. So sind Mitarbeiter eines Unternehmens nicht selten auch Kunden, Aktionäre oder Nachbarn. In diesen Rollen und vor allem als Mitarbeiter bewerten sie kontinuierlich die Zielsetzungen und die Strategie des Unternehmens, seine Wettbewerbsfähigkeit und die Fähigkeit des Managements, die gesetzten Ziele zu verwirklichen (zu Kennzahlen und Erhebungsverfahren der Reputation vgl. Liehr/Peters/Zerfaß 2010).

Weitere Bedingungen für Vertrauen und Motivation sind das Wissen der Mitarbeiter über die Strategie ihres Unternehmens sowie die Ausrichtung auf die Unternehmensziele, -strategie und -werte. Denn nur, wenn alle Mitarbeiter die Unternehmensziele und -strategie einschließlich der Produkte und Märkte kennen, können sie Strategie und Zielsetzungen in vollem Umfang und mit Engagement mittragen.

Outflow-Ebene

Operative Exzellenz bedeutet, in den Aktivitäten des Wertschöpfungsprozesses besser zu sein als der Wettbewerb. Um operative Exzellenz auf der Verhaltensebene – auch im Vergleich zu anderen Unternehmen – zu erfassen, können KPIs wie der Krankenstand, die durchschnittliche Dauer der Unternehmenszugehörigkeit oder auch die Ausfalltage durch Unfälle (Lost Time Accidents) genutzt werden. Denn dies sind Voraussetzungen dafür, dass die Mitarbeiter mit ihrer vollen Arbeitskraft und -leistung zur Wertschöpfung beitragen. Einreichungen im Ideenmanagement zeigen dagegen an, wie stark die Mitarbeiter eigene Vorschläge einbringen – eine wichtige Voraussetzung für fortwährende Innovation.

In Organisationen kommt den Führungskräften eine Multiplikatorrolle zu. Vorgesetzte sollten mit ihrem *Führungsverhalten* ihre Mitarbeiter zu exzellenten Leistungen befähigen. Zusätzlich erwartet die Unternehmensleitung, dass Führungskräfte die Ziele, Strategien und Change-Programme des Unternehmens aktiv vorantreiben. Zur Frage, ob Führungskräfte ihre Mitarbeiter effektiv führen, können die Einschätzungen von Mitarbeitern herangezogen werden – beispielsweise durch die Beurteilung, inwiefern der Vorgesetzte Innovationen fördert oder ein „offenes Ohr" für Vorschläge hat.

Methoden zur Messung von Mitarbeitereinstellungen und -verhalten

Zur Evaluation der internen Kommunikation stehen wie in den anderen Feldern der Unternehmenskommunikation drei grundsätzliche Erhebungsformen zur Auswahl: Inhaltsanalyse, Befragung und Beobachtung. Während einige Verfahren nur für bestimmte Werttreiber und Wirkebenen der Kommunikation geeignet sind, sind andere Verfahren wie Audits und Befragungen für mehrere Werttreiber nutzbar.

Für die Messung von Einstellungen und Verhalten eignen sich vor allem Befragungen und Beobachtungen beziehungsweise Analysen bestimmter Kennzahlen – sie werden hier näher vorgestellt. Inhaltsanalysen bieten sich eher für die Output-Ebene an.

Messung von Mitarbeitereinstellungen (Outcome)

Standardisierte Befragungen

Häufigste Erhebungsform zur Evaluation von Mitarbeitereinstellungen sind *standardisierte Befragungen*. Sie eignen sich, um die der direkten Beobachtung nicht zugänglichen Meinungen und Einstellungen zu erfassen. Entlang der Wirkebenen gibt es dabei verschiedene Befragungstypen:

Leser-/Userbefragung. Im Rahmen einer Leser- oder Userbefragung lässt sich das aktuelle Medienportfolio evaluieren (vgl. auch Zerfaß/Dühring 2010, Schweiger 2010). Außerdem können die Antworten der Teilnehmer neue Ideen und Anregungen zur Gestaltung und Aufbereitung von Inhalten liefern. Typische Fragen beziehen sich auf den Schreibstil, das Format (Zeitung vs. Zeitschrift vs. Intranet), das Gefühl der Informiertheit und die Auswahl der Themen.

Recall- oder Recognition-Test. Ob das im Medium enthaltene Wissen über das Unternehmen und seine Strategie auch bei den Lesern ankommt, lässt sich mit einem Quiz erfragen (vgl. auch Zerfaß/Dühring 2010). Mitarbeiter können etwa bei einem Rätsel im Intranet oder in der Mitarbeiterzeitschrift auf die Frage antworten, wofür die Marke des Unternehmens steht. Bei solchen Befragungen besteht allerdings die Gefahr, dass sich nur die ohnehin Engagierten beteiligen und die Rückläufe wenig repräsentativ sind. Eine weitere Möglichkeit sind Wissenstests: Um Zeit und Kosten zu sparen, können entsprechende Zusatzfragen im Rahmen der Mitarbeiterbefragung erhoben werden, beispielsweise zu den strategischen Prioritäten des Unternehmens.

Mitarbeiterbefragung inklusive Commitment-Messung. Während sich Mitarbeiterbefragungen in der Vergangenheit vor allem auf „Hygienefaktoren" wie Organisationsklima, Mitarbeiterzufriedenheit und Organisationskultur bezogen haben, werden sie heute auch als Führungsinstrumente gesehen (vgl. Borg 2007: 339 f.). Dabei werden zunehmend Aspekte wie die Qualität der Zusammenarbeit zwischen Bereichen oder die Mitarbeiterorientierung der Führungskräfte erfasst. Mitarbeiterbefragung, Incentivierung und Scorecard sind somit eng miteinander verzahnt.

Zentraler Gegenstand von Mitarbeiterbefragungen ist heute das Commitment der Mitarbeiter. Zur Erhebung dieses Konstrukts stehen mehrere Instrumente zur Verfügung, Beispiele sind der TRI*M Commitment Index von TNS Infratest, der GfK Trustmark und der PeopleIndex von YouGov. Etablierte Instrumente haben den Vorteil, dass sie Benchmark-Vergleiche zwischen Unternehmen erlauben und damit aussagekräftiger sind. Die TRI*M Commitment-Analyse von TNS Infratest fragt nach

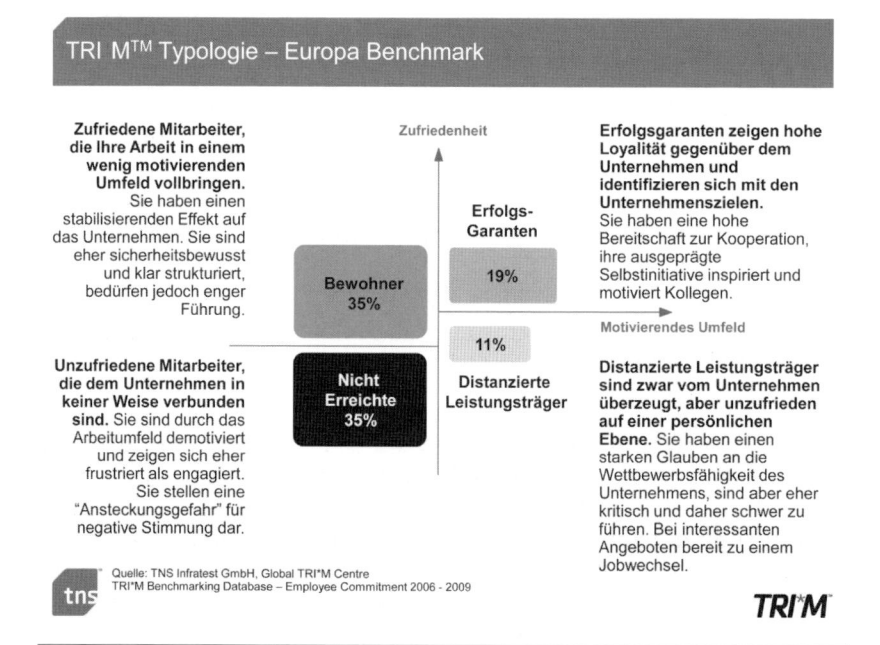

Abbildung 1: TRI*M-Typologie von TNS Infratest (TNS Infratest).

der emotionalen Befindlichkeit der Mitarbeiter. Der Gesamtindex-Wert wird aus sechs Fragen gebildet, die Aspekte des Verhältnisses zum Unternehmen widerspiegeln: Zufriedenheit mit dem Arbeitsverhältnis, Wiederbewerbung, Weiterempfehlung, Identifikation mit dem Arbeitgeber, Motivation der Kollegen und Überzeugung vom gegenwärtigen Geschäftsmodell. Als Auswertungsergebnis zeigt der TRI*M Index den Grad des Mitarbeiter-Commitments in einer Kennzahl an. Ausgehend von den Ergebnissen der sechs Indexfragen werden in der TRI*M Typologie weiterhin die Dimensionen „Zufriedenheit" und „motivierendes Umfeld" zueinander ins Verhältnis gesetzt. Anhand dieser beiden Dimensionen werden die Mitarbeiter in einer Matrix in vier Gruppen eingeteilt (vgl. O'Gorman/Pirner 2005: 62), vom „Erfolgsgaranten" bis zu „Nicht Erreichten" (vgl. Abbildung 1). Durch die mehrfache Erhebung der Index-Kennzahl über einen längeren Zeitraum werden Entwicklungen und Tendenzen sichtbar. Zusätzlich ermöglicht der TRI*M Index auch ein externes Benchmarking nach Ländern, Regionen oder Branchen.

Mitarbeiterbefragungen zur Unternehmenskultur. Geteilte Normen und Werte der Unternehmenskultur beeinflussen Verhalten und regeln den Umgang miteinander. Für Erhebungen der Unternehmenskultur gibt es mehrere Ansätze – von standardisierten Befragungen bis hin zu vielschichtigen Leitfadeninterviews. Der wohl bekannteste Fragenkatalog für die standardisierte Befragung ist der Denison Organizational Survey. Mit ihm kann erhoben werden, ob und in welchem Maß sich die Mitarbeiter bei ihrer täglichen Arbeit auf die Unternehmensziele ausrichten. Dafür wird die Organisationskultur in vier Kulturmerkmalen erfasst: Mission, Anpassungsfähigkeit, Engagement und Konsistenz (vgl. Denison/Mishra 1995). Das Unternehmen befindet sich dabei im Spannungsfeld zwischen teils widersprüchlichen Anforderungen an interne Integration versus externe Orientierung und Stabilität versus Flexibilität. Die Werte der einzelnen Faktoren werden auf einem „Kulturrad" visualisiert, so dass Stärken und Schwächen auf einen Blick erkennbar sind. Der Denison Organizational Culture Survey bietet über eine Datenbank zudem die Möglichkeit von Benchmarkvergleichen.

Befragung anderer Stakeholder. Operative Exzellenz kann über Befragungen erfasst werden, bei denen interne Kunden andere Personen oder Abteilungen beurteilen. Die Ergebnisse von externen/internen Kundenbefragungen können zum Beispiel Hinweise auf die Servicequalität liefern. Ein Nachteil bei der Befragung außenstehender Personen ist, dass die Urteile besonders durch Merkmale der Beziehungskonstellation (zum Beispiel Dienstleister – Kunde) überlagert werden können.

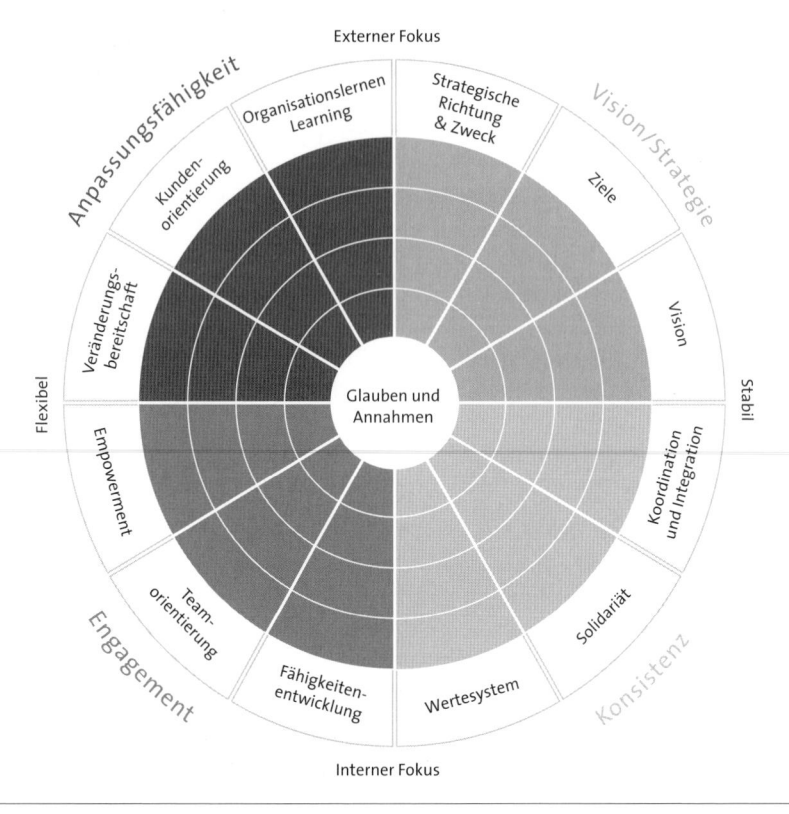

Abbildung 2: Kulturrad des Denison Organizational Survey (Denison Consulting LLC).

Qualitative Methoden

Fokusgruppen/Audits. Um komplexe Motivstrukturen aufzuschlüsseln, sind quantitative Befragungen wenig geeignet: Selbsteinschätzungen sagen wenig über langfristige Verhaltenstrends aus und scheinen völlig unabhängig von anderen Motivmaßen zu sein (vgl. Langens/Schmalt/Sokolowski 2005: 78 f.). Besser geeignet sind qualitative Verfahren, bei denen von Äußerungen der Befragten auf zugrunde liegende Motive geschlossen wird. Auch zum Verständnis der Motivation von Mitarbeitern bieten sich solche Verfahren an, beispielsweise Gespräche in Fokusgruppen zu vorher festgelegten Themen. So könnten etwa die Sicherheitsbeauftragten eines Produktionsunternehmens gemeinsam erörtern, weshalb die Zahl der Arbeitsunfälle im Vergleichszeitraum gestiegen ist und wie sie wieder gesenkt werden kann.

360°-Feedback. Ein Instrument zur Messung von Führungsverhalten ist das 360°-Feedback. Hier geben mehrere Personen aus dem Umkreis einer Führungskraft Rückmeldungen zu deren Verhalten: Kunden, Mitarbeiter, direkte Vorgesetzte und gleichrangige Kollegen. Die Beurteilung durch verschiedene Personen liefert aussagekräftigere und verlässlichere Ergebnisse. Die Angaben aus 360°-Feedbacks können in anonymer Form auch genutzt werden, um das Führungsverhalten im Unternehmen zu beurteilen.

Kombinatorische Verfahren

Erfassung von Verhaltensmustern auf Unternehmensebene. Zur Erfassung der Unternehmenskultur und komplexer Verhaltensmuster werden oft kombinatorische Verfahren aus Inhaltsanalyse und Befragung gewählt. Sie werden zum Beispiel im Rahmen von Übernahmeprozessen angewendet, wenn es darum geht, die Kompatibilität der Unternehmenskulturen zu bestimmen und die Kommunikationsstrategie zur Integration zu entwickeln (Cultural Due Diligence). Typische Gegenstände der Untersuchung sind in diesem Fall Führungs-, Arbeits- und Kommunikationsstil, die Entscheidungsfähigkeit der Organisation sowie Sprache, Prozesse, Routinen, Kleidung, Statussymbole und Veränderungsbereitschaft der Mitarbeiter. Die Arbeitsschritte der Cultural Due Diligence sind:

- *Leitfadeninterviews mit Führungskräften.* Diese qualitativen Befragungen ersetzen die direkte Beobachtung von Verhalten.
- *Gegenüberstellung der veröffentlichten Unternehmenskulturen.* Die in Leitbild und anderen Medien festgehaltenen Werte, Vision und Mission sowie (Führungs-)Leitsätze werden miteinander verglichen.
- *Inhaltsanalyse und Analyse des Kommunikationsstils in Unternehmensmedien.* Die Medien der Unternehmenskommunikation werden qualitativ-inhaltlich analysiert: Die Bedeutung von Issues und Normen/Werten wird per Rating auf einer Skala von 1 (nicht wichtig) bis 5 (sehr wichtig) bewertet. Der Kommunikationsstil kann zusätzlich auf Basis der vier Dimensionen der Kommunikation nach Schulz von Thun (Verständlichkeit, Beziehungsaufbau, Selbstdarstellung, Appell) analysiert werden (vgl. Pfannenberg 2009: 112 ff.).

Messung von Mitarbeiterverhalten (Outflow)
Beobachtung

Audits (Beobachtung). Im Rahmen von Audits lässt sich prüfen, ob Prozesse in Unternehmen bestimmte Anforderungen und Richtlinien

Prozesse				
Maßnahmen, die Mitarbeiter dabei unterstützen, neue Aufgaben auf effiziente Art und Weise zu lösen				
Erreichtes Level	0	1	2	3
Qualitätssystem	Keine Vorschriften für Produkte und Prozesse; kein formales Qualitätsmanagementsystem	Vorschriften für Produkte und Prozesse existieren auf Werksebene, es gibt ein einfaches Qualitätsmanagementsystem, mit ihm wird aber nur überprüft, ob das Produkt dem Standard entspricht	Es gibt Vorschriften für Produkte auf Business-Unit-Ebene; ein Qualitätsmananagementsystem existiert, um die Produktionsprozesse aktiv zu überprüfen	Vorschriften für Produkte werden gemeinsam mit Marketing und Technik entwickelt; Prozessvorgaben werden vom Technikteam auf Business-Unit-Ebene gemacht; die Leistungsfähigkeit der Prozesse wird überprüft
Kundenzufriedenheitssystem	Kein formales Kundenbeschwerdemanagement	Es gibt ein einfaches System, das die Anzahl an Beschwerden mit einer einfachen Analyse erfasst	Ein System erfasst die Gründe für Beschwerden und spielt sie an die Abteilungen zurück, liefert aber keine Angaben zu Kosten	Ein umfassendes System erhebt monatlich sowohl die Kosten von Beschwerden als auch deren Ursachen; es wird zur Messung von Leistungsverbesserungen benutzt
KPIs Werk, untergeordnete KPIs	Zur Steuerung des Werks werden keine werksspezifischen oder übergreifenden KPIs genutzt	Ein paar KPIs werden erhoben, allerdings werden sie nicht strukturiert genutzt	Mehrere KPIs werden auf verschiedenen Ebenen erhoben; auf dieser Basis werden Maßnahmen angestoßen	Mitarbeiter aller Ebenen können die für sie relevanten KPIs einsehen und entsprechende Maßnahmen einstellen
Erscheinungsbild des Werks und 5S	Kein Assessment, keine 5S-Projekte	Erste Erhebung zum Erscheinungsbild des Werks durchgeführt oder erstes 5S-Projekt durchgeführt	Es werden verschiedene Erhebungen zum Erscheinungsbild des Werks durchgeführt oder mehrere 5S-Projekte implementiert	Bewertung des Erscheinungsbildes des Werks ist ein bekannter KPI und mit 5S-Maßnahmen verbunden; das Werk ist sauber und ordentlich

Abbildung 3: Auszug aus einem Maturity Path für das Self-Assessment im Bereich Prozesse (eigene Darstellung).

erfüllen. Dabei wird der Ist-Zustand anhand fester Kriterien beurteilt. Zum Beispiel prüfen die Sicherheitsbeauftragten eines Produktionsunternehmens bei Rundgängen, ob Vorschriften vor Ort eingehalten werden beziehungsweise an welchen Stellen Gefährdungen bestehen. Zertifizierungen durch geprüfte externe Auditoren belegen, inwiefern das Unternehmen international anerkannte Qualitätsnormen erfüllt.

Maturity Path. Der Maturity Path ist ein Fragebogen zur Selbsteinschätzung beziehungsweise -beobachtung der Exzellenz von Geschäftsprozessen. Er erfasst erfolgsrelevante Indikatoren auf Verhaltensebene in vorgegebenen Kategorien. Dabei wird der Reifegrad der Organisation in aufsteigender Gradation bewertet. Der Maturity Path kann zum Beispiel dazu dienen, die Fortschritte eines Verbesserungsprogramms festzuhalten (vgl. Pfannenberg 2009: 78 f.).

Bewertung und Ausblick

Bei der Auswahl von Methoden zur Messung von Mitarbeitereinstellungen und -verhalten sollten vorzugsweise solche Instrumente ausgewählt werden, für die ein Messkonzept existiert, die theoretisch fundiert sind und die Benchmark-Vergleiche zulassen. Veränderungen bei den KPIs sollten tatsächlich durch Kommunikation getrieben werden. Operative Exzellenz und Führungskräfteverhalten werden über die Kommunikation hinaus auch durch andere Faktoren beeinflusst, beispielsweise die Arbeitsbedingungen. Kommunikation kann daher nicht die volle Verantwortung für Werttreiber von Exzellenz auf der Outflow-Ebene des Unternehmens übernehmen.

Während auf Output- und Outcome-Ebene der Kommunikation zahlreiche etablierte Instrumente zur Verfügung stehen, stecken die Messung und Bewertung des Outflows noch in den Kinderschuhen. Einige Verfahren erscheinen zwar plausibel, wurden bisher aber kaum wissenschaftlich überprüft. Um den Einfluss der internen Kommunikation auch auf die Werttreiber der Outflow-Ebene zu erfassen, wären Regressionsanalysen im zeitlichen Verlauf und Vergleiche zwischen Unternehmen interessant. Dieser Prozess hat mit der Definition der Wirkebenen der Kommunikation und der Aufstellung von Werttreiberbäumen für die interne Kommunikation gerade begonnen.

Literatur

Borg, Ingwer (2007): Mitarbeiterbefragungen als Führungsinstrument. In: Piwinger, Manfred/Zerfaß, Ansgar (Hg.): Handbuch Unternehmenskommunikation. Wiesbaden, S. 339–354.

Denison, Daniel R./Mishra, Aneil K. (1995): Toward a theory of organizational culture and effectiveness. In: Organization Science, 6. Jg., Nr. 2, S. 204–223.

Fishbein, Martin/Ajzen, Icek (1975): Belief, attitude, intention and behavior. Reading (MA).

Hubig, Christoph/Siemoneit, Oliver (2007): Vertrauen und Glaubwürdigkeit in der Unternehmenskommunikation. In: Piwinger, Manfred/Zerfaß, Ansgar (Hg): Handbuch Unternehmenskommunikation. Wiesbaden, S. 171–180.

Kaplan, Robert S./Norton, David P. (2004): Strategy Maps. Der Weg von immateriellen Werten zum materiellen Erfolg. Stuttgart.

Langens, Thomas A./Schmalt, Heinz-Dieter/Sotkolowski, Kurt (2005): Motivmessung: Grundlagen und Anwendungen. In: Vollmeyer, Regina/Brunstein, Joachim (Hg.): Motivationspsychologie und ihre Anwendung. Stuttgart, S. 72-91.

Liehr, Kerstin/Peters, Paul/Zerfaß, Ansgar (2010): Reputation messen und bewerten – Grundlagen und Methoden. In diesem Band.

Luhmann, Niklas (2000): Vertrauen. Ein Mechanismus der Reduktion sozialer Komplexität, 4. Auflage. Stuttgart.

Meyer, John. P./Herscovitch, Lynne (2001): Commitment in the workplace. Toward a general model. Human Resource Management Review, 11. Jg., S. 299-326.

O'Gorman, Susanne/Pirner, Peter (2005): Messen und Monitoren von Stakeholderbeziehungen: TRI*M als innovatives Tool der Unternehmenskommunikation. In: Pfannenberg, Jörg/Zerfaß, Ansgar (Hg.): Wertschöpfung durch Kommunikation. Wie Unternehmen den Erfolg ihrer Kommunikation steuern und bilanzieren. Frankfurt am Main, S. 60-68.

Pfannenberg, Jörg (2009): Veränderungskommunikation. So unterstützen Sie den Change-Prozess wirkungsvoll. Frankfurt.

Pfannenberg, Jörg (2010): Strategisches Kommunikations-Controlling mit der Balanced Scorecard. In diesem Band.

Schweiger, Wolfgang (2010): Website-Nutzung und Usability. Evaluationsmethoden und Kennzahlen. In diesem Band.

Zerfaß, Ansgar/Dühring, Lisa (2010): Akzeptanzmessung von Corporate-Publishing-Medien und Events. In diesem Band.

Erfolgsmessung der Finanzkommunikation: Inhalte und Perzeption

Boris Bolwin und Ralf Frank

In Zeiten hoher Unsicherheiten an den Kapitalmärkten und steigender Kapitalkosten ist die Finanzkommunikation ein wichtiger Treiber für den Erfolg des Unternehmens. Seit Jahren steigt das Informationsbedürfnis von Investoren, Brokern, aber auch der wichtigsten Multiplikatoren – Analysten und Finanzjournalisten. Die Einschätzungen der Potentiale und Risiken des Unternehmens seitens dieser Zielgruppen sind ein wichtiger Faktor für die Preisentwicklung seiner Kapitalmarktprodukte. Verantwortliche für Investor Relations (IR) müssen die knappen Ressourcen gezielt und sparsam einsetzen und sich auf eine begrenzte Anzahl von Instrumenten, Kanälen und Vorgehensweisen beschränken. Um hier die richtige Auswahl zu treffen und die Maßnahmen auszurichten, müssen die Unternehmen den Wirkungsgrad und die Resultate messen und analysieren. Dabei geht es insbesondere um die Wahrnehmung der Finanzkommunikation bei den Zielgruppen. Dieser Beitrag befasst sich mit den Kriterien und den Methoden des Controllings für die Finanzkommunikation insgesamt, für einzelne Maßnahmen wie auch speziell für die Perzeption der Finanzkommunikation bei Investment Professionals (Analysten und Fondsmanagern) und Journalisten.

Messgegenstand „Wahrnehmung der Finanzkommunikation"

Wahrnehmung beziehungsweise Perzeption meint hier die – oft unbewussten oder unreflektierten – Prozesse der Informations- und Wahrnehmungsverarbeitung von Informations- und Kommunikationsangeboten. Bei der Kapitalmarktkommunikation hat die wahrgenommene Qualität einen entscheidenden Einfluss darauf, wie Investment Professionals ein Unternehmen bewerten – dies hat die vom Deutschen Investor Relations Verband (DIRK) im Jahre 2007 herausgegebene und vom Institut für Medien- und Kommunikationsmanagement der Universität St. Gallen durchgeführte Studie „Corporate Perception on Capital Markets – Qualitative Erfolgsfaktoren der Kapitalmarktkommunikation" gezeigt. Für diese Studie wurden mehr als 200 europäische Analysten und institutionelle Investoren aus Deutschland, Großbritannien, Frankreich und der Schweiz dazu befragt, welche Faktoren ihre Wahrnehmung von Unternehmen beeinflusst. So wurden 47 maßgebliche quali-

A. Unternehmenskommunikation	Rang
Umfassende Offenlegung des Geschäftsverlaufs	3
Zugänglichkeit der IR (Kontaktmanagement)	7
Proaktive Themensetzung (Themenmanagement)	9
Kontinuität	10
Kompetenz und Erfahrung der IR-Mitarbeiter	12
Quantifizierung strategischer Ziele	15
Gleichbehandlung der Kapitalmarktteilnehmer	18
Nutzerfreundlichkeit	19

B. Qualität des Managements	Rang
Umsetzung strategischer Pläne	2
Geschäftsverständnis	5
Führungsfähigkeit	6
Einhaltung von Prognosen (Erwartungsmanagement)	8
Gesprächs- und Diskussionsbereitschaft	13
Track Record	14
Zugänglichkeit des Managements	24
Unternehmens- und Industrieerfahrung	27
Persönliches Auftreten/Kommunikationsfähigkeit	34
Beschäftigungsdauer	45

C. Strategie	Rang
Langfristigkeit	1
Shareholdervalue	4
Konsistenz	16
Verständlichkeit/Kohärenz	17
Kosteneffizienz	23
Innovation und Technologieführerschaft	29
Kreativität und Differenzierung	35
Übereinstimmung mit Markttends	44
Branding	46

D. Corporate Governance	Rang
Offenlegung von Insidertransaktionen	20
Erfolgsabhängige Entlohnung	22
Eigentümerstruktur	26
Zusammensetzung des Aufsichtsrats	32
Offenlegung der Entlohnungspolitik	36
Transparenz der Berufungspolitik	41

E. Unternehmenskultur	Rang
Mitarbeiter	11
Mitarbeiterzufriedenheit	31
Fluktuation	37
Gewerkschaftsbeziehungen	40
Mitarbeiterkommunikation	43

F. Kunden- und Industriebeziehungen	Rang
Kundenzufriedenheit	21
Kundenservice	25
Markenstärke	30
Industriereputation	33
Öffentliche Reputation	42
Medienberichterstattung	47

G. Public Affairs	Rang
Regulierungsanfälligkeit	28
Lobbying	38
Ökologische und soziale Brisanz des Geschäfts	39

Abbildung 1: Gewichtete Reihenfolge aller Kategorien und Einflussfaktoren für die Bewertung von Unternehmen; kommunikative Faktoren sind hervorgehoben (DIRK 2007).

tative Faktoren identifiziert und zu sieben übergeordneten Kategorien gruppiert. In einer zweiten Erhebung wurden 174 Analysten und Investoren gebeten, diese Faktoren zu gewichten.

Ganz oben auf der Liste der Einflussfaktoren für die Bewertung von Unternehmen (vgl. Abbildung 1) stehen die Langfristigkeit der Unternehmensstrategie (Rang 1) und die Umsetzung der strategischen Pläne (Rang 2). Unter den Top 10 der Einflussfaktoren für die Bewertung von Unternehmen durch die Investment Professionals befinden sich fünf Merkmale von Finanzkommunikation (vgl. DIRK 2007):

- Umfassende Offenlegung des Geschäftsverlaufs,
- Kontaktmanagement (Zugänglichkeit der IR),
- Professionelles Erwartungsmanagement (Einhaltung der Prognosen),
- Themenmanagement (proaktive Themensetzung),
- Kontinuität in der Kommunikationsarbeit.

Demnach hat Finanzkommunikation eine unmittelbare Wirkung auf die Bewertung des Unternehmens (vgl. zu den Werttreibern und Value Links der Finanzkommunikation Pfannenberg 2010). Dabei geht es bei den Punkten „Umfassende Offenlegung", „Zugänglichkeit", „Proaktive Themensetzung" und „Kontinuität" nicht um inhaltliche Ausprägungen, sondern um die Qualität der Kommunikation. Lediglich der Faktor „Einhaltung der Prognosen (Erwartungsmanagement)" hebt auf Inhalte der Finanzkommunikation ab: die Übereinstimmung beziehungsweise Abweichung der Gewinnerwartungen seitens des Unternehmens auf der einen und der Investment Professionals auf der anderen Seite. Der vom Unternehmen ausgewiesene Gewinn sollte möglichst wenig vom EPS (Earnings per Share) Consensus – dem Durchschnitt der Gewinnschätzungen seitens der führenden Finanzanalysten und Broker – abweichen (vgl. Pfannenberg 2010). Dies ist Aufgabe des Erwartungsmanagements, für das die wahrgenommene Qualität der Finanzkommunikation durch die Investment Professionals offensichtlich ein entscheidender Erfolgsfaktor ist.

Kennzahlen für die Wahrnehmung der Finanzkommunikation

Doch welche Merkmale bestimmen die Wahrnehmung der Finanzkommunikation bei den Investment Professionals – und mit welchen Kennzahlen können sie gemessen werden? Ridder (2006) zeigt, dass sowohl die Qualität der bereitgestellten Informationen als auch der Prozess der Bereitstellung einen Einfluss auf die wahrgenommene Qualität der IR-Arbeit und damit auf die Zufriedenheit der Kapitalmarktteilnehmer mit den IR-Aktivitäten von Unternehmen haben. 2006 hat eine Arbeitsgruppe der Deutschen Vereinigung für Finanzanalyse und Asset Management (DVFA) – bestehend aus Investment Professionals verschiedener Asset-Klassen, aus IR-Managern und Vertretern der Berufsverbände DIRK und DPRG – Kriterien für die Wahrnehmung von Finanzkommunikation durch Investment Professionals entwickelt. Ausgangspunkt waren dabei von Investment Professionals geschilderte Beispiele gelungener beziehungsweise misslungener Finanzkommunikation. Mit Hilfe des aus der Konsumentenforschung abgeleiteten Verfahrens der „Critical Incidents" wurden die Beispiele abstrahiert und systematisch in einem mehrstufigen Prozess mit einem erweiterten Kreis von Investment Professionals zu Empfehlungen verdichtet, den *Grundsätzen für Effektive Finanzkommunikation* (vgl. DVFA 2008).

Die „Grundsätze für Effektive Finanzkommunikation" bestehen aus sechs Verhaltensmaximen mit insgesamt 30 Leitsätzen in den drei Dimensionen *Zielgruppenorientierung (1.1/1.2), Transparenz (2.1/2.2)* und *Kontinuität (3.1/3.2)*.

1.1 *Kapitalmarktorientierung.* Die Bedürfnisse der Zielgruppen der Finanzkommunikation werden vom Topmanagement adäquat beantwortet. Das Unternehmen sucht das Gespräch mit Investoren und Analysten.

1.2 *Gleichbehandlung.* Die Kapitalmarktteilnehmer werden in punkto Informationen gleich behandelt. Positive oder negative Kommentierungen haben keinen Einfluss auf die Informationsversorgung.

2.1 *Wesentlichkeit.* Die berichteten Informationen orientieren sich an der Relevanz für die Adressaten und entsprechen in Umfang, Tiefe, Frequenz und Vollständigkeit den Erwartungen von Investoren und Finanzanalysten.

2.2 *Nachvollziehbarkeit.* Die Unternehmensberichte sind konsistent und nachvollziehbar. Finanzielle Informationen sind quantifiziert und werden ausreichend begründet.

3.1 *Kontinuität und Aktualität.* Zur Verfügung gestellte Informationen sind stets aktuell; kommunizierte Bestandteile und Inhalte werden der Entwicklung fortlaufend angepasst. Unternehmensberichte weisen einen lückenlosen Zusammenhang auf. Abrupte, sprunghafte Veränderungen werden vermieden.

3.2 *Erwartungsmanagement.* Den Investment Professionals wird soviel Orientierung wie rechtlich möglich gegeben. Dadurch ergibt sich eine erhöhte Vorhersagbarkeit und damit Sicherheit gegenüber dem Investment.

Im Jahre 2006 hat die DVFA die „Grundsätze für Effektive Finanzkommunikation" in ein Kennzahlensystem für die Bewertung der Finanzkommunikation von Unternehmen überführt. So entstehen sechs Kennzahlen für die wahrgenommene Qualität der Finanzkommunikation entsprechend den sechs Maximen der „Grundsätze" und als Gesamtbewertung eine Indexkennzahl, welche die sechs Kennzahlen zusammenfasst. Alle Kennzahlen werden als wahrgenommene Erfüllungsgrade mit den Werten 1–100 Prozent ausgewiesen (vgl. DVFA 2006).

Methoden der Qualitäts- und Erfolgsmessung von Finanzkommunikation

Bei den Verfahren für die Qualitäts- und Erfolgsmessung von Finanzkommunikation ist zwischen Verfahren zur Messung von Einzelmaßnahmen, Methoden zur Messung der gesamten Finanzkommunikation und Perzeptionsanalysen zu unterscheiden.

Messung von Einzelmaßnahmen

- *Feedback- und Leserbefragungen.* Durch persönliche Kurzbefragung von Investment Professionals und Finanzjournalisten nach IR-Veranstaltungen können Rückschlüsse auf die Qualität zum Beispiel einer Investorenkonferenz gezogen werden. Die Qualität einzelner IR-Publikationen, wie zum Beispiel des Geschäftsberichts, kann mittels quantitativer und qualitativer Befragungen ermittelt werden (vgl. auch Zerfaß/Dühring 2010: 132 ff.).

- *Nutzung der IR-Websites.* Die Qualität einer IR-Webseite, und damit der Nutzen für die Zielgruppen der IR, kann über Zugriffsstatistiken, Usability-Tests und Nutzerbefragungen gemessen werden (vgl. auch Schweiger 2010: 115 ff.).

- *Rankings von Medien.* Die Zeitschrift „Manager Magazin" veröffentlicht ein jährliches Ranking der Geschäftsberichte. Dabei wird ein mehrstufiges wissenschaftliches Auswertungsverfahren angewandt: Basis für die jährliche Aktualisierung der rund 400 Prüfkriterien ist eine Befragung von Kapitalmarkt-, Kommunikations- und Gestaltungsprofis. Rund 200 Unternehmen – die Mitglieder der fünf Börsenindizes (Dax-30, MDax, SDax, TecDax und Stoxx50) und die größten Börsenneulinge – schicken ihre Geschäftsberichte ein. An den Universitäten Münster und Düsseldorf untersuchen Teams die Berichte auf inhaltliche, gestalterische und sprachliche Qualität. Die finale Bewertung der besten Berichte obliegt einer Jury aus Kommunikations- und Kapitalmarktprofis. Deutsche Unternehmen reichen ihre Finanzmedien auch bei internationalen Rankings und Wettbewerben ein. Am bekanntesten sind die von der LACP (League of American Communications Professionals LLC) verliehenen Awards: die Spotlight Awards (Kategorie „Print-, Video- und Webkommunikation") und die LACP Vision Awards mit dem Schwerpunkt Annual Reports – hier wurden 2008 rund 3.000 Geschäftsberichte aus 20 Ländern eingereicht. Zu den Bewertungskriterien gehören neben der Darstellung der Finanzzahlen und Kernbotschaften auch Lesbarkeit, Verständnis, der erste Eindruck sowie Design und Layout.

Messung der gesamten Finanzkommunikation

- *Medienmonitoring und Medienresonanzanalyse.* Finanz- und Wirtschaftsmedien sind eine wichtige Informationsquelle für die Kapitalmarktteilnehmer. Die Häufigkeit und Qualität von Presseveröffentlichungen sind daher gleichzeitig ein wichtiger Indikator und mitentscheidender Faktor für die wahrgenommene Qualität der Finanzkommunikation. Mit der Medienresonanzanalyse wird ermittelt, ob und wie häufig die Kernbotschaften der Finanzkommunikation wiedergegeben und wie sie bewertet werden (vgl. auch Mathes/Zerfaß 2010: 101 ff.).

- *Analyse der Research Reports.* Mittels Untersuchung der publizierten Analysten-Reports zum Unternehmen können Rückschlüsse auf die Qualität der Finanzkommunikation gezogen werden. Hier lassen sich Abweichungen der kommunizierten Botschaften und übermittelten Guidance – als Earnings Guidance werden alle Kommunikationsmaßnahmen bezeichnet, die der Finanzgemeinde Aufschluss über die Gewinnentwicklung des Unternehmens geben – zu den Einschätzungen des Analysten feststellen.

- *IR-Rankings.* Der „Capital Investor Relations-Preis" ist ein jährliches IR-Ranking der Zeitschrift Capital und der DVFA, welches auf einer Befragung von Investment Professionals basiert. Die Kriterien umfassen Zielgruppenorientierung, Transparenz, Track Record und Extra Financial Reporting. Ähnlich führt Thomson Reuters jährlich in Kooperation mit dem DIRK und der Zeitschrift WirtschaftsWoche eine Erhebung zum Thema „Exzellenz in IR in Deutschland" durch. Dabei werden Investment Professionals aus 17 Ländern befragt. Bei den LACP Impact Awards mit dem Schwerpunkt strategische Kommunikation werden das „Best Investor Relations Program" und das „Best Finance Communications Program" prämiert. Die „Institutional Investor Research Group" (IIRG) publiziert im Institutional Investor Magazine einmal pro Jahr europäische Ranglisten in den Kategorien „Unternehmen" und „IR-Manager". Befragt werden 430 Portfoliomanager und Investoren aus knapp 275 Institutionen sowie 820 Sell-Side-Analysten aus mehr als 125 Firmen.

Perzeptionsanalysen

Rankings ermöglichen die Messung des IR-Erfolgs auf stark aggregiertem Niveau, doch werden Verbesserungspotentiale kaum deutlich. Nur mit umfangreichen Befragungen von Investment Professionals und Finanzjournalisten zur wahrgenommenen Qualität (Perzeption) der

Finanzkommunikation können Unternehmen ermitteln, in welchen Bereichen Verbesserungspotential für ihre IR-Arbeit besteht.

Die Perception Profiles der DVFA sind eine Online-Befragung von institutionellen Investoren und Finanzanalysten auf Basis der „Grundsätze für Effektive Finanzkommunikation", die Panellisten werden von der DVFA und den Unternehmen gemeinsam ausgewählt. Mit insgesamt 61 Fragen zur Bewertung der IR-Arbeit des einzelnen Unternehmens werden die von den Investment Professionals wahrgenommenen Erfüllungsgrade im Hinblick auf die Maximen und Leitsätze der Finanzkommunikation ermittelt; darüber hinaus sind freie Kommentare möglich. Das Ergebnis sind index-, branchen- und unternehmensbezogene Wahrnehmungsprofile, die Perception Profiles (vgl. Abbildung 2).

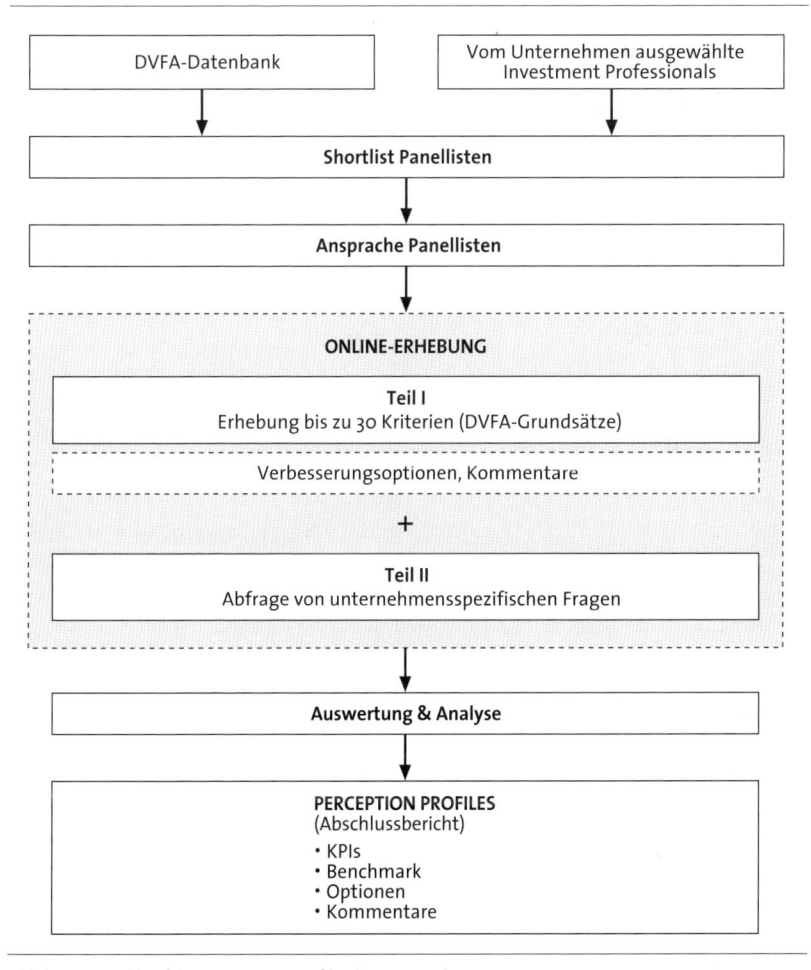

Abbildung 2: Ablauf der Perception Profiles (DVFA 2006).

Im Jahre 2007 wurden die IR-Perception Profiles durch die Erhebung bei Finanzjournalisten ergänzt. Diese „Media-Perception Profiles" der Agentur JP KOM messen die Wahrnehmung der Kapitalmarktkommunikation auf Seiten der Finanzjournalisten ebenfalls in den sechs Verhaltensmaximen der „Grundsätze für Effektive Finanzkommunikation". Um die Vergleichbarkeit zu sichern, orientieren sich die Media-Perception Profiles eng an der Systematik der IR-Perception Profiles.

Das Ergebnis ist als Gesamtscore verdichtet dargestellt, der die prozentuale Erfüllung der einzelnen DVFA-Grundsätze für Effektive Finanzkommunikation zusammenfasst. Darüber hinaus werden die Erfüllungsgrade für die sechs Verhaltensmaximen und die 30 Leitsätze sowie die absolute Verteilung der Antworten bei den 61 Einzelfragen gezeigt. Die Kommentare von Investment Professionals und gegebenenfalls Finanzjournalisten runden das Bild der Wahrnehmung ab. Das einzelne Unternehmen wird im Vergleich zum Dax-30 dargestellt, die Darstellung unter anderem in Form einer Diagrammspinne (vgl. Abbildung 3) erlaubt es, Stärken und Schwächen im Vergleich zum Benchmark auf den ersten Blick zu identifizieren (vgl. Bassen/Frank/Levermann/Plümer 2006).

Eine differenzierte Analyse aller 30 Leitsätze erfolgt dann anhand der eigentlichen Perception Profiles. Alle Leitsätze werden grafisch mit dem Dax-30 verglichen, um den ersten Eindruck weiter zu vertiefen (vgl. Abbildung 4).

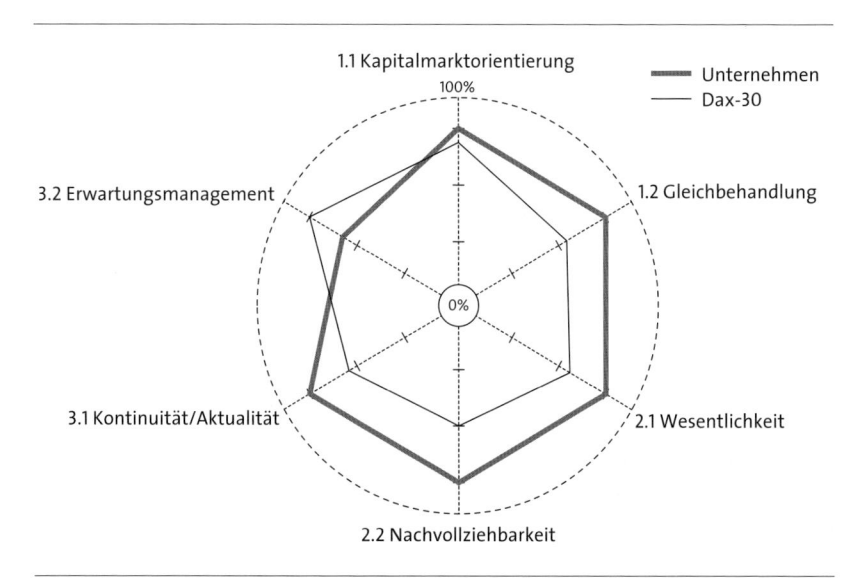

Abbildung 3: IR-Perception Profiles – Darstellung von Verhaltensdimensionen und Gesamtscore (DVFA 2006).

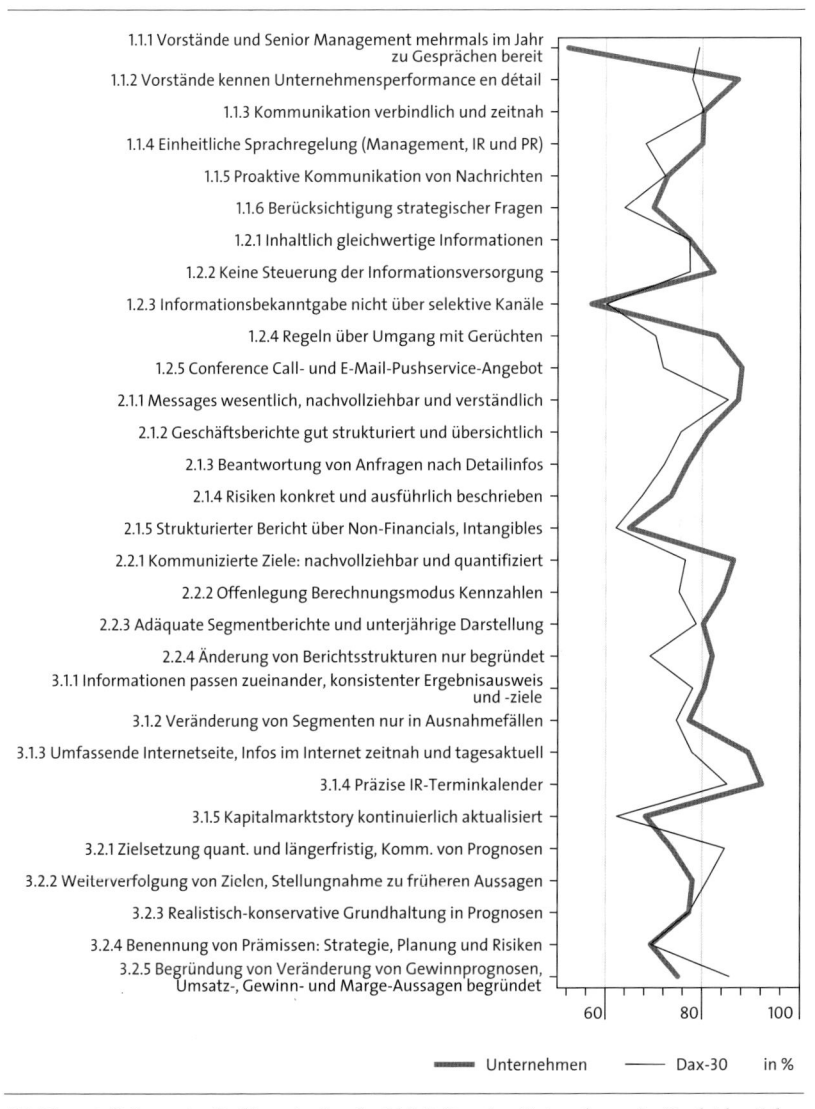

Abbildung 4: IR-Perception Profiles – Analyse der 30 Leitsätze eines Unternehmens im Vergleich mit dem Dax-30-Benchmark (DVFA 2006).

In der Gegenüberstellung der Ergebnisse von IR-Perception Profiles und Media-Perception Profiles kommen die Unterschiede in der Bewertung von Investment Professionals und Finanzjournalisten ans Licht (vgl. Abbildung 5).

Kapitalmarktorientierung	81,24% / 65,10%
Gleichbehandlung	83,42% / 62,16%
Wesentlichkeit	77,35% / 65,67%
Nachvollziehbarkeit	81,24% / 68,84%
Kontinuität & Aktualität	85,49% / 71,16%
Erwartungsmanagement	77,72% / 64,02%
TOTAL	81,08% / 66,16%

■ Investment Professionals   ■ Finanzjournalisten

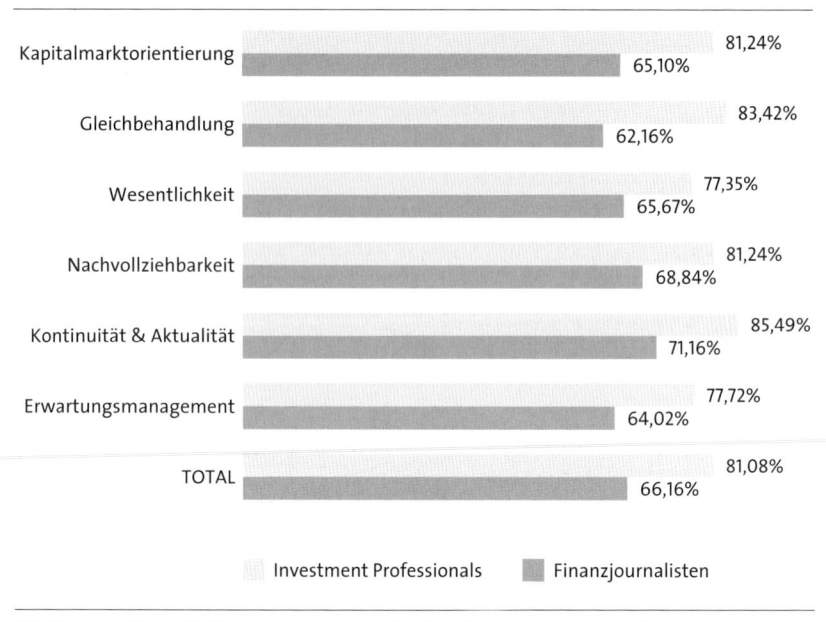

Abbildung 5: IR- und Media-Perception Profiles der Chemieindustrie: Erfüllungsgrade der sechs Verhaltensmaximen effektiver Finanzkommunikation (DVFA, JP KOM 2007).

Bewertung und Ausblick

Die voneinander abweichenden Kriterienkataloge der Erfolgsmessung von Finanzkommunikation wie auch die Unterschiedlichkeit der von Unternehmen eingesetzten Evaluations-Tools und vor allem die Schwierigkeiten bei der Interpretation von Befragungsergebnissen machen deutlich: Die Instrumente und Kriterien für die Evaluation der Finanzkommunikation werden vielfach mehr oder weniger beliebig ausgewählt, bei der Interpretation bestimmen – anstatt eines Benchmarkings – persönliche Ansichten die Bewertung. Lediglich bei den DVFA-IR-Perception Profiles und den Media-Perception Profiles sind die Qualitätsmerkmale aufgrund ihrer Fundierung auf den „Grundsätzen für Effektive Finanzkommunikation" wenigstens nachvollziehbar (vgl. Bassen/ Frank/Levermann/Plümer 2006).

Ein belastbares und damit konsensfähiges Modell für die Wirkungen der Finanzkommunikation fehlt bisher. Dies führt in der Finanzkommunikation zu Bewertungsschwierigkeiten, zu Legitimationsdefiziten und zu Ineffizienzen in der Steuerung und Allokation von Ressourcen. Für die weitere Professionalisierung der Finanzkommunikation und damit für ihre Anerkennung im Unternehmenskontext ist es unabdingbar, auch für diese Funktion ein plausibles, konsensfähiges Wirkungsmodell sowie standardisierte und damit benchmarkfähige Kennzahlenkataloge inklusive Messverfahren zu entwickeln.

Literatur

Bassen, Alexander/Frank, Ralf/Levermann, Susan/Plümer, Markus (2006): Messung des Erfolgs von Finanzkommunikation mit Perception Profiles der DVFA. In: FINANZ BETRIEB, 8. Jg., Nr. 11, S. 689-695.

DIRK (Hg.) (2007): Corporate Perception on Capital Markets. Qualitative Erfolgsfaktoren der Kapitalmarktkommunikation. Hamburg. Im Internet verfügbar unter: www.dirk.org/images/stories/irstudien/071119_studie_corporate_perception.pdf.

DVFA (2006): DVFA-IR Perception Profiles. Erfolgsmessung von Investor Relations. Im Internet verfügbar unter: www.dvfa.de/files/finanzkommunikation/ir-perception_profile/infos_kontakt/application/pdf/perception_profile.pdf.

DVFA (2008): DVFA Finanzschriften 2/06: DVFA-Grundsätze für Effektive Finanzkommunikation. Dreieich (Stand: Version 3.0 vom Mai 2008). Im Internet verfügbar unter: http://www.dvfa.de/files/die_dvfa/standards/effektive_finanzkommunikation/application/pdf/grundsaetze_effektive_finanzkommunikation.pdf.

DVFA/JP KOM (2007): Behält die Chemie ihre weiße Weste? Perception Profiles börsennotierter Chemieunternehmen – Erfolgsmessung der Finanzkommunikation. Im Internet verfügbar unter: www.dvfa.de/files/finanzkommunikation/ir-perception_profile/infos_kontakt/application/pdf/Studie_Perception%20Profiles_Chemiebranche.pdf.

Mathes, Rainer/Zerfaß, Ansgar (2010): Medienanalysen als Steuerungs- und Evaluationsinstrument für die Unternehmenskommunikation. In diesem Band.

Pfannenberg, Jörg (2010): Strategisches Kommunikations-Controlling mit der Balanced Scorecard. In diesem Band.

Ridder, Christopher (2006): Investor Relations-Qualität: Determinanten und Wirkungen – Theoretische Konzeption mit empirischer Überprüfung für den deutschen Kapitalmarkt. Hamburg.

Schweiger, Wolfgang (2010): Website-Nutzung und Usability: Evaluationsmethoden und Kennzahlen. In diesem Band.

Zerfaß, Ansgar/Dühring, Lisa (2010): Akzeptanzmessung von Corporate-Publishing-Medien und Events. In diesem Band.

III

Best-Practice-Beispiele

Globale Kommunikationssteuerung und Controllingsystem bei Henkel

Ernst Primosch und Simone Gleumes

Projektsteckbrief	
Unternehmen	Henkel AG & Co. KGaA
Projekt	Globale Kommunikationssteuerung und Controllingsystem
Fokus	• Nachweis des Wertbeitrags der Kommunikation zum Gesamterfolg des Unternehmens • Steuerung und Controlling des globalen Kommunikationsnetzwerks, bestehend aus über 60 Ländern in vier Regionen
Controlling-Tool(s)	• Strategy Map • Balanced Scorecard • Target Dialogue • Agency Reporting • Com Evaluation
Implementierung	• Zentralisierung des Budgets und Benennung von regionalverantwortlichen Kommunikationsmanagern • Definition von KPIs für die Kommunikation • Erfassung von relevanten Performance-Daten (zum Beispiel PR Ad Value) durch regelmäßige Erhebungen oder systematische Auswertung von Sekundärdaten • Implementierung eines botschaftenbasierten Communication Performance Management Systems

Das Unternehmen

Der internationale Konsumgüterhersteller Henkel, der zu den Fortune-Global-500-Unternehmen zählt, ist in drei Geschäftsfeldern aktiv: Wasch- und Reinigungsmittel, Kosmetik und Körperpflege sowie Adhesive Technologies (Klebstoff Technologien). Mit mehr als 55.000 Mitarbeitern sowie Marken und Technologien, die in 125 Ländern verfügbar sind, erzielte Henkel im Geschäftsjahr 2008 einen Umsatz von 14,1 Milliarden Euro.

Mit dem Verkauf des klassischen Chemiegeschäfts im Jahre 2001 (heute „Cognis") wurde die strategische Neuausrichtung des Unternehmens als Markenartikler – und damit das Fundament für die konsequente Stärkung der Dachmarke Henkel und ein entsprechendes Corporate Brand Management – gelegt. In der Folge wurde eine eindeutige, unverwechselbare Unternehmenskultur mit einer klaren Vision („Henkel ist führend mit Marken und Technologien, die das Leben der Menschen leichter, besser und schöner machen") und verbindlichen Unternehmenswerten aufgebaut, hieraus eine Corporate Identity (mit einheitlichen Symbolen, Verhaltens- und Kommunikationsrichtlinien) abgeleitet und Henkel als weltweite Corporate Brand mit dem Claim „Henkel – A Brand like a Friend" etabliert (vgl. Swoboda/Giersch/Primosch 2007: 24 ff.). Dies hatte weitreichende Auswirkungen auf die Bedeutung und Struktur der Unternehmenskommunikation, die unter anderem mit der Markenführung der Dachmarke Henkel betraut ist.

Globale Kommunikationssteuerung als Controllingaufgabe

Anlass für die Entscheidung, bei Henkel ein Kommunikations-Controlling in der heute vorliegenden Systematik aufzubauen, war die Zentralisierung der bis 2004 lokal geführten Kommunikationsbudgets der Länder. Mit dieser Abkehr von einer zuvor dezentralen Budgetplanung stiegen die Möglichkeiten der konsequenten Steuerung und Professionalisierung der weltweiten Kommunikation und damit der Stärkung der Dachmarkenkommunikation signifikant. Andererseits erhöhten sich damit die formalen Anforderungen an das Kommunikationsreporting aus Sicht des klassischen Unternehmens-Controllings. Gleichzeitig stiegen die Erwartungen des Topmanagements, den Wertschöpfungsbeitrag der Kommunikation zu dokumentieren und die Zuteilung relevanter Budgets zu legitimieren.

Zentrale Zielsetzung war und ist es, den Markenwert der Unternehmensmarke durch die Steigerung des Bekanntheitsgrades und die Verbesserung von Image und Reputation durch externe und interne Kommunikationsmaßnahmen zu stärken (vgl. Primosch/Swoboda/Giersch 2007). Durch diese Fokussierung auf die Dachmarke und das uneingeschränkte Commitment des Vorstandsvorsitzenden und des Vorstands konnte das weltweite Kommunikations-Budget fortan zentral gesteuert und die Kommunikationsstruktur auf weltweiter Ebene weiter ausgebaut und professionalisiert werden. Während das interne Netzwerk der PR-Verantwortlichen im Jahr 2000 rund 25 Länder umfasste und nur im Bereich der internen Kommunikation lückenlos war, stützt sich die Henkel Kommunikation inzwischen auf ein Netz von mehr als 60 Ländern mit einer nahezu vollständigen Struktur in allen Kern-Kommunikationsbereichen.

Da die lokale PR auf Produktebene in den Ländern mehrheitlich vom Marketing gesteuert wird, war eine flächendeckende Präsenz der Marken-PR in den Händen der Unternehmenskommunikation nicht von primärer Bedeutung. Obwohl alle Kommunikations-Controllinginstrumente den wichtigen Bezug zwischen Dachmarke und Produktmarken herstellen, behandeln die nachfolgenden Ausführungen zum Kommunikations-Controlling daher in erster Linie die Dachmarkenkommunikation.

Wichtige Erfolgsfaktoren für die systematische Ausweitung und die weltweite Steuerung der Kommunikation sind die regionalen Kommunikationsverantwortlichen, die ihre jeweilige Region in allen Kommunikationsfragen leiten. Zusammen mit den Regionalverantwortlichen bilden die Bereiche Communications and Information, Corporate Branding & Communications Strategy, Issues Management und CSR/Sustainability Management die grundlegenden Säulen der Kommunikationsstruktur. Dabei umfasst der Bereich Communications & Information die gesamte Kommunikation nach außen und innen. Außer der internen Kommunikation und der Corporate PR auf nationaler und internationaler Ebene beinhaltet Communications & Information auch Sponsoringmaßnahmen, Produktmarken-PR und Unternehmenspublikationen. Alle Aktivitäten, die die Markenführung der Dachmarke Henkel und die weltweite Kommunikationsstrategie und -steuerung betreffen, werden von Corporate Branding und Communications Strategy gesteuert. Issues Management entwickelt konkrete Handlungsoptionen zu unternehmensrelevanten Chancen- und Risikothemen, koordiniert die zielgruppenadäquate Kommunikation bei Stakeholderanfragen im Rahmen der One Voice Policy und leistet Ad-hoc-Beratung und -Unterstützung in Krisensituationen. Der Bereich CSR/Sustainability Management steuert die Entwicklung von Konzepten, Positionen und Instrumenten für die Henkel-Nachhaltigkeitsstrategie und ist die unternehmensweite Schnittstelle für zentrale CSR- und Nachhaltigkeitsfragen.

Im „Communications Executive Committee" – dem Hauptentscheidungsgremium innerhalb der Henkel Unternehmenskommunikation – sind, zusätzlich zu den Regionalverantwortlichen, auch die Leiter der Kommunikationsbereiche im Headquarter vertreten. Das „Communications Executive Committee" (Communications ExCom) ist eine zentrale kommunikationsstrategische Institution, die den Chief Communications Officer maßgeblich unterstützt und berät, Ziele formuliert, Informations- und Kommunikationsstrategien entwickelt und Koordinations- und Kontrollfunktionen ausübt.

Zudem hat Henkel vor mehr als zwei Jahren begonnen, die Kommunikationsagentur-Landschaft für die externe Kommunikation international zu konsolidieren und das so entstandene Agenturnetzwerk als Parallelstruktur zum internen Kommunikationsnetz aufzubauen. Derzeit arbeiten 28 Länder mit einer einheitlichen, internationalen Leitagentur zusammen. Weitere Länder, die mit lokalen Agenturen oder Töchteragenturen anderer Kommunikationsnetzwerke arbeiten, sind in das Leitagenturnetzwerk integriert, so dass Informationen kontinuierlich auch auf diesem Wege zwischen der Kommunikationszentrale in Düsseldorf und den Ländern ausgetauscht werden.

Strategy Map und Balanced Scorecard

Die Steuerung der Kommunikation auf weltweiter Ebene erfolgt über ein geschlossenes System aus strategischen Management- und Controllinginstrumenten, die mit dem bei Henkel generell eingesetzten Mitarbeiterführungsinstrument des bonusrelevanten Zielvereinbarungsgesprächs (Target Dialog) verknüpft sind (vgl. Abbildung 1).

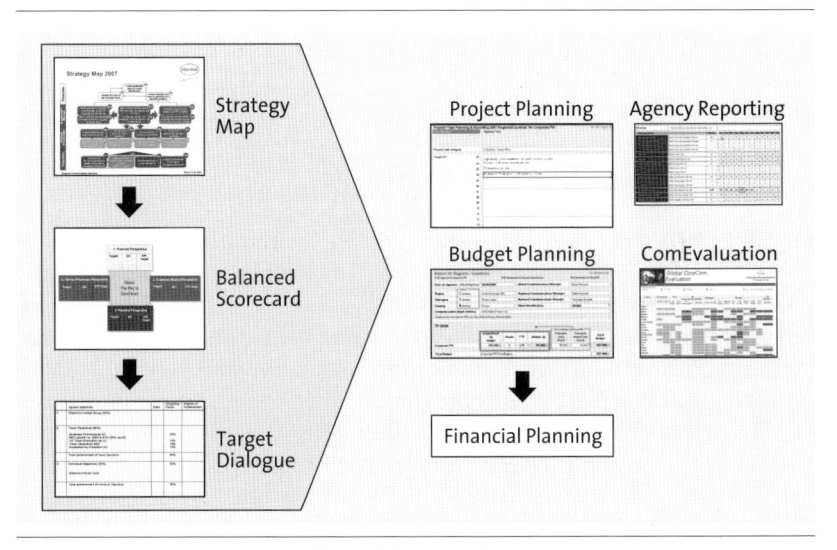

Abbildung 1: Steuerungsinstrumente der Henkel Kommunikation.

Kernstück der Steuerung sind die beiden aufeinander aufbauenden Managementinstrumente Strategy Map und Balanced Scorecard (BSC) (vgl. Kaplan/Norton 2004: 8 ff.; Kaplan/Norton 1996: 29 ff.). Beide Instrumente wurden bei Henkel speziell auf die Anforderungen und Bedürfnisse der Kommunikationsabteilung zugeschnitten und schaffen innerhalb des weltweiten Kommunikationsteams Klarheit darüber, welchen Wertbeitrag die Kommunikationsabteilung zur Gesamtstrategie von Henkel liefert. Obwohl es zahlreiche Weiterentwicklungen des BSC-Modells gibt – auch in Hinblick auf die Anforderungen des Kommunikationsmanagements (vgl. zum Beispiel Hering/Schuppener/Sommerhalder 2004) –, hat sich Henkel bei der Implementierung am Ursprungsmodell von Kaplan und Norton orientiert, um die Anschlussfähigkeit an die strategische Planung für das Gesamtunternehmen sicherzustellen.

Beschreibung des Controllingsystems: Kennziffern und Kommunikations-Controlling

Die BSC-Methode hilft bei der Generierung von eindeutigen, verbindlichen Zielen und der Ziel-Transparenz. Dies ist insbesondere für die Steuerung der Kommunikationsmanager außerhalb der Henkel-Zentrale von hoher Bedeutung. Eine besondere Herausforderung bei der Implementierung der BSC bestand darin, valide Kennziffern für die Unternehmenskommunikation zu definieren. Die Bandbreite der bei Henkel verwendeten Kennziffern reicht von rein quantitativen, einfach messbaren Größen wie der Anzahl der Pressemeldungen oder Presseveranstaltungen über komplexere Kennziffern wie qualitative Inhaltsanalysen, Werbeäquivalenzwerte, Bekanntheitsgrad des Unternehmens, Rankings, Reputationsstudien oder Ergebnisse aus der Führungskräftebefragung, bei der zum Beispiel das Wissen der Führungskräfte über Vision und Werte des Unternehmens oder die Mitarbeiterbindung abgefragt wurden (vgl. Swoboda/Giersch/Primosch 2007: 32 ff.).

Eine der zentralen Kennziffern ist dabei der Werbeäquivalenzwert. Um diesen zu bestimmen, wird die Berichterstattung weltweit nach Kriterien wie zum Beispiel Art des Mediums, Platzierung, Länge und Tonalität ausgewertet. Dann werden die Kosten erfasst, die eine vergleichbare Werbeschaltung in diesen Medien verursacht hätte. Dabei werden positive Berichte addiert, negative Berichte subtrahiert. Der sich so ergebene Werbeäquivalenzwert wird zudem mit einem Glaubwürdigkeitsfaktor multipliziert – das Ergebnis ist der sogenannte „PR Ad Value". Das zugrunde gelegte Vorgehen zur Bestimmung dieses Wertes, das von PRIME Research International definiert wurde, wird in der Henkel-Kommunikation weltweit als Standard verwendet.

Der Werbeäquivalenzwert und weitere Kennziffern fließen in die Zieldefinition der jährlichen Budget- und Projektanträge ein. Die Key Performance Indicators (KPIs) dienen der Dokumentation und Evaluation und sind eine wichtige Basis für die Budget- und Projektplanung der Länder. Auch die lokalen Kommunikationsagenturen sind aufgefordert, ihren Wertschöpfungsbeitrag anhand dieser Kennziffern zu dokumentieren und im Rahmen des monatlichen Agenturberichts an die lokalen Kommunikationsverantwortlichen und das Headquarter auszuweisen.

Die Umsetzung auf Landesebene läuft dabei wie folgt ab: Der lokale PR-Verantwortliche erhält die Strategy Map und die Leit-BSC aus der Zentrale und erstellt auf dieser Basis seinen Kommunikationsplan für das Folgejahr. Dabei wählt er nur die für ihn relevanten Ziele aus der Leit-BSC aus und überträgt sie in seine persönliche BSC. Um weltweit ein bestimmtes Qualitätsniveau sicherstellen zu können, hat die Kommunikationszentrale sogenannte Mindeststandards der Kommunikation (zum Beispiel für externe Kommunikation, Krisenkommunikation) definiert, die der lokale Kommunikationsmanager erfüllen muss. Die Mindeststandards geben bestimmte Kennziffern und den zu erreichenden Zielwert vor, zum Beispiel eine bestimmte Anzahl von Pressemeldungen, eine bestimmte Anzahl von Presseveranstaltungen oder vergleichbaren PR-Events, eine bestimmte Anzahl von Interviews oder einen im Vergleich zum Vorjahr gestiegenen Werbeäquivalenzwert. Um den vorgegebenen Zielwert einer Kennziffer (zum Beispiel Steigerung des Werbeäquivalenzwertes um 5 Prozent) erreichen zu können, wird der lokale Kommunikationsverantwortliche geeignete Maßnahmen und ein entsprechendes Budget in seiner Budget- und Projektplanung berücksichtigen und diese zur Freigabe in der Zentrale einreichen. Wird der Kommunikationsverantwortliche bei der Umsetzung der Maßnahmen durch eine Agentur unterstützt, so weist er das Agenturhonorar in der Budgetplanung aus und gibt der Agentur die für das Land definierten Ziele vor. Die Agentur wiederum ist aufgefordert, dem lokalen Kommunikationsverantwortlichen und der Zentrale im Rahmen des monatlichen Reportings einen Überblick über die bisher erreichten Zielwerte zu verschaffen, um bei möglichen Abweichungen von den Zielvorgaben rechtzeitig reagieren zu können. Am Ende des Jahres dokumentiert der lokale Kommunikationsverantwortliche das Ergebnis seiner Arbeit in einem sogenannten BSC-Wertschöpfungsbericht, der in das jährlich durchgeführte Zielvereinbarungsgespräch einfließt und damit auch für die Bonuszahlungen relevant ist.

In allen Fragen der Budgetzuteilung für die 60 Länder, in denen Henkel eine Corporate-Communications-Funktion implementiert hat, ist das Communications Executive Committee in den Entscheidungsprozess eingebunden. Das Communications ExCom war an der Entwicklung und weltweiten Einführung der Kennziffern beteiligt und gleichzeitig aufgefordert, die obengenannten Mindeststandards der Kommunikation zu definieren. Die Erfüllung der Mindeststandards ist – neben Faktoren wie Umsatzgröße des Landes oder Bekanntheitsgrad im jeweiligen Land – ein wichtiges Kriterium für die Budgetzuteilung und Projektfreigabe. Gleichzeitig ist es Aufgabe der Regionalverantwortlichen, den Erfüllungsgrad der Mindeststandards in den Ländern regelmäßig zu evaluieren und in einer zentral geführten Communications-Evaluations-Datenbank anhand eines Ampelstatus über die verschiedenen Kommunikationsbereiche hinweg zu dokumentieren.

Der Wertschöpfungsbeitrag der Henkel-Unternehmenskommunikation insgesamt wird regelmäßig anhand von internen wie externen Untersuchungen dokumentiert. Neben den erwähnten Werbeäquivalenzmessungen oder Rankings geben Erhebungen zu Reputation und

Bekanntheitsgrad (vgl. Abbildung 2) oder externe Untersuchungen wie zum Beispiel Markenwertmessungen (vgl. Semion 2008) wichtige Anhaltspunkte über die Entwicklung des Markenwertes von Henkel und damit den Erfolg der Unternehmenskommunikation.

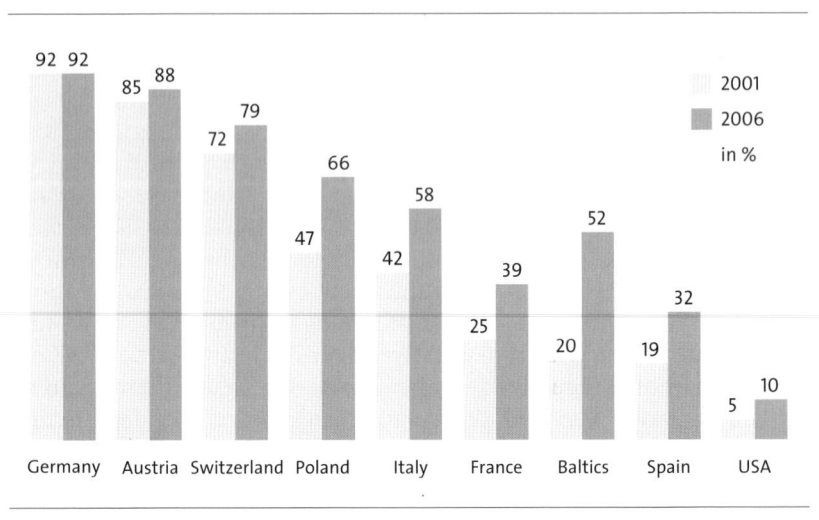

Abbildung 2: Steigerung des Bekanntheitsgrades von Henkel in ausgewählten Ländern.

Bewertung und Ausblick

Mit der Implementierung des Kommunikations-Controllings ist es Henkel gelungen, die Kommunikationsziele mit den strategischen Unternehmenszielen zu verzahnen, die relevanten Budgetentscheidungen daran auszurichten und intern einen nachvollziehbaren Nachweis des Wertschöpfungsbeitrags der Kommunikation zu liefern. Grundsätzlich ist dabei die Verhältnismäßigkeit des Controllingaufwands zu beachten, das heißt, der dafür erforderliche Zeit- beziehungsweise Personalaufwand muss zur Gesamtbedeutung des Kommunikationsbudgets passen. Auch extern wurde die Leistung von Henkel auf diesem Gebiet durch Preise, zum Beispiel den angesehenen Deutschen PR-Preis der DPRG, anerkannt.

Im nächsten Schritt geht es darum, Messgrößen für die Wirkung der Kommunikationsbotschaften auf das Verhalten geschäftskritischer Anspruchsgruppen zu entwickeln. 2007 hat Henkel zusammen mit Hering Schuppener Consulting ein Tool für die strategische Analyse und Steuerung der Performance in Rankings, Awards und Ratings implementiert. Dies ermöglicht eine tagesaktuelle Bestimmung der Reputation des Unternehmens im Peer-Vergleich in Deutschland, Großbritannien und den USA.

Das Ranking Management System liefert Benchmarks und Handlungsoptionen auf der Ebene von Reputationsdimensionen, die die Dachmarke Henkel reflektieren. Es gibt darüber hinaus Aufschluss, wie spezifische Anspruchsgruppen (zum Beispiel Hochschulabsolventen oder Führungskräfte aus der eigenen Branche) das Unternehmen bewerten und wie sich diese Einschätzung im Zeitverlauf verändert. Nur selten wird jedoch transparent, welche Ursachen hinter wahrgenommenen Stärken und Schwächen stehen und was das für die zukünftige Bereitschaft zur Kooperation mit Henkel bedeutet.

Ziel der aktuellen Ausbaustufe ist daher die Identifikation konkreter Stellschrauben für den Dialog mit den wichtigsten Stakeholdergruppen. Das erlaubt es, die Themen und Plattformen der Kommunikation nicht nur an den strategischen Prioritäten und der Dachmarke auszurichten, sondern größtmögliche Balance mit den verhaltensrelevanten Erwartungen der zentralen Anspruchsgruppen herzustellen. Das Controllingsystem wird so zum Communication Performance Management ausgebaut.

2008 hat Henkel zusammen mit Hering Schuppener Consulting ein Pilotprojekt im Bereich Stakeholder Research durchgeführt. In einer Querschnittsstudie wurden wichtige Stakeholdergruppen (u. a. Geschäftskunden, Nichtregierungsorganisationen, Wirtschaftsjournalisten) in Schlüsselmärkten befragt. Durch die Integration der ermittelten Erfolgsfaktoren in den Planungs- und Steuerungsprozess wird die thematische Komponente der Balanced Scorecard konkretisiert und erweitert.

Damit leistet Henkel weiter Pionierarbeit. Nachdem die Impulse zur Erfolgsmessung der Kommunikation zunächst aus der PR-Branche kamen, sind seit 2006 verstärkt die Controller der Frage nachgegangen, wie die Kommunikation in die strategische Unternehmenssteuerung zu integrieren ist. Vorläufiges Ergebnis sind die Wirkungsstufen der Kommunikation, auf die sich der Internationale Controller Verein und die Deutsche Public Relations Gesellschaft 2009 verständigt haben (vgl. Rolke/Zerfaß 2010). Henkel hat in den zuständigen Arbeitskreisen beider Berufsverbände mitgewirkt und gehört zu den ersten Unternehmen, die die Umsetzbarkeit dieses Modells in der Praxis erproben und so Standards für das Kommunikations-Controlling zu setzen helfen.

Auch bei Henkel ist die Entwicklung praktikabler Controllingverfahren und valider Kennziffern für die Kommunikation jedoch noch nicht abgeschlossen. Ziel ist die Fokussierung auf einige wenige Leit-KPIs zur

Steuerung der Kommunikationsaktivitäten. Diese Leit-KPIs sollten international auf Geschäftsführungsebene akzeptiert werden – erst dann ist der angestrebte Anschluss des Kommunikations-Controllings an das klassische Finanzcontrolling gewährleistet.

Literatur

Hering, Ralf/Schuppener, Bernd/Sommerhalder, Mark (2004): Die Communication Scorecard. Bern.

Kaplan, Robert S./Norton, David P. (2004): Strategy Maps. Converting Intangible Assets into Tangible Outcomes. Boston.

Kaplan, Robert S./Norton, David P. (1996): The Balanced Scorecard. Boston.

Primosch, Ernst/Swoboda, Bernhard/Giersch, Judith (2007): Henkel's Branded House of Brands. In: Florack, Arnd/Scarabis, Martin/Primosch, Ernst (Hg.): Psychologie der Markenführung. München, S. 515–530.

Rolke, Lothar/Zerfaß, Ansgar (2010): Wirkungsdimensionen der Kommunikation: Ressourceneinsatz und Wertschöpfung im DPRG/ICV-Bezugsrahmen. In diesem Band.

Semion Brand-Broker (2008): brand valuation 2008. Berühmte deutsche Marken in EURO & CENT. URL: http://www.semion.com/value/value2008.html (Stand 1.9.2009).

Swoboda, Bernhard/Giersch, Judith/Primosch, Ernst (2007): Internationales Corporate Brand Management. Das Beispiel Henkel. Düsseldorf.

Das Communication Performance Management der Deutschen Telekom AG

Peter Rutz und Jan Sass

Projektsteckbrief	
Unternehmen	Deutsche Telekom AG
Projekt	Communication Performance Management
Fokus	• Integriertes Steuerungssystem für Kommunikation • Einheitliches, kennzahlenbasiertes Reporting • Abteilungsbezogene Ausweisung der Wertbeiträge
Controlling-Tool(s)	• Werttreiberbäume • Scorecards • Dashboards
Implementierung	• Vereinbarung von KPIs und Kennzahlen • Operationalisierung in einem Fact Book

Das Unternehmen

Die Deutsche Telekom AG ist eines der weltweit führenden Dienstleistungsunternehmen der Telekommunikations- und Informationstechnologie-Branche. Der Konzern bietet seinen Kunden Produkte und Services rund um das vernetzte Leben und Arbeiten – diese umfassen Mobilfunk, Festnetztelefonie und Breitbandinternet, aber auch komplexe Informations- und Kommunikationstechnologie-Lösungen (ICT) für Geschäftskunden. Die Deutsche Telekom AG will das bestangesehene Serviceunternehmen der Branche werden und bekennt sich zum Leitbild der Nachhaltigkeit: Wirtschaftliche, soziale und ökologische Kriterien sind Basis des Konzernhandelns. Das Unternehmen ist in rund 50 Ländern vertreten und erzielte 2008 einen Umsatz von circa 62 Milliarden Euro, davon über die Hälfte im Ausland.

Integriertes Steuerungssystem für Kommunikation

Ein Strategiewechsel führte bei der Deutschen Telekom AG dazu, dass 2008 die bislang selbständigen Kommunikationsabteilungen der Geschäftsbereiche (Konzern, T-Home, T-Systems sowie T-Mobile) zu einer zentralen Abteilung für Unternehmenskommunikation zusammengeführt wurden. Der neu gegründete Bereich Corporate Communications berichtet direkt an den Vorstandsvorsitzenden und verantwortet neben der Konzern- und Geschäftsfeldkommunikation die interne Kommunikation, die CSR- und Sponsoringaktivitäten sowie die Events des Konzerns. In dieser Situation ergaben sich drei wesentliche Herausforderungen:

1) Wie und womit lässt sich eine Kommunikationsabteilung solcher Größe und mit diesen vielfältigen Aufgaben steuern?

2) Wie kann sichergestellt werden, dass alle Aktivitäten, Maßnahmen und Bereiche der Unternehmenskommunikation auf die neue Kommunikationsstrategie und damit auch auf die Unternehmensstrategie ausgerichtet sind?

3) Wie sind die Erfolge und Leistungen der einzelnen Abteilungen mit ihren heterogenen Aufgabenstellungen zu messen?

Zu Beginn der Planungen, im Herbst 2007, stellte sich schnell heraus, dass der Konzern über eine Vielzahl an Methoden, Studien und Instrumenten zur Evaluation von Kommunikationleistungen und -wirkungen verfügte. Wesentliche Aufgaben eines Kommunikations-Controllings waren dennoch nicht erfüllt, weil die Ergebnisse ausschließlich isoliert betrachtet wurden und nur selten ein Vergleich von Kommunikationsinput zu -output stattfand. Zudem blieb die Anbindung der Kommunikation an die Unternehmensziele ungeklärt, und die Datenmenge konnte der Unternehmenskommunikation keinen übergreifenden Planungs- und Steuerungsgewinn verschaffen.

Die maßgebliche Zielvorgabe für das Communication Performance Management (CPM) der Deutschen Telekom AG lautete, die Kommunikationsleistung und -wirkung der unterschiedlichen Abteilungen innerhalb der Unternehmenskommunikation durch ein einheitliches, kennzahlenbasiertes Reporting für das Kommunikationsmanagement transparenter darzustellen. Die Effizienz und Effektivität der Kommunikation insgesamt, aber auch einzelner Maßnahmen, sollten durch ein integriertes Steuerungssystem verbessert und überprüfbarer werden.

Weitere Anforderungen an das CPM waren, die Kommunikation systematisch auf die Unternehmensstrategie auszurichten, die Wertbeiträge der einzelnen Kommunikationsbereiche trennscharf auszuweisen und einen stärkeren Zusammenhang zwischen dem Input sowie dem Output herzustellen. Das Steuerungssystem sollte außerdem zur Verbreitung von Best Practice beitragen, ein internes beziehungsweise externes Benchmarking ermöglichen und im laufenden Betrieb mit möglichst geringen Kosten umzusetzen sein – also vorhandene Daten weitgehend integrieren.

Von der Zielableitung zu Reporting-Tools

Ausgangspunkt des Kommunikations-Controllings ist das Zielsystem des Unternehmens. Auf der obersten Zielebene befinden sich die strategischen Unternehmensziele. Die vier Kerninhalte der Unternehmensstrategie sind Verbesserung der Wettbewerbsfähigkeit in Deutschland,

Wachstum im Ausland durch Mobilfunk, Mobilisierung von Internet und dem Web-2.0-Trend sowie der Aufbau netzzentrierter ICT. Diese Topziele werden jeweils durch eines oder mehrere der Geschäftsfelder T-Home, T-Mobile und T-Systems unterstützt. Die Kommunikationsstrategie fokussiert die Kommunikation vor diesem Hintergrund auf drei Positionierungsmerkmale respektive Kernbotschaften, denen spezifische inhaltliche Ziele zugewiesen werden: Menschen vernetzen, Werte schaffen und Verantwortung übernehmen. Die einzelnen Kommunikationsbereiche zahlen mit ihren Zielen und Maßnahmen in eines oder mehrere der genannten Positionierungsmerkmale ein. Damit sind ihre Wertbeiträge für das Unternehmen grundsätzlich klar zu beschreiben und mit Messgrößen und Kennzahlen darstellbar.

Die Einführung des CPM verlief in den vier Schritten Analyse, Konzeption, Operationalisierung und Reporting. Im ersten Schritt erfolgte die Sichtung vorhandener Unterlagen, Studien und Instrumente. Zusätzlich entstand ein grober Konzeptentwurf, in dem Wirkungsketten von den strategischen Unternehmenszielen über Stakeholdergruppen hin zu den einzelnen Kommunikationsbereichen (zum Beispiel interne Kommunikation) abgeleitet wurden. Mit Hilfe der unterschiedlichen Wirkungsketten war zu identifizieren, wie und wodurch die Kommunikationsbereiche die strategischen Unternehmensziele unterstützen. Das angestrebte Communication Performance Management erhielt damit einen strategiebezogenen Orientierungsrahmen.

In der Konzeptionsphase ging es darum, die Wirkungsketten näher zu bestimmen und geeignete Kommunikationskennzahlen zu definieren, welche den verschiedenen Kommunikationsbereichen zugeordnet werden sollten. Innerhalb des Strategierahmens wurde für diese Bereiche jeweils ein Katalog von Key Performance Indicators (KPIs) sowie möglichen Leistungs- und Wirkungskennzahlen entwickelt. Zu diesem Zeitpunkt wurde das CPM-Konzept dem Führungskreis der Unternehmenskommunikation vorgestellt; im Anschluss erfolgte eine erste Diskussion und Abstimmung der vorgeschlagenen KPIs und weiterer Steuerungsgrößen mit den verantwortlichen Bereichsleitern. Es war besonders wichtig, die KPIs verbindlich abzustimmen, da sie sowohl an das Management berichtet werden, als auch wesentlich zur Leistungsbeurteilung sein sollten.

In der Operationalisierungsphase sind die vereinbarten Ziele und Kennzahlen im Dialog mit den Verantwortlichen weiter modifiziert beziehungsweise detailliert worden. Dazu dienten Kennzahlen-Steckbriefe, die anschließend in einem umfassenden Fact Book dokumentiert wurden. Die Steckbriefe legen eine verbindliche Definition der Kennzahl fest, sie beschreiben Ist- und Planwerte und machen Angaben zu Quelle,

Frequenz, Messgröße und Erhebungsverfahren der Kennzahl. Das Fact Book sichert eine verbindliche Auslegung aller verabschiedeten Definitionen und stellt darüber hinaus Hintergründe und Aufgaben des Kommunikations-Controllings bei der Deutschen Telekom dar. Damit lag für die Unternehmenskommunikation und ihre Bereiche eine detaillierte und praxisfähige Grundlage zur Messung der Communication Performance vor.

Da das Unternehmen bereits vielfältige Evaluationsverfahren einsetzte, musste bei der Erstellung des Fact Books geprüft werden, ob und in welchem Umfang sich diese zur Erhebung der abgestimmten Kennzahlen eigneten. Etwa 75 Prozent der vorgeschlagenen Kommunikationskennzahlen konnten nach Sichtung der vorliegenden Studien für das Steuerungssystem verwendet werden. Dagegen mussten andere Evaluationsverfahren – dies betraf vor allem die Medienresonanzanalyse – inhaltlich neu ausgerichtet werden. Einige Kennzahlen, die durch die vorliegenden Studien inhaltlich nicht abgedeckt wurden, erforderten ergänzende Erhebungsverfahren. Insbesondere galt das für die Input-Kennzahlen. Hier wurde die existente Kostenträgerrechnung zu einem täglich verfügbaren projektbezogenen Maßnahmen-Reporting weiterentwickelt. Mit dem Abgleich der Erhebungsverfahren wurde die Voraussetzung dafür geschaffen, dass für die eingesetzten Kennzahlen regelmäßig Daten nach einheitlichen und vergleichbaren Standards in das CPM-System einfließen.

Nach der Festlegung von Planwerten und der Konzeption eines internen Berichtswesens stand die Darstellung der Daten im Mittelpunkt der letzten Phase. Die Reportingformate sollten komprimiert über den Status quo informieren und dabei Auskunft zur Entwicklung in den Kommunikationsbereichen geben. Zum internen Reporting der Kennzahlen werden Communication Dashboards mit integrierten Scorecards verwendet. Ein Dashboard zeigt die wichtigsten Kommunikationskennzahlen visuell aufbereitet auf einer Seite. Es erlaubt im Unterschied zu konventionellen Präsentationen eine interaktive Darstellung der Daten. Per Klick auf einen Tacho können Detailinformationen zur jeweiligen Kennzahl abgerufen oder Vergleiche von Quartal zu Quartal angestellt werden. Jeder Kommunikationsbereich verfügt über ein eigenes Dashboard mit den wichtigsten Effizienz-, Leistungs- und Wirkungskennzahlen.

Die Einführung eines Kommunikations-Controllingsystems löst neben der Hoffnung auf einen verbesserten Erfolgsnachweis bei den Kommunikatoren unweigerlich auch Sorgen und Kontrollängste aus, die zu einem Abwehrverhalten führen können und die Umsetzung erschweren. In der praktischen Einführung des CPMs war es deshalb erfolgskritisch, von Anfang an Transparenz über die Ziele des Steuerungssystems herzustellen und eine begleitende Projektkommunikation mit ausrei-

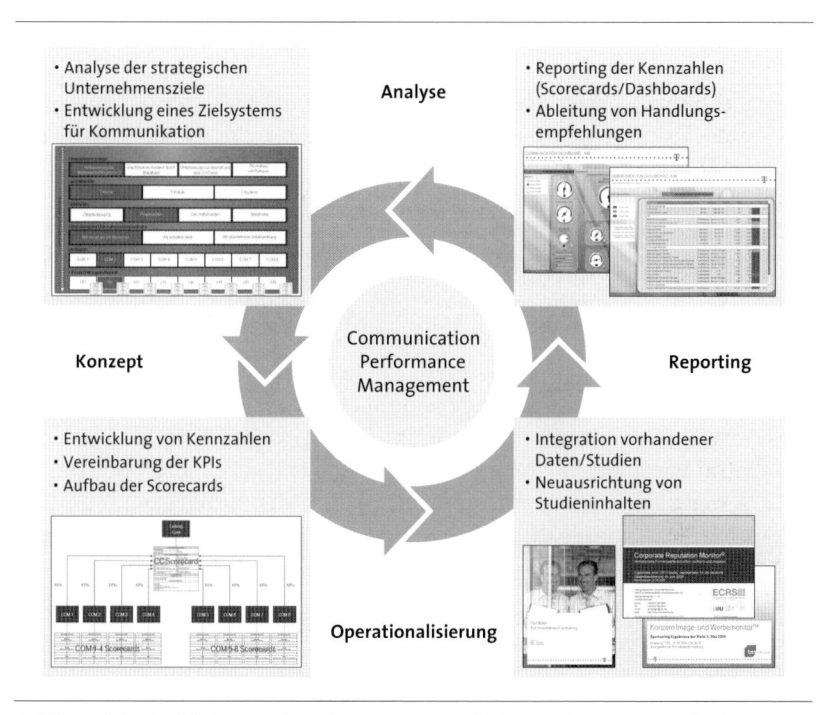

Abbildung 1: In vier Schritten zu einem Steuerungssystem für Unternehmenskommunikation.

chenden Dialogangeboten zu sichern. Insbesondere sollte das CPM nicht als schematisches „Kontrollinstrument" missverstanden werden, das kommunikative Leistungen nur auf Zahlen reduziert.

Neben der sichtbaren Unterstützung des Managements hat zur internen Akzeptanz des Steuerungssystems wesentlich beigetragen, dass die Kennzahlen den Bereichsleitern nicht aufgezwungen worden sind, sondern gemeinsam mit ihnen entwickelt wurden. Vor allem die Diskussion um die abteilungsbezogene Zurechenbarkeit von Kommunikationswirkungen hat im Prozess dazu geführt, dass verschiedene Kennzahlen geschärft oder ersetzt wurden.

Werttreiber und Scorecards

Die vier Schritte bei der Einführung des Communication Performance Managements sind nicht statisch, sondern als Regelkreis zu verstehen: Das System wird kontinuierlich auf die richtige Zielausrichtung überprüft und angepasst. Jeder Kommunikationsbereich hat im Kommunikations-Controllingsystem des Unternehmens eine eigene Communication Scorecard, die konkrete Ist- und Planwerte für die Kennzahlen enthält. Die Planwerte zu den Kennzahlen wurden für 2008 anhand von vorliegenden Benchmarkdaten (Best in class, Branchendurchschnittswerte etc.) oder Längsschnittdaten (Bildung von Durchschnittswerten aus historischen Daten) sowie über individuelle Vereinbarungen mit den Bereichsleitern bestimmt. Die Daten werden überwiegend vierteljährlich aktualisiert. Die Scorecards umfassen alle relevanten Steuerungskennzahlen für die Unternehmenskommunikation. Damit wurde eine einheitliche Basis geschaffen, um die Effizienz und Effektivität der Kommunikation über den Vergleich von Ist- zu Planwerten zu analysieren.

Über den Scorecards dieser Bereiche ist die Scorecard der Leitung Unternehmenskommunikation angesiedelt. Sie dient zur Steuerung und Bewertung der gesamten Unternehmenskommunikation und bezieht dafür geeignete Key Performance Indicators (KPIs) aus allen Kommunikationsbereichen ein oder verdichtet die entsprechenden Daten zu einem aggregierten Wert. Alle Scorecards sind durch identische Indikatorenebenen unterteilt:

Die erste Ebene der Scorecards wird durch Referenzindikatoren dargestellt. Diese werden maßgeblich durch Kommunikation beeinflusst, sind aber so hoch verdichtet, dass eine direkte Zurechenbarkeit und Abgrenzung zu einzelnen Kommunikationsdisziplinen nicht möglich ist. Sie dienen als „Leuchttürme" beziehungsweise allgemeine Zielhorizonte der Kommunikation. Referenzindikatoren wie zum Beispiel Corporate Reputation oder Mitarbeiter-Commitment geben vor diesem Hintergrund wertvolle Hinweise zur Steuerung der Unternehmenskommunikation, werden aber nicht zu ihrer unmittelbaren Leistungsbewertung herangezogen.

Auf der zweiten Ebene werden die KPIs aus dem Pool der Wirkungs- und Leistungsindikatoren bestimmt. Ein KPI sollte durch Kommunikation möglichst stark beeinflussbar sein und die Leistung des Bereichs repräsentativ abbilden. Er muss außerdem anschlussfähig an die Unternehmensziele und möglichst durch vorhandene Daten darzustellen sein. Wirkungsindikatoren beschreiben auf der nächsten Scorecard-Ebene die indirekte oder direkte Wirkung der Kommunikation bei verschiedenen Anspruchsgruppen (Outcome). Hier lassen sich Kennzahlen zu Wahrnehmung und Wissen sowie zu Änderungen bei Einstellungen und Verhaltensweisen unterscheiden. Wirkungsindikatoren sind in der Regel nicht ausschließlich einer Kommunikationseinheit beziehungsweise -maßnahme allein zuzuschreiben.

Als Leistungsindikatoren werden auf der vierten Ebene solche Kennzahlen bezeichnet, die den unmittelbaren Erfolg der operativen Maßnahmen in den Kommunikationseinheiten abbilden. Leistungsindikatoren sind also direkt auf einzelne Maßnahmen oder Maßnahmengruppen bezogen (Output-Ebene). Zu den Leistungsindikatoren gehören unter anderem die Teilnehmeranzahl bei einer Veranstaltung, die Click-Rates auf einer Website oder der Share of Voice in den Medien. Effizienzindikatoren zeigen darunter auf, inwiefern Kommunikationsleistungen und -maßnahmen zeitlich, kostenmäßig sowie inhaltlich und formal adäquat beziehungsweise vorgabengemäß erbracht werden. Insbesondere die Einführung einer zentralen Datenerfassung und projektgenauen Kostenträgerrechnung hat hier zu einer deutlichen Effizienzsteigerung und benchmarkfähigen Ergebnissen geführt.

Die vereinbarten KPIs der Kommunikationsbereiche sollen für die nächsten drei Jahre verbindlich gelten, damit eine vergleichbare und nachhaltige Datenbasis gewährleistet ist. Erst durch die Einhaltung langfristiger, einheitlicher Messzyklen bei der Kennzahlenerhebung kann das Kommunikations-Controlling zur Planung und Steuerung der Kommunikation wirksam beitragen. Weitere Kennzahlen auf der Wirkungs-, Leistungs- oder Effizienzebene können durchaus noch ausgetauscht, verändert oder ergänzt werden, wenn sich im Laufe der Controlling-Messzyklen herausstellt, dass sie weniger tauglich oder durch besser geeignete Kennzahlen zu ersetzen sind.

Am Beispiel des Bereichs KIM (Kommunikation für das Geschäftsfeld T-Mobile) kann ein Werttreiberbaum im Steuerungssystem der Unternehmenskommunikation näher erläutert werden. KIM zahlt mit seinen Leistungen und Kommunikationswirkungen wesentlich auf die Unternehmensziele Verbesserung der Wettbewerbsfähigkeit in Deutschland, das Wachstum im Ausland durch Mobilfunk sowie die Mobilisierung von Internet und Web-2.0-Trend ein. Ein Referenzindikator für den Kommunikationsbereich ist zum Beispiel der TRI*M CRQI-Index. Dieser von TNS Infratest bereitgestellte Indexwert wird für das gesamte Unternehmen erhoben, aber auch speziell in Bezug auf T-Mobile-Kunden ermittelt. Der CRQI-Index bezieht sich mit sechs Fragen auf die drei Dimensionen „Generelle Wahrnehmung", „Kompetenz" und „Emotionalität", die zu einem Punktwert (Reputationsniveau) verdichtet werden. Der Index fokussiert damit ein wichtiges Ziel der Kommunikation von T-Mobile, ist aber letztlich von zu vielen kommunikationsfremden Faktoren beeinflusst, als dass er ein Key Performance Indicator für den Bereich KIM sein könnte.

Als KPIs dieses Bereichs wurden dagegen operativere und zurechenbarere Steuerungsgrößen vereinbart, die als zusammengesetzte „Media Scores" die Leitthemen Innovation und Mobilität adressieren. Das positive Innovationsimage ist für T-Mobile und den Konzern ein sehr wichtiger und marktdifferenzierender Erfolgsfaktor, der maßgeblich von Kommunikation geprägt wird – aber eben nicht maßgeblich von Unternehmenskommunikation, sondern von Werbung und Marketing. Reduziert auf den Media Score „Innovation", bewertet der KPI trennscharf die Leistung des Bereichs, das Fokusthema „Innovation" im Verhältnis zum Wettbewerb in relevanten Medien zu positionieren. Die Berechnung des Media Scores erfolgt aus der Medienpräsenz zum Fokusthema sowie der Medienakzeptanz des Innovationsimages von T-Mobile mit dessen Abweichung zur Branche. Innovation im hier aufgeführten Sinn entspricht dem vorgegebenen strategischen Thema „Innovation und Netzführerschaft". Der Media Score „Mobility Empowerment" wird analog gebildet. Er beschreibt, in welchem Umfang und mit welcher Akzeptanz es dem Bereich gelingt, das Fokusthema „Nutzen durch mobile Telekommunikationsleistungen" im Verhältnis zum Wettbewerb in den Medien sichtbar zu machen.

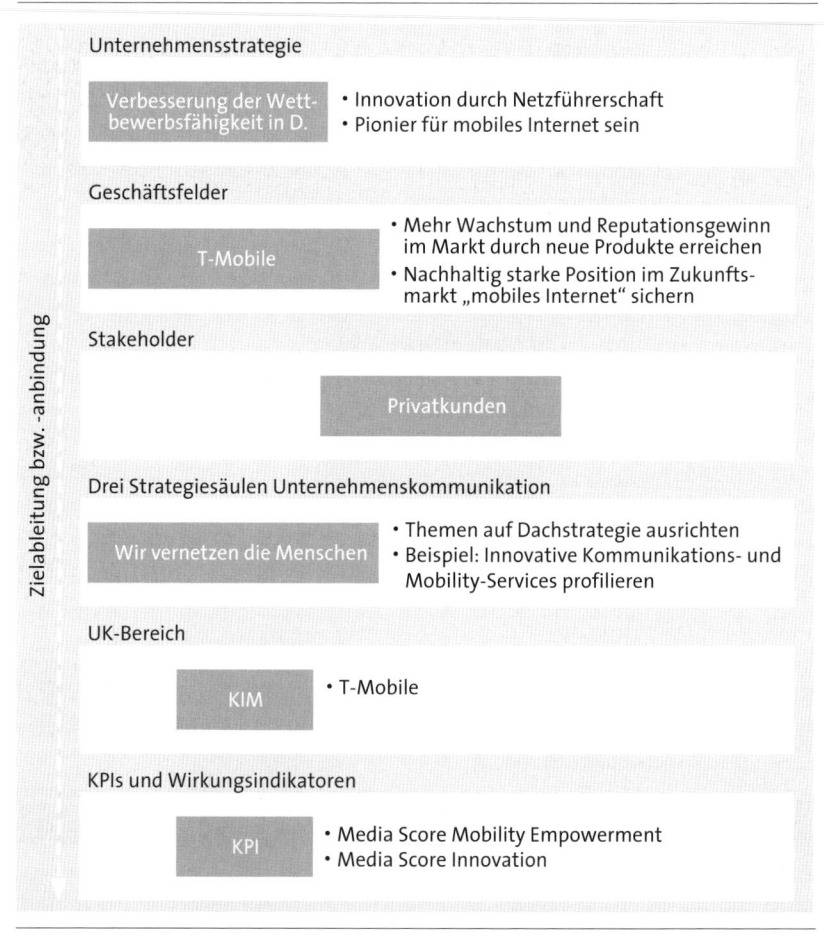

	Unternehmensstrategie	
	Verbesserung der Wettbewerbsfähigkeit in D.	• Innovation durch Netzführerschaft • Pionier für mobiles Internet sein
	Geschäftsfelder	
Zielableitung bzw.-anbindung	T-Mobile	• Mehr Wachstum und Reputationsgewinn im Markt durch neue Produkte erreichen • Nachhaltig starke Position im Zukunftsmarkt „mobiles Internet" sichern
	Stakeholder	
	Privatkunden	
	Drei Strategiesäulen Unternehmenskommunikation	
	Wir vernetzen die Menschen	• Themen auf Dachstrategie ausrichten • Beispiel: Innovative Kommunikations- und Mobility-Services profilieren
	UK-Bereich	
	KIM	• T-Mobile
	KPIs und Wirkungsindikatoren	
	KPI	• Media Score Mobility Empowerment • Media Score Innovation

Abbildung 2: Werttreiberbaum Bereich KIM.

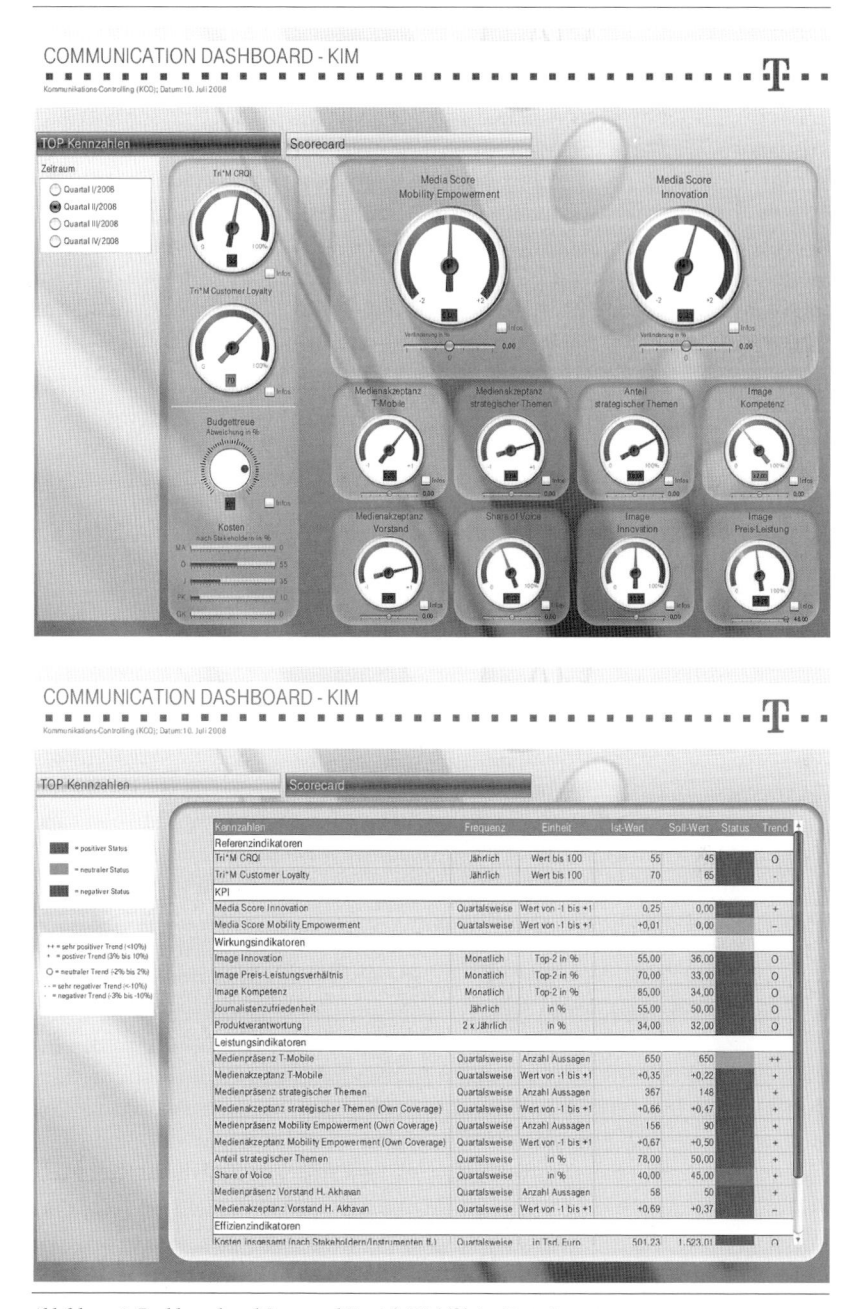

Abbildung 3: Dashboard und Scorecard Bereich KIM (fiktive Daten).

Auf der Ebene der Wirkungs- und Leistungsindikatoren werden die KPIs durch die befragungsbasierten Imagewerte „Innovation", „Preis-Leistungsverhältnis" und „Kompetenz" ergänzt. Die Grundlage dieser Kennzahlen sind monatliche Face-to-Face-Interviews (CAPI-Interviews) innerhalb der Bevölkerung. Zusätzliche Wirkungsindikatoren für KIM sind die jährlich erfragte Journalistenzufriedenheit (Index) sowie die Wahrnehmung der Produktverantwortung von T-Mobile (Top-2-Boxes). Die Leistungsindikatoren werden überwiegend durch weitere Kennzahlen der Medienresonanz dargestellt. Wesentliche Effizienzindikatoren sind die interne Kundenzufriedenheit und budgetbezogene Kennzahlen.

Das Dashboard stellt die wesentlichen Kennzahlen von KIM mit Tachos dar, die auf einen Klick die Veränderungen zum vergangenen Quartal zeigen und weitere Hintergründe anbieten. Die dort integrierte Scorecard des Bereichs ermöglicht einen vollständigen Überblick über die Daten. Hier können einzelne Kennzahlen nochmals vertieft in ihrer Anlage und zeitlichen Entwicklung betrachtet werden.

Bewertung und Ausblick

Während bei der Deutschen Telekom zuvor weitgehend eine Einzelbetrachtung der Kommunikationsergebnisse ohne vergleichende Interpretation erfolgte, stellt das Communication Performance Management die bestehenden Studien in einen umfassenden Handlungsrahmen und richtet diese inhaltlich am Zielsystem aus. Das ist die Voraussetzung, um Querbezüge und Korrelationen zwischen den einzelnen Studienergebnissen herzustellen und entsprechend der Zielerreichung zu interpretieren. So werden zum Beispiel Veränderungen auf der Medienresonanzebene inhaltlich mit den Ergebnissen von Bevölkerungs- oder Kundenbefragungen in Beziehung gesetzt. Ferner wurden die bestehenden Erhebungen wie die Medienresonanzanalyse inhaltlich stärker auf die Messung der Leistungen einzelner Kommunikationsbereiche ausgerichtet. Ein Beispiel dafür ist die differenziertere Auswertung der Medienberichterstattung nach Own Voice und Media Voice, welche den eigenen Leistungsbeitrag für die externe Kommunikation klarer markiert.

Umfangreiche Studienergebnisse wurden auf wenige und damit überschaubare Kennzahlen verdichtet, die maßgeblich durch Kommunikation beeinflusst und angesteuert werden können. Insgesamt sind mehr als 100 steuerungsrelevante Kennzahlen für die verschiedenen Kommunikationsbereiche identifiziert und in Kennzahlensteckbriefen dokumentiert. Davon lagen bis Anfang 2009 für rund 85 Prozent der Kennzahlen reale Daten vor, die in den Scorecards ausgewiesen sind. Die Daten stammen fast ausschließlich aus bereits beauftragten Studien und Analysen, so dass kaum Folgekosten entstanden. Neben bewährten Kennzahlen (zum Beispiel Share of Voice oder Reputations-Index) sind auch unternehmensspezifische Kennzahlen wie etwa speziell zusammengesetzte Media Scores gebildet worden, um den Zielbezug der Kommunikation besser darstellen und messen zu können.

Durch die Einführung eines neuen Kostenträgerverfahrens wird der Kommunikationsinput (Kosten) wesentlich detaillierter, zum Beispiel nach Maßnahmen oder nach Stakeholdern, aufgeschlüsselt. Die systematische Kostenerfassung erlaubt es zudem, den Input stärker mit dem Output beziehungsweise Outcome einzelner Maßnahmen ins Verhältnis zu setzen. Daraus resultieren Effizienzkennzahlen wie zum Beispiel Cost per Contact oder Cost per Stakeholder, die zeigen, in welchem Kosten- und Nutzenverhältnis Events und Sponsoringmaßnahmen stehen. Die Festlegung von Planwerten zu den einzelnen Kennzahlen und das Berichten gegen diese Werte zeigt den Kommunikationsverantwortlichen regelmäßig und zeitnah an, wo Stärken und Schwächen in der Performance ihrer Kommunikation liegen. Sie können rechtzeitig auf Fehlentwicklungen reagieren und Ursachen für das Nichterreichen von Planwerten durch das Gegenüberstellen verschiedener Kennzahlen und Studienergebnisse präziser herleiten.

Der Leiter Unternehmenskommunikation verfügt über ein überschaubares Set von 20 KPIs, mit denen er vierteljährlich einen Überblick zum aktuellen Kommunikationsstatus erhält. Auf der Basis dieser KPIs steuert und bewertet das Management die Performance der Unternehmenskommunikation. Gleichzeitig dienen diese Kennzahlen dem Reporting gegenüber dem Vorstand und dem Controlling. Darüber hinaus bilden die vereinbarten KPIs die Grundlage für die Zielvereinbarungsgespräche mit den jeweiligen Bereichsleitern.

Die Akzeptanz und die Bedeutung des Steuerungssystems für den Bereich Corporate Communications der Deutschen Telekom AG wird durch die Einrichtung einer eigenständigen Einheit für das Communication Performance Management bestätigt. Das CPM soll unter Berücksichtigung der praktischen Erfahrungen des vergangenen Jahres kontinuierlich weiterentwickelt werden. Im Vordergrund stehen die Entwicklung einer webbasierten, integrierten Reporting-Plattform für die Kennzahlen des Steuerungssystems sowie der Ausbau der internen Beraterrolle des Kommunikations-Controllings. Die Reporting-Plattform soll eine flexiblere Kennzahlenverwaltung und die unmittelbare Übertragung von Scorecard-Daten in Dashboards erlauben.

Mit der Implementierung des Communication-Performance-Managementsystems bleibt es eine wesentliche Herausforderung, die Servicerolle des Kommunikations-Controllings gegenüber dem Kommunikationsmanagement auszubauen, die Handlungsorientierung auf Datenbasis zu forcieren und damit den abteilungsübergreifenden Dialog zu stärken. Anders gesagt: Statt die Kommunikationsverantwortlichen mit den gewonnenen Daten allein zu lassen, will sich das CPM-Management als interner Berater verstehen, der die Ergebnisse verständlich aufbereitet, Entwicklungen und Auffälligkeiten darlegt sowie Interpretationen und Handlungsorientierungen anbietet, ohne dabei Kompetenzgrenzen zum Kommunikationsmanagement zu überschreiten. Nach dem Vorbild von Analysten-Reports hat die Deutsche Telekom AG in diesem Zusammenhang ein einheitliches Reporting-Format für die Bereiche entwickelt, das vierteljährlich eine sehr kompakte Ergebnisschau bietet – hier gehen wesentliche Daten aus relevanten Studien ein, die redaktionell aufbereitet und kommentiert werden. Schließlich sind nicht die Daten selbst wichtig, sondern was man aus ihnen lernen kann.

Hoerbiger: Balanced-Scorecard-System zur Steuerung von Kommunikationsteam und Agenturen

Ludwig Schönefeld, Susanne Reichelt und Jörg Pfannenberg

Projektsteckbrief	
Unternehmen	Hoerbiger Holding AG
Projekt	Strategisches und operatives Kommunikations-Controlling, einschließlich der Steuerung von Dienstleistern
Fokus	• Alignment aller Mitarbeiter mit Kommunikationsaufgaben auf die strategischen Kommunikationsziele • Steuerung der wichtigsten Kommunikationsprojekte in Konzern, Unternehmens- und Geschäftsbereichen
Controlling-Tool(s)	• Scorecards für die Konzernkommunikation und die Marketing-Kommunikation der Unternehmensbereiche • Scorecards für externe Dienstleister mit unterschiedlichen Tätigkeitsprofilen • Checkliste für das Assessment von Dienstleistern
Implementierung	• Workshops zur Entwicklung und Implementierung des Scorecard-Systems • Excel-basiertes Tracking-Tool zum Monitoring der KPIs • Weltweites Qualitätssicherungssystem für externe Dienstleister auf Basis des Scorecard-Systems

Das Unternehmen

Der Hoerbiger-Konzern ist weltweit in führender Position in den Geschäftsfeldern Kompressortechnik, Automatisierungstechnik und Antriebstechnik tätig. 6.400 Mitarbeiter erzielten 2008 einen Umsatz von rund 1 Milliarde Euro.

Schwerpunkte der Geschäftstätigkeit sind Schlüsselkomponenten und Serviceleistungen für Kompressoren, Gasmotoren und Turbomaschinen, Hydrauliksysteme und Piezotechnologie für den Fahrzeug- und Maschinenbau sowie Komponenten und Systeme zum Schalten und Kuppeln von Antriebssträngen verschiedenster Fahrzeugtypen. Die drei Unternehmensbereiche der Gruppe agierten über Jahre unabhängig am Markt. Seit 2006 verfolgt die Konzernleitung das Ziel, die Hoerbiger-Gesellschaften und ihre Geschäftsfelder unter der Dachmarke Hoerbiger stärker zu vernetzen, um Synergiepotentiale deutlich stärker als bisher zu nutzen.

Für die Entwicklung und Umsetzung der weltweiten Kommunikationsstrategie ist der Zentralbereich Unternehmenskommunikation in Zug/Schweiz verantwortlich. Die Unternehmenskommunikation ist in einem konzernübergreifenden Kommunikationsnetzwerk organisiert, das aus dem Zentralbereich Unternehmenskommunikation, den Kommunikationsverantwortlichen der Unternehmens- und Geschäftsbereiche an den Standorten Wien (Kompressortechnik), Altenstadt und Schongau (Automatisierungstechnik, Antriebstechnik, Automotive Komfortsysteme) sowie den regionalen Kommunikationsmanagern für Amerika und Asien besteht. Mit der 2008 begonnenen Einführung von Länderseiten im Internet sowie der Implementierung einer neuen Intranet-Plattform im Sommer 2009 wurden darüber hinaus zur Unterstützung der weltweit 160 Produktions- und Servicestandorte für 50 Länder Kommunikationsbeauftragte benannt. Die für die Konzeption und Umsetzung von Kommunikationsmaßnahmen für die Hoerbiger-Gesellschaften in Deutschland tätige Inhouse-Werbeagentur wurde Ende 2009 geschlossen. Parallel dazu wurde das Netzwerk von PR- und Werbe-Dienstleistern ausgebaut, um mittelfristig weltweit und vor Ort eine effiziente und strategiekonforme kommunikative Unterstützung der Hoerbiger-Gesellschaften zu gewährleisten.

Controllingaufgabe

Die Zielsetzungen der Unternehmensleitung werden vom Unternehmens-Controlling in die finanzielle Langfristplanung übersetzt. Die Ziele der Unternehmenskommunikation leiten sich aus Konzernstrategie und Langfristplanung ab. In diesem Zusammenhang spielt die Unternehmenskommunikation eine entscheidende Rolle bei der

- *Stärkung der Dachmarke.* Die Reputation der Unternehmens- und Geschäftsbereiche in ihren Zielmärkten soll für den Gesamtkonzern nutzbar gemacht werden. Dafür sollen die Kommunikationsaktivitäten der Bereiche stärker auf die Ziele des Gesamtkonzerns ausgerichtet und die gemeinsamen Aktivitäten verstärkt werden.

- *Wachstum und kontinuierliche Entwicklung.* Die Mitarbeiter sollen die Zielsetzungen und die Strategie des Unternehmens verstehen und unterstützen. In Veränderungsprozessen – wie zum Beispiel strategischen Akquisitionen und Desinvestitionen, der Neustrukturierung und Neuausrichtung von Unternehmens- und Geschäftsbereichen sowie der Stärkung der Innovationskraft – übernimmt die interne Kommunikation eine Lotsenfunktion.

- *Modernisierung der Marketing-Kommunikation.* Im Rahmen des Projekts Marketing 2.0 soll das Internet zur Vertriebs- und Service-Plattform ausgebaut werden. Dafür soll der Zugang zu Produktinformationen optimiert werden, Dialog-Tools und Communities sollen die Kommunikation verbessern.

Um die Kommunikationsaktivitäten einschließlich der Marketing-Kommunikation im Rahmen des strategischen Kommunikations-Controllings steuern und bewerten zu können, setzt Hoerbiger seit 2007 ein Scorecard-System ein, das folgende Ziele unterstützt:

- *Ausrichtung aller Mitarbeiter mit Kommunikationsaufgaben* auf die strategischen Kommunikationsziele des Konzerns.
- *Steuerung einer effektiven und effizienten Implementierung* der wichtigsten Kommunikationsprojekte.
- *Steuerung und Controlling von Dienstleistern* gemäß den übergreifenden Kommunikationszielen und zur Sicherung der Qualitätsstandards des Konzerns für die Unternehmenskommunikation.

Taktische Planung und Implementierung

Bei der Entwicklung und Implementierung des Scorecard-Systems wurden die Mitarbeiter aus dem Zentralbereich Unternehmenskommunikation, die für die Marketing-Kommunikation der Unternehmens- und Geschäftsbereiche verantwortlichen Kommunikationsmanager sowie die Mitarbeiter der Inhouse-Werbeagentur von Anfang an aktiv einbezogen. 2009 wurden in einem zweiten Schritt auch die wichtigsten Dienstleister – Kommunikationsagenturen und technische Dienstleister – in die Weiterentwicklung der für sie relevanten Scorecards eingebunden.

Die Kommunikations-Scorecards für die Unternehmenskommunikation, die interne Kommunikation und die externe Kommunikation sowie für das Kommunikationsmanagement (Implementierung der Scorecard) wurden von den Kommunikationsverantwortlichen des Konzerns, der Bereiche und der Regionen im Frühjahr 2007 in einem gemeinsamen zweitägigen Workshop (Brandstorm Meeting) erarbeitet. Basis waren die im DPRG-Arbeitskreis „Wertschöpfung durch Kommunikation" entwickelten Expertenpapiere zu Kennzahlen der Kommunikation (vgl. Pfannenberg 2010). Für die Moderation des ersten und aller weiteren Scorecard-Workshops wurde die Kommunikationsagentur JP KOM engagiert. Alle Arbeitsschritte wurden transparent und unter starker Einbeziehung der Teilnehmer mit der Metaplan-Methodik durchgeführt. Die Erarbeitung erfolgte dabei in vier Schritten:

1) *Identifikation der Zielsetzungen der Kommunikation.* Die Frage „Wenn Sie abends von der Arbeit nach Hause fahren: Wann haben Sie das Gefühl, etwas Nützliches für das Unternehmen geschaffen zu haben?" führte die Teilnehmer zur Nennung von Zielsetzungen der

Kommunikation für die Wirkungsdimensionen Output, Outcome und Outflow (vgl. Pfannenberg 2010).

2) *Aufbau von Value Links.* Die per Kartenabfrage gesammelten Zielsetzungen wurden geclustert und den Ebenen zugeordnet. Dadurch wurden die Value Links zwischen den Ebenen sichtbar. Sie bilden geschlossene Wirkungsketten (Werttreiberbäume) vom Input über die immateriellen zu den materiellen/finanziellen Effekten der Kommunikation (vgl. Abbildung 1).

3) *Erstellung der Scorecard und KPIs.* Die Teilnehmer übertrugen die Zielsetzungen den Value Links entsprechend in standardisierte Scorecards mit den Ebenen Output, Outcome und Outflow. Sie legten die KPIs einschließlich der Messdimensionen, Messverfahren und Messintervalle für die Zielsetzungen fest und trugen sie in die Scorecards ein.

4) *Festlegung von Zielwerten.* Nach Ermittlung beziehungsweise Schätzung der Ist-Werte und Vorjahreswerte legten die Teilnehmer für alle KPIs und Zielsetzungen sowohl Werte für die laufende Periode als auch für die Mittelfristplanung fest. Darüber hinaus wurden die Zuständigkeiten sowie die für die Erreichung der Zielsetzungen notwendigen Maßnahmen einschließlich möglicher Barrieren bei der Implementierung in der Scorecard festgehalten.

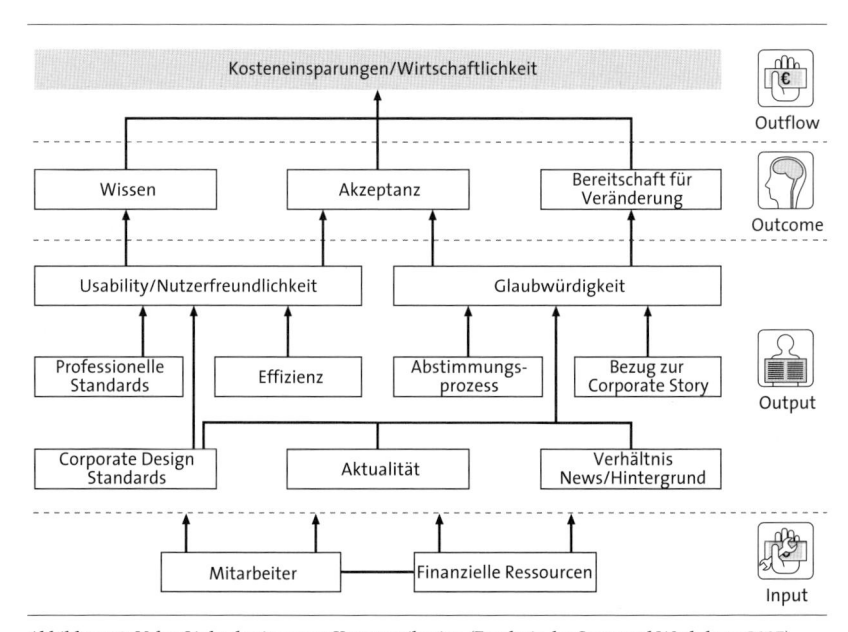

Abbildung 1: Value Links der internen Kommunikation (Ergebnis des Scorecard-Workshops 2007).

Auf Basis der übergeordneten Scorecard der Unternehmenskommunikation wurde gemeinsam mit den dort beschäftigten Mitarbeitern Mitte 2007 in einem weiteren Implementierungsschritt die Scorecard für die als Shared Service geführte Inhouse-Agentur aufgebaut. In Verbindung mit Zielvereinbarungen wurde die Scorecard als Grundlage für die Bemessung der individuellen Zielerreichungsprämie herangezogen. Im Zuge der Implementierung der Scorecard für die Inhouse-Agentur entwickelte JP KOM gemeinsam mit Hoerbiger ein Tracking-Tool auf Excel-Basis.

Das Hoerbiger Scorecard-System wird im Jahresrhythmus den Zielsetzungen des Konzerns sowie den aktuellen Strukturen und Aufgaben der Kommunikation angepasst. Im Sommer 2009 hat Hoerbiger sein Scorecard-System mit Blick auf das durch die weltweite Finanz- und Wirtschaftskrise veränderte Kommunikationsumfeld umfassend auf den Prüfstand gestellt und auf Basis der ersten Praxiserfahrungen weiterentwickelt:

- Review der bestehenden Scorecards und Zusammenfassung in einer neuen Scorecard „Unternehmenskommunikation".
- Weiterentwicklung der Scorecards für die Marketing-Kommunikation der Unternehmens- und Geschäftsbereiche als Adaptionen der für den Gesamtkonzern entwickelten Kommunikations-Scorecard.
- Hinterlegung der Scorecards von Konzern, Unternehmens- und Geschäftsbereichen mit detaillierten Arbeitsplänen.
- Review der Scorecard der bis Ende 2009 aufzulösenden Inhouse-Agentur und Entwicklung einer neuen Scorecard zur Steuerung von Kommunikations-Dienstleistern.
- Abstimmung einer Checkliste mit Mindestanforderungen für die Beauftragung und Steuerung von Kommunikations-Dienstleistern.
- Ableitung von Basis-Scorecards für Kommunikations-Dienstleister auf drei Support-Levels (Level 1: „Unterstützung – Umsetzung von Kommunikationsaufgaben", Level 2: „Inhaltlicher Support – Umsetzung von Kommunikationsaufgaben mit strategischem Fokus", Level 3: „Strategischer Support – Unterstützung bei der Entwicklung strategischer Themen").

Beschreibung des Controllingsystems

Das 2007 bei Hoerbiger entwickelte und eingeführte Scorecard-System für das Kommunikationsmanagement bildet die damaligen Aufgabenbereiche und die damalige Organisationsstruktur der Unternehmenskommunikation ab (vgl. Abbildung 2). Da sich das Kommunikationsnetzwerk des Konzerns 2007 noch im Aufbau befand, dominierten zunächst Werttreiber in den Dimensionen Output und Outcome:

1. Ebene: Unternehmenskommunikation. Entsprechend der vorrangigen Aufgabenstellung der Kommunikation, die Corporate Story für den Konzern zu definieren und konsequent in allen Bereichen des Unternehmens zu implementieren, enthält die übergeordnete Scorecard „Unternehmenskommunikation" in der Output-Dimension Zielsetzungen wie zum Beispiel *Ausrichtung des Kommunikationsteams auf die Corporate Story* (KPI: Zustimmung), *Abstimmung mit der Geschäftsführung* (Entscheidung der Geschäftsführung), *Umsetzungsplanung* (ja/nein) und die *Einrichtung eines Monitoring-Systems für die Umsetzung der Corporate Story*. Das Erreichen dieser Zielsetzungen ist die Voraussetzung für die *Repräsentation der Corporate Story in der Kommunikation* (Share of Voice, Repräsentation der Corporate Story). Auf der Outcome-Ebene geht es um Ziele wie *Kenntnis* (ungestützter Recall bei Stakeholdern) und *Akzeptanz/Emotion* (Zustimmung). Über ähnliche Zielsetzungen und KPIs werden auch die Kernbotschaften getrackt, zusätzlich werden hier auf der Outcome-Ebene *Verhaltensdispositionen* gemessen (bei Mitarbeitern: Commitment; bei Kunden: Anfragen). Auf der Outflow-Ebene werden Zielsetzungen wie *operative Exzellenz* und *Steigerung des Umsatzes* avisiert, zu denen Kommunikation mit Erreichung der Outcome-Ziele einen Beitrag leistet.

2. Ebene: Interne und externe Kommunikation. Die Outcome-Zielsetzungen für die interne und externe Kommunikation sind im Wesentlichen aus der übergeordneten Scorecard „Unternehmenskommunikation" abgeleitet: Es geht um die *Kenntnis der wesentlichen Botschaften* (ungestützter Recall), um *Akzeptanz für die Strategie* und um *Veränderungsbereitschaft* (in der internen Kommunikation beides: Commitment). Um diese Zielsetzungen zu erreichen, wurden die Output-Ziele bei der Realisierung der Medien beziehungsweise der Pressearbeit in diesen Kommunikationsbereichen definiert. Dabei handelt es sich operativ im Wesentlichen um die Erfüllung von handwerklichen Standards und Anforderungen des Projektmanagements, mit Zielsetzungen wie *Effizienz der Medienproduktion* (Einhaltung des Budgets, Einhaltung der Zeitziele), *effiziente Abstimmungsprozesse* (Abstimmungen pro Prozessschritt, Abstimmungsprozesse über eine höhere Hierarchieebene), die *Einhaltung der Corporate-Design-Richtlinien*

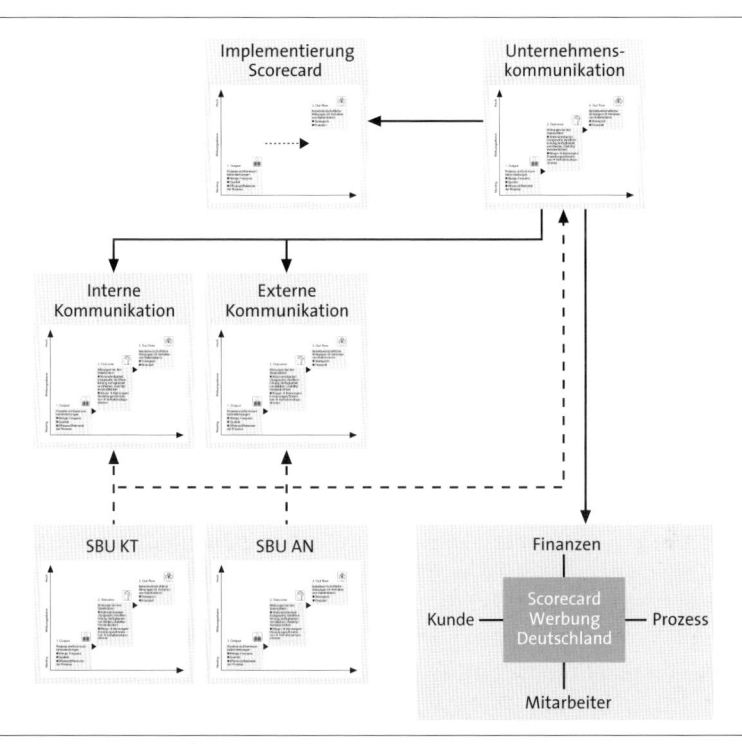

Abbildung 2: Das Kommunikationsmanagementsystem des Hoerbiger-Konzerns 2007.

(Zahl der Abweichungen), *Einhaltung professioneller Standards* (Verwendung von Planungsinstrumenten, Einhaltung journalistischer Standards, modernes Informationsmanagement in den Medien), *Aktualität* (Reaktionszeit auf Ereignisse), und *Repräsentanz der Corporate Story und der definierten Botschaften* (Erfüllungsgrad) sowie *Aktualität* (Anteil von News vs. Hintergrundinformationen). Weiterhin wurden in der Output-Dimension die Prozessqualitäten definiert, unter anderem die *Umsetzung der Markenstrategie* (Erfüllungsgrad), die *Verwendung von Instrumenten der Prozessführung* (Erfüllungsgrad), die *Einrichtung einer Projektdatenbank, eines Wörterbuchs mit häufig verwendeten Begriffen* und *eines Bildarchivs* (Erfüllungsgrad). Schließlich wurden – als unmittelbare Treiber für den Outcome – die Eigenschaften der Kommunikationsmittel selbst getrackt, insbesondere *Glaubwürdigkeit* (in der internen Kommunikation: Commitment) und *Usability* (Feedback, Benutzung von Links, Teilnahme an Veranstaltungen, Anfragen).

3. Ebene: Kommunikation der Unternehmens- und Geschäftsbereiche. Analog zur internen und externen Kommunikation wurden die übergeordneten Zielsetzungen der Unternehmenskommunikation, insbesondere die Realisierung der Corporate Story, in den Scorecards für die Unternehmens- und Geschäftsbereiche auf deren Kommunikationsfelder in der internen und insbesondere in der Kunden-/Marketing-Kommunikation heruntergebrochen. Hier geht es in der Output-Dimension vorrangig um die *Repräsentanz der Corporate Story* und der *bereichsspezifischen Botschaften* in den Medien sowie um *handwerkliche Exzellenz* bei PR und Werbung. In der Outcome-Dimension wurden die Werttreiber um typische Marketing-Kommunikationsziele wie *Kontakte* (Anteil in der Kundengruppe), *Anfragen* (potentielles Geschäftsvolumen) und *Erhöhung des Geschäftsvolumens* mit bestehenden Kunden (Umsatz) erweitert.

4. *Ebene: Inhouse-Agentur.* Die Inhouse-Agentur wurde als internes Profit-Center geführt, deshalb wurde hier – wie bei der Steuerung von externen Agenturen – eine klassische Unternehmensscorecard in den Dimensionen Finanzen, Kunden, Prozesse (Angebot und operative Exzellenz) und Mitarbeiter aufgesetzt. Insbesondere in der Kundendimension, aber auch in der Prozessdimension zahlen die Value Driver mit ihren KPIs unmittelbar auf die strategischen Kommunikationsziele ein, wie sie in den Scorecards für die Unternehmenskommunikation insgesamt, für die interne Kommunikation sowie für die externe Kommunikation definiert wurden.

Konzern, Unternehmens- und Geschäftsbereiche können ihre Dienstleister frei wählen, von daher waren in der Kundendimension Werttreiber wie *Kundenzufriedenheit* (Reklamationen, Kundenfluktuation), die Bereitstellung und Weiterentwicklung eines *Full-Service-Angebots* (Entwicklung neuer Leistungen und Angebote) und die *aktive Jahresplanung gemeinsam mit den Kunden* (Nutzung dieses Services) relevant für die Bewertung der Inhouse-Agentur in ihrer internen Dienstleistungsfunktion.

Auf der Ebene der operativen Exzellenz ging es um die Merkmale *Produktqualität, Termintreue,* die *Einhaltung des Budgets,* um *effiziente Abstimmungsprozesse* und um die *Aktualität der Medien,* so wie in den Scorecards der internen Kunden definiert. Um die Zielsetzungen in der Prozess- und Kundenperspektive nachhaltig zu erreichen, verfolgte die Inhouse-Agentur in der Mitarbeiterperspektive Zielsetzungen wie *klare Aufgabenverteilung zwischen den Mitarbeitern, Teamwork,* die *Optimierung der Ablagesysteme* sowie *Motivation/Zufriedenheit.* Wenn die Inhouse-Agentur ihre Zielsetzungen in den Dimensionen Lernen & Entwicklung, Prozesse und Kunden erreicht, kann sie ihre Zielsetzungen als Profit-Center – *Umsatzrendite, Umsatzwachstum* und eine vorgegebene *Verteilung der Umsätze* auf verschiedene interne Kunden erreichen.

5. *Ebene: Implementierung der Scorecard.* Die Entwicklung und Implementierung des gesamten Managementsystems wurden anfangs mit einer eigenen Scorecard getrackt, mit den Wertreibern: *Entwicklung der Score-*

card (ja/nein mit Zeitziel), *konsequente Implementierung einschließlich Aufbau eines Tracking-Tools* (ja/nein mit Zeitziel) sowie *Ausrichtung des Kommunikationsteams* darauf (Zustimmung, Commitment, Compliance). In der Outflow-Dimension lautet die übergreifende Zielsetzung des Managementsystems, dass die Zielsetzungen der Scorecards entsprechend ihren KPIs erreicht werden (Zielerreichungsgrad).

Auf Basis der in den Scorecards formulierten Zielsetzungen und KPIs wurden in den Jahren 2007 und 2008 die Evaluationsinstrumente des Kommunikations-Controllings angepasst und effizienter gestaltet. So wird der Outcome der Unternehmenskommunikation im Rahmen von jährlich durchgeführten Kunden- und Mitarbeiterbefragungen (Fremdbild und Selbstbild) gemessen. Sowohl in die Kunden- als auch in die Mitarbeiterbefragungen wurde ein Fragekomplex zur Unternehmensreputation auf Basis des international benchmarkfähigen Befragungsinstruments TRI*M-Index von TNS Infratest integriert.

Für das Tracking aller relevanten KPIs wurde 2008 ein Tool auf Excel-Basis aufgesetzt. Die Messfrequenz richtet sich nach der strategischen Bedeutung der jeweiligen Indikatoren und der Verfügbarkeit der Messinstrumente: Die Werttreiber auf operativer Output-Ebene werden monatlich überprüft. KPIs auf höherer Output- sowie auf Outcome-Ebene werden jährlich erhoben. Der Outflow der Unternehmenskommunikation wird im Rahmen eines jährlichen Financial-Review-Prozesses auf Konzernebene ermittelt.

Das 2009 entwickelte und implementierte neue Kommunikationsmanagementsystem des Hoerbiger-Konzerns bildet die Neuaufstellung der Handlungsfelder ab (vgl. Abbildung 3): Die Scorecard „Unternehmenskommunikation" gibt die übergreifenden Zielsetzungen vor. Die Zielsetzungen der Scorecards für die Geschäftsbereiche und die Dienstleister auf den drei Support-Levels „Unterstützung", „Inhaltlicher Support" und „Strategischer Support" sind aus den Zielsetzungen der Scorecard Unternehmenskommunikation abgeleitet. Innerhalb dieses Rahmens geben die Unternehmens- und Geschäftsbereiche die Zielsetzungen der Marketing-Kommunikation für die von ihnen beauftragten Dienstleister vor.

Um das nach der Auflösung der Inhouse-Agentur und dem intensivierten Outsourcing von Leistungen nun deutlich dezentralisierter arbeitende und durch organisches und akquisitorisches Wachstum des Konzerns gleichzeitig breiter aufgestellte Kommunikationsnetzwerk auf gemeinsame Ziele ausrichten zu können, wurde die Struktur der Scorecards vereinfacht und vereinheitlicht: In der Output-Dimension werden die Implementierung der Corporate Story und Kernbotschaften sowie die Prozessqualität gemessen. Darauf bauen der Outcome – die Mei-

```
                          ┌─────────────────────────────┐
                          │ Unternehmenskommunikation   │
                          │ 1 Story/Botschaften         │
         ┌────────────────┤ 2 Prozess                   │
         │                │ 3 Outcome Zielgruppe        │
         │                │ 4 Outflow                   │
         │                │ 5 Tracking 1–4              │
         │                └─────────────────────────────┘
```

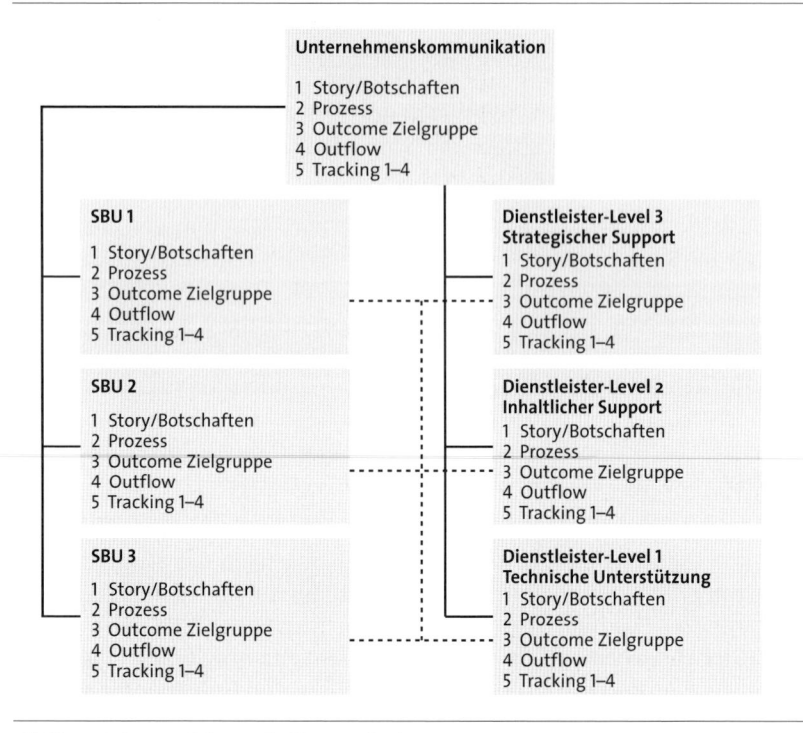

SBU 1	Dienstleister-Level 3
1 Story/Botschaften	Strategischer Support
2 Prozess	1 Story/Botschaften
3 Outcome Zielgruppe	2 Prozess
4 Outflow	3 Outcome Zielgruppe
5 Tracking 1–4	4 Outflow
	5 Tracking 1–4

SBU 2	Dienstleister-Level 2
1 Story/Botschaften	Inhaltlicher Support
2 Prozess	1 Story/Botschaften
3 Outcome Zielgruppe	2 Prozess
4 Outflow	3 Outcome Zielgruppe
5 Tracking 1–4	4 Outflow
	5 Tracking 1–4

SBU 3	Dienstleister-Level 1
1 Story/Botschaften	Technische Unterstützung
2 Prozess	1 Story/Botschaften
3 Outcome Zielgruppe	2 Prozess
4 Outflow	3 Outcome Zielgruppe
5 Tracking 1–4	4 Outflow
	5 Tracking 1–4

Abbildung 3: Scorecard-System des Kommunikationsmanagements 2009.

nungen und Einstellungen der Zielgruppen – und der betriebswirtschaftliche Outflow auf. Schließlich wird kontinuierlich überprüft, ob die Management- und Controllingsysteme zur Unterstützung der zuvor genannten Zieldimensionen funktionieren. In den Scorecards erscheint auf der Output-Ebene nur noch das Ziel *Effizienz* der Umsetzung (KPI: Einhaltung des Budgets und Einhaltung der Zeitziele). Auf der Outcome-Ebene sind, entsprechend den aktuellen Zielsetzungen des Unternehmens, Zielsetzungen ergänzt – wie zum Beispiel *Stärkung der Employer Brand* (Implementierung von Programmen gemeinsam mit dem Zentralbereich Personal). Auf Outflow-Ebene ist das Ziel *Kostenreduzierung* (Einhaltung des Budgets) klar benannt. Die Projektführung ist in eigene Projektlisten mit operativen Zielsetzungen ausgegliedert.

Für die Steuerung von Kommunikations-Dienstleistern wurden in der übergeordneten Scorecard „Unternehmenskommunikation" (vgl. Tabelle 1) ebenso wie in den Scorecards für die Marketing-Kommunikation der Unternehmens- und Geschäftsbereiche in der Dimension Management/Controlling an Werttreibern wie *Implementierung der Checkliste für Dienstleister* (Erfüllungsgrad) und weiterhin *Tracking-Systeme für Story/Botschaften* und *Prozessqualität* auf allen Handlungsebenen (Erfüllungsgrad)

Bereich	Werttreiber	KPI (Dimension)	Tracking-Frequenz
Output I	Aktualisierung von Vision und Mission Konzern und Geschäftsbereiche	Entscheidung der Geschäftsleitung	jährlich
	Zustimmung der Geschäftsleitungen Bereiche	Zustimmung Geschäftsleitungen Bereiche	jährlich
	Definition und Zustimmung zu „Driving Motivators" Konzern	Zustimmung	vierteljährlich
	Wording Botschaften: • Definition der genauen Bedeutung und Botschaften • Guidelines für korrekten Gebrauch	Vorlage Entscheidungsvorschlag	Q4 2009
	Wiedergabe der strategischen Botschaften in der Unternehmenskommunikation	Botschaften • Share of Voice in der Presse • Inhalt eigene Medien	jährlich
	Produktivität Interne Kommunikation	• Abstimmungsschritte • Abstimmungsschritte über die nächsthöhere Hierarchieebene	monatlich
Output II Prozesse	Qualität Corporate Design	Beachtung des Corporate Designs	jährlich
	Qualität Professionale Standards	Workflow Einhaltung professioneller Standards Informationsmanagement	jährlich
	Effizienz Medienproduktion	• Einhaltung Budget • Einhaltung Terminpläne	monatlich
	Zuverlässigkeit	Reporting im Professional Planner	jährlich
	Glaubwürdigkeit	• Mitarbeiter-Commitment • Kundenloyalität	jährlich
Outcome	Wissen über das Unternehmen • Vision/Mission • Kernbotschaften	Activer Recall • Management • Mitarbeiter • Kunden/Lieferanten	jährlich
	Akzeptanz/Emotion	Zustimmung • Mitarbeiter • externe Stakeholder	jährlich
	Verhalten: Veränderungsbereitschaft	Mitarbeiter-Commitment	jährlich
	Reputation/Image	• Kundenzufriedenheit • Kundenloyalität	tbd.
Outflow	Markt	Steigerung des Marktanteils Konzern insgesamt	jährlich
	Neukunden	Umsatzsteigerung konzernweit	jährlich
	Bestehende Kunden	Umsatzsteigerung konzernweit	jährlich
	HR-Kommunikation: Erfolg auf dem Recruiting-Markt	Neueinstellungen	jährlich
Management/ Controlling	Entwicklung der Dienstleister	Erfüllungsgrade Implementierung von Managementinstrumenten (BSC, Qualitätskontrolle, Management-Tools) bei Dienstleistern	jährlich
	Tracking-System für • Implementierung Story/ Botschaften • Prozessqualität	Erfüllungsgrade auf den Ebenen • Konzernkommunikation • Kommunikation Bereiche • Level 2 und 3 Dienstleister gemäß BSC	jährlich
	Hoerbiger Checkliste für Dienstleister	Implementierung und Nutzung	jährlich

Tabelle 1: Scorecard Unternehmenskommunikation 2009.

festgehalten. Um eine kontinuierliche professionelle Weiterentwicklung der Dienstleister und der von diesen erbrachten Leistungen gemäß den Qualitätsstandards des Auftraggebers zu fördern, wurde die Zielsetzung *Entwicklung der Dienstleister* (Erfüllungsgrad Implementierung definierte Management-Tools) in die Scorecard aufgenommen.

Die Basis-Scorecards für die Kommunikations-Dienstleister werden überwiegend im Zusammenhang mit der Beauftragung konkreter Projekte eingesetzt: Die Scorecards geben eine Basisstruktur vor, mit der die Zielsetzungen der übergeordneten Scorecards auf Einzelprojekte heruntergebrochen werden können. Die Komplexität und das Anspruchsniveau dieser Zielsetzungen nehmen in Abhängigkeit zum beauftragten Support-Level zu.

Durchgängig enthalten die Scorecards für die Dienstleister Minimalzielsetzungen im Bereich Management/Controlling: Das Projekt-Controlling wird, dem Prinzip einer möglichst weitgehenden Selbststeuerung entsprechend, über die Zielsetzungen *Controllingsystem* (Erfüllungsgrad) als zwingender Bestandteil jedes Auftrags den Dienstleistern auferlegt. Weiterhin sind Minimalkriterien wie die *Benutzung von Anforderungslisten* für die Beauftragung von Dienstleistern sowie die Beachtung eines weltweiten *Standard-Workflows für den Einkauf und die Zusammenarbeit mit Dienstleistern* in der Scorecard hinterlegt. Die Anforderungslisten stellen in Abstufungen für die drei Support-Levels unterschiedliche Minimalanforderungen in den Bereichen Management Excellence, Product Excellence, Operational Excellence und Corporate Governance (vgl. Tabelle 2).

Excellence Area	Anforderungen
Management Excellence	• Workflow • Ausbildung • Technische Ausstattung • Wissenstransfer
Product Excellence	• Kundenzufriedenheit: Erreichbarkeit, Briefing-Aufwand, Termintreue • Qualität: vom Kunden wahrgenommene Qualität • Kreativität: vom Kunden wahrgenommene Kreativität, Awards
Operational Excellence	• Produktivität: Hard- und Softwarekompatibilität, Leistungsumfang, Abstimmungsschritte • Qualität: Einhaltung der Hoerbiger-Standards, Reklamationsmanagement • Effizienz: Synergie und Rationalisierungseffekte
Corporate Governance	• Reliability: Einhaltung des Projektbudgets, Reporting, Rechnungsstellung • Datensicherung: Nachweis „sicherer" Systeme, Qualitätssicherungs-Handbuch • Datenschutz: Datenschutzrichtlinie, Zertifizierung • Business Ethics: Einhaltung ethischer Standards, Wahrung von Rechten Dritter, Beachtung der Codizes von Athen und Lissabon

Tabelle 2: Anforderungsprofil für Kommunikations-Dienstleister – Kriterien (Beispiel Level 2).

Bewertung und Ausblick

Die Balanced Scorecard ist seit ihrer Einführung Anfang 2007 das strategische Führungsinstrument der Hoerbiger-Kommunikation. Für die inhaltlichen und operativen Ziele der Kommunikation wie auch für die Leistungen der Dienstleister gelten klare KPIs. Die Scorecard trägt dazu bei, dass im Rahmen des globalen Controlling-Ansatzes von Hoerbiger Transparenz, Prozess- und Kosteneffizienz bei allen Kommunikations- und Werbemaßnahmen sichergestellt werden. Der wertschöpfende Beitrag der Kommunikationsmaßnahmen wird unmittelbar nachgewiesen. Die Professionalität der mit Kommunikationsaufgaben betrauten Mitarbeiter wird kontinuierlich gesteigert.

Die Weiterentwicklung des Kommunikationsmanagementsystems im Jahre 2009 macht deutlich, dass die Strukturen und Prozesse der Controllingsysteme den Strukturen und Prozessen auf den operativen Ebenen folgen müssen. Eine klare Hierarchisierung der Scorecards sowie vollständige Strukturgleichheit unterstützen den Hoerbiger-Konzern bei der strategischen Ausrichtung und systematischen Steuerung des eigenen Kommunikationsteams sowie der Kommunikations-Dienstleister. Dieser systematische Ansatz fördert die strategische Fokussierung, die Geschwindigkeit und die Effizienz der Unternehmenskommunikation.

2008 wurde Hoerbiger für die Entwicklung und Implementierung des weltweiten Kommunikations-Controllings in der Kategorie „Wertschöpfung durch Kommunikation" als einer von zwei Finalisten für den Deutschen PR-Preis nominiert.

Literatur

Pfannenberg, Jörg (2010): Strategisches Kommunikations-Controlling mit der Balanced Scorecard. In diesem Band.

Cognis: Scorecard-System für die integrierte Kommunikation und das Kommunikationsmanagement

Susanne Marell und Arne Borgards

Projektsteckbrief	
Unternehmen	Cognis GmbH
Projekt	Scorecard-System für die integrierte Kommunikation und das Kommunikationsmanagement
Fokus	• Stärkere Ausrichtung der Kommunikationsaktivitäten an den Unternehmenszielen • Integrierte Steuerung von Unternehmenskommunikation und strategischem Marketing • Ausrichtung von Mitarbeitern und Dienstleistern auf die strategischen Kommunikationsziele, Grundlage für die Incentivierung
Controlling-Tool(s)	• Mehrstufiges, integriertes Scorecard-System • Werttreiberbäume • Balanced Scorecards
Implementierung	• Integrierte Steuerung von Unternehmenskommunikation und strategischem Marketing • Etablierung von weltweit einheitlichen Systemen zur Budget- und Prozesssteuerung • Adaption der unternehmensweiten Reporting-Strukturen für die spezifischen Anforderungen der Kommunikation • Ausrichtung von Mitarbeitern und Dienstleistern auf die strategischen Kommunikationsziele • Aggregierte Berichterstattung und Interpretation der Kommunikationsaktivitäten und ihrer Ergebnisse für das Management Board

Das Unternehmen

Cognis ist der ehemalige Unternehmensbereich „Chemieprodukte" der Henkel KGaA. Seit November 2001 befindet sich Cognis im Besitz von Private-Equity-Fonds. Heute ist Cognis als weltweiter Anbieter von innovativen Produkten der Spezialchemie mit Fokus auf die Trends Wellness und Sustainability aufgestellt. Cognis liefert Roh- und Wirkstoffe auf natürlicher Basis für den Ernährungs- und Gesundheitsmarkt (Strategische Geschäftseinheit Nutrition & Health) sowie für die Kosmetik-, Wasch- und Reinigungsmittelindustrie (Care Chemicals). Ein weiterer Schwerpunkt sind Produkte für industrielle Märkte wie Farben und Lacke, Schmierstoffe, Agrar und Bergbau (Functional Products). Cognis beschäftigt rund 5.600 Mitarbeiter und verfügt über Produktionsstätten und Servicecenter in 30 Ländern. Die Unternehmenszentrale ist im rheinischen Monheim. Im Jahr 2008 erzielte das Unternehmen einen Gesamtumsatz von rund 3 Milliarden Euro und ein operatives Ergebnis (Adjusted EBITDA) von 351 Millionen Euro.

Kommunikationsziele und Aufgaben des Controllings

Mit der Übernahme durch die Private-Equity-Investoren wurde das Zieltableau von Cognis konsequent auf Performance und Wertsteigerung ausgerichtet. Die Aufgabe der Unternehmenskommunikation besteht darin, Management und Investoren bei der Erreichung ihrer Ziele wirkungsvoll zu unterstützen:

- Stärkung des Images und der Reputation von Cognis als gesundem, langfristig wettbewerbsfähigem Unternehmen.
- Sicherung und Ausbau der Handlungsspielräume von Management und Investoren.
- Sicherung des Commitments und der Veränderungsbereitschaft von Führungskräften und Mitarbeitern, insbesondere vor dem Hintergrund öffentlicher Diskussionen über Private Equity.
- Gezielte Unterstützung der Geschäftseinheiten (SBUs) in ihren Märkten.

Für die Cognis-Kommunikation arbeiten in der Unternehmenszentrale rund zehn Mitarbeiter, an den weltweiten Standorten weitere acht bis zehn Mitarbeiter. Über die Dienstleister sind weitere 15 bis 20 Personen eingebunden. Um die Prozesse inhaltlich, funktional effizient und erfolgreich steuern zu können, hat die Leitung des Bereichs in den Jahren 2001 bis 2008 ein System von Arbeitsplattformen und Tools aufgebaut, unter anderem ein Issues-Management-Tool sowie eine relationale Datenbank (Redaktions-Tool) zur Steuerung aller Themen und redaktionellen Prozesse in allen Kommunikationsfeldern weltweit, eine Krisenguideline, einen Intranet-Bereich inklusive Online-CD-Manual für Kommunikation und Marketing, ein integriertes Distributions-, Kontaktmanagement- und Monitoring-Tool, eine Video- und Fotodatenbank sowie das Bestellportal MyShop für Give-aways und andere Artikel. In den Corporate Communication Guidelines sind die Inhalte der Marke Cognis, die Kommunikationsfelder, die wesentlichen Themen und Botschaften, die Gestaltung, die wichtigsten Maßnahmen, die Strukturen und Prozesse inklusive der Servicefunktionen und die aktuellen Kontakte verbindlich festgehalten. Die Guideline wird regelmäßig aktualisiert und an die Kommunikatoren weltweit sowie an die Dienstleistungspartner verteilt. Der Planungsprozess in der Cognis-Kommunikation orientiert sich seit Jahren an den Unternehmenszielen: Aus der Strategie des Unternehmens wurde die Kommunikationsstrategie in den sechs Maßnahmenfeldern Corporate Advertising, PR/Media Relations, Crisis Management, Financial Communications, Internal Communications und Business Communications abgeleitet;

auf dieser Basis wurde der Kommunikationsplan mit den Maßnahmen und Tools erstellt.

Die Entwicklung und Implementierung eines Controllingsystems für die Kommunikation mit der Scorecard erfolgte mit dem Auftrag, die Kommunikations- und Marketingaktivitäten noch stärker auf die Unternehmensziele auszurichten. Dabei lag der Fokus auf

- der integrierten Steuerung von Unternehmenskommunikation und strategischem Marketing,
- der Etablierung von weltweit einheitlichen Systemen zur Budget- und Prozesssteuerung,
- der Adaption der unternehmensweiten Reporting-Strukturen für die spezifischen Anforderungen der Kommunikation,
- der Ausrichtung von Mitarbeitern und Dienstleistern auf die strategischen Kommunikationsziele, auch als Grundlage für die Incentivierung von Mitarbeitern im Rahmen der Performance-Programme im Unternehmen,
- der aggregierten Berichterstattung und Interpretation der Kommunikationsaktivitäten und ihrer Ergebnisse für das Management Board.

Ausgangspunkt für die Entwicklung des neuen Controllingsystems war die Entscheidungsvorlage „Strategische Ziele Cognis 2008", die von der Leitung des Bereichs gemeinsam mit dem Team erarbeitet wurde. Dieses mit dem Management Board von Cognis abgestimmte Dokument stellt in einfacher Form die Wertbeziehungen zwischen Unternehmens- und Kommunikationszielen dar, benennt fünf zentrale strategische Zielsetzungen und Projekte für die Cognis-Kommunikation entsprechend den „Business Priorities 2008" und listet alle wesentlichen Maßnahmen mit ihren Zielsetzungen.

Schritte zum Aufbau des Controllingsystems

Die Werttreiberbäume und Balanced Scorecards des Controllingsystems der Cognis-Kommunikation wurden 2008 vom Bereich Corporate Communications in moderierten Workshops erarbeitet. Die Teilnehmer entwickelten zunächst Gütekriterien der Kommunikation in den Wirkungsdimensionen Output, Outcome und Outflow. Die per Kartenabfrage gesammelten Vorschläge wurden geclustert und als Zielsetzungen den Wirkungsdimensionen zugeordnet. Dadurch wurden die Value Links (Werttreiberbäume) zwischen den Wirkungsebenen der Kommunikation deutlich, es entstanden Werttreiberbeziehungen. Im nächsten Schritt übertrugen die Teilnehmer die Zielsetzungen in Scorecards und definierten mögliche Key Performance Indicators (KPIs), mit denen die Zielsetzungen messbar gemacht werden konnten. Dabei wurden sowohl bestehende Messsysteme wie auch weitere Angebote im Markt berücksichtigt.

Die Plausibilisierung der Wertbeziehungen durch Werttreiberbäume ermöglichte es den Teilnehmern, die Zahl der Werttreiber und damit der zu messenden KPIs bei den einzelnen Scorecards um bis zu 50 Prozent zu reduzieren. Vorhandene Messsysteme erhielten im Allgemeinen den Vorzug vor neuen Lösungen, Doppelmessungen desselben Ziels wurden eliminiert und einzelne Messlücken im Werttreiberbaum geschlossen. Weitere Kriterien bei der Auswahl der zu messenden Werttreiber/KPIs waren naturgemäß die Verfügbarkeit und die Kosten für die Messmethoden. Um die Benchmarkfähigkeit zu sichern und die Abhängigkeit von einzelnen Dienstleistern zu minimieren, wurden proprietäre Beratersysteme ausgeschlossen.

Die Ebenen des Cognis Scorecard-Systems

Das Cognis Scorecard-System umfasst die Kommunikationsfelder externe (Unternehmens-)Kommunikation inklusive Finanzkommunikation, interne Kommunikation und Support Marketing der SBUs. Jedes einzelne Kommunikationsfeld wird dabei mit einer eigenen Scorecard gesteuert. Eine übergreifende Scorecard für das Management des Bereichs Corporate Communications mit den Dimensionen Finanzen, Kunde, Prozesse sowie Lernen und Strukturen beinhaltet die Werttreiber und KPIs für die Steuerung der übergreifenden Strukturen und Prozesse (vgl. Abbildung 1).

Die Balanced Scorecards für die Kommunikationsfelder konnten auf bestehende Evaluationsinstrumente aufsetzen:

- *Mitarbeiter*. Das Commitment aller Mitarbeiter weltweit wird regelmäßig mit einer Befragung gemessen, dem sogenannten Cognis Barometer. Cognis verwendet seit 2001 dazu das TRI*M Analysesystem, das die Befragungsergebnisse zu benchmarkfähigen Indexwerten verdichtet, Handlungsoptionen in einem Stärken-Schwächen-Profil der Kommunikation aufzeigt und Vergleiche mit anderen Unternehmen sowie nach Branchen und Ländern beziehungsweise Regionen ermöglicht. Weitere Evaluations-Tools in der internen Kommunikation sind unter anderem Round Tables und die Einbeziehung von Mitarbeitern in Redaktionskonferenzen, Leserbefragungen und Feedbackkarten in

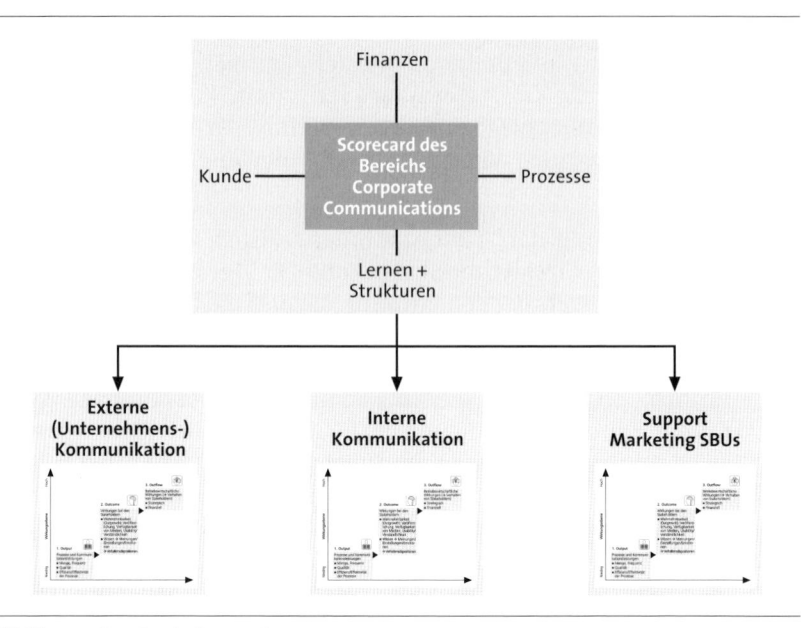

Abbildung 1: Das Cognis Scorecard-System.

den Newslettern sowie Google Analytics für die Auswertung von Seitenaufrufen und Klicks im Intranet.

- *Externe Stakeholder.* Die Ergebnisse der Pressearbeit werden im halbjährlichen Rhythmus mit einer detaillierten Medienresonanzanalyse evaluiert, die auf Geschäftsbereichs- und Unternehmensebene Analysen der Tonalität und Wiedergabe von Unternehmensbotschaften sowie den Input/Output-Quotienten enthält. Das umfassende Tracking zur Identifizierung von Stärken und Schwächen wird zur Optimierung der nächsten Schritte genutzt. Im Bereich Issues Management/Krisenkommunikation führt Cognis seit Jahren Krisentrainings mit den verantwortlichen Mitarbeitern in den operativen Einheiten, der Zentrale und der Kommunikation durch; diese Trainings werden regelmäßig von externen Fachleuten beobachtet und bewertet.
- *Kunden.* Cognis lässt die emotionale Kundenbindung regelmäßig in einer Kundenbefragung erfassen. Diese Studie berücksichtigt neben der Leistungsebene (Zufriedenheit) auch die Kommunikationsebene (Markenführung, Image). Darüber hinaus werden die Nachfrageentwicklung und die Zugriffszahlen auf der Cognis Website evaluiert, Befragungen auf Messen durchgeführt sowie Auszeichnungen in den Bereichen Kommunikation und Marketing als Indikator herangezogen.

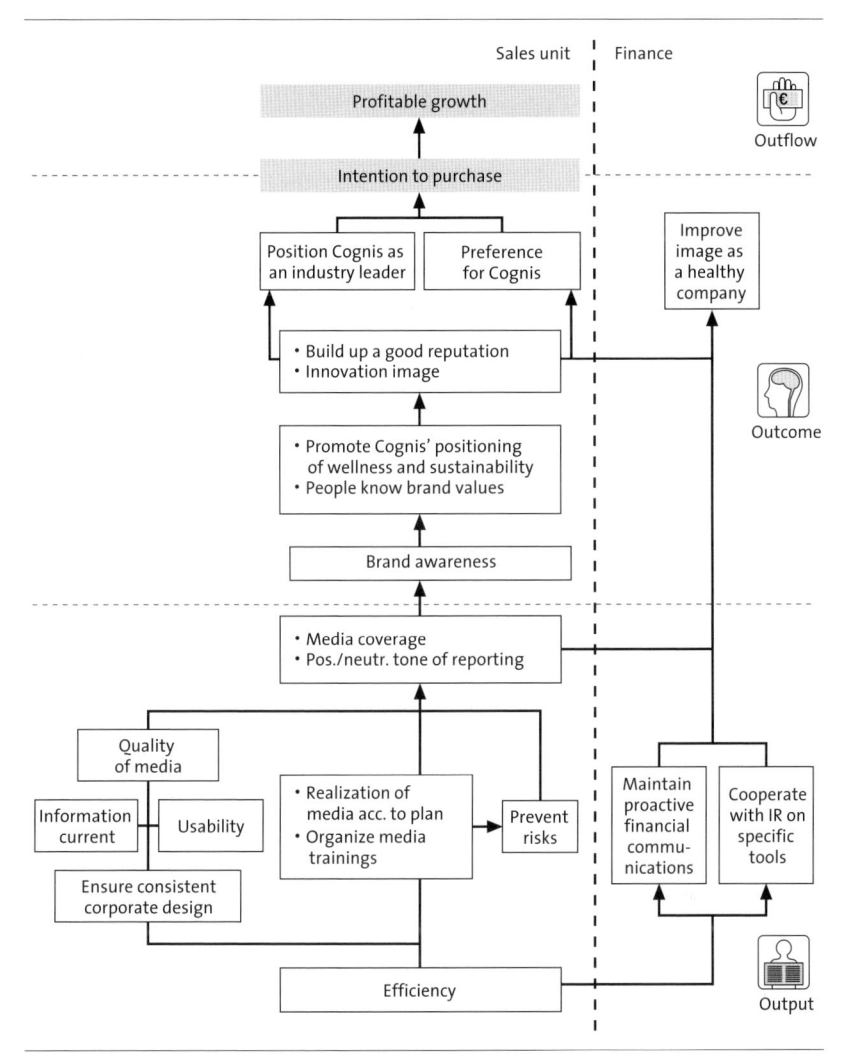

```
                                    Sales unit  |  Finance
                                                |
                    ┌─────────────────────────┐ |                    ┌────┐
                    │    Profitable growth    │ |                    │ 💰 │
                    └────────────▲────────────┘ |                    └────┘
                                 │              |                    Outflow
- - - - - - - - - - - -┌─────────┴───────────┐ -|- - - - - - - - - - - - - -
                    │   Intention to purchase │ |
                    └──▲──────────────────▲───┘ |     ┌──────────┐
                       │                  │     |     │ Improve  │
              ┌────────┴──────┐    ┌──────┴───┐ |     │ image as │
              │ Position Cognis│    │Preference│ |     │ a healthy│
              │ as an industry │    │for Cognis│ |     │ company  │
              │    leader      │    │          │ |     └─────▲────┘
              └────────▲───────┘    └──────────┘ |           │
                       │                         |           │
              ┌────────┴──────────────┐          |           │
              │ • Build up a good     │          |           │
              │   reputation          │          |           │
              │ • Innovation image    │          |           │
              └────────▲──────────────┘          |           │      ┌────┐
                       │                         |           │      │ 🧠 │
              ┌────────┴──────────────┐          |           │      └────┘
              │ • Promote Cognis'     │          |           │      Outcome
              │   positioning of      │          |           │
              │   wellness and        │          |           │
              │   sustainability      │          |           │
              │ • People know brand   │          |           │
              │   values              │          |           │
              └────────▲──────────────┘          |           │
                       │                         |           │
              ┌────────┴──────────────┐          |           │
              │    Brand awareness    │          |           │
              └────────▲──────────────┘          |           │
- - - - - - - - - - - -│- - - - - - - - - - - - | - - - - - │- - - - - - - -
              ┌────────┴──────────────┐          |           │
              │ • Media coverage      │          |           │
              │ • Pos./neutr. tone of │──────────┐           │
              │   reporting           │          |           │
              └────▲──────────────────┘          |           │
                   │                             |           │
     ┌─────────────┴───┐                         |           │
     │ Quality of media│                         |           │
     └─────────────────┘                         |           │
  ┌──────────┐  ┌────────┐ ┌──────────────────┐  |  ┌────────┴───┐  ┌──────────┐
  │Information│ │Usability│ │• Realization of │ ┌┴─┐│ Maintain   │  │Cooperate │
  │ current   │ │         │ │  media acc. to  │ │Pr││ proactive  │  │with IR on│
  └──────────┘  └────────┘ │  plan            │→│ev││ financial  │  │specific  │
  ┌──────────────────┐     │• Organize media  │ │en││ communi-   │  │tools     │
  │Ensure consistent │     │  trainings       │ │t ││ cations    │  │          │
  │corporate design  │     └──────────────────┘ │ri│└─────▲──────┘  └────▲─────┘
  └──────────────────┘                          │sk│      │              │
                                                └──┘      │              │
                         ┌──────────────────┐             │              │
                         │   Efficiency     │             │              │    ┌────┐
                         └──────────────────┘             │              │    │ 📦 │
                                                                              └────┘
                                                                              Output
```

Abbildung 2: Werttreiber und Value Links der externen (Unternehmens-)Kommunikation inklusive Finanzkommunikation.

- *Financial Community.* Maßstab für den Erfolg der Finanzkommunikation sind die Nutzung von Internetangeboten (IR-Site, Geschäftsbericht etc.), die Teilnahme an Analysten-Calls sowie die wirkungsvolle Unterstützung bei der Refinanzierung/Neuausrichtung der Verbindlichkeiten, zum Beispiel durch ein erfolgreiches Reputationsmanagement.

Area	Value Driver	KPI (Dimension)	Measurement System	Tracking Frequency
Outflow				
Outcome	(Re-)purchase intention	Intention to repurchase (% of customers)	Customer survey	Yearly
	Preference for Cognis	Willingness to recommend Cognis (% customers)	Customer survey	Every 2 years
	Strong reputation and branding: • Innovation • Sustainability	Agreement on statement "Cognis acts sustainably" (0–100)	Customer survey	Every 2 years
		Agreement on statement "Cognis is innovative" (0–100)	Customer survey	
	Strong reputation and branding • Wellness	Agreement on statement "Cognis offers products serving the wellness trend" (0–100)	Survey among customers (not covered in customer survey yet)	Every 2 years
	Brand awareness	High profile among customers of competitors (%)	Customer survey	Every 2 years
Output	Overal media coverage • Increase of circulation • Coverage of key messages	Coverage of topics (%) • Green chemistry • Innovation • Strategic success • Sustainability • Wellness	Media response analysis	Semiyearly
	Positive reporting	Tonality (% pos./neg./neutr.)	Media response analysis	Semiyearly
	Prevent risks	Tonality (% negative)	Media response analysis	Semiyearly
		Performance during crisis training (rating)	Rating of professional trainer	
	Proactive financial communications	Quality of media coverage in financial communications (% pos./neg./neutr.)	Media response analysis corporate communications	Semiyearly
	Realization of media according to plan	Implementation acc. to time and cost schedule (%)	Project list review (Q1–Q4)	Quarterly
	Quality of media • Usability	• Hits (No.) • Session length (Ø min.)	Internet tracking	Monthly

Tabelle 1: Scorecard der externen (Unternehmens-)Kommunikation inklusive Finanzkommunikation.

Darüber hinaus werden die Budgets und die strategische Zielerreichung der Kommunikation über die Management- und Controllingsysteme auf Unternehmensebene gesteuert.

Ausgangspunkt für den Aufbau von Werttreiberbäumen und Scorecards der Cognis-Kommunikation waren die Value Links und vorgeschlagenen Messmethoden des DPRG-Projekts „Wertschöpfung durch Kommunikation" (vgl. Pfannenberg 2010), sie wurden jedoch an die Zielsetzungen und Projektlandschaften von Cognis angepasst und ergänzt (vgl. Abbildungen 2, 3 und 4 sowie Tabelle 1).

Als Werttreiber für das übergeordnete Management des Bereichs Corporate Communications wurden identifiziert

- *in der Lern- und Entwicklungsperspektive:* Durchführung von Trainings/Schulungen und Teamentwicklungsmaßnahmen, Austausch von Best Practices, Motivation, Zufriedenheit.

- *in der internen Prozessperspektive:* Planung der Aktivitäten (Maßnahmen- und Budgetplanung), Controlling der Wirkung der Kommunika-

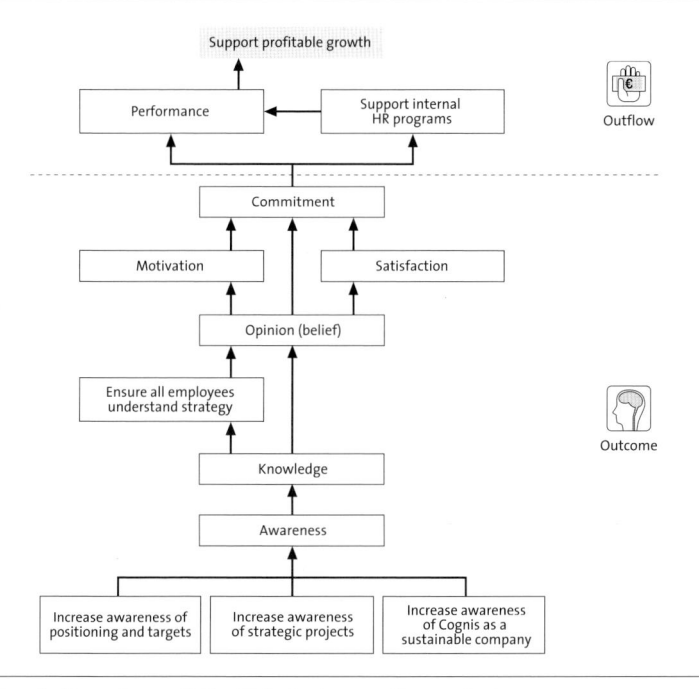

Abbildung 3: Werttreiber und Value Links der internen Kommunikation.

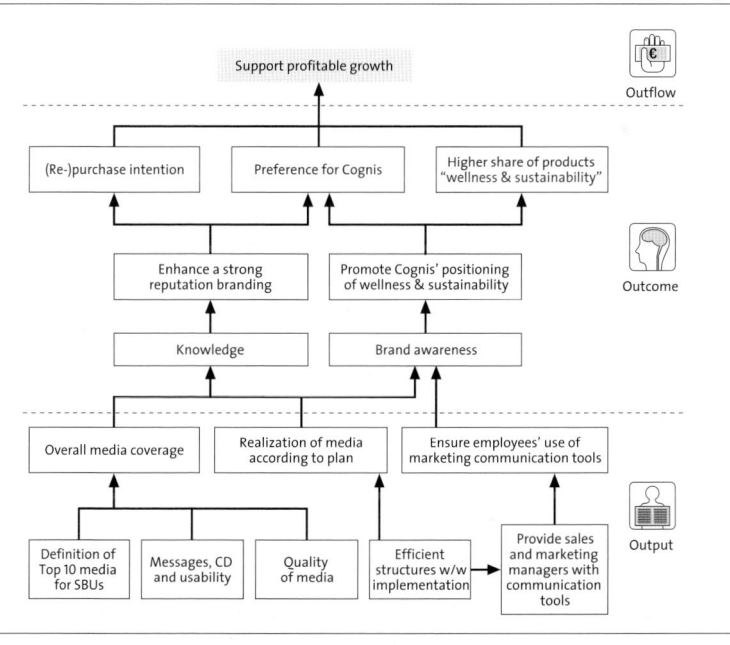

Abbildung 4: Werttreiber und Value Links für Support Marketing der SBUs.

tionsaktivitäten, Tracking und Management von Risiken, Strategiekonformität der Aktivitäten/konsequente Implementierung (zum Beispiel der Corporate Story), Verbesserung der Effizienz (Senkung der Kosten), Verbesserung der Effektivität (Output-Qualität); Optimierung der Projekt- und Datenablage (einheitliche Struktur, Transparenz, Usability), hohe Qualität der Standard-Tools der Kommunikation, definierter Abstimmungsprozess und Workflows (zum Beispiel projektübergreifender Einkauf von Leistungen wie Fotomaterialien mit transparenten Nutzungs- und Urheberrechten sowie Bündelung der Abläufe von Zahlungen), Innovation (zum Beispiel Entwicklung weiterer übergreifender Tools), übergreifende Nutzung und Pflege der relationalen Datenbank zur Themen- und Prozesssteuerung.

- *in der Perspektive der (internen) Kunden:* Unterstützung der Positionierung in strategischen Kernbereichen, Zufriedenheit der unternehmensinternen Kunden (KPI zum Beispiel Reklamationen), Weiterentwicklung des Full-Service-Angebots, Zustimmung des Management Boards zur Corporate Story und Implementierungsplanung, Unterstützung durch andere Funktionen für den Roll-out der Corporate Story.

- *in der Finanzperspektive:* optimierte Ressourcenallokation, Reduzierung interner und externer Kosten für die Erstellung von Medien, effizienter Personaleinsatz (Auslastung, Prioritätensetzung), Reduzierung der Kommunikationsrisiken des Unternehmens, Unterstützung von profitablem Wachstum.

Das Scorecard-System der Cognis-Kommunikation ist verbunden mit der regelmäßigen Best-Practice-Recherche und externem wie auch internem Benchmarking in Bereichen wie Budget (in Prozent vom Umsatz), Headcount im Vergleich mit B2B-Unternehmen ähnlicher Größe und vor allem einschlägiger Projekttypen in den Bereichen Brand Management, Change Management, Intranet-Entwicklung und -Management, Content Management und Projektmanagement – letzteres erfolgt über Fallstudien-Datenbanken.

In der neuen Aufstellung der Cognis-Kommunikation ab Anfang 2009 ist das Controlling integrierter Teil eines Managementsystems der Kommunikation mit den Komponenten Strategie, Human Resources, Prozesse und Strukturen sowie Controlling (vgl. Pfannenberg 2010). Die Steuerung dieses Managementsystems liegt bei der Leitung des Bereichs Corporate Communications.

Der Bereich Human Resources der Kommunikation enthält die Module Personalauswahl – hier geht es vor allem um die Kriterien beim Recruitment –, Personalentwicklung und Performance Management. Bei den

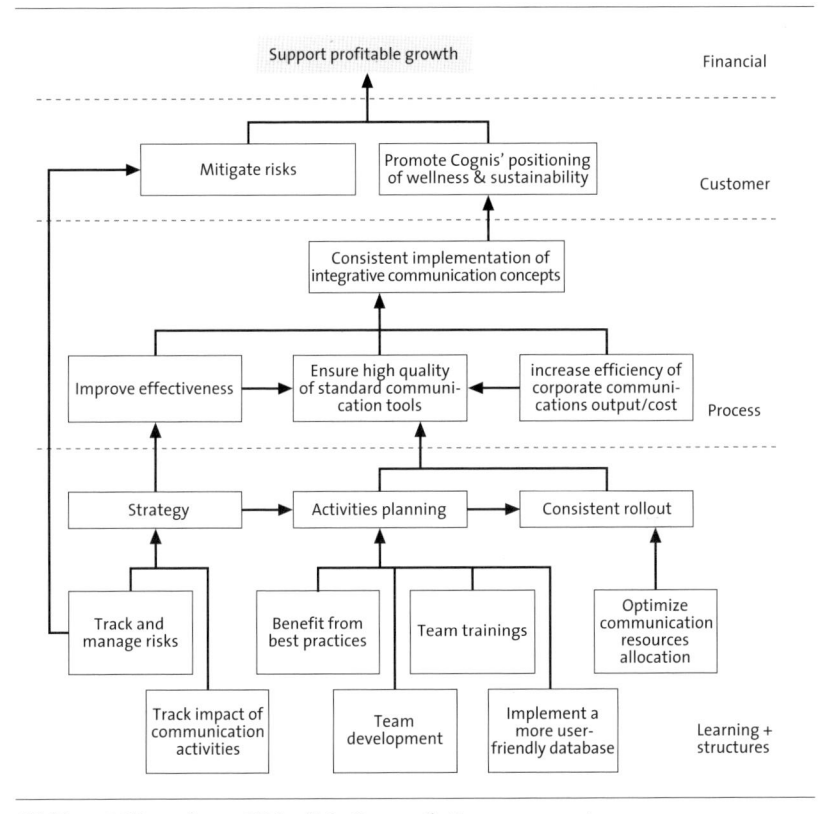

Abbildung 5: Werttreiber und Value Links Kommunikationsmanagement.

Personalentwicklungsmaßnahmen stehen Trainings für die Mitarbeiter des Bereichs und andere Mitarbeiter von Cognis, zum Beispiel in der Krisenkommunikation, im Mittelpunkt; die Zielsetzungen der Trainings korrespondieren eng mit den Zielen der Kommunikations-Scorecards. Die Werttreiber/Zielsetzungen und die KPIs der Scorecards – sowohl für das Kommunikationsmanagement wie auch für die Kommunikationsfelder – sind seit 2009 als Zielsetzungen und Messkriterien in die persönlichen Zielvereinbarungen im Rahmen des Cognis-Performance-Systems TOP übertragen worden und werden über dieses Performance-System incentiviert.

Bewertung und Ausblick

Nach der teaminternen Pilotphase im zweiten Halbjahr 2008 wurde das Balanced-Scorecard-System der Cognis-Kommunikation Anfang 2009 mit geringfügigen Änderungen implementiert, dabei wurde insbesondere auf die Balance zwischen Kosten und Nutzen geachtet. Die Pilotphase hat beim Kommunikationsteam das Bewusstsein geschärft, dass die strategische Planung die Voraussetzung für professionelle Kommunikation ist. Die Nutzung der Balanced Scorecard hat dazu geführt, dass bereits in der Phase der Projektplanung durchgängig Controllingmaßnahmen für die Output- und die Outcome-Ebene vorgesehen werden. Für die Outflow-Ebene erfolgt dies teilweise entsprechend dem Assessment von Kosten und Nutzen. Die erste Überprüfung und Überarbeitung des Controllingsystems ist für Anfang 2010 vorgesehen.

Wegen des konsequenten Einsatzes von Managementinstrumenten und -Tools wie einer relationalen Datenbank für die Themen- und Redaktionssteuerung (seit 2005) und einer integrierten Software für Pressekontakt, Distribution von Pressemitteilungen, Media-Monitoring und -Auswertung (seit 2004) hat die Cognis-Kommunikation in den vergangenen Jahren zahlreiche nationale und internationale Kommunikationspreise erhalten, wie zum Beispiel PR Report Awards in den Kategorien „Innovatives PR-Tool" (2005) und „Issues Management" (2008) und den Deutschen Preis für Wirtschaftskommunikation für die „Beste Public Relations Kommunikation" (2009). Ende 2008 wurde Cognis für das Kommunikationsmanagement inklusive Kommunikations-Controlling mit dem European Excellence Award des Magazins „Communications Director" in der Kategorie „Evaluation" ausgezeichnet, Ende 2009 erhielt das Cognis Kommunikationsmanagementsystem einen Econ Award Unternehmenskommunikation in Gold in der Kategorie „Strategische Kommunikation".

Literatur

Pfannenberg, Jörg (2010): Strategisches Kommunikations-Controlling mit der Balanced Scorecard. In diesem Band.

Integriertes Reputationsmanagementsystem der Telekom Austria

Diana Ingenhoff und Martin Bredl

Projektsteckbrief	
Unternehmen	Telekom Austria TA AG
Projekt	Integriertes Reputationsmanagementsystem (IReMS)
Fokus	• Evaluationssystem zur integrierten Analyse der Reputation anhand von Medienresonanz- und Marktforschungsdaten
Controlling-Tool(s)	• Kennzahlenbasiertes Reporting von Input, Output, Outcome und Outflow • Reputationsindizes • Benchmarkvergleich • Kommunikations-Scorecard
Implementierung	• Entwicklung des Instruments, Pretest, Abstimmung von Medienresonanzanalyse und Befragung • Abstimmung von Kennzahlen, Reporting an den CEO

Das Unternehmen

Die Telekom Austria TA AG ist mit über 8.500 Mitarbeitenden sowie einem Umsatz von rund 2 Milliarden Euro das führende Telekommunikationsunternehmen Österreichs im Bereich Festnetz. Sie gehört als selbständiges Unternehmen unter das Dach der börsennotierten Holding Telekom Austria AG, die das Bindeglied zum Kapitalmarkt bildet. Ihren mehr als 2,3 Millionen Privat- und Geschäftskunden bietet die Telekom Austria ein innovatives Produktportfolio, das Sprachtelefonie, Internetzugang, Daten- und IT-Lösungen, Mehrwertdienste und Wholesale-Services umfasst. In einem anspruchsvollen Markt- und Konjunkturumfeld sind die langfristige Profitabilität und die nachhaltige Steigerung des Unternehmenswerts Ziele der Telekom Austria. Der Aufbau innovativer Geschäftsfelder und die Absicherung des bestehenden Kerngeschäfts als zentrale Unternehmensstrategie wird durch eine konsequente Orientierung aller Kommunikationsmaßnahmen auf die Unternehmensreputation unterstützt.

Integriertes Reputationsmanagement als Controllingaufgabe

Die Reputation der Telekom Austria als ein international agierendes Telekommunikationsunternehmen mit langer Tradition und hohem Qualitätsbewusstsein stellt einen entscheidenden Wettbewerbsvorteil und wichtigen Vermögenswert dar. Denn die Entscheidungen und Handlungen (wie zum Beispiel die Produktnutzung, -empfehlung oder Investition in Aktien) der zentralen Anspruchsgruppen sind zu einem hohen Teil von der Zuschreibung von Vertrauen, der (positiven) Wertschätzung und dem guten Ruf des Unternehmens abhängig. Zentrales Ziel der Kommunikation der Telekom Austria war und ist es daher, die Reputation und das Image bei den wichtigsten Anspruchsgruppen durch gezielte interne und externe Kommunikationsmaßnahmen und eine aktive Themenstrategie auf hohem Niveau zu halten beziehungsweise zu steigern und damit messbar zur Steigerung des Unternehmenswertes beizutragen.

Der Bereich Kommunikation berichtet direkt an den Vorstandsvorsitzenden und verantwortet neben der Kommunikation in den einzelnen Geschäftsfeldern unter anderem auch die Kommunikation mit Mitarbeitern, Kunden, Journalisten, Behörden, Politikern und NGOs ebenso wie die Sponsoring-, Event-, Corporate-Publishing- und Verantwortungs-Kommunikation. Um eine konsequente und abgestimmte Steuerung aller Kommunikationsmaßnahmen zu ermöglichen und dadurch die Reputation ganzheitlich zu unterstützen, erhielt die Kommunikation von Seiten des Topmanagements die Aufgabe, den Wertschöpfungsbeitrag der Kommunikationsleistung und -wirkung durch ein einheitliches, integriertes und auf transparenten Indikatoren beruhendes Kommunikationsreporting darzustellen.

Die Telekom Austria hatte bereits kontinuierlich das Medienimage mittels Medienresonanzanalysen und in unregelmäßigen Abständen durch Befragungen bei verschiedenen relevanten Anspruchsgruppen erhoben. Die vorhandenen Instrumente waren aber zunächst weder inhaltlich noch zeitlich aufeinander abgestimmt. Die jeweiligen Ergebnisse wurden meist nur isoliert interpretiert. Hierdurch blieb wichtiges Informationspotential ungenutzt. Durch die Synchronisation der Instrumente und das Aufdecken von Zusammenhängen zwischen den verschiedenen Images bei den Anspruchsgruppen sollte die Aussagekraft und Effizienz der einzelnen Instrumente erhöht werden. Damit sollte aufgezeigt werden, welche Kommunikationsmaßnahmen bei welcher Anspruchsgruppe in Bezug auf Reputation, Vertrauensbildung und Verhalten wirkungsvoll sind, und es sollte eine Gesamt-Reputationsanalyse ermöglicht werden. Die zentralen Ergebnisse dieser Analyse sollten darüber hinaus in Form von Indikatoren in eine Scorecard integriert werden, die die Reputation und ihre Werttreiber als immaterielle Kennzahl für die langfristige Steigerung des Unternehmenswertes definiert und damit zur zentralen Zielgröße für die Unternehmenskommunikation macht.

Zentrale Fragestellungen des Projekts zur Entwicklung eines integrierten Reputationsmanagementsystems waren demzufolge:

1) Welche Faktoren bilden die Werttreiber der Reputation in verschiedenen Anspruchsgruppen?
2) Welche Wirkungen lassen sich auf der Handlungsebene (zum Beispiel Produktnutzung, Weiterempfehlung, Berücksichtigung von Standpunkten) ableiten?
3) Wie wirken Issues (öffentlich relevante Themen) auf die verschiedenen Reputationsdimensionen?
4) Wie können vorhandene Instrumente zur Messung von Reputation und Kommunikation (zum Beispiel Mitarbeiter-, Analysten-, Journalisten- und Kundenbefragung, Medienresonanzanalysen) integriert und miteinander verknüpft werden, so dass sich ihre Ergebnisse vergleichen und über die Zeit hinweg monitoren lassen?

Entwicklungsschritte zur integrierten Analyse von Reputation

Eine gute Reputation bildet die Grundlage zum Aufbau von Vertrauen in Organisationen, fungiert als Puffer in schlechten Zeiten und trägt als immaterielle Ressource entscheidend zur Wertschöpfung bei. Für die Unternehmenskommunikation ist es daher eine große Herausforderung, eine gute Reputation bei den vielfältigen und sich immer stärker vernetzenden Anspruchsgruppen zu bewahren und nach Möglichkeit positiv zu beeinflussen.

Dazu muss bekannt sein, welche Faktoren die Werttreiber der Reputation in den verschiedenen Anspruchsgruppen sind, wie sie sich messen lassen und wie sie zur Reputationsbildung, zum Vertrauensaufbau und zur Entwicklung von Handlungsabsichten beitragen (vgl. Liehr/Peters/Zerfaß 2010). Erst eine systematische und ganzheitliche Analyse der Reputation und ihrer konstituierenden Faktoren ermöglicht letztendlich, Effizienz und Effektivität der Kommunikationsmaßnahmen zu evaluieren und gegebenenfalls zu optimieren sowie nach möglichen Ursachen für Reputationsschwankungen zu forschen. Durch eine enge Verknüpfung mit dem Issues Management und eine Integration der zentralen Issues in die Befragungsinstrumente und die Medienresonanzanalyse können zusätzlich der Einfluss und die Stärke von Chancen- und Risiko-Issues auf die Reputation analysiert werden.

Die Operationalisierung von Reputation

Die bisher vorliegenden verschiedenen Definitionen und Konzeptualisierungen von Reputation spiegeln sich in unterschiedlichen Messinstrumenten zur Quantifizierung der Reputation sowie in verschiedenen, die Reputation konstituierenden Faktoren wider (vgl. zum Beispiel Fombrun/Gardberg/Sever 2000, Schwaiger 2004). Konsens besteht darin, dass sich die Reputation auf der Basis vergangener Handlungen (zum Beispiel in Form der Übernahme sozialer Verantwortung) und der Aussicht für die Zukunft einer Unternehmung (zum Beispiel Prognosen über das Innovationspotential oder die wirtschaftliche Performance) bildet. Bislang existieren verschiedene Ansichten darüber, welche Faktoren die Reputation determinieren. Wir definieren *Reputation* als die aus den Wahrnehmungen der verschiedenen Anspruchsgruppen resultierende öffentliche Einschätzung einer Organisation hinsichtlich ihrer langfristigen Kompetenz, Integrität und affektiven Einstellung. Reputation kann damit als *dreifaktorielles* Konstrukt verstanden werden, welches *kognitive* und *affektive* Komponenten enthält. Die kognitiven Faktoren der Reputation umfassen zwei Komponenten: zum einen die Bewertung der Kompetenz und Leistung der Organisation (= funktionale Reputation), zum anderen die Integrität, das heißt das Einhalten von gesellschaftlichen Normen und Werten, die soziale Verantwortungsübernahme (= soziale Reputation) (vgl. Eisenegger 2005). Hinzu kommt eine dritte, emotionale Komponente, die bestimmt, wie das Unternehmen wahrgenommen wird (= expressive Reputation). Reputation wird damit zusammenfassend definiert als die Synthese aus den Wahrnehmungen und Einstellungen der zentralen Stakeholdergruppen gegenüber einer Organisation, die sich aus 1) *funktional-kognitiven* Kompetenzfaktoren (wie zum Beispiel Qualität des Managements, der Produkte und Dienstleistungen), 2) *sozial-kognitiven* Faktoren der Integrität und der unternehmerischen Verantwortung sowie 3) aus *expressiv-affektiven* Faktoren der Sympathie bilden. Die affektive Komponente fungiert häufig als Mediator zur Entstehung von Vertrauen. Vertrauen kann als kommunikativer Mechanismus zur Reduktion von Komplexität verstanden werden, bei dem die Anspruchsgruppen oder Vertrauenssubjekte/Akteure zukünftige Erwartungen haben, die von vergangenen Erfahrungen (wie der Ausbildung von Reputation) geprägt sind (vgl. Bentele 1994). Eine Anspruchsgruppe wird sich nur gegenüber einem Unternehmen, dem sie vertraut, positiv verhalten und beispielsweise Produkte kaufen oder Aktien zeichnen. Vertrauen und Reputation bilden demnach zentrale Zielkonstrukte, die unter anderem über die Medienberichterstattung und die darin prozessierten Issues beeinflusst werden können. Aus diesem Grund werden auch die Issues in die Analyse mit aufgenommen, und es wird analysiert, welchen Einfluss sie auf die drei Reputationsdimensionen ausüben. Die Kenntnis dieser Faktoren beziehungsweise Werttreiber in den zentralen Anspruchsgruppen ist Grundvoraussetzung für ein gezieltes Kommunikationsmanagement, denn sie können je nach Anspruchsgruppe variieren und unterschiedliche Relevanz und Bewertung erfahren.

Konzept und Methode: das Integrierte Reputationsmanagementsystem (IReMS)

Das an der Universität Fribourg entwickelte IReMS macht die Zusammenhänge zwischen den zentralen Grössen Issues, Reputation, Vertrauen und Verhaltensabsicht (Wirkungsebene) durch die Abstimmung verschiedener Messinstrumente und Indikatoren innerhalb eines Systems transparent messbar und zwischen den verschiedenen Anspruchsgruppen vergleichbar (vgl. Ingenhoff 2007). Es wurde 2007 mit dem von der DPRG verliehenen Deutschen PR-Preis der Kategorie „Wertschöpfung der Kommunikation" ausgezeichnet. Für jede Stimulierungs- und Wirkungsebene vom Input bis zum Outflow (vgl. zu den Ebenen Rolke/Zerfaß 2010) können Indikatoren formuliert und in eine Kommunikations-Scorecard integriert werden, so dass ein Monitoring der Kennzahlen von verschiedenen, aufeinander abgestimmten Instrumenten ermöglicht wird.

Für die Entwicklung von IReMS war es zunächst notwendig, die vorhandenen Evaluationsinstrumente, die bereits in den verschiedenen kommunikationsnahen Abteilungen der Telekom Austria zum Einsatz kamen, zu analysieren und inhaltlich in Bezug auf die zentrale Größe Reputation aufeinander abzustimmen, insbesondere die Befragungs- und Marktforschungsinstrumente (vgl. Einwiller/Korn 2004, Kuhn/Splittgerber 2005). Zum anderen musste festgelegt werden, mit welchen Benchmarks sich das Unternehmen vergleichen möchte. Hierzu wurden zunächst Benchmark-Unternehmen ähnlicher Größe und Historie definiert. Da sich die Telekom Austria als Marktführer aufgrund ihrer Größe nur mit wenigen Unternehmen aus der Telekommunikationsbranche vergleichen lässt, wurden zusätzlich weitere Unternehmen ähnlicher Größe hinzugezogen, die ebenfalls börsennotiert und auf dem österreichischen Markt führend sind. Weiterhin mussten die zu untersuchenden zentralen Anspruchsgruppen, die im Hauptfokus der internen und externen Kommunikationsmaßnahmen stehen, sowie Art und Umfang der Stichprobenziehung festgelegt werden. Bei allen Gruppen wurden eine Zufallsauswahl und eine Stichprobengröße von etwa 450 bis 500 Befragten angestrebt, um vertiefende statistische Analysen und Regressionen beziehungsweise Strukturgleichungsmodelle anwenden zu können.

In einem ersten Schritt wurden die in der Literatur innerhalb verschiedener Studien etablierten Faktoren analysiert, die zur Messung der verschiedenen Reputationsdimensionen und den darin enthaltenen unterschiedlichen Facetten dienen konnten. In abteilungsübergreifenden Workshops wurden die Faktoren auf Vollständigkeit und Anwendbarkeit geprüft sowie um unternehmensspezifische Faktoren ergänzt. Außerdem wurden zentrale Issues ausgewählt, die ebenfalls in das Instrument aufgenommen wurden. Die Reputationsdimensionen und Issues wurden im Anschluss daran durch messbare Items operationalisiert. Daraus wurde ein Instrument entwickelt, welches zusätzlich die Kenntnis und Bewertung der untersuchten Unternehmen sowie die Mediennutzung der befragten Stakeholder erhebt. Um zu analysieren, welche Wirkung Reputation hat, wurden zudem Variablen zur Messung von Vertrauen und von Verhaltensabsichten mit in die Analyse einbezogen. Die Messung der Wirkung in Form von Verhaltensabsichten umfasst zum Beispiel Variablen zur Empfehlung der Produkte und Dienstleistungen des Unternehmens und je spezifische Dimensionen für einzelne Anspruchsgruppen (zum Beispiel bei Investoren und Finanzanalysten die Empfehlung des Unternehmens als Kapitalanlage).

Das Instrument für die Marktforschung in den Stakeholdergruppen wurde einem mehrstufigen und umfangreichen Pretest mit über 500 Befragten unterzogen und faktoranalytisch optimiert. Nach dem Pretest der verschiedenen Variablen wurde die *funktional-kognitive* Reputationsdimension final aus sechs Unterdimensionen gebildet: Produkt- und Dienstleistungsqualität, wirtschaftlicher Erfolg, Managementqualitäten, Kompetenz der Führungspersönlichkeiten beziehungsweise des CEOs, Innovationsfähigkeit und nationale Bedeutung. Die *sozial-kognitive* Reputationsdimension umfasst die Übernahme von sozialer und ökologischer Verantwortung sowie die Sorge um das Mitarbeiterwohl. Die beiden *kognitiven* Reputationsdimensionen wurden als *formative* Konstrukte gebildet, das heißt, die Variablen bilden möglichst *unterschiedliche* Facetten ab und korrelieren untereinander möglichst *nicht* stark. Die *expressiv-affektive* Reputationsdimension wurde reflexiv konstruiert, weil davon ausgegangen wird, dass die Variablen bestimmt werden von einer ihnen gemeinsamen Dimension, der emotionalen Einstellung gegenüber dem Unternehmen.

In einem zweiten Schritt wurde das Codebuch für die Medienresonanzanalyse entwickelt und an die Dimensionen und Items zur Messung der Reputation und Issues des Befragungsinstruments angepasst, einem Pretest unterzogen und geprüft, ob die Anweisungen zur Codierung intersubjektiv nachvollziehbar sind und die Codierungen daher von den verschiedenen Codierern möglichst ähnlich vorgenommen werden können („Intercoderreliabilität"). Sowohl das Codebuch als auch das

Befragungsinstrument müssen in Bezug auf die zu untersuchenden Reputationsdimensionen und Issues sowie Skalen zur Messung aufeinander abgestimmt sein, um einen Vergleich der erhobenen Daten zu ermöglichen.

IReMS: Werttreiber der Reputation integriert identifizieren und in einer Kommunikations-Scorecard monitoren

IReMS umfasst ein ganzheitliches Reputationsanalysesystem von der Input- bis zur Outflow-Ebene (vgl. Abbildung 1), deren wichtigste Kennzahlen in einer Kommunikations-Scorecard zusammengefasst werden. Auf der *Input*-Ebene werden neben den internen und externen Personalkosten in einer Datenbank alle relevanten Kommunikations- und Presseaktivitäten von der Pressemitteilung bis hin zu Journalistengesprächen systematisch erfasst, sowohl nach Anzahl als auch nach Themenbereichen und Issues. Dies ermöglicht zum einen, die Budgettreue zu kontrollieren, zum anderen muss erhoben werden, welche Maßnahmen in welcher Form unterstützt wurden, um die Wirkung messbar zu machen. Auf der *Output*-Ebene wird der Kommunikationserfolg anhand der Verfügbarkeit, Reichweite und Tonalität der initiierten Botschaften mittels Medienresonanzanalysen gemessen. Hierbei geht es einerseits um das Medienimage, welches anhand der gleichen Dimensionen wie derjenigen der Stakeholderbefragungen analysiert wird. Andererseits werden ausgewählte Indikatoren wie zum Beispiel die Reichweite, die Abdruckquote und die Themendurchdringung von reputationswirksamen Issues erhoben. Die Telekom Austria arbeitet in diesem Bereich mit einem externen Dienstleister zusammen (Mediawatch), der alle österreichischen Zeitungen, Zeitschriften, Fernseh- und Radiobeiträge kodiert. Die Output-Ebene gibt somit Auskunft darüber, inwiefern die Botschaften und Kommunikationsaktivitäten erfolgreich platziert wurden.

Aus diesen Indikatoren lässt sich noch kein Rückschluss darüber ziehen, ob die Kommunikationsaktivitäten auch tatsächlich die Anspruchsgruppen erreicht und etwas bewirkt haben. Hierzu wird die *Outcome*-Ebene hinzugezogen. Es handelt sich dabei um die Wirkungsebene, die die Wahrnehmung, Verhaltensänderung und Nutzung in den Stakeholdergruppen analysiert. Der zentrale Indikator ist hier die Reputation der Organisation oder genauer: die relevanten Werttreiber der Reputation, die je Stakeholdergruppe variieren können. Durch die Bildung von Nutzergruppen der verschiedenen Medien kann zudem detailliert analysiert werden, ob und wie stark die Reputation in den Medien mit der in den verschiedenen Anspruchsgruppen gebildeten Reputation korreliert. Eine zeitliche Abstimmung der Befragungen und Medienresonanz-

INPUT	OUTPUT	OUTCOME	OUTFLOW
Messwerte: Kommunikations-/ Presseaktivitäten	Messwerte: Medienimage (weitere Indikatoren z. B. Anzahl Nennungen, Share of Voice, potentielle Leserkontakte, Werbeäquivalenz)	Messwert: Stakeholderreputation	Messwert: Verhalten der Stakeholder (Handlungsebene)
• Pressemitteilungen • Pressekonferenzen • Journalistenkontakte • Stakeholder-Events …			
	Messinstrument: Medienresonanz	*Messinstrument:* Befragung	*Messinstrument:* Befragung
	• Presseartikel • TV / Radiobeiträge • Online-Foren, Blogs, User Groups … • …	kognitiv: • Funktionale Reputation • Soziale Reputation affektiv: • Expressive Reputation	• Kauf- und Nutzung (-sabsicht) • Boykott(-absicht) • Wechsel(-intention) • Fürsprache(-absicht) • Bewerbung(-sabsicht)
	Reputationswirksame Themen (= Issues)	Vertrauen	Indikator abhängig von Stakeholdergruppe

Verknüpfung von Medienresonanzanalysen und Stakeholderbefragungen

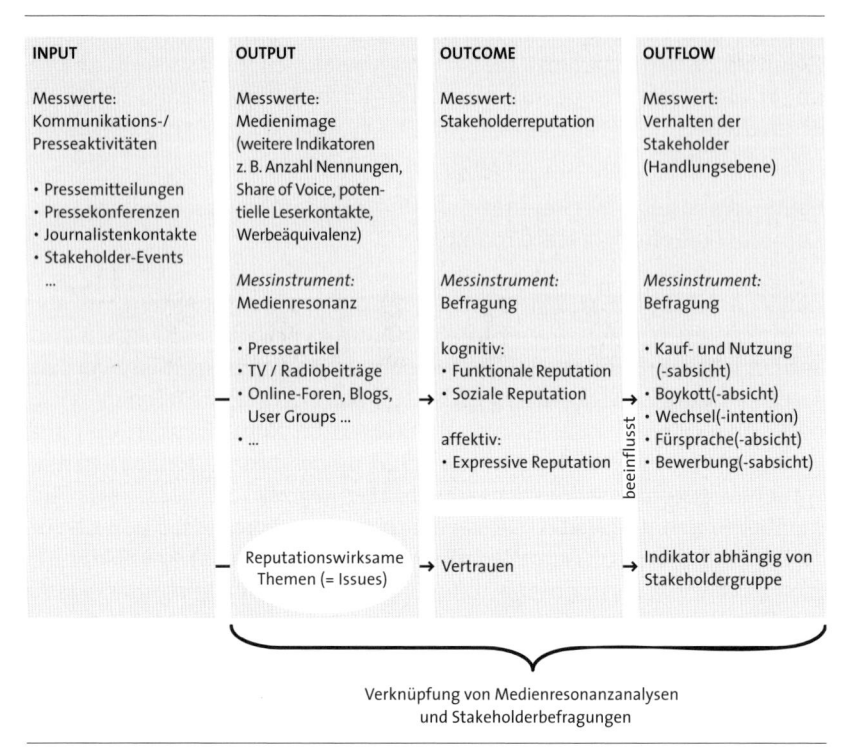

Abbildung 1: Zentrale Wirkungszusammenhänge im IReMS.

analyse wird dabei vorausgesetzt. Eine detailliertere Aussage erlaubt darüber hinaus die Analyse der Einflussfaktoren zur Ausbildung von Vertrauen, welches auf einer guten Reputation gründet.

Die *Outcome-Ebene* ist in unserem System verknüpft mit der *Outflow-Ebene*, die den Beitrag der Kommunikation zur Wertschöpfung misst, und zwar den ressourcenorientierten Aufbau der immateriellen Werte Reputation und Vertrauen. Auf der Outflow-Ebene wird zudem das Verhalten hinzugezogen. Einerseits wird analysiert, wie stark sich Reputation und Vertrauen auf die Ausbildung von Verhaltensabsichten auswirken. Andererseits können hier auch Kennzahlen zu Folgegeschäften integriert werden, die durch die Kommunikation generiert werden.

Deskriptive Analyseelemente: Externer Output

In einem ersten Schritt werden die in IReMS erhobenen Befragungsdaten im Benchmark- und Stakeholdergruppenvergleich analysiert. Dabei wird zunächst untersucht, wie das Unternehmen im Vergleich zu den Benchmarkunternehmen in den Reputationsdimensionen insgesamt und auf

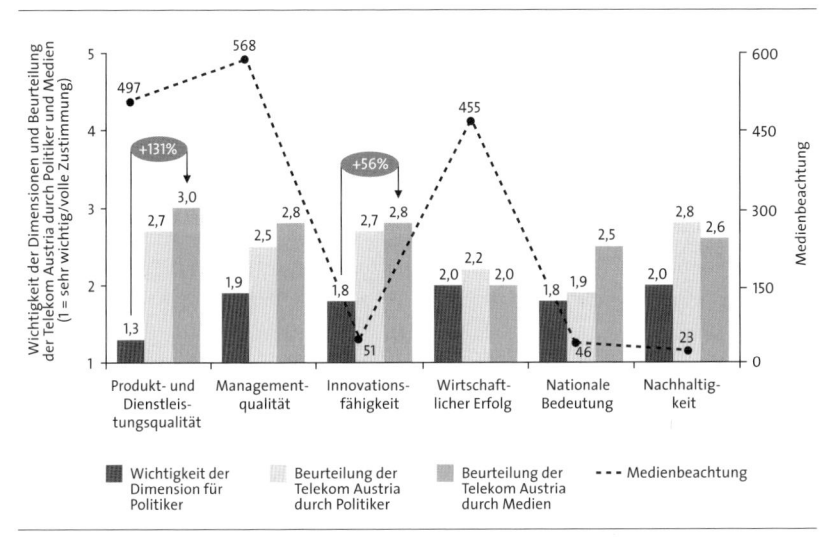

Abbildung 2: Deskriptive Analyse zum Vergleich von Medien- und Stakeholderreputation.

der Ebene der einzelnen Faktoren abschneidet. Der Vergleich wird dann auf die verschiedenen Anspruchsgruppen und Vorjahre ausgeweitet. Somit erkennt man in dieser Analyse, welche Faktoren Verbesserungspotential aufweisen, welche Faktoren sich im Vergleich zu den vergangenen Jahren verändert haben und welche Unterschiede in der Bewertung dieser Faktoren in den verschiedenen Anspruchsgruppen existieren. Zusätzlich wird im Fragebogen direkt abgefragt, welche Bedeutung den einzelnen Reputationsdimensionen zur Bildung eines guten Rufs über ein Unternehmen zukommt. Es ist somit auf einen Blick erkennbar, welche Dimension die Stakeholdergruppe als am wichtigsten erachtet bei der Bildung von Reputation, wie sie diese Dimension in Bezug auf das Unternehmen bewertet und wie hoch die Medienreputation in Bezug auf diese Dimension ist.

Die direkte Messung der Variablen als manifeste Konstrukte auf einer Skala von 1 bis 5 (1 = sehr gut, 2 = gut, … 5 = sehr schlecht) zeigt beispielsweise im fiktiven Fall in Abbildung 2, dass die von dieser Gruppe als am wichtigsten bewertete Dimension (Produkt und Dienstleistungsqualität, Mittelwert bei 1,3 = sehr wichtig) die größte Lücke zur Beurteilung des Medienimages aufweist (hier MW = 2,7). Gleichzeitig ist die Medienbeachtung mit 497 Artikeln sehr hoch, so dass hier gezielte Maßnahmen zur Verbesserung des Medien- und damit voraussichtlich auch des Stakeholder-Images möglich sind.

Verlässlicher als die direkte Messung, bei der auch sozial erwünschte Antworten auftreten können, ist die indirekte Messung der Reputation als latentem Konstrukt. Hierzu werden die Befragungsdaten auf die ange-

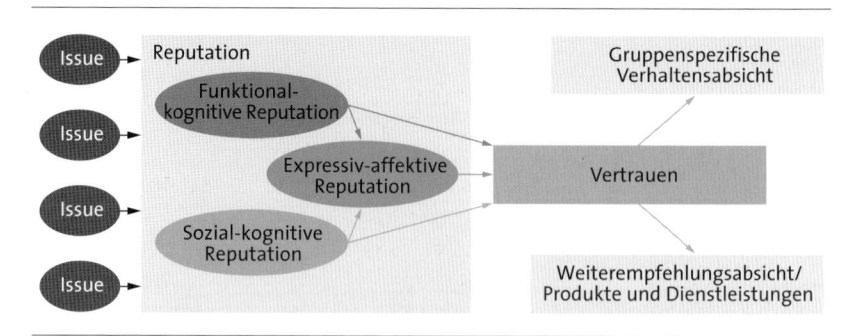

Abbildung 3: Strukturgleichungsmodell zur Analyse der Werttreiber.

nommenen Zusammenhänge zwischen Issues, Reputation, Vertrauen und Verhalten mittels *Regressionen* beziehungsweise *Strukturgleichungsmodellen* untersucht.

Ein Strukturgleichungsmodell besteht aus den je einzelnen *Messmodellen* der Reputationsdimensionen (und den Issues) als latenten Variablen. Sie werden durch das *Pfadmodell* miteinander in Beziehung gesetzt (vgl. Abbildung 3) und ermöglichen so eine Schätzung der Signifikanz und Stärke der einzelnen Parameter.

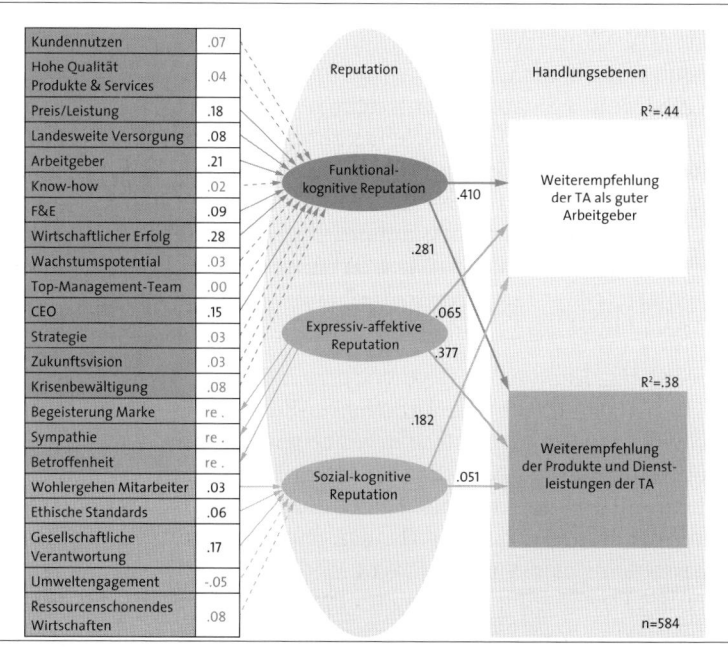

Abbildung 4: Priorisierung der Reputations-Items auf der Basis eines einfachen Strukturgleichungsmodells in der Beispiel-Stakeholdergruppe Mitarbeiter.

Um die Güte der Messung und damit auch die Aussagekraft der Modelle zu erhalten, werden zunächst die unterschiedlichen Gütekriterien für formative und reflektive Messmodelle analysiert. Im Anschluss daran werden mittels der Methode der partiellen kleinsten Quadrate („Partial Least Squares", PLS) und/oder Regressionen die Werttreiber der Reputationsdimensionen sowie die Zusammenhänge zur Erklärung von Vertrauen und der Verhaltensdispositionen ermittelt. Die Koeffizienten geben Auskunft über die Stärke des Zusammenhangs (Beta-Werte der Regressionen) und zeigen Unterschiede in Bezug auf die verschiedenen Stakeholdergruppen auf. So können für die Beispielgruppe der Mitarbeiter in Abbildung 4 (vereinfachtes Modell zur Analyse der Zusammenhänge zwischen Reputationsdimensionen und Verhaltensdispositionen) als Werttreiber für die funktionale Reputation die Items „gutes Preis/Leistungs-Verhältnis" (.18), „wirtschaftlicher Erfolg" (.28), „guter Arbeitgeber" (.21), „Sicherstellung einer landesweiten Versorgung" (.08), „Investitionen in Forschung und Entwicklung" (.09) und „Kompetenz des CEOs" (.15) identifiziert werden. Insgesamt hat die funktionale Reputation mit einem Beta von .410 den größten Einfluss auf die Weiterempfehlungsabsicht des Unternehmens als Arbeitgeber und mit .281 einen hohen Einfluss auf die Weiterempfehlungsabsicht für Produkte.

Bewertung und Ausblick

Durch die Einführung von IReMS verfügt die Telekom Austria über ein Instrument, das anhand einer überschaubaren Anzahl von Indikatoren den Zusammenhang zwischen den verschiedenen Wirkungsebenen sowie inhaltlichen Issues, der Reputation, der Vertrauensbildung und den Handlungsabsichten auf Seiten der unterschiedlichen Anspruchsgruppen darstellen kann. Dadurch können die zentralen Werttreiber der Reputation bei den unterschiedlichen Stakeholdern identifiziert und mit der Einschätzung anderer Marktteilnehmer verglichen werden.

Eine integrierte Analyse der Reputation und der zentralen Issues ermöglicht es, die notwendigen Kommunikationsmaßnahmen anspruchsgruppengerecht und gezielt zu steuern sowie kontinuierlich zu verbessern. Hierdurch ist auch eine gezielte Adressierung anspruchsgruppenspezifischer Erwartungen unter Berücksichtigung spezifischer medialer Gewohnheiten möglich. Das wirkt sich nachhaltig auf die Reputationsdimensionen aus. Der Wirkungszusammenhang zwischen der kognitiven und der affektiven Ebene der Reputation ermöglicht es, durch die Verbesserung von einzelnen Dimensionen wie der Produkt- und Dienstleistungsqualität auch die Sympathie für und schließlich das langfristige Vertrauen in das Unternehmen zu sichern und zu verstärken.

Die Ermittlung und Analyse von Werttreibern und deren Kennzahlen in den wichtigsten Anspruchsgruppen im Vergleich zu den Wettbewerbsunternehmen erleichtert darüber hinaus eine Priorisierung und Abstimmung der Kommunikationsmaßnahmen. Das ermöglicht eine Effizienzsteigerung beim Einsatz von Ressourcen. Konsequent umgesetzt und auf einige zentrale Indikatoren beschränkt, kann IReMS auch als Controlling- und Reporting-Tool für das Topmanagement genutzt werden, einen schnellen Überblick über die wichtigsten Kennzahlen geben und die Budgetierung unterstützen.

Eine Herausforderung für die Zukunft ist der Bereich Online-Reputation und die sinnvolle Integration von Internet-Foren und Blogs. Hier gilt es, eine adäquate Methode zu entwickeln, die die inhaltsanalytische Evaluation von Internetseiten in Bezug auf die Unternehmensreputation zu leisten und die Spreu vom Weizen zu trennen vermag.

Literatur

Bentele, Günter (1994): Öffentliches Vertrauen – normative und soziale Grundlage für Public Relations. In: Armbrecht, Wolfgang/Zabel, Ulf (Hg.): Normative Aspekte der Public Relations. Opladen, S. 131–158.

Einwiller, Sabine/Korn, Kati (2004): Integrating media and stakeholder audits on corporate reputation. Unveröffentlichter Vortrag auf der 54. Jahreskonferenz der International Communication Association, 27.–31.5.2004. New Orleans (LA).

Eisenegger, Mark (2005): Reputation in der Mediengesellschaft: Konstitution – Issues Monitoring – Issues Management. Wiesbaden.

Fombrun, Charles J./Gardberg, Naomi A./Sever, Joy (2000): The reputation quotient: A multi-stakeholder measure of corporate reputation. In: The Journal of Brand Management, 7. Jg., S. 541–555.

Ingenhoff, Diana (2007): Integrated Reputation Management System (IReMS): Ein integriertes Analyseinstrument zur Messung und Steuerung von Werttreibern der Reputation. In: PR Magazin, 38. Jg., Nr. 7, S. 55–62.

Kuhn, Michael/Splittgerber, Maximilian (2005): Integrierte Steuerung der Kommunikation. Unveröffentlichte Präsentation beim Symposium des Harbour Club am 15.11.2005. Zürich.

Liehr, Kerstin/Peters, Paul/Zerfaß, Ansgar (2010): Reputation messen und bewerten – Grundlagen und Methoden. In diesem Band.

Rolke, Lothar/Zerfaß, Ansgar (2010): Wirkungsdimensionen der Kommunikation: Ressourceneinsatz und Wertschöpfung im DPRG/ICV-Bezugsrahmen. In diesem Band.

Schwaiger, Manfred (2004): Components and parameters of corporate reputation – an empirical study. In: Schmalenbach Business Review, 56. Jg., S. 46–71.

Prozessorientierte Steuerung und Evaluation der Medien- und Öffentlichkeitsarbeit bei Union Investment

Stefan Kantzenbach

Projektsteckbrief	
Unternehmen	Union Asset Management Holding AG (Union Investment)
Projekt	Integriertes Steuerungs- und Evaluationssystem für die Medien- und Öffentlichkeitsarbeit
Fokus	• Optimierung des Arbeitsprozesses • Medienresonanz • Customer-Relationship-Management-System (CRM) • Wirkungsanalyse bei externen Stakeholdern
Controlling-Tool(s)	• Analyse des erbrachten Arbeitsaufwands • Qualitative Medienresonanzanalyse • Auswertungen der Kontaktqualität und -intensität • Analyse der Konjunktur von Themen aus passiven und aktiven Kontaktpunkten zu Journalisten • Stakeholderbefragungen
Implementierung	• Aufwandserfassung • CRM-System für das Kontaktmanagement • Medienmonitoring und Pressespiegelportal inkl. digitalem Clippingarchiv und qualitativer Medienresonanzanalyse • Ergebnisdarstellung mit Hilfe von Dashboards, Scorecards und anderen Berichtsformaten • Integrierte operative Steuerung • Wirkungsketten • Schulungen, Handbücher, Berichte, Dokumentationen

Das Unternehmen

Seit 1956 im Fondsgeschäft aktiv, ist die Union Investment-Gruppe heute mit über 2.200 Mitarbeitern einer der größten deutschen Asset Manager für private und institutionelle Anleger. Rund 4,6 Millionen Kunden haben ihr Vermögen im UnionDepot angelegt und nutzen die vielfältigen Dienstleistungen rund um die Fonds. Bei Asset-Management-Lösungen für institutionelle Anleger ist Union Investment ebenfalls eine der ersten Adressen in Europa. Das Produkt- und Leistungsspektrum der Union Investment-Gruppe wird unter anderem durch eine nach Geschäftsbereichen aufgestellte Abteilung Öffentlichkeitsarbeit kommuniziert.

Zielsetzung: Von Einzelkennzahlen zur integrierten Steuerung der Medienarbeit

Bis zum Start des Projekts bewertete Union Investment seine Presse- und Medienarbeit anhand weniger, meist quantitativer Kennzahlen. Darüber hinaus wurden Befragungen von Wirtschaftsjournalisten zu Informationsqualität, Erreichbarkeit der Pressestelle und präferierten Informationswegen hinzugezogen, wie sie von Fachmagazinen und Meinungsforschungsinstituten mit standardisierten Fragenkatalogen für Unternehmen einer Branche regelmäßig durchgeführt werden. Deren Aussagekraft für die Planung und Steuerung war jedoch begrenzt, denn als nicht börsennotiertes Unternehmen bedient Union Investment überwiegend Fachjournalisten, die nur selten in Befragungspanels enthalten sind. So war die faktische Basis für die strategische Planung und operative Steuerung der Pressearbeit vergleichsweise dünn.

Ziel des Projekts *Entwicklung und Implementierung eines integrierten Steuerungssystems für die Medien- und Öffentlichkeitsarbeit* war es, die Medienarbeit effizienter und effektiver zu gestalten. Der Fokus lag also nicht auf dem Aufbau eines parallel zu den Prozessen laufenden Controllingsystems – dafür ist der Bereich mit insgesamt sechs Kollegen bei Union Investment nicht groß genug. Vielmehr sollte ein tragfähiges System für die operative Steuerung der Prozesse wie auch der Inhalte entstehen. Weiterhin sollte das System so entwicklungsfähig sein, dass es über die operative Steuerung hinaus später auch die strategische Bedeutung der Öffentlichkeitsarbeit für die Unternehmensziele darstellen konnte.

Als Basis für die Konzeption diente die Analyse der bestehenden Prozesse, die alle wichtigen Arbeitsschritte von der strategischen Planung über die operative Umsetzung bis hin zur Erfolgsmessung einbezog. Der Abgleich dieser Analyse mit der Zielsetzung brachte vier wesentliche Handlungsfelder hervor:

- *Aufwandserfassung* für mehr Prozesstransparenz und Steuerbarkeit der Kapazitäten und Auslastung.
- *Monitoring* inklusive digitalem Clippingarchiv als webbasierte Lösung, erweiterte Medienresonanzanalyse (stärkere Ausrichtung auf qualitative Kennzahlen, transparente Kodierung und kürzere Auswertungszyklen).
- *CRM-System* zur Unterstützung des Kontaktmanagements mit Journalisten.
- Journalisten- und Stakeholder*befragungen*.

Aus diesen Bausteinen sollte ein System für die integrierte operative Steuerung der Abteilung entstehen. Weiterhin sollten die Daten eine zuverlässige Basis für die jährlichen strategischen Planungsmeetings mit internen Kunden bieten.

Da Effektivitätssteigerungen – gerade auch im Medienmonitoring – meist mit einem höheren Kostenaufwand verbunden sind, sollte der Zugewinn an Qualität und Schnelligkeit nachgewiesen werden. Dementsprechend wurde der schrittweise Aufbau eines freiwilligen Reportings über die Qualität der geleisteten Arbeit und deren Bedeutung für die Ziele der internen Kunden und des Unternehmens in Angriff genommen. Durch mehr Transparenz bei der Abgrenzung der Aufgabenfelder und dem mit ihnen verbundenen Aufwand sollte darüber hinaus die Priorisierung von Aufgaben erleichtert werden.

Bottom-up-Vorgehen: Effiziente Prozesse sind die Basis für Qualität

Entsprechend dem Ziel, die Prozesssteuerung zu verbessern, wurde für die Entwicklung ein Bottom-up-Vorgehen gewählt. Dabei orientierte sich Union Investment an dem im Arbeitskreis „Wertschöpfung durch Kommunikation" der DPRG entwickelten Wirkungsstufenmodell (vgl. Pfannenberg 2010 und Rolke/Zerfaß 2010):

- Input und Output. Auf der Leistungsebene ist die Qualität der Prozesse mit Kennzahlen hinterlegt. Zusätzlich wird der Input (Zeitaufwand, Kontaktanzahl pro Thema etc.) erfasst. So kann bereits auf dieser Ebene die Effizienz gemessen werden.
- Outgrowth und Outcome. Kennzahlen belegen die Wirkung der Maßnahmen bei Mittlern (Journalisten) und Zielgruppen (Kunden).
- Outflow. Die Lücke zu den strategischen Zielen des Unternehmens schließt in einem weiteren Schritt ein gegenläufiger Top-down-Prozess, der den Beitrag der Öffentlichkeitsarbeit zu den strategischen Unternehmenszielen darstellbar macht.

Die Entwicklung des Steuerungssystems geschah in selbst gewähltem Tempo aus der Abteilung heraus. Die Einbeziehung anderer Unternehmensbereiche lag allein in der Hand der Abteilung. Dementsprechend konnte die Abteilung erste Resultate der Entwicklungsarbeit bereits nutzen, bevor das Steuerungssystem als solches außerhalb der Abteilung Visibilität erlangte. Diese Vorgehensweise erhöhte auch die Akzeptanz bei den Mitarbeitern.

Das Steuerungs- und Evaluationssystem

Handlungsfeld 1: Aufwandserfassung

Eine Aufwandserfassung macht den zeitlichen und finanziellen Ressourceneinsatz transparent und messbar. Jeder Mitarbeiter erfasst die wesentlichen Tätigkeiten des Arbeitsprozesses: Die Transparenz über die Auslastung und das Arbeitsspektrum der Abteilung stellt ein zentrales Instrument für die operative Steuerung und Prozessoptimierung dar. Über die Input-Analyse kann der Aufwand der aktiven und der reaktiven Öffentlichkeitsarbeit verglichen werden. Interessant aufbereitete Kernthemen multiplizieren sich in der Regel selbst. Ins Verhältnis zur Medienresonanz gesetzt, können hier Themeneffizienzen abgelesen werden. Diese Transparenz über Aufwand und Tätigkeiten stellt die kapazitäre Über- oder Unterdeckung der Abteilung dar und ist gegebenenfalls die faktische Basis der Argumentation für den Aufbau weiterer Stellen.

Ganz wichtig bei der Entwicklung und Implementierung einer Aufwandserfassung ist die enge Abstimmung mit dem Bereich Personal und dem Betriebsrat. Hierbei sollte eine klare Grenze gezogen werden, wer in welcher Tiefe Einblick in die Ergebnisse erhält und wer die Verantwortung dafür trägt.

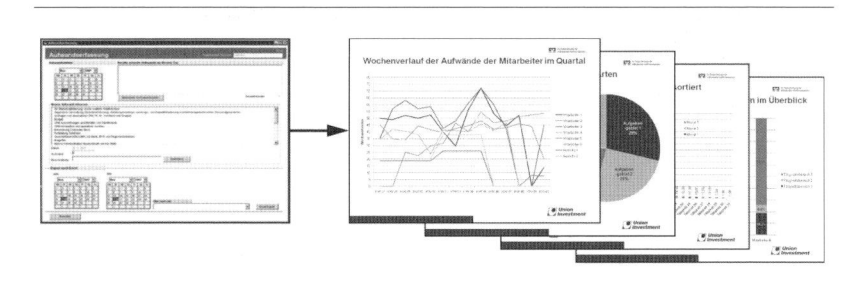

Abbildung 1: Aufwandserfassung: Auswertung des Inputs nach Aufgaben, Themen und Projekten.

Handlungsfeld 2: Monitoring und Medienresonanzanalyse

Um die Bereitstellung der täglichen Presseartikel zu beschleunigen, wurden Monitoring und Medienresonanzanalyse an einen externen Dienstleister vergeben. Aus Kostenerwägungen konzentriert sich die Beobachtung auf eine überschaubare Zahl von Kernmedien, die jedoch im Benchmarkvergleich zu den wichtigsten Wettbewerbern ausgewertet werden.

Die quantitative Auswertung der Medienresonanz dient der Messung des Outputs. Als Basis für die Messung des Outgrowths führt der beauf-

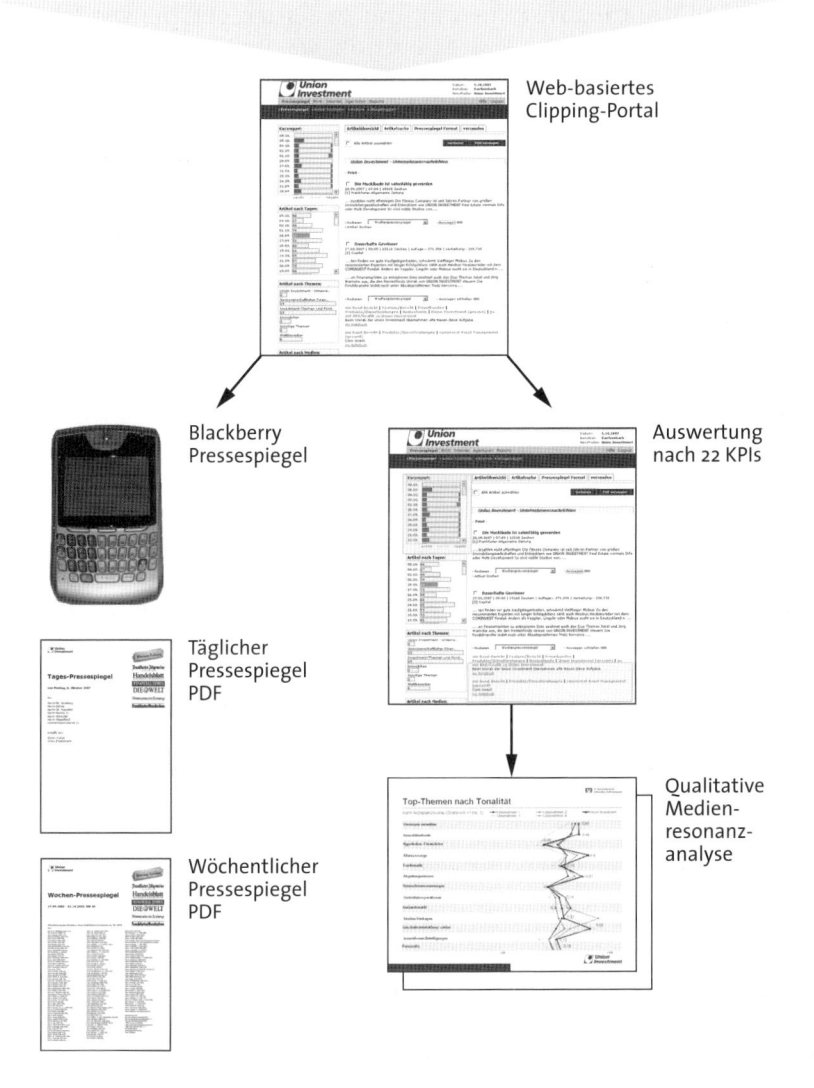

Abbildung 2: Monitoring und Medienresonanzanalyse.

tragte Dienstleister auf Artikelebene eine qualitative Bewertung durch. Für diese Medienresonanzanalyse hat Union Investment 22 Kennzahlen – darunter Akzeptanzniveau, Themendurchdringung, Initiativquotient, Exklusivitätsgrad, Publizistischer Wert, Media-Market-Ratio, Personalisierungsgrad – sowie deren Erhebungs- und Berechnungsmethoden definiert. Die Analyse wird in einem Webportal zusammen mit den Artikeln archiviert. Dadurch hat sich die Erstellung des Pressespiegels vereinfacht und beschleunigt. Die breit angelegte Medienresonanzanalyse bietet Erkenntnisse für die operative Steuerung der Themen und Botschaften. Ein einheitliches Auswertungsraster für die wesentlichen Kernthemen gewährleistet Vergleichbarkeit über Medien und Themen hinweg.

Handlungsfeld 3: CRM-System für das Medienkontaktmanagement

Die bestehende Mediendatenbank wurde abgeschaltet und durch ein auf qualitative Steuerung ausgelegtes CRM-System ersetzt. Die Prozessanalyse hatte offengelegt, dass die qualitativen Journalistenkontakte überwiegend über Telefon und E-Mail liefen, weniger über den Versand von Pressemitteilungen. Diese vorherrschende Arbeitsweise wird von gängigen Verteilerprogrammen nicht anwenderfreundlich genug unterstützt. Union Investment hat sich daher im Medienkontaktmanagement für ein CRM-System entschieden. Es geht über die Adressverwaltung weit hinaus und bildet die neue zentrale Kommunikationsplattform. Das CRM-System ist an die üblichen Kommunikationswege E-Mail und Telefon angebunden: Aus dem System heraus kann direkt angerufen und können Briefe, Faxe oder E-Mails geschrieben werden. Außerdem deckt das System Termin- und individuelle Aufgabenverwaltung sowie projektunterstützende Funktionen ab. Die Archivierung der Kontakte zu Journalisten geschieht automatisiert während der Nutzung des Systems. Damit werden alltägliche Arbeiten erleichtert und technisch unterstützt.

Jeder Kontakt zu Journalisten wird für alle nachvollziehbar archiviert, womit jeder Mitarbeiter in der Abteilung sprechfähig wird über den Arbeitsstand von Presseanfragen. Dies erleichtert die Weitergabe von Wissen über Gesprächspartner und Projektstände innerhalb der Abteilung und auch Vertretungen. Nebenbei generiert die Tagesarbeit über die Erfassung im Kontaktmanagementsystem automatisch Kennzahlen für die Steuerung. Die Erfassung der Kernthemen erfolgt hier nach einem vergleichbaren Raster wie in der Aufwandserfassung und in der Medienresonanzanalyse.

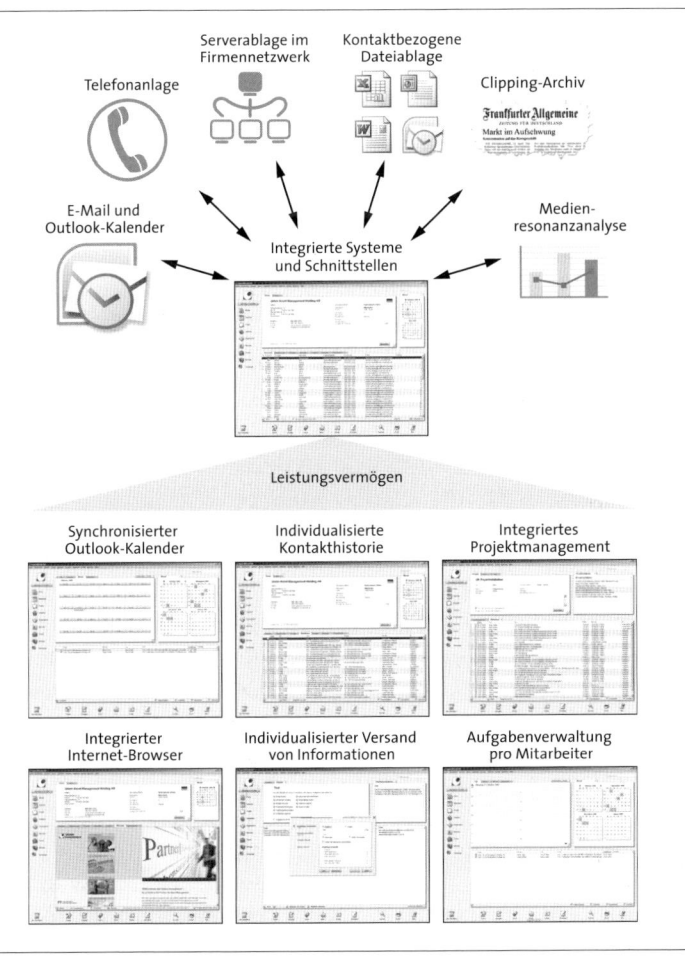

Abbildung 3: CRM-System für das Kontaktmanagement mit Journalisten.

Handlungsfeld 4: Journalistenbefragungen

Als vierter Baustein ergänzen Journalisten- und Stakeholderbefragungen die oben beschriebenen Teilsysteme. Befragungsgegenstände sind hier Informationsverhalten und Mediennutzung, aber auch Aufbereitung des Pressematerials, Erreichbarkeit der Pressestelle und die Zufriedenheit mit der Zusammenarbeit. Da durch die neu geschaffene Transparenz über die gesamte Prozesskette nun eine breite Datenlage über gelebtes Verhalten der Journalisten (Kontaktfrequenz, Themen, Medienresonanz) existiert, haben die standardisierten Befragungen jedoch an Bedeutung verloren. Sie ergänzen die „harten Fakten" aus dem Kontaktmanagement.

Auswertung und Reporting

Die definierte Abfragestruktur der Datenbanken sichert einen schnellen und einheitlichen Datenfluss in die Berichtslinien. Dabei bietet das Datenmodell von Union Investment eine hohe Flexibilität: Alle Daten werden kontinuierlich – durch das Arbeiten mit den Systemen – generiert und müssen lediglich durch Datenbankabfragen kanalisiert werden. So können die Daten zur Steuerung und für das Reporting in dem Zyklus und Format vorgehalten werden, wie sie für den jeweiligen Regelkreis aus Planen, Umsetzen und Messen am sinnvollsten sind: Die Erarbeitung der Kommunikationsstrategie erfolgt meist jährlich, die operative Steuerung von Themen und Botschaften kann dagegen wöchentlich wichtig sein.

Die klassischen zyklischen Reportingformate werden ergänzt durch weitere Formate entsprechend dem Darstellungszweck und Empfängerkreis: Für den schnellen Überblick werden die Key Performance Indicators im Rahmen einer Scorecard abgebildet. Im Rahmen der operativen Steuerung werden Dashboards eingesetzt (vgl. Lautenbach/Sass 2010). Diese erlauben es, schnell und einfach die steuerungsrelevanten Daten mit Zeitreihen zu modulieren und leicht erfassbar darzustellen. Für die klassisch hierarchische Reportinglinie haben sich Powerpoint-Präsentation und klassische Berichtsformate gehalten – sie können einfach gebunden und weitergegeben werden. Das hierarchische Reporting erfolgt quartalsweise sowie anlassbezogen nach Pressekonferenzen. Die Informationstiefe nimmt mit höheren Hierarchieebenen ab, die Information wird dann immer stärker verdichtet.

Integrierte Prozesssteuerung

Für die integrierte Steuerung sind die vier Handlungsfelder des Systems sinnvoll miteinander verzahnt. Dies geschieht vor allem über die identische inhaltliche Struktur für die Schritte der Prozesskette. So werden zum Beispiel die strategischen Themen der Pressearbeit in allen Arbeitsschritten über eine einheitliche Erfassungsstruktur transparent gemacht; Aufwandserfassung, Eingaben im CRM-System wie auch die Medienresonanz werden nach dem gleichen Raster ausgewertet. Dadurch ergeben sich Kennzahlen, die über den gesamten Prozess verfolgt werden können. Es können Themenkonjunkturen abgebildet werden, auch wird die Qualität des Prozesses im Management von Krisen in ihrem Output und Outcome transparent und messbar. Die Analyse von Kennzahlen entlang der gesamten Prozesskette ermöglicht den Abgleich von zeitlichem Einsatz, Zahl der Kontakte aktiv wie passiv und qualitativer Medienresonanz zu einem Thema. Themeneffizienzen werden abgebildet, dies dient der Weiterentwicklung von Themen. Auch wenn die Medienresonanz nicht direkt beeinflusst werden kann, so kann doch – durch die integrierte Prozesssteuerung – der Arbeitsprozess bis dahin effizienter gestaltet werden.

Die Teilsysteme sind jedoch nicht nur inhaltlich, sondern auch technisch miteinander kompatibel und verbunden: So ist beispielsweise das Clippingarchiv an die CRM-Datenbank angebunden. Damit ist der direkte Sprung von einem Medienkontakt ins digitale Archiv der Veröffentlichungen möglich – der Arbeitsprozess wird sinnvoll unterstützt. Umgekehrt wird ein Großteil der Kennzahlen aus den täglichen Abläufen heraus automatisch generiert.

Da alle Systeme inhaltlich vergleichbar strukturiert sind und arbeiten, lassen sich die wesentlichen Kennzahlen problemlos direkt wieder in den Arbeitsprozess zurückführen – genau dorthin, wo die größten Einflussmöglichkeiten auf diese Kennzahl bestehen. So werden zum Beispiel wesentliche Ergebnisse der Medienresonanzanalyse wie Tonalität, Exklusivitätsgrad und Themen im CRM-System abgebildet – aus der Kon-

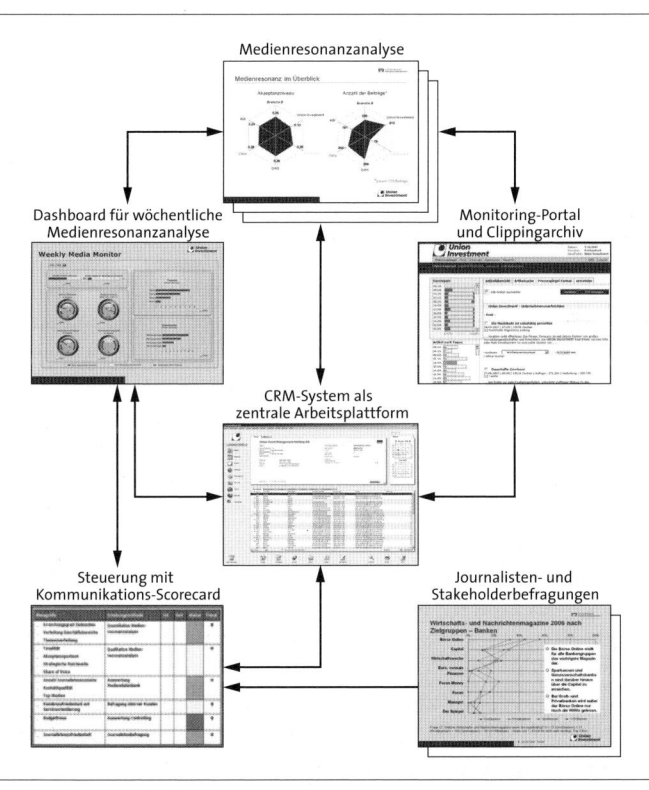

Abbildung 4: Integrierte Prozesssteuerung: Über alle Arbeitsschritte hinweg werden Kennzahlen aus dem Prozess heraus generiert und laufend in den Prozess zurückgeführt.

taktdatenbank wird dadurch ein qualitativ orientiertes Relationship-Managementsystem. Durch diese unmittelbare Rückkopplung der Medienresonanz innerhalb des Regelkreises aus Planung, Umsetzung und Kontrolle können die Themen und Botschaften schnell und flexibel den Anforderungen angepasst werden.

Bewertung und Ausblick

Das hier vorgestellte Steuerungs- und Evaluationssystem für die Medienarbeit bei Union Investment ist feingliedrig und voll in den Arbeitsprozess integriert. Nicht die Ergebnismessung, sondern die effiziente Steuerung der Prozesse steht im Vordergrund. Die technische Kompatibilität der Teilsysteme und die vergleichbare inhaltliche Struktur in allen Erfassungen und Auswertungen über den gesamten Prozess machen es möglich, die Ergebnisse der Messung und Evaluation unmittelbar in den Arbeitsprozess zurückzuführen und nutzbar zu machen. Alle Arbeits-Tools und Messinstrumente sind so angelegt, dass sie mitwachsen und sich wandelnden Anforderungen anpassen.

Die Bottom-up-Entwicklung des Steuerungs- und Evaluationssystems ausgehend von den Arbeitsprozessen stellt schnell eine breite Auswahl an Kennzahlen bereit. Bei reinen Top-Down-Ableitungen entsteht hier oft ein Vakuum von einem halben Jahr, bis das entwickelte System mit Kennzahlen gefüllt werden kann. Allerdings stieß das Bottom-up-Vorgehen beim Anschluss an die Unternehmensziele an seine Grenzen. Dazu bedarf es ergänzend einer gegenläufigen Top-Down-Ableitung in Wirkungsketten von Kommunikationszielen und Kommunikationsstrategie aus den Unternehmenszielen und der Unternehmensstrategie. Diese Wirkungsketten wurden deshalb nachträglich definiert. Sie ermöglichen die integrierte Steuerung der strategisch ausgerichteten Öffentlichkeitsarbeit und stellen sicher, dass das Augenmerk auf den richtigen Maßnahmen und Prozessen liegt und diese effizient durchgeführt werden.

Literatur

Pfannenberg, Jörg (2010): Strategisches Kommunikations-Controlling mit der Balanced Scorecard. In diesem Band.

Lautenbach, Christoph/Sass, Jan (2010): Reporting im Kommunikations-Controlling: Daten aufbereiten, visualisieren und kommunizieren. In diesem Band.

Rolke, Lothar/Zerfaß, Ansgar (2010): Wirkungsdimensionen der Kommunikation: Ressourceneinsatz und Wertschöpfung im DPRG/ICV-Bezugsrahmen. In diesem Band.

Regressionsanalyse in der Medienarbeit: Redaktionelle Berichterstattung als Umsatztreiber bei Center Parcs

Stefan Thurau, Joachim Klewes und Rainer Lang

Projektsteckbrief	
Unternehmen	Center Parcs Europe
Projekt	Pleon Performedia
Fokus	• Quantifizierung des Einflusses von redaktioneller Berichterstattung auf die Zahl der Buchungen in den Ferienparks von Center Parcs • Nachweis des Return on Investment (ROI) von redaktioneller Berichterstattung • Ermittlung der Depot-Wirkung von Kommunikation • Optimierter Einsatz von Kommunikationsinstrumenten für höhere Effizienz
Controlling-Tool(s)	• Regressionsanalyse (ökonometrisches Modelling)
Implementierung	• Identifikation und Analyse von direkt steuerbaren Einflüssen und extern gegebenen Faktoren über einen Zeitraum von drei Jahren • Nachbildung des Buchungsverlaufs mit einer Anpassungsgüte von mehr als 80 Prozent • Berechnung der Gewichtung der definierten Kenngrößen

Das Unternehmen

Jedes Jahr machen mehr als 3 Millionen Gäste Kurzurlaub in einem Ferienpark von Center Parcs. Mit 13 Standorten in Deutschland, den Niederlanden, Belgien und Frankreich hat sich das Unternehmen seit seiner Gründung vor mehr als 40 Jahren zu einem internationalen Konzern mit rund 10.000 Mitarbeitern entwickelt (Stand: Februar 2009). Ihr Geschäftsjahr 2007/2008 hat die Center Parcs Europe Group mit einem Umsatz von 628,6 Millionen Euro abgeschlossen. Der wirtschaftliche Erfolg hängt außer von der hohen Qualität des Angebots auf operativer Ebene auch davon ab, wie bekannt das Unternehmen bei seinen relevanten Zielgruppen ist. Einen entsprechend hohen Stellenwert genießt bei Center Parcs deshalb die Kommunikation. Diese umfasst zum einen klassische Marketingaufgaben. Dazu zählen beispielsweise Werbung in Fernsehen und Hörfunk, Online-Partnerprogramme, Suchmaschinenvermarktung sowie der Katalogvertrieb. Im Kommunikationsmix spielt zum anderen die redaktionelle Berichterstattung eine wesentliche Rolle. Zu den von Center Parcs Deutschland genutzten Instrumenten gehören dabei unter anderem Pressemitteilungen und -konferenzen, Materndienste, Radio-Medienarbeit sowie Medienkooperationen, die teilweise an Gewinnspiele gekoppelt sind. Mit seiner PR (in diesem Beitrag verstanden als Presse- und Medienarbeit) gelingt es Center Parcs, durchschnittlich rund 20 redaktionelle Beiträge pro Woche zu generieren.

Wie wirkt PR?

Die Kommunikation von Center Parcs zielt darauf ab, Produktinformationen zu geben, den Bekanntheitsgrad der Ferienparks zu erhöhen und auf diese Weise die Zahl der Buchungen zu steigern. Der Buchungsverlauf ist somit ein entscheidendes Messkriterium für den Kommunikationserfolg. Um das beste Ergebnis, mithin den höchsten Ertrag pro eingesetztem Euro zu erzielen, müssen die einzelnen Instrumente optimal aufeinander abgestimmt und deren zeitlicher Einsatz exakt geplant sein. Center Parcs legt deshalb großen Wert darauf, mehr über die Wirkung seiner Marketing- und PR-Maßnahmen zu erfahren. Dabei gilt es zu berücksichtigen, dass der Buchungsverlauf zusätzlich durch externe, nicht steuerbare Faktoren beeinflusst wird. In der Urlaubsbranche sind dies insbesondere saisonale Effekte wie Ferienzeiten und das Wetter.

Eine unter betriebswirtschaftlichen Gesichtspunkten optimale Kommunikationsplanung setzt allerdings voraus, dass die Informationen über die Wirkung der eingesetzten Instrumente auf zentrale Kennziffern wie den Umsatz belastbar sind. Von Interesse ist dabei nicht nur der direkte Wirkungszusammenhang, sondern vor allem der gewichtete Anteil der jeweiligen Maßnahmen im Zusammenspiel. Insbesondere die Presse- und Medienarbeit steht damit vor einer großen Herausforderung. Zwar liegt die Vermutung nahe, dass eine positive redaktionelle Berichterstattung nicht nur einen Effekt auf das Verhalten der Zielgruppe (Outcome) hat, sondern auch auf die betriebswirtschaftliche Wertschöpfung (Outflow). Doch auch mit Hilfe von Medienäquivalenzwerten, Medienresonanzanalysen oder Balanced Scorecards ist es nie wirklich gelungen, diese Wirkung zufriedenstellend in Euro zu beziffern.

Im Rahmen einer Pilotstudie mit Center Parcs hat die Agentur Pleon – die bereits seit mehreren Jahren für das Unternehmen tätig ist – zusammen mit der Marken- und Kommunikationsberatung BrandScience im Jahr 2008 eine Methode entwickelt, mit der sich die Wirkung von PR auf betriebswirtschaftliche Kennziffern erstmals statistisch nachweisen lässt. Das als *Pleon Performedia* bezeichnete Verfahren liefert zudem wichtige Erkenntnisse über den nachhaltigen Effekt von Kommunikation und zeigt, wie Kommunikationsverantwortliche durch einen optimierten Instrumenteneinsatz die Effizienz ihrer Marketing- und PR-Arbeit steigern können.

Ökonometrisches Modelling für die PR-Evaluation

Pleon Performedia knüpft dabei an ein statistisches Verfahren an, das in anderen Kommunikationsdisziplinen wie der Werbewirkungsforschung bereits zum Einsatz kommt: die Regressionsanalyse. Dabei wird mit Hilfe eines Datenmodells erklärt, wie sich eine ausgesuchte Zielgröße unter dem Einfluss von steuerbaren und nicht beeinflussbaren Faktoren verändert. Als Basis für die Erstellung sind historische Zeitreihendaten erforderlich, die im Idealfall drei Jahre lang wöchentlich erhoben wurden. Dabei werden Einflussfaktoren der eigenen Kommunikation, der wirtschaftlichen Rahmenbedingungen und der Aktivitäten des Wettbewerbs analysiert. Für ein einziges Datenmodell ergeben sich so häufig mehr als 2.000 Variablen. Der bereits bekannte Verlauf der Zielgröße – zum Beispiel die Umsatzentwicklung – wird durch ökonometrisches Modelling so exakt wie möglich nachgebildet. Dadurch lassen sich dann in der Regel fünf bis 15 Variablen identifizieren, die die Entwicklung der Zielgröße am besten erklären. Bis das eigentliche, stabile Datenmodell gefunden ist, werden meist bis zu 100 Alternativen geprüft. Diese Aufgabe können Computer nur teilweise übernehmen, da außer statistischen Parametern auch analytisches Erfahrungswissen erforderlich ist, um die inhaltliche Bedeutung der einzelnen Variablen einzuschätzen. Nur auf diese Weise lässt sich eine Konsistenz des Modells sicherstellen. Es sollte zudem über eine Anpassungsgüte von mindestens 70 Prozent verfügen, um valide Ergebnisse zu liefern. Das bedeutet, es muss mindestens 70 Prozent der statistischen Streuung erklären können ($R^2 > 0{,}7$). Die Systeme von BrandScience weisen sogar eine Anpassungsgüte von mehr als 80 Prozent auf. Das Datenmodell – eine sehr komplexe Formel – bildet die Basis für die anschließende, eigentliche Modellinganalyse. Mit ihm lassen sich entscheidende Fragen klären, darunter zum Beispiel:

- Wie groß ist der Einfluss ausgesuchter Parameter auf die Zielgröße? (Gewichtung der Variablen)

- Wie lässt sich die bisherige Entwicklung der Zielgröße erklären? (Anteil der Variablen)

- Wie hoch ist der Return on Investment (ROI) eines Mediums? (Ertrag der Variablen)

- Wie lange wirkt eine Kommunikation nach? (Zeitverlauf)

Mit dem Datenmodell können Kommunikationsverantwortliche die wesentlichen Wirkungszusammenhänge statistisch zuverlässig identifizieren. Ein wesentlicher Vorteil: Auch Szenarien können durchgespielt und berechnet werden, um Wirkungsprognosen für den künftigen Einsatz ausgewählter Kommunikationsinstrumente abzugeben (vgl. Abbildung 1).

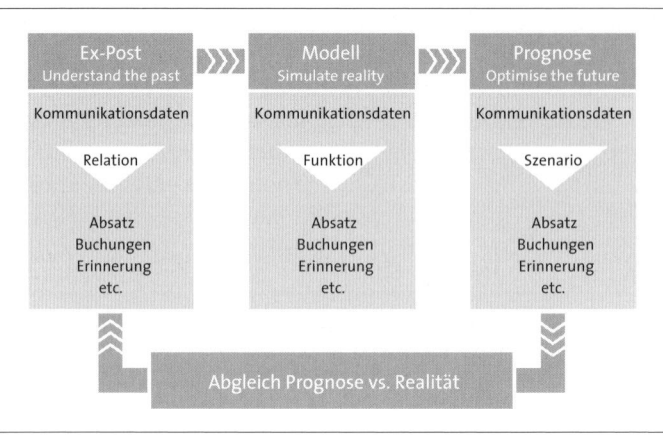

Abbildung 1: Grundkonzept und Datenmodell von Pleon Performedia.

PR-Evaluation in der Praxis

Im Rahmen der Pilotstudie mit Center Parcs haben Pleon und BrandScience den Anwendungsbereich der Regressionsanalyse erstmals auf die PR ausgeweitet. Die relevante Bezugsgröße war dabei die Auflagenhöhe, die durch die Initiierung von redaktioneller Medienberichterstattung erzielt werden konnte. Es lassen sich aber auch differenziertere, inhaltsanalytische PR-Daten verwenden, die aus Medienresonanzanalysen gewonnen werden. Die Basis für die Berechnungen bildeten historische Zeitreihendaten aus dem Marketing und zum Wettbewerb, die Center Parcs zwischen 2005 und 2007 wöchentlich erhoben hat. Daten zur PR-Resonanz sowie saisonale Daten, die für den betrachteten Zeitraum nicht vorlagen, wurden von Pleon und BrandScience ermittelt. Die nachfolgenden direkt beeinflussbaren Variablen wurden mit Hilfe des Datenmodells aus mehr als 1.000 Variablen als signifikant identifiziert:

- Preis,
- Sommer- und Winterkatalog,
- Direktmailings,
- TV-Werbung,
- Anzeigen in Publikumszeitschriften,
- Höhe der PR-Auflage.

Als nicht beeinflussbare, signifikante Parameter konnten folgende Variablen identifiziert werden:

- Saison (Ferienzeiten und Wetter),
- Kommunikation des Wettbewerbs.

Zielgröße war die Zahl der Buchungen, die für einen Zeitverlauf von drei Jahren durch das Datenmodell mit einer Anpassungsgüte von 86 Prozent nachgebildet werden konnte.

Hohe Medienwirkung nachgewiesen

Die Analyse hat gezeigt, dass der Basisabsatzanteil von Center Parcs bei 56 Prozent liegt, was sich auf einen starken Markenkern zurückführen lässt. Den größten, beeinflussbaren Effekt auf die Zahl der Buchungen haben danach die Kataloge. Sie stellen für Center Parcs somit das bedeutendste Medium dar. Jeweils nach dem Versand im Sommer beziehungsweise Winter lässt sich eine deutliche Zunahme bei den Buchungen feststellen. Eine hohe Bedeutung haben außerdem die Preisgestaltung – insbesondere zeitlich begrenzte Sonderangebote – sowie Direktmailings.

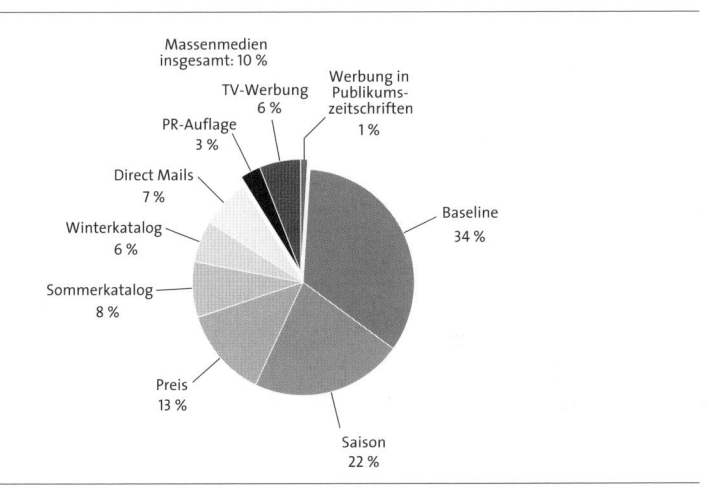

Abbildung 2: Einflussfaktoren auf die Buchungen (Center Parcs/Pleon).

Für die Kommunikation besonders interessant ist zudem die große Wirkung der Massenmedien auf den Verlauf der Zielgröße. Danach ist jede zehnte Buchung medial beeinflusst (vgl. Abbildung 2). Der Anteil der redaktionellen Berichterstattung („PR-Auflage") liegt bei 3 Prozent. Das mag zunächst gering erscheinen. Doch tatsächlich bedeutet dies, dass unter den gegebenen Rahmenbedingungen etwa 30 Prozent der massenmedial bewirkten Buchungen auf Presse- und Medienarbeit zurückgehen. Etwa doppelt so stark ist allerdings der Einfluss von TV-Werbung. In der Pilotstudie konnte aber auch nachgewiesen werden, dass PR-Arbeit einen größeren Carry-Over-Effekt hat als andere massenmediale Einflüsse, also länger nachwirkt. Die Halbwertzeit, in der noch eine 50-

prozentige Umsatzwirkung nachgewiesen werden konnte, betrug etwa 13 Wochen. TV-Werbung hatte hingegen eine Halbwertzeit von gerade einmal einer Woche.

Eine wichtige Zielsetzung von Center Parcs war es, mit Hilfe von Pleon Performedia den ROI seiner Marketing- und PR-Maßnahmen nachzuweisen. Dieser wurde bei gleichzeitigem Einsatz von PR, klassischen Marketingmedien und Direktmailings ermittelt. Für Fernseh- und Zeitschriftenwerbung wurden dabei nur die Brutto-Spendings und nicht die Produktionskosten der Anzeigen und Spots berücksichtigt. Die eigentlichen Kosten dürften damit eher höher liegen, als für die Studie angenommen. Auch so waren die Ergebnisse eindeutig: PR benötigte lediglich ein Fünftel des Budgets von Fernsehwerbung, um die gleiche Zahl von Buchungen zu erreichen. Unmittelbar haben TV-Spots aber weiterhin mehr Buchungen zur Folge als andere Maßnahmen. Im Vergleich zur Printanzeige war der ROI von Presse- und Medienarbeit immer noch dreimal höher, im Vergleich zum Direktmailing etwa doppelt so hoch.

Mit Pleon Performedia konnte Center Parcs also statistisch eindeutig nachweisen, dass redaktionelle Berichterstattung im Kommunikationsmix in der Vergangenheit eine zentrale Rolle gespielt hat.

Effektive Planung

Die Regressionsanalyse ermöglicht aber nicht nur eine Nachbetrachtung bereits umgesetzter Kommunikationsmaßnahmen, um deren Einfluss auf die Zielgröße zu bestimmen. Darüber hinaus lassen sich auch unterschiedliche Szenarien testen, um Prognosen für den zu erwartenden Effekt abzugeben. Mit Hilfe des Szenario-Managers, einem speziellen Prognose-Tool von Pleon Performedia, lässt sich unter anderem erklären, wie sich die Zahl der Buchungen bei Anpassung einzelner Parameter verändern würde.

Im Rahmen der Pilotstudie wurden dabei verschiedene Szenarien geprüft. Könnte Center Parcs seine PR-Auflage beispielsweise verdoppeln, würde sich die Zahl der Buchungen lediglich um 5 Prozent erhöhen. Es tritt also sehr deutlich ein Grenznutzeneffekt ein. Allerdings: Ohne redaktionelle Berichterstattung würde die Zahl der Buchungen mittelfristig deutlich zurückgehen – allein innerhalb des ersten Jahres beispielsweise um rund 16 Prozent. In Euro ausgedrückt würde dies einen Umsatzverlust in zweistelliger Millionenhöhe bedeuten. Sowohl für TV- als auch für Printwerbung konnte mit Pleon Performedia bislang noch kein Grenznutzeneffekt ermittelt werden. Wie oben beschrieben, ist die Halbwertzeit für beide Medien mit einer beziehungsweise mit sechs Wochen sehr viel kürzer als die von redaktioneller Berichterstattung.

Die Szenarien erlauben erstmals eine fundierte Planung und Steuerung aller zur Verfügung stehenden Kommunikationsinstrumente, inklusive der PR. Kommunikationsverantwortliche können ihre Budgets im Modell unterschiedlich verteilen und aufeinander abstimmen, um den optimalen Mitteleinsatz zu identifizieren. Bisherige Modellingsysteme von BrandScience ohne Einbezug von redaktioneller Berichterstattung haben gezeigt, dass sie mit dem Szenario-Tool die Wirkung ihrer Kommunikation um bis zu 20 Prozent verbessern können. Indem sie beispielsweise die zeitliche Planung ihrer Maßnahmen optimieren, können werbe- und kommunikationstreibende Unternehmen die prozentuale Bruttoreichweite über einen längeren Zeitraum erhöhen.

Bewertung und Ausblick

Die Pilotstudie mit Center Parcs hat erstmals gezeigt, dass PR einen statistisch nachweisbaren Effekt auf den Umsatz hat. Dieser Effekt konnte – unter den gegebenen Bedingungen und für den betrachteten Zeitraum – eindeutig quantifiziert werden. Eine Analyse der Grenznutzeneffekte hat gleichzeitig verdeutlicht, dass es dabei insbesondere auf das Zusammenspiel der einzelnen Maßnahmen ankommt. Denn eine Erhöhung des PR-Budgets führt nicht in gleichem Maße zu einer Zunahme der Buchungen. Mit den Ergebnissen aus Pleon Performedia lässt sich aber besser inhaltlich argumentieren, dass die Presse- und Medienarbeit ein integraler Bestandteil jeder multidisziplinär angelegten Kampagne sein sollte. Umsatzziele, wie sie inzwischen in vielen Branchen auch für die Kommunikation gelten, könnten mit der Szenario-Planung noch besser eingeschätzt und erreicht werden. Center Parcs hat mit Hilfe der Analyse zudem belegen können, dass der Markenkern eine hohe Auswirkung auf die Zahl der Buchungen hat. Das Unternehmen hat sich deshalb dazu entschieden, weiter in den Ausbau seiner Marke zu investieren. Die gewonnenen Erkenntnisse über die Grenznutzeneffekte der Kommunikationsmaßnahmen konnten unmittelbar in die Planungen für das Folgejahr einfließen.

Eine der Stärken von Pleon Performedia ist, dass es ein bewährtes und anerkanntes statistisches Verfahren nutzt, um die Wirkung von PR im Zusammenspiel mit anderen Faktoren nachzuweisen. Das Modelling der Zielgröße ist dabei individuell auf den Auftraggeber zuzuschneiden und kontinuierlich zu überprüfen. Bereits vorliegende Daten, wie sie insbesondere umsatzgetriebene Unternehmen aus der Konsumgüterindustrie, der Pharmabranche oder dem Dienstleistungs- und Touristiksektor in der Regel schon erheben und nutzen, lassen sich effektiv weiterverwenden. Pleon Performedia lässt sich damit nahtlos in bestehende Evaluationssysteme integrieren.

Zielgröße Reputation

In der Pilotstudie mit Center Parcs haben sich die Projektpartner auf die Entwicklung des Buchungsverlaufs beschränkt. Darüber hinaus ist es denkbar, auch andere abhängige Parameter als Zielgrößen zu modellieren. Eine typische Fragestellung wäre zum Beispiel, wie sich Marketing- und PR-Arbeit auf die Reputation eines Unternehmens oder eines Vorstandsvorsitzenden auswirken. Zentrale Einflussvariablen könnten dabei etwa die Auflagen der positiven und der negativen redaktionellen Berichterstattung sein, die Zielgröße ein Reputationsindex. Erste Analyseergebnisse konnten den langen Wirkungsverlauf von negativen Presseberichten bereits nachweislich belegen. Während Artikel mit einem positiven Tenor etwa eine Halbwertzeit von einer Woche haben, konnte für negative Berichte noch nach sieben Wochen eine Wirkung auf die Reputation des Unternehmens nachgewiesen werden. Besonders interessant scheint auch, dass sich bei TV- und Zeitschriftenwerbung Grenznutzeneffekte für die Reputation einstellen, während dies bei positiver redaktioneller Berichterstattung bislang nicht der Fall ist.

Einfluss auf den Kaufprozess

Eine interessante Perspektive für die Regressionsanalyse wäre zudem, den Effekt unterschiedlicher Marketing- und Kommunikationsmaßnahmen auf die einzelnen Stufen eines Kaufprozesses zu ermitteln. Typischerweise zeigt der klassische „Sales Funnel"-Ansatz nur auf, mit welchem Kommunikationskanal sich welche Zielgruppen am besten erreichen lassen. Er liefert aber keine Hinweise darauf, wie die einzelnen Kommunikationskanäle in den jeweiligen Prozessstufen Awareness, Consideration, Experience und Loyalty funktionieren und zusammenwirken. Fragen zur Effizienz der Maßnahmen, zu deren Wirkung im Zeitverlauf, zum optimalen Werbedruck sowie zu Wettbewerbseinflüssen lassen sich auf diese Weise nicht beantworten. Mögliche Antworten könnte aber das ökonometrische Modelling liefern.

Das Potential des Modelling-Ansatzes zur Evaluation von Marketing- und PR-Arbeit ist erheblich. Künftige Studien werden zeigen müssen, welche Wirkung die redaktionelle Medienberichterstattung sowohl auf betriebswirtschaftliche als auch auf andere Zielgrößen hat – und ob und wie die Einflussgrößen von Branche zu Branche variieren.

Controlling der digitalen Unternehmenskommunikation bei B. Braun mit WebXF

Bernadette Tillmanns-Estorf, Christian Bachem und Wolfgang Schrammel

Projektsteckbrief	
Unternehmen	B. Braun Melsungen AG
Projekt	Controlling der digitalen Unternehmenskommunikation, insbesondere von Qualität und Leistung der Corporate Website
Fokus	• Steigerung der strategischen Kommunikationsleistung • Permanente Optimierung der wahrgenommenen Qualität der Corporate Website • Verbesserung des E-Mail-Dialogverhaltens
Controlling-Tool(s)	• Corporate Message Benchmark (Vergleichende Inhalts- und Reichweitenanalyse) • Corporate Website Benchmark (Vergleichende Nutzerbefragung) • E-Mail Response Benchmark (Mystery-Tests des E-Mail-Dialogverhaltens)
Implementierung	• Beteiligung am Web Excellence Forum (WebXF) • Auswertung interner Web-Statistiken gemäß der WebXF-Standards, Einbeziehung der extern erhobenen Daten, Benchmarking mit anderen beteiligten Unternehmen • Integration der Online-Evaluationsdaten in einen übergreifenden Performance-Index für die wichtigsten Kommunikationskanäle des Unternehmens

Das Unternehmen

Die B. Braun Melsungen AG versorgt als führendes Unternehmen im Gesundheitsmarkt weltweit Kliniken, niedergelassene Ärzte, den Homecare-Bereich und die pharmazeutische und Medicalprodukte-Industrie mit Produkten und Dienstleistungen für Anästhesie, Intensivmedizin, Kardiologie, extrakorporale Blutbehandlung und Chirurgie. B. Braun ist mit rund 200 Tochtergesellschaften in über 50 Ländern vertreten und erwirtschaftete 2008 mit weltweit 38.000 Mitarbeitern einen Umsatz von rund 3,8 Milliarden Euro. Firmensitz ist das nordhessische Melsungen. In den kommenden Jahren wird B. Braun rund 1,4 Milliarden Euro investieren, davon rund die Hälfte in Deutschland. Schwerpunkte sind dabei der Neubau und die Erweiterung von Fertigungsstätten sowie Logistik und Forschung. Seine Innovationskraft schöpft B. Braun aus einer Unternehmensphilosophie, die den Austausch von Informationen und Erfahrungen innerhalb des Unternehmens, aber auch mit den Praktikern in den Kliniken fördert: „Sharing Expertise" ist das Versprechen, das für Mitarbeiter wie für Kunden gilt.

An diesem Grundsatz richtet sich auch die Unternehmenskommunikation von B. Braun aus. Sie verfolgt, neben den für Corporate Communications üblichen Zielen, zwei unternehmensspezifische Ziele: zum einen den Austausch mit den Anspruchsgruppen so zu gestalten, dass er dem beiderseitigen Aufbau von Verständnis, Wissen und Vertrauen dient, zum anderen die Ausrichtung aller kommunikativen Instrumente und Maßnahmen an einer Dachmarkenstrategie, um die vielfältigen Beziehungen der Anspruchsgruppen zu den Tochtergesellschaften, ihren zahlreichen Produkten und zu den Mitarbeitern auf die Kernmarke B. Braun zu bündeln.

Eine besondere Rolle kommt dabei der Corporate Website www.bbraun.de zu. Wie bei den meisten international agierenden deutschen Industrieunternehmen ist sie das primäre Marketinginstrument und die zentrale Plattform der Unternehmenskommunikation. Die Website unterstützt den Vertrieb, fungiert als Plattform für alle Nachrichten rund um das Unternehmen und bildet das Rückgrat für eine Vielzahl weiterer Online- und Offline-Kommunikationsmaßnahmen. Darüber hinaus ist sie für die B. Braun-Kunden die Hauptquelle für Fachinformationen und erfüllt damit das – im Claim verankerte – Versprechen „Sharing Expertise".

Controlling-Aufgabe: Steuerung und Evaluation der digitalen Unternehmenskommunikation bei B. Braun

Die herausgehobene Rolle der Corporate Website machte ein dezidiertes Controlling der digitalen Unternehmenskommunikation erforderlich, das die folgenden Anforderungen erfüllen muss:

1) fokussiert (auf die Besonderheiten digitaler Kommunikation ausgerichtet),
2) kennzahlenbasiert (Ausweisung definierter Qualitäts- und Leistungskennzahlen),
3) multidimensional (Betrachtung von Qualität, Leistungsstand und Beitrag zum Unternehmenserfolg),
4) umfassend (die wesentlichen Felder und Instrumente der digitalen Unternehmenskommunikation abdeckend),
5) regelmäßig,
6) vergleichend (Benchmarking gegenüber eigenen Ergebnissen im Zeitverlauf und gegenüber nach identischen Kriterien ermittelten Ergebnissen anderer Unternehmen),

7) aussagekräftig gleichermaßen für Management (Strategieperspektive) und Operations (Umsetzungsperspektive).

Zentrale Fragen, die das Controlling beantworten muss, lauten:

- Erreicht B. Braun über die Corporate Website die richtigen Ziel- und Anspruchsgruppen?
- Finden die Nutzer von www.bbraun.de, wonach sie suchen?
- Wie bewerten die Nutzer Inhalte, Funktionen, Usability und Design der Corporate Website?
- Trifft die Corporate Website die Nutzererwartung und passt sie zum Unternehmensimage?
- Empfehlen die Nutzer www.bbraun.de weiter?
- Werden die strategischen Unternehmensbotschaften gut präsentiert, transportiert und akzeptiert?
- Gilt dies auch für die Vermittlung der zentralen Aussagen zur gesellschaftlichen Verantwortung und Corporate Social Responsibility (CSR-Kommunikation)?
- Werden per E-Mail bei B. Braun eingehende Anfragen zuverlässig, schnell und in hoher Qualität beantwortet?

Lösungsansatz: Beteiligung am Web Excellence Forum

Anhand der obengenannten Ziele und Leitfragen prüfte B. Braun unterschiedliche Controlling-Ansätze und schloss sich schließlich 2007 dem *Web Excellence Forum (WebXF)* an. Ziel der Initiative ist es, einen Industriestandard zum Controlling und Qualitätsmanagement digitaler Unternehmenskommunikation zu schaffen. Im Mittelpunkt steht dabei die Betrachtung von Corporate Websites. Das Forum wurde im Jahr 2004 vor dem Hintergrund der gestiegenen Bedeutung digitaler Kanäle in der Unternehmenskommunikation, den steigenden Anforderungen an das Management von Kommunikation und den herrschenden Defiziten im Nachweis des Leistungsbeitrags der Unternehmenskommunikation zum Unternehmenserfolg (vgl. Zerfaß 2004: 394 ff.) ins Leben gerufen.

Unternehmen, die am Web Excellence Forum teilnehmen, erhalten die WebXF-Scorecard (eine eigens entwickelte Balanced Scorecard für Corporate Websites) und ausführliche Ergebnisse aus fünf standardisierten WebXF-Testverfahren (siehe Tabelle 1) zur regelmäßigen Ermittlung von Leistung und Qualität der digitalen Unternehmenskommunikation.

Darüber hinaus profitieren die beteiligten Unternehmen vom branchenübergreifenden Erfahrungsaustausch. Hierfür finden dreimal im Jahr Fachtage statt, auf denen unter anderem Ergebnisse interpretiert, Fallstudien vorgestellt und Fachvorträge geboten werden. Dazwischen dient der zentrale Projektserver des Forums als digitale Informations- und Dialogplattform. Inzwischen sind 24 Unternehmen aus Deutschland, Österreich, Schweiz und USA im Forum aktiv, darunter Commerzbank, Conti, Deutsche Telekom, Eon, Novartis, OMV, Siemens, Swiss Post und Wacker, die meisten davon seit mehreren Jahren. Im Jahr 2008 wurde WebXF für die Implementierung bei der MLP AG mit dem Deutschen PR-Preis ausgezeichnet (vgl. Hansen 2008b).

Neben den genannten Anforderungen an das Controlling der Corporate Website gaben folgende Aspekte den Ausschlag für das Engagement von B. Braun in der Initiative (vgl. Jahn 2008: 39):

- Die Ergänzung selbst erhobener Daten (insbesondere Nutzungsstatistiken der Corporate Website über sogenannte WebAnalytics-Systeme, die für das Kommunikations-Controlling nur bedingt aussagekräftig sind) durch extern erhobene Daten zu identischen Fragestellungen (zum Beispiel zur jeweiligen Rolle der Website-Nutzer).

- Die langfristige Ausrichtung des Forums, verbunden mit der unmittelbaren Mitwirkung der Teilnehmer an seiner Weiterentwicklung.

- Die Vielfalt der im Forum vertretenen Branchen und Unternehmen.

- Der Umstand, dass WebXF ein ganzes Set an Instrumenten, Aktivitäten und Ergebnissen zu Kosten bietet, die häufig bereits für eine isolierte Controllingmaßnahme (zum Beispiel einen Usability Test oder individuelle Nutzerbefragungen) anfallen.

Entwicklung und Implementierung

Nach der Gründung des Web Excellence Forums haben die WebXF-Teilnehmer in den Jahren 2004 und 2005 unter Führung der Unternehmensberatung .companion und mit wissenschaftlicher Unterstützung der Universität St. Gallen zunächst ein umfassendes Kennzahlenset definiert und dieses in der Folge zu einer Balanced Scorecard verdichtet (vgl. Bachem et al. 2008: 273 ff.). Die Kennzahlen speisen sich aus den individuell gemessenen Nutzungsdaten der Teilnehmer und zum größeren Teil aus den Ergebnissen der gemeinsamen Testverfahren. Bei der Entwicklung der Kennzahlen konnte nur in geringem Maße auf bereits bestehende Definitionen zurückgegriffen werden, etwa bei den Basiskennzahlen „Visits" und „PageImpressions" (vgl. Bachem 1997: 192;

einen Überblick zu Online-Kennzahlen gibt Schweiger 2010). Das Gros der Kennzahlen wurde in Arbeitsgruppensitzungen und Diskussionsprozessen hergeleitet. Zudem hat das Web Excellence Forum, begleitet von dem Kommunikationswissenschaftler Wolfgang Schweiger (TU Ilmenau), die fünf standardisierten und aufeinander abgestimmten WebXF-Testverfahren zur Erstellung umfassender Benchmarks der digitalen Unternehmenskommunikation entwickelt und sukzessive verfeinert. Im Zuge der Implementierung bei B. Braun Melsungen wurden einmalig einige konzeptionelle Justierungen an den Testverfahren vorgenommen, um die spezifische Unternehmensrealität sauber abbilden zu können. Dabei ging es um Fragen wie: Richtet sich das Unternehmen an Endkunden oder an Firmenkunden? Ist das Unternehmen börsennotiert? Was ist die Unternehmenssprache? Die Durchführung der Tests erfolgt ohne Mitwirkung von B. Braun durch WebXF und dessen Partner, die TU Ilmenau und den Online-Befragungsdienstleister Interrogare. Die Ergebnisse werden quartalsweise in digitaler Form bereitgestellt. Jede Kennzahl kann dabei im Sinne eines doppelten Benchmarkings aus zwei Perspektiven bewertet werden: einerseits im Vergleich zu allen anderen WebXF-Teilnehmern und andererseits im Zeitverlauf (Veränderungen binnen eines Jahres sowie gegenüber dem Vorjahresquartal).

Zur Konsolidierung ihrer Ergebnisse nutzt B. Braun die individuell bereitgestellte WebXF-Scorecard (vgl. Abbildung 1). Sie liegt als makro-

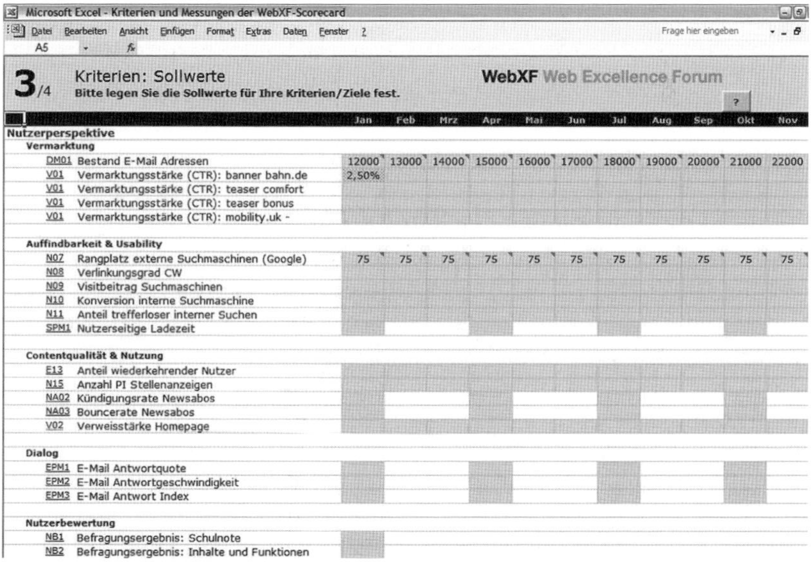

Abbildung 1: Die WebXF-Scorecard zur Evaluation von Corporate Websites.

gesteuerte Excel-Datei mit eingebetteter Datenbankstruktur (Access) vor. Dies eröffnet die Möglichkeit, unternehmensintern Verknüpfungen zu übergreifenden Scorecards oder zu bestehenden Online-Performance-Reportings für einen automatisierten Datenabgleich einzurichten (vgl. Hansen 2008a: 32 ff.).

Das WebXF-Controllingsystem

Die WebXF-Scorecard enthält Kennzahlen aus vier Perspektiven: der Nutzerperspektive, der Ergebnisperspektive, der internen Perspektive und der Finanzperspektive. In jeder Perspektive sind die Kennzahlen nach Dimensionen gruppiert. In der Nutzerperspektive sind dies zum Beispiel „Auffindbarkeit & Usability" oder „Dialog".

Die Arbeit mit der WebXF-Scorecard erfolgt in sechs Schritten. Zunächst muss der Geltungsbereich der Scorecard festgelegt werden, also welche Website in welchem Zeitraum betrachtet werden soll. Dies eröffnet den Unternehmen die Möglichkeit, mehrere Websites gemäß ihrer jeweiligen kommunikativen Ziele getrennt zu bewerten. Anschließend müssen aus den in der Scorecard bereitgehaltenen Kennzahlen jene ausgewählt werden, die – abhängig von der strategischen Ausrichtung und technischen Erhebbarkeit – vom Unternehmen verfolgt werden sollen. Im nächsten Schritt wird das kommunikative Zielsystem in der Scorecard hinterlegt. Dabei werden drei Zielperspektiven unterschieden: die übergreifenden Kommunikationsziele, die Entwicklungsziele der Corporate Website sowie die Betriebsziele der Website. Im vierten Schritt erfolgt die Gewichtung, jeweils auf den Ebenen Perspektiven, Dimensionen und – falls vom Unternehmen gewünscht – einzelner Kennzahlen. Erst die Gewichtung stellt sicher, dass die Scorecard das Zielsystem des Unternehmens für das Controlling adäquat abbildet. Anschließend können für alle aktivierten Kennzahlen Sollwerte hinterlegt werden. Nun trägt das Unternehmen monatlich die aktuell erhobenen Ist-Werte ein. Anhand grafischer Darstellungen und einer Ampelfunktion zeigt die Scorecard für jeden Monat den jeweiligen Grad der Zielerreichung pro Kennzahl, Dimension und Perspektive.

Das in der WebXF-Scorecard hinterlegte Kennzahlenset vereint über 70 Kennzahlen, mit denen sich Qualität und Leistung von Corporate Websites umfassend messen lassen. Dabei werden drei Arten von Kennzahlen unterschieden:

1) *Basiskennzahlen.* Vorrangig technische Kennzahlen, die der Berechnung von PIs und KPIs dienen.

Corporate Website Benchmark	
Methode	On-Site-Befragung der Nutzer der Corporate Website in Deutsch und Englisch
Frequenz	Permanent
Ergebnisdimensionen	• Nutzersegmente (Rolle, Motive, Herkunft) • Website-Qualität (Inhalte, Funktionen, Usability, Design) • Bindung (spontane Bewertung, Weiterempfehlung, Net Promotor Score) • Zustimmung zu Corporate Messages
Corporate Image Benchmark	
Methode	On-Site-Befragung der Nutzer der Corporate Website in Deutsch und Englisch
Frequenz	Permanent
Ergebnisdimension	Marke (Markenbild, Image, Markenneigung, Markenausstrahlung)
Corporate Message Benchmark	
Methode	Kombinierte Inhalts- und Reichweitenanalyse der Corporate Website
Frequenz	Zweimal jährlich
Ergebnisdimensionen	• Auffälligkeit der Corporate Messages • Präsentationsleistung • Kommunikationsleistung
E-Mail Response Benchmark	
Methode: Mystery Mailing	Versand branchenüblicher deutscher und englischer Anfragen aus der Perspektive von Journalisten, Stellensuchenden, Aktionären und Kunden an die auf den Corporate Websites bereitgestellten Dialogkanäle
Frequenz	Viermal jährlich (quartalsweise), davon einmal als „Full Benchmark Welle" über alle Dax-30-Unternehmen sowie je zwei Wettbewerber der WebXF-Teilnehmer
Ergebnisdimensionen	• Antwortquote • Antwortgeschwindigkeit • Antwortqualität
Web KPI Benchmark/Corporate Reach Benchmark	
Methode	Vergleich von elf durch die WebXF-Teilnehmer selbst erhobenen WebAnalytics-Kennzahlen; Abgleich mit Ergebnissen der zentralen WebXF-Messung
Frequenz	Dreimal jährlich im monatlichen Split
Ergebnisdimensionen	• Reichweite der Website • Nutzungshäufigkeiten • Nutzungsintensitäten • Systematische Abweichung der eingesetzten WebAnalytics-Systeme vom Benchmark

Tabelle 1: Die WebXF-Testverfahren.

2) *Performance Indikatoren (PIs)*. Kennzahlen, die einen Leistungs- oder Ergebniszusammenhang beschreiben. PIs dienen der operativen Steuerung der Corporate Website.

3) *Key Performance Indicators (KPIs)*. Schlüsselkennzahlen, die Ergebnistreiber beschreiben. Ausgewählte KPIs eignen sich zur Weitergabe an

die Leitung Unternehmenskommunikation beziehungsweise zur Übertragung in übergeordnete Kommunikations- oder Unternehmens-Scorecards.

Alle Basiskennzahlen sowie einige PIs und wenige KPIs werden von den Unternehmen über eigene Web-Analytics-Tools direkt erhoben. Etwa die Hälfte der in der Scorecard dokumentierten PIs und KPIs resultieren aus den fünf WebXF-Testverfahren, die in Tabelle 1 skizziert werden.

Zu den 30 fortlaufend über die Testverfahren ermittelten PIs und KPIs gehören zum Beispiel:

- CW Index. Gesamtleistung in Bezug auf die Qualität der Corporate Website.
- Markenausstrahlung. Einfluss des Unternehmensimage auf die Websitebewertung.
- CM/K Index. Kommunikationsleistung der Corporate Messages auf der Corporate Website.
- ER Index. Gesamtleistung der E-Mail-Kommunikation über die Corporate Website.
- Marketing Referrer. Zugriffe auf Produkt- und Marketingwebsites des Unternehmens, die über Verweise (Referrer) von der Corporate Website ausgelöst wurden.

Nutzung des WebXF-Controllingsystems bei B. Braun

B. Braun kann inzwischen auf drei Jahre Erfahrung mit den WebXF-Testverfahren zurückblicken. Insbesondere die Ergebnisse aus der Nutzerbefragung, den Mystery Mailings und der Inhaltsanalyse haben sich dabei als wertvoll erwiesen.

Über den *Corporate Website Benchmark* erhielten die Kommunikationsverantwortlichen Einblicke in die Struktur und Entwicklung der Nutzersegmente von www.bbraun.de. Die ausführliche Bewertung der Corporate Website aus Nutzersicht erwies sich als hilfreich für die inhaltliche und gestalterische Ausrichtung des Online-Angebots. Die Kommentare aus der Nutzerbefragung illustrieren, wie unterschiedlich die Motive und Erwartungen der Nutzer von Unternehmenswebsites sein können. Die zentralen Unternehmensbotschaften werden von den Nutzern nahezu durchgängig positiv wahrgenommen. Dies gilt in besonderem Maße für Corporate Messages, die auf die gesellschaftliche Verantwortung des Familienunternehmens abheben. Durch ihren permanenten Modus liefern die Befragungen Anregungen für die operative Weiterentwicklung des Internetauftritts. Vor allem aber lassen sie erkennen, ob Änderungen von den Nutzern wahrgenommen und goutiert werden. Der Erfolg von Maßnahmen lässt sich somit zeitnah und objektiv bewerten.

Änderungen, die B. Braun aufgrund von Ergebnissen des Corporate Website Benchmark vorgenommen hat beziehungsweise derzeit vorbereitet, sind unter anderem:

- zeitgemäßeres und optisch ansprechenderes Erscheinungsbild der Startseite sowie stark frequentierter Einsprungseiten, was zu einer besseren Bewertung von www.bbraun.de in Bezug auf den Einsatz und die Qualität von Bildern führte.
- Erstellung neuer Inhalte und Platzierung neuer Themen, wie etwa „Compliance".
- Ausbau der internetgestützten CSR-Kommunikation innerhalb der Corporate Website.
- mehr und besser auffindbare Dialogmöglichkeiten zur erleichterten Kontaktaufnahme.

Eine Besonderheit der WebXF-Methodik ist, dass im Rahmen des *Corporate Image Benchmark* keine isolierte Bewertung der Website-Eigenschaften durch den Nutzer erfolgt, sondern dass die zugrunde liegende Nutzerbefragung unmittelbar in den Kontext des Unternehmensimages gesetzt wird. Hierzu wird den Befragten eine Batterie von zehn Eigenschaftsworten wie zum Beispiel „innovativ" und „glaubwürdig" präsentiert, anhand derer sie sowohl das Unternehmen als auch die Website bewerten. So wird es möglich, verschiedene Beziehungen zwischen der Bewertung der Website und des Unternehmens herzustellen. Zum einen lässt sich auf einfache Weise erkennen, wo und zu welchem Grad die beiden aus den Eigenschaftsbatterien aggregierten Imagewerte deckungsgleich sind (Image Fit). Zum anderen kann durch Regressionsanalysen ermittelt werden, in welchem Maße das Unternehmensimage die Bewertung der Website determiniert (Markenausstrahlung). Außerdem ist es möglich, für jeden zur Website erhobenen Wert einen korrespondierenden Erwartungswert zu berechnen, der ausdrückt, welche Bewertung allein aufgrund des Unternehmensimages zu erwarten gewesen wäre. Gerade die Differenz zwischen erhobenem Wert und Erwartungswert macht deutlich, in welchen Bereichen das Management der Website erfolgreich ist, wo noch Defizite bestehen und wo der Hebel für Verbesserungen am günstigsten ist.

Der *E-Mail-Response-Benchmark* hat für B. Braun ebenfalls überraschende Erkenntnisse zu Tage gefördert. So war – wie bei vielen deutschen Unternehmen üblich – der Spam-Filter englischen E-Mails gegenüber äußerst empfindlich. Einige Anfragen erreichten daher ihre Adressaten nicht. B. Braun nahm dies zum Anlass, nicht nur die technische Infrastruktur zu verbessern, sondern auch die Abläufe der E-Mail-Beantwortung gemeinsam mit den zuständigen Fachbereichen zu prüfen und zu optimieren. Zu diesem Zweck setzte die Unternehmenskommunikation ein kompaktes Schulungsprogramm auf. Das Controlling hilft, das Bewusstsein für die steigende Bedeutung digitaler Dialogkommunikation immer neu zu schärfen. Die Ergebnisse der letzten Evaluationswellen zeigen, dass die internen Maßnahmen bei B. Braun gegriffen haben.

Eine besondere Rolle spielt der *Corporate Message Benchmark* für B. Braun: Platzieren wir unsere Corporate Messages an den richtigen Stellen? Werden sie wahrgenommen? Werden sie akzeptiert? Die ersten beiden Fragen beantwortet der Corporate Message Benchmark, für den B. Braun seine fünf wichtigsten Unternehmensbotschaften an das Web Excellence Forum und das beteiligte Forschungsteam liefert. Dort werden sie in Sinneinheiten zerlegt und codiert. Anschließend nehmen Studenten die Webseiten der beteiligten Unternehmen unter die Lupe. Sie betrachten und lesen jede Seite und überprüfen anhand eines Codebuchs die Corporate Messages auf Vollständigkeit, Umfang, Platzierung und Hervorhebung – unabhängig davon, ob Teile der Botschaften als Text, Bild, Video oder Navigationsbestandteil auf der Seite hinterlegt sind. Jeder dieser Ausprägungen wird ein Zahlenwert von 0 für „schwach" bis 100 für „stark" zugeordnet. So wird im ersten Schritt die Präsentationsleistung (CM/P) ermittelt. Der CM/P-Wert liegt umso höher, je mehr Seiten Corporate Messages enthalten und je besser diese dort präsentiert werden.

Diese Ergebnisse der Inhaltsanalyse werden in einem zweiten Schritt abgeglichen mit der Nutzungshäufigkeit jeder botschaftsführenden Seite. Basis sind die von den Teilnehmern bereitgestellten WebAnalytics-Daten. Auf diese Weise wird die Kommunikationsleistung (CM/K) berechnet. Ein Unternehmen, das seine Corporate Messages auf stark besuchten Seiten platziert, erhält daher unter Umständen höhere CM/K-Werte als ein Unternehmen, das seine Botschaften breit streut. Ob die Botschaften letztlich tatsächlich in den Köpfen ankommen und akzeptiert werden, ermittelt WebXF schließlich durch die Nutzerbefragung. Die Ergebnisse zeigen deutlich: Je höher der im Rahmen des CMBs gemessene Wert für die Kommunikationsleistung ist, desto höher der Zustimmungsgrad zu den entsprechenden Unternehmensbotschaften (vgl. Hansen 2008a: 33).

Für B. Braun ergab die Nutzerbefragung, dass die überwiegende Mehrheit der Websitebesucher die zentralen Botschaften des Familienunternehmens für glaubwürdig hält. Eine differenzierte Betrachtung aller einzelnen Botschaften offenbarte jedoch Unterschiede. Die CSR-Botschaften

„B. Braun ist ein verantwortungsvolles Familienunternehmen" und „Sharing Expertise ist die Grundlage des Handelns von B. Braun" werden sehr gut wahrgenommen und positiv eingeschätzt. Nachholbedarf hingegen besteht bei der Anerkennung des Engagements in der Kundenorientierung. Die entsprechende Corporate Message erhielt geringere Zustimmungswerte. Daraus wurden Verbesserungsmaßnahmen abgeleitet:

Einige Seiten in den tieferen Navigationsbereichen der Website, die kaum zum Transport von Corporate Messages beitrugen, wurden gestrichen; auf anderen Seiten wurden Texte gekürzt und fokussiert. Die Themen „Erfolg", „Verantwortung" und „Innovation" wurden redaktionell aufgewertet und ausgebaut. Unter dem Bereich „Corporate Citizenship" wurden zwei neue Kapitel eröffnet: „B. Braun Kinderwoche" mit Berichterstattung zur Förderung des Interesses von Kindern und Jugendlichen für Naturwissenschaften sowie „Zuwendungen", in dem finanzielle Zuwendungen an medizinische Einrichtungen und Organisationen der Patientenselbsthilfe veröffentlicht werden. Ein neues Kapitel „Preise & Auszeichnungen" wurde in die Website direkt im Bereich „Unternehmen" aufgenommen. Hier werden Erfolge in den Rubriken „Unternehmerisches Engagement", „B. Braun als Arbeitgeber", „Unternehmen" sowie „Produkte und Dienstleistungen" kurz dargestellt. Im Pressebereich wurde ein neuer Bereich „Glossar" aufgebaut, in dem Fachbegriffe aus den Themenfeldern des Unternehmens erläutert werden. Sonstige Erweiterungen betrafen die Kapitel im Bereich „Wissen": „Klinische Studien" mit allgemeinen Informationen zum Thema und einem Überblick zu den Aktivitäten von B. Braun sowie der Aufforderung zum Dialog und „Ihre Ideen"; hier können Nutzer innovative Produktideen formulieren. Die Startseite von www.bbraun.de wurde ebenfalls umgestaltet und so der Traffic auf Corporate-Themen gesteigert.

Die Ergebnisse zeigen, dass die Bemühungen von B. Braun Früchte tragen:

- Der Anteil der botschaftsführenden Seiten im Unternehmensbereich der Corporate Website konnte von 69 Prozent auf 84 Prozent gesteigert werden.
- Im Bereich Presse wurde der entsprechende Anteil von 25 Prozent auf 88 Prozent gesteigert.
- Im Bereich Unternehmen betrug die Zunahme 24 Prozentpunkte (von 62 Prozent auf 86 Prozent).
- Die Kommunikationsleistung (CM/K) konnte für vier der fünf untersuchten Unternehmensbotschaften deutlich gesteigert werden (#1 von 20,8 auf 41,2, #2 von 6,5 auf 13,3, #4 von 25,4 auf 52 und für #5 von 5,6 auf 30 Punkte).

Die Controllingmaßnahmen für die Website haben zur Initiierung eines neuen, übergreifenden Unternehmensbotschaften-Konzepts und zur erweiterten strategischen Formulierung der Corporate Messages geführt. Außerdem wurde der Untersuchungsansatz intern auf alle eigenen Medien der Unternehmenskommunikation ausgeweitet. Inzwischen bewertet B. Braun zusätzlich zu www.bbraun.de auch sein Nachhaltigkeitsmagazin, seine Imagebroschüre und sogar das Besuchermanagement hinsichtlich der Frage, wie gut die eigenen Botschaften platziert, kommuniziert und akzeptiert werden.

Bewertung und Ausblick

B. Braun konnte durch seine inzwischen dreijährigen Erfahrungen mit Online-Evaluationsmaßnahmen viele positive Ansätze zum Management der Unternehmenskommunikation ableiten und unmittelbare Verbesserungen herbeiführen. Das Web Excellence Forum wird fest als Controllinginstanz in die weiteren Planungen einbezogen. Die Ergebnisse aus den WebXF-Testverfahren werden seit diesem Jahr mit selbst erhobenen Daten für andere Kommunikationskanäle in einem „B. Braun Performance Index" zusammengeführt, der sich an die Scorecard für die Online-Kommunikation anlehnt.

Entsprechend sind auch die unterschiedlichen Vorhaben zur Weiterentwicklung von www.bbraun.de an den Evaluationsergebnissen ausgerichtet. Die Erkenntnis, dass es B. Braun auf der Website gelingt, Unternehmensbotschaften zu vermitteln und diese auch bei den Website-Nutzern ankommen, hat im Rahmen der Vorbereitung des Relaunchs von www.bbraun.de zu einer Neustrukturierung des Unternehmensbereichs der Corporate Website geführt. Ob die geplanten Änderungen den erwünschten Erfolg bringen, werden die kontinuierlichen Maßnahmen des Kommunikations-Controllings bald beantworten.

Literatur

Bachem, Christian (1997): Webtracking – Werbeerfolgskontrolle im Netz. In: Fink, Dietmar/Wamser, Christoph (Hg.): Electronic Marketing – Marketing-Management im Zeichen der Neuen Medien. Wiesbaden, S. 189–198.

Bachem, Christian/Keller, Jens/Reinecke, Sven (2008): Kennzahlengestützte Steuerung digitaler Kommunikation. Die Web Excellence Scorecard. In: Belz, Christian/Schögel, Marcus/Arndt, Oliver (Hg.): Interaktives Marketing. Neue Wege zum Dialog mit Kunden. Wiesbaden, S. 273–286.

Hansen, Anna (2008a): Botschaft angekommen? Neue Standards für digitale Unternehmenskommunikation. In: Research & Results, Nr. 7/2008, S. 42–43.

Hansen, Anna (2008b): Erfolg der Corporate Website planbar machen. Das WebXF-Verfahren am Beispiel der MLP Finanzdienstleistungen AG. In: Kommunikationsmanager, 4. Jg., Nr. 3, S. 32–34.

Jahn, Christian (2008): Web Excellence Forum – Benchmark Community. In: PR Magazin, 38. Jg., Nr. 8, S. 37–39.

Schweiger, Wolfgang (2010): Website-Nutzung und Usability: Evaluationsmethoden und Kennzahlen. In diesem Band.

Zerfaß, Ansgar (2004): Unternehmensführung und Öffentlichkeitsarbeit. Grundlegung einer Theorie der Unternehmenskommunikation und Public Relations, 2. Auflage. Wiesbaden.

Die Autoren und Herausgeber

Bachem, Christian, Dr., ist Geschäftsführer der Web Excellence GmbH, Berlin, und Unternehmensberater für strategisches Marketingmanagement im Internet. Er hatte eine Professur an der Fachhochschule für Technik und Wirtschaft Berlin sowie Lehraufträge an der Steinbeis Hochschule Berlin und der Universität St. Gallen (Schweiz).
Kontakt: c.bachem@webxf.org

Borgards, Arne, ist stellvertretender Geschäftsführer von JP KOM und Leiter des Büros Düsseldorf. Schwerpunkte seiner Tätigkeit sind Unternehmenskommunikation, Veränderungskommunikation sowie Corporate Identity/Corporate Design und Branding.
Kontakt: arne.borgards@jp-kom.de

Bolwin, Boris, ist stellvertretender Geschäftsführer von JP KOM in Frankfurt am Main. Er leitet den Bereich Finanzkommunikation und Kommunikation für Finanzdienstleistungen.
Kontakt: boris.bolwin@jp-kom.de

Bredl, Martin, Ing., ist Leiter Kommunikation der Telekom Austria TA AG, Wien. Er beschäftigt sich im Rahmen seiner Tätigkeit mit der Entwicklung eines integrierten Reputationsmanagementsystems. Bredl ist zudem Präsident des Public Relations Verbandes Austria (PRVA).
Kontakt: martin.bredl@telekom.at

Dühring, Lisa, ist wissenschaftliche Mitarbeiterin am Lehrstuhl für Kommunikationsmanagement in Politik und Wirtschaft von Prof. Dr. Ansgar Zerfaß an der Universität Leipzig. Ihre Forschungsschwerpunkte liegen im Bereich Strategisches Kommunikationsmanagement, Wertschöpfung durch Kommunikation und Prozessmanagement.
Kontakt: duehring@uni-leipzig.de

Durst, Jessica, ist PR-Beraterin mit den Schwerpunkten externe und interne Kommunikation sowie Issues Management bei JP KOM in Düsseldorf. Sie publiziert im Bereich Issues Management und ist Lehrbeauftrage für Unternehmenskommunikation an der Universität Münster.
Kontakt: jessica.durst@jp-kom.de

Fuhlrott, Eva, ist PR-Juniorberaterin mit Schwerpunkt interne Kommunikation bei JP KOM in Düsseldorf.
Kontakt: eva.fuhlrott@jp-kom.de

Frank, Ralf, ist Geschäftsführer der Deutschen Vereinigung für Finanzanalyse und Asset Management (DVFA), Dreieich. In dieser Funktion verantwortet er die Themen Anwendung von Finanzkommunikation, Accounting Standards und Financial & Business Reporting. Er leitet Gremien des XBRL International und der European Federation of Financial Analysts Societies.
Kontakt: rf@dvfa.de

Gleumes, Simone, ist Head of Corporate Branding & Communication Strategy der Henkel AG & Co. KGaA, Düsseldorf. In dieser Funktion zeichnet sie für die Kommunikationsstrategie, das Corporate Branding sowie die Steuerung des globalen Kommunikationsnetzwerks verantwortlich.
Kontakt: simone.gleumes@henkel.com

Ingenhoff, Diana, Prof. Dr., ist Universitätsprofessorin für Medien- und Kommunikationswissenschaft an der Universität Fribourg (Schweiz) sowie Mitherausgeberin der Zeitschrift „Studies in Communication Sciences". Ihre Schwerpunkte sind Reputationsmanagement, Verantwortungskommunikation und Internationale PR.
Kontakt: diana.ingenhoff@unifr.ch

Kantzenbach, Stefan, ist als Referent Unternehmenskommunikation bei der Union Asset Management Holding AG, Frankfurt am Main, unter anderem Projektverantwortlicher für das integrierte Steuerungssystem der Kommunikation in den Bereichen Öffentlichkeitsarbeit, Veranstaltungsmanagement und interne Kommunikation.
Kontakt: stefan.kantzenbach@union-investment.de

Klewes, Joachim, Prof. Dr., ist Senior Partner von Ketchum Pleon, Düsseldorf, und berät nationale und internationale Unternehmen. Er ist außerdem Honorarprofessor an der Heinrich-Heine-Universität Düsseldorf und Partner des com.X Institut für Kommunikationsforschung und Evaluation, Bochum.
Kontakt: joachim.klewes@pleon.com

Lang, Rainer, ist Senior Consultant bei Ketchum Pleon und leitet die Abteilung für Research und Evaluation am Standort Bonn. Zu seinen Schwerpunkten gehören Messverfahren zur Kommunikationswirkung, Medien- und Reputationsanalysen sowie Issues Management. Lang war zuvor in der angewandten empirischen Wirtschaftsforschung tätig.
Kontakt: rainer.lang@pleon.com

Lautenbach, Christoph, ist geschäftsführender Partner der Unternehmensberatung für Kommunikation Lautenbach Sass, Frankfurt am Main. Außerdem nimmt er Lehraufträge zum Kommunikations-Controlling wahr und hält regelmäßig Seminare und Vorträge zum Thema.
Kontakt: lautenbach@lautenbachsass.de

Liehr-Gobbers, Kerstin, Dr., ist Director bei Hering Schuppener Consulting, Düsseldorf, und berät dort auf internationaler Ebene Unternehmen in den Bereichen Reputationsmanagement und Kommunikations-Controlling. Sie ist zudem Lehrbeauftragte an der Universität Münster.
Kontakt: kliehr@heringschuppener.com

Marell, Susanne, ist Vice President Corporate Communications der Cognis GmbH, Monheim, und hat diesen Bereich aufgebaut. Sie ist Autorin von zahlreichen Aufsätzen zu Themen wie Veränderungskommunikation, internationale Kommunikation und Kommunikationsstrategie.
Kontakt: susanne.marell@cognis.com

Mathes, Rainer, Dr., ist Geschäftsführer von PRIME Research International AG & Co. KG mit Hauptsitzen in Mainz, Ann Arbor und Shanghai, sowie wissenschaftlicher Beirat des F.A.Z.-Instituts, Frankfurt am Main. Seine Tätigkeitsschwerpunkte sind internationale Kommunikationsanalysen sowie die Beratung global tätiger Unternehmen.
Kontakt: mathes@prime-institute.com

Menninger, Jutta, Dr., ist Partnerin bei der PricewaterhouseCoopers AG. Sie leitet das Valuation & Strategy Team in München und ist zuständig für Management und Bewertung von immateriellen Werten. Sie ist Lehrbeauftragte an der Universität Erlangen-Nürnberg und Mitglied in mehreren Arbeitskreisen zur finanziellen Markenwertmessung.
Kontakt: jutta.menninger@de.pwc.com

Peters, Paul, hat Kulturwissenschaften an der Europa-Universität Viadrina in Frankfurt an der Oder studiert und forscht derzeit im Rahmen des Master Communication Management an der Universität Leipzig zum Thema der Online-Reputation.
Kontakt: kontakt@paul-peters.org

Pfannenberg, Jörg, ist Geschäftsführer der JP KOM GmbH, Agentur für Unternehmens-, Finanz- und B2B-Kommunikation in Düsseldorf und Frankfurt am Main. Bis Anfang 2009 war Pfannenberg Vorsitzender des DPRG-Arbeitskreises „Wertschöpfung durch Kommunikation". Außerdem ist er Herausgeber des Standardwerks „Veränderungskommunikation" (2003, Neuauflage 2009).
Kontakt: joerg.pfannenberg@jp-kom.de

Primosch, Ernst, war bis 2009 Corporate Vice President der Henkel AG & Co. KGaA, Düsseldorf. Er ist Mitglied im Board of Trustees des Institute for Public Relations (USA) sowie der Arthur Page Society. Darüber hinaus lehrt er an Universitäten und Akademien und ist Autor zahlreicher Artikel und Essays.
Kontakt: office@primosch.de

Rutz, Peter, ist Leiter Communication Performance und Eventstrategie bei der Deutschen Telekom AG, Bonn. Er ist verantwortlich für das Kommunikations-Controlling und war zuvor in diversen Funktionen im Finanzbereich des Konzerns tätig. Rutz ist aktives Mitglied im Facharbeitskreis Kommunikations-Controlling des Internationalen Controller Vereins.
Kontakt: peter.rutz@telekom.de

Reichelt, Susanne, war bis 2009 Leiterin der Inhouse-Kommunikationsagentur bei der Hoerbiger Deutschland Holding GmbH, Schongau. Schwerpunkte ihrer Tätigkeit sind Werbung und Öffentlichkeitsarbeit.
Kontakt: susanne.reichelt@hoerbiger.com

Rolke, Lothar, Prof. Dr., ist Professor für Betriebswirtschaftslehre und Unternehmenskommunikation an der Fachhochschule Mainz. Er ist Vorsitzender des Prüfungsgremiums der Prüfungs- und Zertifizierungsorganisation der deutschen Kommunikationswirtschaft (PZOK) und hat zahlreiche Aufsätze und Bücher zur Unternehmenskommunikation veröffentlicht.
Kontakt: info@rolke.biz

Sass, Jan, Dr., ist geschäftsführender Partner von Lautenbach Sass, Frankfurt am Main. Er ist stellvertretender Vorsitzender des Prüfungsgremiums der Prüfungs- und Zertifizierungsorganisation der deutschen Kommunikationswirtschaft (PZOK) und Lehrbeauftragter für Kommunikations-Controlling an der Universität Leipzig.
Kontakt: sass@lautenbachsass.de

Schönefeld, Ludwig, ist Leiter des Zentralbereichs Unternehmenskommunikation der Hoerbiger Holding AG, Zug (Schweiz). Seit 2004 engagiert er sich im DPRG-Arbeitskreis „Wertschöpfung durch Kommunikation" insbesondere für integrierte Scorecard-Systeme mit unmittelbarem Bezug zum betrieblichen Controlling.
Kontakt: ludwig.schoenefeld@hoerbiger.com

Schrammel, Wolfgang, Dr., ist Leiter Internet/New Media der B. Braun Melsungen AG und dort in der Unternehmenskommunikation für die Online-Kommunikation verantwortlich. Schwerpunkte seiner Tätigkeit sind Konzeption, Gestaltung, Organisation, Monitoring und Weiterentwicklung des Internet-Angebots und der Corporate-Inhalte.
Kontakt: wolfgang.schrammel@bbraun.com

Schweiger, Wolfgang, PD Dr., wurde im Oktober 2009 auf eine Universitätsprofessur für Public Relations & Technikkommunikation an die Technische Universität Ilmenau berufen. Seine Forschungsschwerpunkte sind Unternehmenskommunikation, Online-Medien und empirische Methoden. Er betreut die methodische Entwicklung des Web Excellence Forums.
Kontakt: wolfgang.schweiger@tu-ilmenau.de

Tillmanns-Estorf, Bernadette, Dr., ist Direktorin Unternehmenskommunikation bei der B. Braun Melsungen AG. In dieser Funktion verantwortet sie die nationale und internationale Gesamtkommunikation des Konzerns und ist unter anderem für die Bereiche Markenführung, Corporate Social Responsibility und Public Relations verantwortlich.
Kontakt: bernadette.tillmanns-estorf@bbraun.com

Thurau, Stefan, ist Geschäftsführer Sales & Marketing der Center Parcs Germany GmbH, Köln. Schwerpunkte seiner Tätigkeit sind E-Commerce, Vertrieb und Marketing. Vor seiner Karriere bei der Groupe Pierre & Vacances/Center Parcs war er Direktor Deutschland bei Cyprus Airways.
Kontakt: stefan.thurau@pierre-vacances-centerparcs.com

Zerfaß, Ansgar, Prof. Dr., ist Universitätsprofessor für Kommunikationsmanagement an der Universität Leipzig. Der promovierte Betriebswirt und habilitierte Kommunikationswissenschaftler ist Herausgeber des Portals communicationcontrolling.de und des „International Journal of Strategic Communication" (USA). Er hat 22 Bücher und zahlreiche Aufsätze zur Unternehmenskommunikation und zum Kommunikations-Controlling publiziert.
Kontakt: zerfass@uni-leipzig.de

Kommunikation

www.fazbuch.de

Françoise Hauser
Reisejournalismus
Das Handbuch für Quereinsteiger, Globetrotter und (angehende) Journalisten
224 Seiten. Hardcover mit Schutzumschlag. 24,90 € (D)*, 44,00 CHF
ISBN 978-3-89981-184-1

Heiko Burrack, Ralf Nöcker
Vom Pitch zum Award
Insights in eine ungewöhnliche Branche
224 Seiten. Hardcover mit Schutzumschlag. 24,90 € (D)*, 44,00 CHF
ISBN 978-3-89981-164-3

Hartwin Möhrle
Krisen-PR
Krisen erkennen, meistern und vorbeugen – Ein Handbuch von Profis für Profis
200 Seiten. 2. Aufl. Hardcover mit Schutzumschlag. 29,90 € (D)*, 52,00 CHF
ISBN 978-3-89981-135-3

Albert Thiele
Argumentieren unter Stress
Wie man unfaire Angriffe erfolgreich abwehrt
280 Seiten. 6. Aufl. Hardcover mit Schutzumschlag. 24,90 € (D)*, 44,00 CHF
ISBN 978-3-89981-017-2

Albert Thiele
Präsentieren Sie einfach
Mit und ohne Medien – Techniken und Strategien für Vorträge unter Zeitdruck
256 Seiten. Hardcover mit Schutzumschlag. 29,90 € (D)*, 52,00 CHF
ISBN 978-3-89981-123-0

Viola Falkenberg
Pressemitteilungen schreiben
Die Standards professioneller Pressearbeit. Mit zahlreichen Übungen und Checklisten
240 Seiten. 5., akt. Aufl. Hardcover mit Schutzumschlag. 24,90 € (D)*, 44,00 CHF
ISBN 978-3-89981-169-8

Christian Sauer
Souverän schreiben
Klassetexte ohne Stress
Wie Medienprofis kreativ und effizient arbeiten
224 Seiten. Hardcover mit Schutzumschlag. 24,90 € (D)*, 44,00 CHF
ISBN 978-3-89981-139-1

Renée Hansen, Stephanie Schmidt
Konzeptionspraxis
Eine Einführung für PR- und Kommunikationsfachleute
Mit einleuchtenden Betrachtungen über den Gartenzwerg
200 Seiten. 3., akt. Aufl. Hardcover mit Schutzumschlag. 25,90 € (D)*, 45,50 CHF
ISBN 978-3-89981-125-4

Hans-Peter Förster
Texten wie ein Profi
Ob 5-Minuten-Text oder überzeugende Kommunikationsstrategie – ein Buch für Einsteiger und Könner. Mit über 5.000 Wort-Ideen zum Nachschlagen!
272 Seiten. 11. Aufl. Hardcover mit Schutzumschlag. 25,90 € (D)*, 45,50 CHF
ISBN 978-3-89981-186-5

*zzgl. ca. 3,– € Versandkosten bei Einzelversand im Inland. Sämtliche Titel auch im Buchhandel erhältlich.

Frankfurter Allgemeine Buch

Kommunikation

www.fazbuch.de

Jörg Pfannenberg
Veränderungskommunikation
So unterstützen Sie den Change-Prozess wirkungsvoll Themen, Prozesse, Umsetzung
240 Seiten. Hardcover mit Schutzumschlag.
29,90 € (D)*, 52,00 CHF
ISBN 978-3-89981-195-7

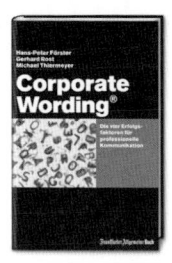

Hans-Peter Förster, Gerhard Rost, Michael Thiermeyer
Corporate Wording®
Die vier Erfolgsfaktoren für professionelle Kommunikation
200 Seiten. Hardcover mit Schutzumschlag.
29,90 € (D)*,52,00 CHF.
ISBN 978-3-89981-194-0

Achim Kinter, Ulrich Ott, Eliza Manolagas
Führungskräftekommunikation
Grundlagen, Instrumente, Erfolgsfaktoren
Das Umsetzungsbuch.
232 Seiten. Hardcover mit Schutzumschlag.
29,90 € (D)*, 52,00 CHF
ISBN 978-3-89981-192-6

Norbert Schulz-Bruhdoel, Michael Bechtel
Medienarbeit 2.0
Cross-Media-Lösungen
Das Praxisbuch für PR und Journalismus von morgen
244 Seiten. Hardcover mit Schutzumschlag.
24,90 € (D)*, 44,00 CHF
ISBN 978-3-89981-193-3

Vok Dams, Colja M. Dams
Code Rouge
Gesetze des Erfolgs für Events und Live-Marketing
200 Seiten. Hardcover mit Schutzumschlag.
34,00 € (D)*, 59,00 CHF
ISBN 978-3-89981-166-7

Norbert Schulz-Bruhdoel, Katja Fürstenau
Die PR- und Pressefibel
Zielgerichtete Medienarbeit.
Das Praxislehrbuch für Ein- und Aufsteiger.
400 Seiten. 5., akt. Ausgabe.
Hardcover mit Schutzumschlag..
29,90 € (D)*, 52,00 CHF
ISBN 978-3-89981-170-4

Heike Bühler, Uta-Micaela Dürig Hg.
Tradition kommunizieren
Das Handbuch der Heritage Communication. Wie Unternehmen ihre Wurzeln und Werte professionell vermitteln
272 Seiten. Hardcover mit Schutzumschlag.
39,90 € (D)*, 71,00 CHF
ISBN 978-3-89981-165-0

Miriam Meckel, Christian Fieseler, Christian Hoffmann Hg.
Verkauft und nichts verraten
Kommunikation im Zeitalter sich wandelnder Finanzmärkte
272 Seiten. Hardcover mit Schutzumschlag
39,90 € (D)*, 71,00 CHF
ISBN 978-3-89981-180-3

Jürg W. Leipziger
Konzepte entwickeln
Handfeste Anleitung für bessere Kommunikation
224 Seiten. 2., akt. Aufl. Hardcover mit Schutzumschluy.
29,90 € (D)*, 52,00 CHF
ISBN 978-3-89981-023-3

*zzgl. ca. 3,– € Versandkosten bei Einzelversand im Inland. Sämtliche Titel auch im Buchhandel erhältlich.

Frankfurter Allgemeine Buch